HUMANITIES AND SOCIETY

哲学与治术

1572—1651

Richard Tuck

[美国] 理查德 · 塔克 著　韩潮 译

译林出版社

图书在版编目(CIP)数据

哲学与治术：1572—1651 /（美）塔克（Tuck, R.）著；韩潮译. —南京：译林出版社，2013.8
（人文与社会译丛/刘东主编）
书名原文：Philosophy and Government 1572—1651
ISBN 978-7-5447-3874-3

I. ①哲… II. ①塔… ②韩… III. ①政治哲学-研究-欧洲 Ⅳ. ①D095
中国版本图书馆CIP数据核字（2013）第109994号

书　　名　哲学与治术：1572—1651
作　　者　［美国］理查德·塔克
译　　者　韩　潮
责任编辑　许　昆
特约编辑　梁欣琢
原文出版　Cambridge University Press, 1993
出版发行　凤凰出版传媒股份有限公司
　　　　　译林出版社
出版社地址　南京市湖南路1号A楼，邮编：210009
电子邮箱　yilin@yilin.com
出版社网址　http://www.yilin.com
经　　销　凤凰出版传媒股份有限公司
印　　刷　江苏凤凰扬州鑫华印刷有限公司
开　　本　880×1230毫米　1/32
印　　张　14
版　　次　2013年8月第1版　2013年8月第1次印刷
书　　号　ISBN 978-7-5447-3874-3
定　　价　45.00元
　　　　　译林版图书若有印装错误可向出版社调换
　　　　　（电话：025-83658316）

主编的话

刘　东

总算不负几年来的苦心——该为这套书写篇短序了。

此项翻译工程的缘起，先要追溯到自己内心的某些变化。虽说越来越惯于乡间的生活，每天只打一两通电话，但这种离群索居并不意味着我已修炼到了出家遁世的地步。毋宁说，坚守沉默少语的状态，倒是为了咬定问题不放，而且在当下的世道中，若还有哪路学说能引我出神，就不能只是玄妙得叫人着魔，还要有助于思入所属的社群。如此嘈嘈切切鼓荡难平的心气，或不免受了世事的恶刺激，不过也恰是这道底线，帮我部分摆脱了中西"精神分裂症"——至少我可以倚仗着中国文化的本根，去参验外缘的社会学说了，既然儒学作为一种本真的心向，正是要从对现世生活的终极肯定出发，把人间问题当成全部灵感的源头。

不宁惟是，这种从人文思入社会的诉求，还同国际学界的发展不期相合。擅长把捉非确定性问题的哲学，看来有点走出自我囿闭的低潮，而这又跟它把焦点对准了社会不无关系。现行通则的加速崩解和相互证伪，使得就算今后仍有普适的基准可言，也要有待于更加透辟的思力，正是在文明的此一根基处，批判的事业又有了用武之地。由此就决定了，尽管同在关注世俗的事务与规则，但跟既定框架内的策论不同，真正体现出人文关怀的社会学说，决不会是医头医脚式的小修小补，而必须以激进亢奋的姿态，去怀疑、颠覆和重估全部的价值预设。有意思的是，也许再没有哪个时代，会有这么多书生想要焕发制度智慧，这既凸显了文明的深层危机，又表达了超越的不竭潜力。

于是自然就想到翻译——把这些制度智慧引进汉语世界来。需要说明的是，尽管此类翻译向称严肃的学业，无论编者、译者还是读者，都会因其理论色彩和语言风格而备尝艰涩，但该工程却绝非寻常意义上的“纯学术”。此中辩谈的话题和学理，将会贴近我们的伦常日用，渗入我们的表象世界，改铸我们的公民文化，根本不容任何学院人垄断。同样，尽管这些选题大多分量厚重，且多为国外学府指定的必读书，也不必将其标榜为“新经典”。此类方生方成的思想实验，仍要应付尖刻的批判围攻，保持着知识创化时的紧张度，尚没有资格被当成享受保护的“老残遗产”。所以说白了：除非来此对话者早已功力尽失，这里就只有激活思想的马刺。

主持此类工程之烦难，足以让任何聪明人望而却步，大约也惟有愚钝如我者，才会在十年苦熬之余再作冯妇。然则晨钟暮鼓黄卷青灯中，毕竟尚有历代的高僧暗中相伴，他们和我声应气求，不甘心被宿命贬低为人类的亚种，遂把逡译工作当成了日常功课，要以艰难的咀嚼咬穿文化的篱笆。师法着这些先烈，当初酝酿这套丛书时，我曾在哈佛费正清中心放胆讲道：“在作者、编者和读者间初步形成的这种‘良性循环’景象，作为整个社会多元分化进程的缩影，偏巧正跟我们的国运连在一起，如果我们至少眼下尚无理由否认，今后中国历史的主要变因之一，仍然在于大陆知识阶层的一念之中，那么我们就总还有权想象，在孔老夫子的故乡，中华民族其实就靠这么写着读着，而默默修持着自己的心念，而默默挑战着自身的极限！”惟愿认同此道者日众，则华夏一族虽历经劫难，终不致因我辈而沦为文化小国。

一九九九年六月于京郊溪翁庄

目 录

前 言

图利(James Tully)和我曾相约要合作完成一部全面的、最新的17世纪欧洲政治思想史。具体的分工是这样:我负责17世纪的前半部分,以霍布斯成熟时期的著述(《利维坦》刚好出版于1651年)为我论述部分的高潮;图利负责之后的部分,大体上一直延续到《乌德勒支条约》签订、欧洲国家体系形成为止。不过,为了与习见的那种共同署名的著述有所区别,我们决定保持各自完成的两卷的独立性。于是,这两卷著述也就有了其各自的生命,它们各自的价值要留给读者去判断。

不过,无论我和图利的书有着怎样的区别,我们的研究路径基本上是相似的。自从我和图利在剑桥读书开始,我们之间就一直保持着充分的交流,尽管在观点及视野方面存在着差异,但关于政治思想史的写作,我们至少有如下两点共识。其一,要理解某一时期的各种政治理论,首先必须成为历史学家,要尽可能深入地描述政治理论家的实际生活,以及他们所关注的特定政治问题。但是其二,对这些问题的回应之研究,并非仅仅是历史书写。它应当有助于我们理解我们自己的时代所面对的基本相似的问题。在我们看来,标志了17世纪政治特征的许多
冲突在20世纪以某种形态得以重现。我们认为,对这些冲突的历史理 xi
解越深刻,它们与当代处境的相关性就越能得到揭示。

当我开始这一卷的写作时，我意识到，对1600年到1651年的主要理论观念的叙述，不太可能是一种发人深思或者说令人满意的研究。其原因也是本卷的主题：对宪政主义的攻击，以及取而代之的一种工具性的、不择手段的现代政治。16世纪中叶，围绕欧洲主要国家的宪政结构曾引发了一系列的争论；法国宗教战争和荷兰骚乱中天主教与新教之间发生的冲突的核心问题，同时也是昆廷·斯金纳《现代政治思想的基础》第二卷的基本主题。一方面，各派别的宪政立场自然会延续至17世纪，对此，斯金纳的文本已经提供了足够深入全面的研究；而基尔克的《自然法与社会理论：1500—1800》也讨论了部分后起的宪政主义者的观点。不过，另一方面，毋宁说大部分17世纪政治理论对宪政主义的态度或是毫无兴趣或是充满敌意的。我们将看到，它们的主要灵感来自16世纪晚期"国家理性"（raison d'état）的论证——这些论证令人惊讶地萌芽于1580年至1620年间的欧洲，它很明显是一种反宪政的（甚至反伦理的）文献。

因此，我决定对我负责的这一部分内容有所取舍：本书认同斯金纳所归纳的16世纪宪政主义的特征，但对其在17世纪的承继者的关注将少于对其反对者即反宪政主义的关注。而其中重中之重是以某种方式恰当地理解国家理性。同时，对国家理性主义的探索也引发了我对早期文艺复兴的重新思考，我注意到（在后来的历史学家看来），16世纪中期的宪政冲突之前、文艺复兴盛期所留存的大量文献，和16世纪晚期的文献有着惊人的相似——例如，马基雅维里在某种程度上是国家理性作者的先驱。当然，也还存在着一些重要差别；一个简单且具有深
xii 刻重要性的差异在于，晚期文艺复兴的学者往往把塔西佗视为古代的典范，而早期的学者则对塔西佗所代表的思想甚为反感，他们往往视西塞罗为典范。另一个更为细微且也非常重要的差别在于，后期文艺复兴的研究更为注重财富的作用，总的来说更关注经济问题，而早期文艺复兴的学者则几乎无人采取重商主义的主张——事实上，重商主义恰

是国家理性作者的标志性特征之一。

我开始着手研究的就是这两类人文主义文献的区别，这也是本书第一章的主题。（部分材料已出现于Tuck, 1990a。）我发现，这两类文献最为重要的差别其实是16世纪晚期出现的怀疑主义被赋予的更大的作用：在国家理性的背后，是怀疑主义，这并没有多少好大惊小怪的——因为，置社会的道德法律规范于不顾，恰好是以关于道德原则有效性的怀疑主义为必要前提。因此，第二章和第三章的主题就是处理16世纪晚期遍及西欧各地的一种共同文化的出现和发展，国家理性主义、斯多亚主义以及怀疑主义三者在此文化中合流。怀疑主义和斯多亚主义之间的关系很重要（尤其是在这种文化中最为著名的人物蒙田的著作中），历史学者往往对此重视不够（比如，他们往往按似是而非的年代区分把蒙田的思想划分为怀疑主义阶段和斯多亚阶段）。

为什么在怀疑主义和斯多亚主义之间会产生联系？这是因为，正如它的古典先驱一样，文艺复兴怀疑主义不仅仅是一种认识论态度，也是一种心理学态度：和别的哲学家一样，怀疑主义者同样追求智慧，他们坚信，排除一切招致损害的信念——也就是说排除一切可能与他人或外部世界发生冲突的信念，他们就找到了智慧。斯多亚学派虽然也有类似的宏愿，但一个斯多亚主义者会倾向于认为，自我保存的智慧更多在于排除激情或欲望，而不在信念之中。这两种态度之间的亲和度是显而易见的，尤其是完全有理由假定，大多数情感中都有某种认知性成分，只要能控制信念，最终也就能控制或排除情感。正是基于对此类自我控制主题（在图利看来，这也是下一个世纪的标志之一）的考察，本 xiii
书的书名才定为《哲学与治术》（*Philosophy and Government*），因为，我们的主题并不只是国家的治理（government），也是自我的治理[①]。此类自我规训的政治类比转化为"国家理性"理论并不是一件很困难的事情，很明显，国家基于安全和利益的考虑，也会对所治的人民采用规

① 这也是本书书名的汉译采用《哲学与治术》的原因。

训和调控的手段。

正如上个世纪的西塞罗主义式的人文主义一样，这类新起的文化并不是没有遭遇挑战，本书第四章处理的就是这一主题。本章我将着重处理这个世纪初仍然保持生命力的宪政主义。有意思的是，这一章中德国起到的作用比在其他章中更重要，因为，16至17世纪一个惊人的事实就是德国知识界不肯完全认可塔西佗主义及其后继者——以格劳秀斯为代表的"现代"自然法学派。普芬多夫之前，没有任何一个重要德国作家牵涉于此类文化之中，即便是普芬多夫自己，对这类文化的批判也比我们通常认为的要多得多。无疑，这涉及到新人文主义的基本特质——它和所谓"国家建设"问题的联系。无论是怀疑主义者还是如格劳秀斯、霍布斯这样的后怀疑主义者，他们在建设一个有效的现代国家上发挥了重要作用，这样的国家在1650年已经遍及欧洲并开始席卷世界。但德国却处于这一进程之外：神圣罗马帝国领土上的战争（部分地）阻止了这一进程的展开，而德国政治理论则体现出对现代国家意识形态的抵触。

关于国家理性文化引起的抵抗就到此为止，本书余下的章节将处理17世纪中叶这种抵抗的向自然法理论的伟大转型。17世纪思想的转型是我所提出的首要的历史论断，我很清楚，从思想史素材来看，我的观点与通常的观点极为不同。从表面上看，格劳秀斯、霍布斯和洛克并没有使用国家理性和怀疑主义式的语言，他们使用的是自然法和自然权利的语言，因而，仅就其表面而言，这套语言与13世纪经院哲学的语言是极为相似的——虽然后者在16世纪恰恰是塔西佗主义的对手——过去一个世纪以来，17世纪学者使用的这套词汇表导致很多
xiv 学者认为，中世纪和现代之间并不存在明显的断裂；十三年前我出版的一本书（Tuck, 1979）的主题之一即为研究17世纪自然权利语言的中世纪起源。但即使在那时我就注意到（pp.174—175），那个时代最为聪颖也最为敏感的学者已经意识到，他们的学说与经院哲学家的显著不

同。从普芬多夫到康德，“道德史”的编纂者一直有一个共同的主题：17世纪以后才出现了一种考察伦理和政治的真正现代和“科学”的方法，其研究路径的新颖之处在于，它对怀疑论式的相对主义问题的新回应（对此点更全面的论述，参见Tuck, 1987）。而关于17世纪学者的传记或许也会提醒我们，他们与经院哲学家之间存在的鸿沟：他们对格劳秀斯、霍布斯广泛的人文主义兴趣，甚至他们的谋生方式，和莫里纳（Molina）、苏亚雷斯等经院哲学家——更不用说此前的维多利亚（Vitoria）或阿尔曼（Almain）等人——有着显著的区别。

道德史学家一般认为，这场新思想运动中的大人物是雨果·格劳秀斯（按著名史学家让·巴贝拉克的说法，格劳修斯为“破冰”第一人）、约翰·塞尔登（英国政治家和理论家）、托马斯·霍布斯以及萨缪尔·普芬多夫。洛克至少在一些记叙中也可以列入其中。不过，在许多当代学者看来，道德史学家之所以认为格劳秀斯是重要的，其理由多少令人吃惊。这是因为，历史编纂学的整个传统后来被康德所摧毁。康德对格劳秀斯及其后继者提供的对相对主义的回答极为不满，他试图以自己的学说体系为典范重写整个伦理学史，让他自己的创新部分成为叙述的高潮。我们文化中的传统哲学史往往追随康德贬低这些学者的创新之处；然而，一旦我们更为深入地接触他们的著述和他们回应的问题，我们或许就能体会到17世纪晚期历史编纂学家的叙述要准确得多。当代学者中只有巴蒂斯塔（Anna Maria Battista）1966年出版的著作（至少在英语国家鲜为人知）持有类似的观点。

事实上，我赞同的是前康德的立场，即认为格劳秀斯是这个传统中最有创造性的人物。正如我在第五章中指出的那样，格劳秀斯觉察到，怀疑主义的心理学假设的道德含意可能是什么。前文曾提到，怀疑 xv
主义者关注智慧之路，而智者的生命恰恰在于排除激情和信念。不过，他们的理论就此而言赋予了自我保存的原则以某种中心的普适的地位（斯多亚学派的立场也大体相同），而自我保存的普适性恰恰对怀疑主义者的相对主义立场。格劳秀斯及其后继者将自我保存视为最为根本的自然权利，并以此为基础建立起后世名之为“自然法学”（natrual jurisprudence）的详尽结构。循着自然权利的线索，他们提出了某种最低限度的自然“法”，后者在大多数场合仅仅意味着，*如无必要*、勿伤他人（亦即除非出于自我保存的需要）。

在第六章我试图将英国革命的观念纳入讨论的语境。对大多数读者来说，他们所习见的是英国革命后顾的和宪政主义的一面，以及其大量产生的政治文献；然而，本章的论述可能又一次令他们感到意外；同样感到吃惊的可能还有道德史学家，他们会看到霍布斯或格劳秀斯的思想和平等派的观念得到同等研究。毕竟，1642年到1650年的英国革命是17世纪欧洲最为重大的政治危机，它深刻影响了对现代政治理论发展具有重要作用的荷兰和英国理论家。我们将看到，国家理性和塔西佗主义式的新人文主义理念和词汇在欧洲主要国家的基本政治之中被应允一席自由之地；事实上，英国革命与宗教战争的区别就在于此，英国革命中当事人的行动领域要比其法国前辈宽广得多，这让他们在1649年1月成功地攻击了旧制度和代表了旧制度的君主。将17世纪晚期的启蒙政治推向道德史上的神坛的，既有当事人的行动，也有伟大的理论家的行动。

第七章我将转向霍布斯（我将使用部分已经在Tuck, 1988和1990b中出现过的材料）。事实上，本书的全部内容都可以看作对霍布斯理念
xvi 的补充说明，因为此前半个世纪政治理论的主题都在霍布斯那里得到体现。在某种意义上，他代表了国家理性向自然法学的最令人信服的转化：他的认识论是怀疑主义的，他的伦理学是相对主义的，而他试图在自我保存的基础上建立一种人性的“科学”。蒙田曾指出，为了自我保存，我们应当摒弃自我的意见，顺应祖国的法律和习俗；霍布斯同样主张，为了享有安全，我们应当放弃自我的判断，顺从于我们的主权者制订的法律。他的理论（加以适当理解的话）既是关于公民政府的理论，也是关于自我治理的理论。霍布斯还是这个时代最有魅力也最为敏锐

的学者，但我以为他的原创性或许并不像通常的哲学史所认为的那样。正如我已经指出的那样，格劳秀斯才是更具原创性的思想家；霍布斯对相对主义的认识比同时代的哲学家要深刻得多。凭此他仍然是我们的政治制度的奠基人：现代国家的结构从霍布斯的时代开始一直延续至今，他对这一国家结构的政治论证依然是我们的范本。

本书的写作得到了许多人的帮助。大卫·伍顿（David Wootton）是这个计划的发起者之一，他最初也参与了这个计划；昆廷·斯金纳（Quentin Skinner）和约翰·邓恩（John Dunn）自始至终阅读了本书的稿件，提出了不少有洞察力的意见；剑桥大学出版社的杰瑞米·迈诺特（Jeremy Mynott）给予我很多鼓励。安东尼·帕格顿（Anthony Pagden）和帕斯夸尔·帕斯奎罗（Pasquale Pasquino）也阅读了本书的初稿，并提出了他们的看法，另外，书中一些基本观念的形成还得益于我和约翰·波考克（John Pocock）、伊什特万·洪特（Istvan Hont）、彼得·伯克（Peter Burke）、霍赫斯特拉塞尔（Tim Hochstrasser）、霍华德·莫斯（Howard Moss）、彼得·米勒（Peter Miller）、迪安·克南（Dean Kernan）、沃尔特·约翰逊（Walter Johnson）、彼得·博尔施伯格（Peter Borschberg）以及与数不胜数的剑桥大学本科生之间的讨论。艾里斯·洪特（Iris Hunter）为本书的编辑出版所投入的关心和帮助足堪表率。在本书完成之前，莫里吉奥·维罗里（Maurizio Viroli）正在写作关于国家理性问题的论著，他允许我阅读了他的杰出手稿，因此我得以修正关于国家理性起源问题的一些观点，但我并没有完全采纳他的看法。此外，我不知道在这里表达对于本书原本的共同作者图利的 xvii
感谢是否恰当，不过，一直以来对他我总是所欠良多，是他让我一次次地感到本书的意义所在。

本书中的翻译除了标明的译本之外，都来自于我个人的译笔。在大多数情况下，我一般采用作者的本国语言的姓名，而不是其拉丁语名，但也有少数例外，比如我仍然沿用格劳秀斯的拉丁语名（Grotius），而不采取其荷兰语名德·格鲁特（De Groot）。 xviii

第一章

文艺复兴的背景

前言

1583至1588年间的短短五年，诞生了道德启蒙史上的三位大英雄：出生于1583年的雨果·格劳秀斯、出生于1585年的约翰·塞尔登以及出生于1588年的托马斯·霍布斯。16世纪末的理智世界和社会背景孕育了他们，在他们以各种方式摆脱这一背景之前，他们也都是其中的显要角色。16世纪末诸多复杂的事件——文艺复兴、宗教改革和反宗教改革、哈布斯堡王朝权力的上升以及伴随着的对其权力的抵制——造就了这个世界，并为这个时代西欧社会中聪慧敏感的青年提供了丰硕的多元主义文化资源。

用现在的标准来看，他们出生在一片烟稀少的大陆：1600年新教或罗马天主教所统治的人口总数（我们考察的范围为俄国和奥斯曼帝国以西的欧洲）大约在6000万左右，相当于今天英国和爱尔兰的人口总和（Braydel, 1972, pp.396—397）——英国当时的人口则相当于今天爱尔兰共和国的人口。尽管人烟稀少，但仍有两个城市化程度很高并拥有巨大财富的地区：意大利北部与尼德兰。它们是两三百年以来欧洲的经济中心，同时，在商业活动之余，它们也形成了卓越的艺术生活与理智生活的传统。对我们来说，有必要透过早期文艺复兴史家的眼光来关注这两个地区的概貌。

1 同样，用现在的标准来看，格劳秀斯、塞尔登和霍布斯所出生的这个世界也是一个学识匮乏的社会——当时欧洲主要国家大约2/3的人口没有阅读能力。不过，矛盾的是，很难说他们所在的社会是一个未经教化的社会：在识字的人口中，有相当多的人接受了高等教育，在经过如语法学校此类的教育后进入了大学。实际上，接受高等教育的人口数量极为庞大，以至于17世纪早期的社会普遍有一种抱怨的情绪，认为没找到工作、心怀不满的大学毕业生数不胜数。近些年来，随着对当时的人口总量以及各年龄段的比例更为准确的估算方法的出现——例如维格里（Wrigley）和斯科菲尔德（Schofield）以及斯通（Stone）和范（Venn）的研究——确切的计量已成为可能，但目前还只有英国的人口数据模型才是全面的、令人信服的（当时的英国只有两所规模极为庞大的大学，因此统计过程相对简单）。

英国从16世纪80年代开始有大学入学人数的标准纪录，从那时起一直到17世纪80年代，牛津和剑桥每年男性学生的人数略低于人口总数的1/70，16世纪80年代到17世纪30年代的高峰期其入学人数则占了人口总数的1/50（17世纪40年代的比例要少得多，但有理由认为这一数值是失真的，数据源于Wrigley和Schofield，1981，p.528；Stone，1965，p.51）。值得注意的是，1921年的这一数值也不过是1/43（UGC统计）。考虑到70%的男性人口以及几乎所有的女性人口没有阅读能力，这个数据同时也表明，在具有读写能力的人口中，1/15接受了高等教育——其比例与今天英国相同，超过近代大学的入学比例。用当时欧洲的标准来看，英国大学的供给还要低得多：16世纪的后二十五年左右，西班牙的入学比例要超过英国两倍，许多人进入了大学学习，统计数据大概在1/31左右（Kagan，1975，pp.360—362）。关于1560年前英国的数据，目前还没有一个明确的看法，根据对英国人口总量和入学人口数值的主流估算方法，1500到1540年间的数据很可能与其后的时期不相上下。

另一方面，接受高等教育的学生也未必来自较高的社会阶层。有 2
许多贫穷的孩子进入了社会体系的顶端——意大利哲学家托马索·康帕内拉（Tommaso Campanella）就是康帕尼亚地区一个铜匠的儿子（*Dizionano Biografico*, XVII, p.373）。尽管这个例子或许还不太典型，但英国的“中等阶层”的孩子的确通常可以接受高等教育——比如塞尔登的父亲就只是苏塞克斯高地的自耕农，每年收入四十英镑，而当时的一个临时工每年也可以挣到十英镑（Aubrey, *Brief Lives* II, p.219; Wrightson, 1982, p.34）。17世纪法国最为著名的两个哲学家之一皮埃尔·伽桑狄（Pierre Gassendi）是农民的儿子；伟大的怀疑论哲学家皮埃尔·沙朗（Pierre Charron）则是巴黎地区的一个印刷工的儿子（Renouard, 1965, p.75）。大多数欧洲社会的组织都能够让穷人家显露出良好天资的孩子接受教育——在牛津和剑桥读书的英国学生往往是剑桥的“减费生”，在读书的同时也从事大学提供的侍者、搬运工等工作。这些工作通常会有较高的报酬；塞尔登曾经提到，废除主教制度的议案“对学者来说是个严重的打击，主教将就此消亡：以前父亲对孩子、老师对学生往往会这么说，好好学习，有一天你如果能得到教区的赏识，你就能挣到一百镑年薪；从现在开始这句话或许就是，好好学习，有一天你会在国会里谋到个席位”（*Opera Omnia* III, col. 2016）。

这些学生所接受的教育主要是拉丁语——至少在语法学校里就是这些；在第六学级学校里，他们也可能会学到希腊语或希伯来语，但在文化上则少有深入。同时，也存在着一些地区差异：虽然意大利人希腊语说不好已是老生常谈了；但北欧人对希腊语则要亲切得多（这无疑是因为对以日尔曼语为母语的人来说，拉丁语和希腊语都是外来语言）。拉丁语是现代的头口教学语言：许多学校禁止在课堂上使用方言，学生所学习的著述出自现代人的笔下（这尤其体现在北欧地区，比如伊拉斯谟的著作就曾被当作课本使用；在南欧地区以及在耶稣会学校里，更多是学习纯粹的古典作品。下面我们会说明出现这种差异的原因所在）。拉丁语作为一种活语言的需求甚至在17世纪中叶引发了一个
3 奇怪的提议，有人主张中欧的某个城市应当转给拉丁语居民，以便学生到此游学并练习拉丁语。由此，在欧洲使用各种异质语言的人群中形成了一类使用同一语言的有教养的精英群体，这种情况颇类似于今天的印度将英语作为教育语言和政府语言。不过，应该说书面的交流还是要比私下的交流要容易一些——1608年斯卡利杰（Scaliger）在莱顿接待了一个用拉丁语给他写信的英国访客，听英国人说了一刻钟后，斯卡利杰只能抱歉说，他不懂英语，没法回答（Sandys, 1908, p.234）。总的说来，像斯卡利杰这样的学者可以和全欧洲的志趣相投的同好保持广泛的书面交往；塞尔登的通信对象中甚至有一个威尼斯的拉比，这表明，当时的犹太人也包括在这个书面交往的圈子里（Bodleian, MS Seldan supra 108, fol. 241; 参见Modena, *Life of Judah*, pp.170—171, 尽管该书编著漏掉了这封信）。

这个依托从古至今大量的共同文献而构建起来的纷繁复杂的文化，提供了大量多种多样的理智立场。不过，正像我们当今的多元文化一样，某个理智立场之所以采纳某种世界观往往取决于它们所从事的实际行动。16世纪晚期的欧洲理智生活最为显著的特征之一是，作为大学课程内容的学院道德科学已然与人们从事实际的政府事务时所采取的政治立场和道德立场相分离。自文艺复兴起，整个欧洲的大公们的客厅或共和国议会的前厅里出入的往往是接受了人文主义教育的年轻人，无论作为政府的忠实臣民还是作为激进的批评者，这些年轻人的自我定位总是以某种方式实现人文主义的理想。他们或为统治者提供政策建议；或出任某个国家的外交官；或应邀担任大公子女的教师——当然也包括那些共和国中将要继承父业、从事公共事务的权贵的子女。这已然是一种文化——尤其需要强调的是，这种文化是一种有着严肃的道德背景、非常复杂的文化，在许多方面独立于当代大学里的哲学

立场；它是富有想象力、文学的文化，诗歌和戏剧在其中扮演了重要的角色。

这个世界脱胎于我们所熟悉的15世纪意大利人文主义的世界， 4
一个有着专制君主、秘书官、大臣以及陪伴大公左右的顾问的世界。同时它也是格劳秀斯、塞尔登、和霍布斯在其成年生活的初期生活于其中的世界。这三位哲学家，没有一个在大学任教；全都以某种方式参与所在国家的政治生活。格劳秀斯起初担任荷兰元首奥登邦费（Oldenbarnevelt）的助手，其后成为独立的政治家；塞尔登起初曾担任过不少贵族的顾问，后来成为下议院议员；霍布斯则是德文郡伯爵（Earls of Devonshire）的私人家庭教师和秘书。三人都对当时的文艺极为敏感。格劳秀斯是当时最著名的新拉丁诗人；塞尔登也写诗，他是本·琼森（Ben Jonson）的密友、琼森身边的“智者”之一，并且塞尔登还长期是“詹姆斯时期戏剧”（Jacobean Theatre）的热情观众（对出生于1609年的更专业的法学家马修·黑尔（Burnet, *Life of Hale*, p.4）来说，这就有些不可思议了）。霍布斯则终其一生写作英语诗歌和拉丁语诗歌，并思考文艺美学问题。

重要的是，17世纪主流的政治思想实际上就是从这种仍然带有人文主义色彩的文化中孕育而出的。这就是说，16世纪“人文学”的历史必定是本章导论部分的首要主题，同时，这也就是说，关于人文主义理念的最初争论也仍旧值得我们关注。尤其关键的是，我们必须理解在这三位作者诞生之前人文学研究发生的巨大变化：就这一变化的剧烈程度而言，我们甚至不妨说，存在着一种与“旧”人文主义相区别的“新”人文主义。支配“旧”人文主义的是西塞罗的理念和风格；而支配“新”人文主义的则是塔西佗的理念和风格，后者在旧人文主义时期几乎是一个完全被忽视的作者。对我们的研究来说，风格是尤为重要的因素，正如彼得拉克所言：

> 演员可以穿上件外套，但作家却不可能借用某种风格。他必须形成自己的风格并完善它，以免被别人嘲笑，指责他别别扭扭地套上了别人的衣服……显然，我们每个人都有自己独特的东西，你的表达和言语就是你自己的面容和姿态。（*Letters*, p.183）

文艺复兴时期的人对风格的细微差别和它们可能暗含的对世界的基本
5 态度极度敏感。下一节我们将简要地考察旧人文主义、西塞罗崇拜以及其在16世纪70年代前的变迁。

亚里士多德和罗马人

自13世纪起，欧洲有两种不同的讨论伦理政治问题的方式，其显著的特征是各自有一套不同的技术性拉丁词汇（拉丁语课程一直到17世纪末都是高等文化的普遍用语）。其一是在中世纪晚期的学院或大学里占支配性地位的亚里士多德的《伦理学》（*Ethics*）和《政治学》（*Politics*），前者在1240年由罗伯特·格罗塞泰斯特（Robert Grosseteste）译为拉丁文，后者在1270年由莫贝克的威廉（William of Moerbeke）译为拉丁文。经院作家尤其是托马斯·阿奎那对这两部书的重要评注为经院伦理学提供了基本主题和基本术语，并构成了如阿奎那的《神学大全》此类著述的一部分。与此平行的另一种讨论道德事务的方式则在修辞学课程和口授者的活动中占有支配性地位；其学说的基础是三位修辞学典范塞涅卡、昆体良、西塞罗，以及记述了演说家教诲的历史学家如李维和萨卢斯特（参见Skinner, 1988a, pp.3—6）。

这些罗马文献自然无需翻译，一般而言，它们也要比拉丁化的亚里士多德更为清晰、也更少争议。这三位修辞学典范都提供了某种类型的晚期希腊哲学，尤其是斯多亚主义和学园怀疑论（柏拉图学园在西塞罗的时代已经成为怀疑论的中心)。众所周知，西塞罗在一般的哲学问题上是个怀疑主义者，他的《学园派哲学》(*Academica*)一书是古代认识论学说中的怀疑主义的主要文献之一：这种怀疑主义主张，关于物质世界，我们没有任何确定的知识，我们的知觉只是受到刺激并引发了我们的幻觉和不确定的知识。不过，同样众所周知的是，西塞罗并没有将他的怀疑主义完全扩展到道德领域：在道德领域，罗马作家共同的关注点是对beata vita的追求——有时我们通常将其译作“幸福生活”。

斯多亚传统或多或少认为，人与动物相似，其本性都是自利的；西塞罗在《论善》(*De finibus*, v.24)一书中写道：“每个生命都爱它 6
自己，从出生的那一刻开始它所谋求的就是自我保全；因为，自然所赋予它并保护它一生的最初冲动就是自我保全的本能以及根据自然尽可能在最佳的条件下维系自身”；类似的章节还可以在西塞罗的《论义务》(*De officiis*)和塞涅卡，特别是他的《道德信札》第一百二十一封中找到。这一观点直接引发了追求beatitude(幸福)的冲突，一面是对自身有利的(罗马人称之为utile)，另一面是传统上来说“道德的”(honestum)。几乎所有的罗马道德学家都为这些概念间的关系忧心，尤其是，他们审视伊壁鸠鲁主义者的立场——因为，伊壁鸠鲁主义者主张，唯一有意义的只是有利的。另外，对他们也同样关注怀疑主义者，怀疑主义的主要代表人物卡尼阿德斯(Carneades)拒绝承认任何普遍有效的道德原则，他倾向于认为，人总是为自我保存的欲望所驱使。在第二节我们会看到，有一派斯多亚主义完全吸收了怀疑论的主张，强调断绝一切理智和情感的联系以达到内心的自我保存(这一点，塞涅卡要比西塞罗更显著)——这一状态他们称之为apatheia(不动心)。

对这些问题标准的罗马式回答出现于西塞罗《论义务》中的相关段落：道德的东西就是对人类社会有利的东西。实际上，西塞罗往往把对人类社会的需求等同于对自己国家的需求，他以一种雄辩的方式捍卫了这样一种观念："对于将我们每一个人和我们的国家联系起来的关系，没有什么社会关系比此更紧密、更亲近的了"（I.57）。而国家通常所要求的行为方式就是四枢德：审慎、正义、节制和勇毅，总体上西塞罗认为，违背四枢德的行为不可能体现出国家的公共利益。"出于国家利益的要求而让一个聪明人做不道德之事，这是绝无可能的"（I.159）。不过在某些段落他也做出了让步，他承认政治利益可能会打破教条的道德规则。"假如某人委托给你一笔钱，准备与你的国家开战，你是否应该替他保管这笔款项？我认为，你不该替他保管，因为你的行为无异于与你的国家对抗，而对你来说，这个世界上和你最亲近的
7 莫过于你的国家"（III. 95, Loeb译，已更正）。

服务于国家并扮演合适的角色，是同胞之间荣耀的来源，几乎所有的罗马作家都强调荣耀作为行动目标的重要性：按照公共善要求的方式行动，其动机往往是此人的行为得到了公众的尊重。西塞罗曾写过一篇《论荣耀》（*De glorious*）的文章，此文在文艺复兴早期还保存着，此后却流失不传。无论如何，这个术语还是反映在他其余的著述同时也包括塞涅卡的作品中。罗马的历史学家在罗马的历史里探寻这个词的含义：它的帝国式的扩张体现了罗马的"光荣"，而李维和萨卢斯特恰恰在找寻罗马伟大的原因所在（萨卢斯特尤其强调了共和体制的重要性）。

如果说你的国家代表了你的道德生活的中心，那么这一观念意味着，只有政治的活动才称得上真正的美德。昆体良是这一观念强有力的主张者（尤其是XII.2.7），但西塞罗和塞涅卡却没有一味倾向于行动的人生。在《论义务》中（如在I.153），西塞罗的确曾说过，政治活动应高于任何其他类型的道德行为，尤其应高于沉思的或认知的生活（即哲学生活）；但即便是在这部书中他还曾指出，当退居闲暇的沉思生活时，"热衷于思考的人"的价值才体现出来（I.69）。塞涅卡对这一主题有过更为广泛的思考，他所得出的结论则是暧昧的：塞涅卡有一篇《论闲

暇》（*De otio*）的作品集中处理了这一主题，其中他举出了一个有说服力的观点，即斯多亚学派与伊壁鸠鲁学派在寄托于闲暇的问题上立场相差甚远——“伊壁鸠鲁说：‘除非为某些特殊情况下，否则聪明人绝不会会参与政治’，而作为斯多亚学派创建者的芝诺却说，‘除非在某些特殊情况所限，否则聪明人必定会参与政治’”。

这些特殊的情况是什么却是相当不确定的：老年或疾病显然是属于此列，但塞涅卡在《道德信札》中扩展了其范围，政治生活被败坏到令人厌恶的情况或许也属于其中之一。哲学闲暇应当在国家利益之下取得一席之地，在《论闲暇》和《道德信札》中，塞涅卡主张，哲学可以比政治行动更好地服务于共和国，存在着比国家范围更广的人类共同体，相较于政治行动，哲学能更好地服务于这个人类共同体的利益。在一篇遗失的作品《荷尔腾西乌斯》（*Hortensius*）中，西塞罗可能也持 8
有同样的观点。对西塞罗和昆体良而言，“聪明人应不应该参与公共事务”这一问题显然是罗马共和国晚期和帝制时期修辞学学校中的常规训练，同样明显的是，对这一问题，罗马演说家没有被他们的一般性的理论所缚，没有给出一个特定的答案参见(Griffin, 1976, pp. 315—367)。

以某些形式承诺服务国家，哪怕是通过适当的闲暇的方式，可被理解为暗示了承诺服务于我们所称之为的共和制的政府形式，因为，唯有在共和制中广泛的政治参与才是可能的。西塞罗以此种推理而著称，但塞涅卡在他的《论坚贞》（*De clementia*, I.4.I）却提出了一种对美德君主统治的有力辩护，他认为，一个具有美德的君主是对他的国家最有效的保护：“对某些人来说，同时让十个地区陷入战争，人们所喜爱的不过是自身安全，……然而他却是真正把国家联系在一起的纽带”（*Moral Essays* I, p.369）。

众所周知，罗马的道德哲学是一种异教的道德哲学，实质上是无神论的，因为，虽然沉思或许也包括了对神圣事物的思考，但这并不意味着神圣事物本身的必然存在；西塞罗在他的《论神性》（*De natura deorum*）中举出了一系列对宗教信仰的怀疑论论证。这显然会受到早期拉丁基督教作家尖刻猛烈的攻击。这些拉丁基督教作家本人接受的是修辞学学校的教育，但他们提出不仅仅只是一种有别于罗马人的观点；他们对异教哲学关键词的内涵提出异议，并试图给这些关键词赋予更狭窄的基督教的意义。这一过程在拉克坦提乌斯（Lactantius）的《圣职制度》（*Divine Institutes*, *c*.320A.D.）一书中达到其极致，这部著作有意识地篡改了所有诸如honestum这样重要的古典道德哲学术语的含义。当基督教对古典道德哲学的攻击结束之时，如beatitudo、contemplatio这样的术语便带上了基督徒所熟悉的基督教的含义，罗马哲学一去而不复返，种即便是对其持同情态度、致力于此的基督徒也难再重现罗马哲学的原貌了。

拉克坦提乌斯至少可能认可的术语其中之一便是一度为罗马斯多亚学派运用的“自然法”（law of nature）概念。我们不必过于抬高这一概念在他们作品中的地位，不过，斯多亚学者与拉克坦提乌斯对这一概念的理解还是存在着明显的差别，他们在使用这一术语时往往指的是
9 人和动物的基本自然本能及能力，而拉克坦提乌斯却从西塞罗的《论共和国》第三卷中择取了一个颂扬自然法重要性的段落，并附之以这样的评论：“无论是谁，只要他知晓了神的秘密，就能用真理的知识阐释神的法律”（I, p.371）。于是，经过拉克坦提乌斯的阐释，“自然法”的律法特性便成为对基督徒而言十分重要的核心问题，因为，他们径直将自然法与他们独特的伦理信仰所依赖的神法联系起来了。

拉丁教父对罗马道德哲学家所持的批判态度在很大程度上可以解释13世纪亚里士多德哲学在神学家中的广泛流行。一方面，由于亚里士多德并没有拉丁文译本，或许也就免于遭受教父加诸于西塞罗和塞涅卡的攻击；因为亚里士多德的拉丁化可能会被赋予一套完全不同于教父与罗马人的术语语汇。罗伯特·格罗塞泰斯特的《伦理学》译文便是这种处理方式的代表；古典拉丁作家把亚里士多德的eudaimonia

直接当作拉丁语中的beatitudo，格罗塞泰斯特则将beatitudo用于翻译相对不那么核心的词汇makarios，而将eudaimonia译为felicitas。类似的情况还有theoria，罗马学者译为contemplatio而格罗塞泰斯特译为speculatio；古典拉丁学者将亚里士多德使用的希腊词汇kalon译为honestum，而honestum一词甚至没有出现于格罗塞泰斯特的译文中（参见*Anstoteles latinus* XXXVI, 1—3, fasc. 5, indices s. vbb.）。亚里士多德在某处曾阐述过这样的观点："kalon是美德的目的"，西塞罗采纳了这一观点，但格罗塞泰斯特却将此句译为"善（bonum）是美德的目的"（1115b12; *Aristoteles latinus* XXXVI, 1—3, fasc. 2, p.192; 参见Dod, 1982和Wieland, 1982）。

莫贝克的威廉对《政治学》的翻译也有类似的倾向；如鲁宾斯坦教授所指出的那样，最令人吃惊的是，莫贝克选择在拉丁语中引进"政治"这一术语，由此切断了希腊语politikos一词与城市生活间的联系。politikos本来的拉丁译名当然应该是civilis，不过，这个译名显然会把读者的注意力太过直接地引向城市世俗生活的具体处境（Rubinstein, 1978, p.42）。

13世纪中叶的此类翻译工作完成之后，中世纪的亚里士多德主义者又过于随意地利用了亚里士多德文本的含混复杂之处，他们把亚里士多德《伦理学》和《政治学》中的术语的异质性成分排除在外，倾向 10
于把亚里士多德视作与拉丁修辞学传统全然不同的作者。亚里士多德是否真的与拉丁修辞学传统全然不同，这的确是一个相当难以确定的问题——而在文艺复兴时期，这一问题的意义却极为重大。与罗马人相似，亚里士多德的美德论述所关注的是，什么是个体的美好生活；但二者的区别在于，亚里士多德没有强调自我保存的重要性，他的美德概念在原则上可以与国家的需求无涉。他所列出的美德条目仅仅具有一定的社会性（通过比照罗马人与亚里士多德各自美德条目的差异，可以看到，在亚里士多德那里，美德与国家需求间的关联被弱化了）。在《伦理学》中唯一不具任何实质性社会内涵的美德是沉思生活领域内的“理智”美德：罗马学者可能会为沉思生活辩护，认为沉思有益于共和国；而亚里士多德却认为，沉思的目的只是为了认识真理，它不需要任何其他辩护。罗马人对怀疑主义抱有同情，对他们来说，用可疑的“真理”概念为沉思生活辩护不得不慎之又慎。

这是两种传统间的差异，中世纪亚里士多德主义者利用格罗塞泰斯特的译文造成了这一差异。对基督徒而言，对真理的追求首先是对基督教真理的追求；不过，它同时也包括对拉克坦提乌斯及其他教父提出的“自然法”的认识。确立这些真理是人的最高目的，具体的伦理总结只是从中衍生而出。任何道德信念都不得与以神学为首的“思辨”科学的真理相抵触。沉思可能有益于共和国，这一可能性尚未被提出；相反，人的政治社会生活在当时往往被视作服务于哲学（或对真理的理性思考）的工具。“科学”生活成为中世纪亚里士多德主义者的核心价值观念——对此，亚里士多德的《后分析篇》给予了充分讨论，亚里士多德在那里指出，任何知识类型都必须通过正确的推理从必然原理中
11 演绎出一系列特定的结论。

中世纪亚里士多德主义者讨论科学问题的场所对古典学者来说也是全然陌生的——这就是大学。中世纪大学往往被诸如神学、法学、医学这样一些高级科学所占据，但15世纪时语法、逻辑、修辞学等三艺以及数学、天文学等四艺也陆续开始成为科学研究的对象。构成这些学科的必然原理则是托马斯主义研究的主题，例如，托马斯主义认为，不存在不真实的、不符合必然原理的可能世界（因此，即便是上帝也不能创造这样的世界）；而奥卡姆主义者则认为未必如此，他们认为，退一步说，我们所认识到的这个世界的必然原理也只是上帝的选择而已。当然，毫无疑问的是，的确存在着某些必然的原理，并且它们是可以为理性的人类所认知的。

文艺复兴的西塞罗主义

大学对亚里士多德的阅读占据了主流，对罗马道德家的阅读往往
作为拉丁散文的风格典范延续下来，对他们的研究局限于那些更关注
风格的人群，而这些人往往并不是大学的核心人物。早在12世纪至13世
纪，罗马道德家作品的基本观念就已运用于现代政治的语境（特别是
在意大利），从14世纪起对罗马观念的运用更是极为普遍。通常视为意
大利文艺复兴起点的“西塞罗主义”（或者更严格地说，“罗马主义”）
就是在这时充满自信地走上了文艺复兴的舞台。早期，借彼得拉克和
波吉奥（Poggio）之手，它表现为重新确认西塞罗和塞涅卡的价值和观
念，同时尽可能广泛、精确地收集罗马作家的文本；直到15世纪初它才
逐渐演化为一场更具进取性的运动。对罗马观念的运用迄今一直被当
作亚里士多德主义之外的另一种选择，通过一套不同的术语隔开经院
的关注之处；另一方面，15世纪的人文主义者开始以不同于经过经院哲 12
学术语改造的方式运用亚里士多德的思想。一般所谓文艺复兴与12世
纪之后的早期“人文主义”间的断裂，最重要的标志正就在于此。

这一运动中最为重要的人物是佛罗伦萨的列奥纳多·布鲁尼。布鲁尼致力于将希腊文献文重新翻译为经典的拉丁文，他所重译的作品中最为著名的是亚里士多德的《伦理学》（1416—1419）和《政治学》（1437）。在《伦理学》新译本的前言中，布鲁尼解释了他重译此书的目的，他明确指出，这是为了以西塞罗式的拉丁语表达亚里士多德的思想，同时，他还对前文曾提及的格罗塞泰斯特译文的特点加以严格的辨析。

> 关于道德问题的研究，还有什么比honestum更常见的词语？比如，伟大的道德哲学家塞涅卡曾认为，致善的关键在于致力于honestas的生活；此外，关于honestum和utile之间的差异，我们

> 会说，美德生活的全部就在于honestum。然而，honestum在希腊语中所对应的词汇却经常被译为bonum，简直是荒谬之极。（Birkenmajer, 1922, p.159）

布鲁尼不但在亚里士多德的著作中重新引入了术语honestum，他还用contemplatio代替了格罗塞泰斯特的译名speculatio，有时他用beatus而不是felix翻译eudaimon的形容词形式（虽然名词形式的eudaimonia他仍然译为felicitas）。同时，布鲁尼还将亚里士多德的《政治学》重新命名为《论共和国》——下个世纪所有纯正的西塞罗式用语都沿用了这一表达。

当时的亚里士多德主义者显然可以领会到布鲁尼的意图所在：西班牙人卡塔根那的阿伦佐·加西亚（Alonzo Garcia）与布鲁尼之间有过关于翻译问题的长期讨论。加西亚指出，虽然西塞罗和塞涅卡在修辞学方面名声显赫，但“我从不认为，就对美德的科学区分以及对道德事例的精细考察而言，他们也同样卓越”（Brikenmajer, 1922, p.173）。加西亚和布鲁尼之间的争论是文艺复兴时期极为重要的文献之一，因为它准确反映了人文主义者侵入了传统上划归中世纪亚里士多德主义者的范围。布鲁尼的译作使亚里士多德加入了由罗马道德家规定了形式的对话，很快如亚里士多德关于理智美德高于实践美德这样的论证就被化约为西塞罗和塞涅卡关于哲学闲暇的优越性的论证了。而亚
13 里士多德立论的不同但重要的基础却被置之不理。对此，最好的一个例子来自于15世纪人文主义的代表人物那不勒斯的吉奥瓦尼·蓬塔诺（Giovanni Pontano）在他的《论明智》（*De prudentia*, 1499）中关于contemplatio优越性的论证。他同时使用塞涅卡和亚里士多德的术语，但他的论证中最有力的部分显然来自于塞涅卡。柏拉图主义的发展也可以作如是观——这些柏拉图主义者往往用罗马式的论证以支持他们过退隐沉思生活的选择。

不过，将亚里士多德转译为西塞罗式的拉丁语还有另一重意义。亚里士多德固然成为罗马式的对话的一部分，但这同时也改变了对话的性质，因为，亚里士多德的转译伴随着一种迥然不同于罗马的知识论或科学论的引入（当时保存下来的罗马著述唯一处理这一主题的只有西塞罗带有怀疑论色彩的《论学园》）。而一旦亚里士多德的著述作为一个整体得到准确的译介，人文主义者也就不得不关注那些他们一度对经院哲学加以指责的主题，这种可能性同时吸引了人文主义者和亚里士多德主义者（这尤其体现于当时的医学学科，不仅亚里士多德的著作得到了细致研究，人文主义也同样广受欢迎）。在道德主题上，亚里士多德仍然处于西塞罗的支配之下，或者说，人文主义者仍然用罗马式的术语解释亚里士多德；而在对沉思或科学的捍卫上，罗马的观点也依旧占有相当重要的地位。不过，现在罗马人不得不更加重视科学的实际内容；比如，罗马学者曾抱有一定同情态度的怀疑主义现在被削弱了，因为，这种怀疑主义与亚里士多德式的科学抵触，怀疑主义者的激辩恰与后者针锋相对。

将亚里士多德纳入人文主义是一项艰巨的事业：亚里士多德关于科学的哲学著作（例如《后分析篇》）使用的是一套完全不同于罗马思想资源的语言，诸如"公理"或"三段论"这样的基本词汇几乎无法转译为西塞罗式的拉丁语。布鲁尼没有尝试翻译《后分析篇》，事实上，《后分析篇》的第一个经典译本出现在1457至1471年间，出自拜占庭的流亡者约纳斯·阿吉罗普洛斯（Johannes Argyropoulos）。那时阿吉罗普洛斯在佛罗伦萨担任医学教授的职位，他的学生阿拉马诺·里努奇尼（Alamanno Rinuccini）捕捉到了这种现代的亚里士多德主义的精神。
他曾指出，"虽然我们接受的是西塞罗的教诲，但如果没有哲学，就不 14
可能有我们追随的雄辩者"，同时，他还鼓励他的读者寻求对亚里士多德的真正理解（Seigel, 1969, p.252）。阿吉罗普洛斯的实际成果，多少让人失望：虽然他对《伦理学》的翻译与布鲁尼的翻译非常接近，但是他对《后分析篇》的翻译却混合了经院哲学术语与古典哲学术语。比如，中世纪哲学将“公理”一词译为dignitas，阿吉罗普洛斯保留了这一术语，可是他对“三段论”一词的翻译却没有使用中世纪的syllogimus，而是使用了古典的ratiocinatio。与阿吉罗普洛斯的译法不同，北欧和伊比利亚多年来的标准译本出自威尼斯的詹姆斯（James of Venice），由此引发了15世纪末16世纪初对亚里士多德的传统经院式讨论。当然，人文主义作家对此显然不屑一顾。

对罗马亚里士多德主义的憧憬从未消失，在16世纪早期意大利，阿吉罗普洛斯的译本得到了不同形式地修正和改进。其中最有意义的是另一位医学教授、伟大的那不勒斯亚里士多德主义者阿圭司提诺·尼夫（Agostino Nifo）——他在当时有“近代的亚里士多德”之称——所修订的阿吉罗普洛斯《后分析篇》译本。他的翻译策略是尽可能地让拉丁文贴近希腊文的原貌：因此，“三段论”一词译为syllogimus，“公理”一词译为axiom。虽然这种翻译策略没有彻底实现人文主义的亚里士多德主义者的目标，但它的确提供了一种为说希腊语的罗马人所欣赏的对亚里士多德的理解。尼夫对亚里士多德的研究让他考虑与罗马道德家之关切非常不同的主题，但需要强调的是，和多数人文主义的亚里士多德主义类似，在道德主题上尼夫完完全全是罗马式的。尤其是，他坚持认为作为哲学探索的科学研究应服务于社会利益——这显然是塞涅卡甚或西塞罗所赞同的观点：在他1553年写作的一篇名为《论孤独生活者》的文章中，他为孤独的沉思生活所做的辩护与其说来自亚里士多德，不如说来自塞涅卡——例如，他认为，哲学生活与政治生活同样可以培育人的基本美德（*Opuscula* I, pp.106—146，日期见论著结尾处）。

到了16世纪20、30年代，致力于实现早期人文主义目标的纯粹西
15 塞罗主义开始盛行。这一时期的西塞罗主义特点极其鲜明，再加上当时的西塞罗主义者处于社会环境的核心位置（教皇列奥十世的宫廷），以至于17世纪晚期与18世纪的学者往往认为，这才是真正构成了文艺复兴

（Sandys, 1908, II, p.3）。当然，这些西塞罗主义者中最为著名的代表是两位后来成为红衣主教的教皇秘书皮托·本博（Pietro Bembo）和雅克布·萨多雷托（Jacobo Sadoleto）。两人对西塞罗主义的传播所做的贡献前人已多有论及，本博曾建议萨多雷托不要阅读圣保罗的书信，以免败坏他的散文体风格。在本博为自己的祖国威尼斯所写的历史著述中，西塞罗式的措辞随处可见——例如，用“色雷斯人”（Thracians）称呼“土耳其人”，用“圣处女大学”（sacrarum virginum collegia）称呼女修道院（*Historiae Venetae*, fols. 35[r], 6 IV）。甚至，在他的公文书信中，当本博提到圣处女玛丽时，他称其为“女神”（Sanclys, 1908, II, p.133）。相较于本博，萨多雷托更为哲学化，他写过两篇西塞罗风格的对话《论荣耀》与《哲学颂》（*De laudibus philosophiae*），后一篇对话试图重构西塞罗在《荷尔腾西乌斯》中的论证，即哲学闲暇最终服务于共和国（Douglas, 1959, p.89）。非常有趣的是，虽然他们都为君主效力，但他们从没有赞扬过君主统治——或许，纯粹的西塞罗主义的约束是他们缄默的原因。

本博、萨多雷托以及其后继者的主要贡献在于，他们促成了这样一种观念，即西塞罗的拉丁风格能够表达任何有意义的观念，而他们的前辈如布鲁尼还仅仅把西塞罗的风格应用于逻辑引申而已。一百年前，西塞罗主义还是一把双刃剑：一方面，任何不能用西塞罗式的拉丁语表述的概念都会被弃之不用，而另一方面，一旦诸如《后分析篇》这样的著作融入了西塞罗式的拉丁语，就会立即成为人文主义文艺的核心。此后，16世纪30年代巴黎和意大利的人文主义者再次尝试将亚里士多德完全纳入西塞罗主义。1535年，布雷西亚的马里奥·尼佐里（Mario Nizzoli）出版了《西塞罗汇纂》（*Observationes in Ciceronem*），在这本书的附录中，他列出了一张非西塞罗主义的哲学术语表，并建议了替代性术语，而1540年巴黎大学的约希姆·贝利翁（Joachim Perion）开始了将希腊哲学的重要文献翻译为纯粹西塞罗风格拉丁语的计划。柏拉 16

图的《蒂迈欧篇》于1540年面世，两年后贝利翁着手翻译亚里士多德的著作，并最终完成了对亚里士多德全集的翻译。在首先完成的《伦理学》译本中，他清除了所有布鲁尼译本残余的中世纪术语，因此，eudaimonia最终被译为beatitudo而不是felicitas。贝利翁在他的译本后附上了一篇文章《论翻译方法》，系统阐述了极端西塞罗主义学派的指导原则。数年后，伟大的西塞罗学者丹尼斯·兰宾（Denys Lambin）则在贝利翁版《伦理学》和《政治学》基础上出版了他的修订本。

这些学者和译者通过赋予亚里士多德以西塞罗式的风格，来使自己成为亚里士多德主义者，但他们以相同方式对待自己的基督徒身份时，就多少显得有些怪异了。本博的文风看上去更像个异教徒，饱受同时代人攻击，然而，他和萨多雷托的虔诚却是无可置疑的（尽管本博曾建议萨多雷托不要阅读圣保罗的书信，但萨多雷托还是为保罗书信做了评注）。贝利翁是另一个好例子，在他将亚里士多德西塞罗化的同时，还于1549年出版了带有西塞罗风格的《神学论题二卷》（Gilbert, 1960, p.109）。

贝利翁将西塞罗纳入为罗马天主教服务的行列，以此反对“现代的异端”，是极具远见的一步，因为耶稣会也同样有此意图，他们同样征用了西塞罗。耶稣会在1551年罗马公学建立之后，开展了一项旨在推动教会高等学校和大学教育的计划，此项计划最终导向了1599年著名的《研读大纲》（*Ratio studiorum*）的颁布。而在《研读大纲》的所有初期草案及最终确定的版本中，对西塞罗的模仿都是所有人文学科首要的训练。

早期耶稣会往往普遍接受了意大利西塞罗主义的原则，早在1548年，第一代耶稣会会士彼得·卡尼修斯就曾对他的继承人阿德里安·阿德里阿尼加入西塞罗阵营表示欢迎：“我很高兴你改变了你的文风，亲爱的阿德里阿尼，我希望你能成为一位优秀的西塞罗主义者。”彼得·约翰·佩皮里安在一篇对他的后继者影响深远的教育论文中则指出，他的前任最大的失误在于没有全身心投入到西塞罗主义中去。下一章（参见下文pp.131—136）我将考察耶稣会西塞罗主义对17世纪新人 17
文主义的批评；而在16世纪耶稣会对西塞罗主义的模仿达到了一个高峰——某位耶稣会大学的教师热那亚的尤利乌斯·内格尼在1608年出版的讲稿中曾这么称赞西塞罗："西塞罗与我们新生的耶稣会视同一体，他为我们提供了典范；我们时刻要保持警惕，不要离开这位言辞与写作的大师"，这位教师甚至提议在帕多瓦立一块誓言板，刻有"西塞罗，人类雄辩之王"等字样（对于这些耶稣会会士，参见Farrell, 1938, pp.177—180；对比Gabriel Harvey在《西塞罗主义》第65页大写的词）。

贝利翁等人将亚里士多德转换为西塞罗式的语言，同时也为耶稣会提供了很大的方便，正是凭借西塞罗和亚里士多德的结合，耶稣会才建立了他们的知识工具，而这其中最为关键的基本条件就在于，西塞罗的学说和亚里士多德的学说完全可以做到融洽无悖。既然可以用西塞罗的方式研读亚里士多德，于是，安东尼奥·波赛维诺（Antonio Possevino）就曾在他为《研读大纲》规定的文学作品所写的导读中，推荐学生在各种版本中选择兰宾的译本（*Bibliotheca selecta* II, p.122）。

不但天主教会坚持以这种方式理解纯粹的西塞罗主义，路德宗也逐渐发展起以这种方式起西塞罗和亚里士多德的研究传统。路德宗教育传统里开风气之先的人物是梅兰希顿。梅兰希顿是第一个皈依路德宗的人文主义者，他的著作中充满了对西塞罗和亚里士多德的赞美，他试图将此二人的学说与福音派信仰而不是天主教信仰相调和。他所编辑的西塞罗的《论义务》（1534）的前言表明了他的基本立场：

> 既然对基督徒而言，发展并促进公民社会是正当的，那么，关于公民道德和公民义务的学说也就必须得到深入研究。如独眼巨人一般生活，没有法律秩序、伦理学说或其他古典文献提供给我们的框架而生活，是不神圣的。那些滥用哲学的人，他们对抗的不仅是人类的本

> 性，而且也更重要的是福音书的荣耀；因为，福音书教导我们，人应当
> 18 被公民规范所约束。（*Werke* III. 86）

对梅兰希顿而言，《论义务》一书包涵了“美德的定义”以及许多关于道德生活的建议，其中的内容完全以“通俗”的修辞来表述，人只要有常识，就可以读懂；亚里士多德则不同，虽然他的学说在梅兰希顿看来“并不是一种不可理解的理论”（换言之，亚里士多德和西塞罗是能够相容的），但归根结底亚里士多德还仅仅是有学识者的研究对象。

1546年，梅兰希顿出版了《道德哲学简论》（*Philosophiae moralis epitomes libri duo*），在此书中他将上述观点付诸于实践。这本书在形式上大体是对亚里士多德《伦理学》的评注，不过，梅兰希顿并没有讨论亚里士多德的理智美德；亚里士多德的“善”被区分为honestum与utile（ibid., p.174），于是亚里士多德似乎成了一个标准的罗马学者。不过，与天主教西塞罗主义类似，梅兰希顿从亚里士多德那里得来的前者主义，体现了他与学园派的怀疑论之间的对立：他的著作中随处可见对学园派的指责，他总是试图区分西塞罗的道德哲学与学园派的怀疑论，并试图将西塞罗引向亚里士多德。他对纯粹的斯多亚主义也没有多少好感，他曾批评斯多亚哲学的“不动心”学说与“命运”概念（ibid., pp.93, 190）。梅兰希顿所理解的西塞罗主义的道德实际上是一种积极的、参与的公民的理念：公民是自己生活的主人，在此基础之上逐步形成受道德原则约束、同时也聆听福音书教诲的社会秩序。而在文风方面，梅兰希顿也极力主张，“西塞罗的言辞和修饰应当被借鉴和模仿”（ibid., p.87）。

梅兰希顿的西塞罗主义主要的反对者是伊拉斯谟和拉谟——后者我们将在下一节中加以讨论（参见下文pp.20—26）。梅兰希顿总是试图与他们保持距离。他虽然与伊拉斯谟相处甚洽，但就在一封写给他的朋友约希姆·卡莫拉里斯的信中，当梅兰希顿论及由西塞罗主义引起的

争论时（参见下文pp.21—22），他甚至这么说道，“伊拉斯谟这个人是
要遭报应的”（Scott, 1910, p.84）。同样，就在拉谟指责西塞罗主义者
对亚里士多德的运用方式时，梅兰希顿却于1544年的维腾堡发表了关
于亚里士多德的演讲，明确驳斥了“某些法国人”对亚里士多德的攻击 19
（*Werke* III, p.128）。就卡莫拉里斯来说，他为梅兰希顿的教育事业用
得到的希腊文本提供了一系列西塞罗风格的译本。梅兰希顿去世后不
久，我们可以看到，路德宗的“西塞罗式的亚里士多德主义”得到了长
足的发展，这一点和当时的意大利有异曲同工之处；意大利的学者如弗
朗西斯科·皮科洛米尼，1560年至1601年间任帕多瓦教授，被北欧大学
广为研习（Dibon, 1954, pp.49, 56）。直到17世纪，荷兰、英国和德国的
许多新教徒仍然把他们的理智文化建立于西塞罗和亚里士多德的基础
之上。我会在第四章讨论16世纪末17世纪初新教国家和天主教国家人
文主义的亚里士多德主义的发展，不过，这里我首先要谈的是16世纪中
期对这一传统的反叛。

伊拉斯谟与拉谟

尽管德国与意大利的西塞罗主义者的虔诚无可置疑，他们认为西塞罗是他们用以对抗现代异端或捍卫新教信仰的思想武器，但极端的西塞罗主义运动仍然引起了当时一些虔信者的不安。无疑，将西塞罗与基督教直接加以融合是艰难的，对此最为明显、也是最为突出的论证来自马基雅维利。马基雅维利致力于探索罗马的政治观念，可以说，文艺复兴时期没有人像马基雅维利那样看出西塞罗思想的真正意味所在——如果共和国的发展壮大高于一切，那么，对这一目标而言，传统美德必定是不充分起作用的。不过，正如斯金纳教授所言（例如Skinner, 1981），马基雅维利仍旧使用了与当时传统的西塞罗式人文主义者类似的价值观念（例如，荣耀无论对于马基雅维利还是对于当时

所有意大利人文主义者而言都是极为重要的），甚至，在他的著作中也仍然可以看到一些公认的美德。马基雅维利明确区分了西塞罗的学说和塞涅卡的学说，他断然拒绝任何从政治生活中退出的论证，他对传统的美德君主论的批评实际上构成了对塞涅卡而不是西塞罗的间接批判。毕竟，西塞罗从没有如塞涅卡《论坚贞》一般为君主政治辩护。在
20 下一章我们将看到，对后来的学者而言，他们虽然发现了马基雅维利从西塞罗那里继承的思想遗产，但更为重要的是马基雅维利对西塞罗主义的削弱。

对那个时代的人来说，马基雅维利的影响是确凿无疑的。其中的标志性事件是，1532年，阿圭司提诺·尼夫曾在一本名为《论统治技艺》（*De regnandi peritia*）的书中肆无忌惮地袭用了马基雅维利《君主论》的主体部分，并献给了查理十世。随着此类论证成为西塞罗主义文化的一部分，同时也包括本博的异教措辞，引起了一些人文主义者、尤其是北方的人文主义者的警觉。虽然梅兰希顿对纯粹的西塞罗主义青睐有加，但他的影响力还远远比不上当时北方基督教人文主义的代言人——德西德里乌斯·伊拉斯谟。伊拉斯谟自认为他的使命在于与极端的西塞罗主义相抗衡，并指出一条如何在现代社会成为西塞罗主义者的独特道路。1528年他出版了一篇名为《西塞罗主义》的对话，在这篇对话中他批判了意大利西塞罗主义以及最近在法国出现的后继者，指责他们对纯粹西塞罗主义概念的使用将危及基督教信仰。“如果你参观过罗马的西塞罗主义者的图书馆，你不妨回忆一下，是否看到过一点十字架、圣三位一体或福音书的影子没有？我敢担保，那里全都是古物和偶像……我们没有胆量宣扬异教，但我们可以把西塞罗主义当作借口”（Scott, 1910, p.75；我选择了这个译本，而非伊拉斯谟现代译本第396页的内容）。

不过，伊拉斯谟的论证最为重要之处在于，他并没有攻击西塞罗本人，他仍然保持了对“旧人文主义”基本价值的忠诚。西塞罗仍然是重

要典范，其思想得到后人准确而充分地追随，只是伊拉斯谟不断强调，西塞罗属于他的那个时代，而现代西塞罗主义者必须适应于自己身处的时代。

> 如果西塞罗在每件事上都附和我们的观点，这对他来说难道不也是件不可思议的事？他能把他的那个时代带给我们？罗马？元老院？元老院议员？骑兵团？部落？还是百人团？……我越往回看就越感觉时代已经变了，我站在另一个舞台上，我看到的是另一个剧场、另一个世界。我该怎么做？作为一个基督徒，我必须与信众讨论基督教。为了言说得当，我难道应该设想，我生活在西塞罗的时代，作为一个议员，站在塔尔皮亚岩石上，面对拥挤的元老院发表演说？（Scott, 1910, p.61; Erasmus, *Ciceronianus*, p.383） 21

但是西塞罗的一般方法仍旧是可能的，一个真正的现代西塞罗主义者应该是这样的：

> 西塞罗在世俗事务上投入了多少热情，他就应该在基督教的宗教事务上投入多少热情；西塞罗在先知书中汲取了多少情感，他就应该在《先知书》和《诗篇》中汲取多少情感；西塞罗在罗马的行省、市镇和联盟的法权上耗费了多少精力，他就应该在福音书的律条、教会的典仪、基督教共和国的盛衰中耗费多少精力。（Scott, 1910, p.79; Erasmus, *Ciceronianus*, p.400）

这就是伊拉斯谟观点的核心所在，也是他一再呼吁——与意大利人明显的激进不同——本真的、激进的西塞罗主义的主张。真正的关注点转移到了西塞罗的治国理念而不是仅仅局限于西塞罗的言辞，西塞罗的贡献应该体现在他对他所在的社会及其规范的服务和理解；在我们这个与之不同的社会里，同样的方法得出的是不同的结论；我们的社会其基本特征在于它是一个基督教社会。任何以这样的方式生活在现代世界中的人都值得赞扬，伊拉斯谟甚至认为，阿奎那和司各特“虽然从没有以雄辩自居，也从没有自诩为西塞罗主义者，但他们比那些宣称自己为西塞罗主义的人、甚至比起西塞罗本人还要更配得上西塞罗主义的称号”（Scott, 1910, p.65; Erasmus, *Ciceronianus*, p.387）。不过，经院哲学毕竟都涉及他们那个时代的法律和宗教。意大利西塞罗主义试图用西塞罗式的拉丁语表达古代哲学的主题，这个工作要么是无意义的要么是有误导性的，因为，一个现代的西塞罗主义者应该希望自己远离亚里士多德（像历史上的西塞罗自己做的那样），而不是与亚里士多德同化（参见Dolet, *L'Erasmianus and Erasmus* Il *Ciceroniano*）。

伊拉斯谟的后继者在1530年至1550年间对当代西塞罗主义发起的攻击就明显包含着上述意味。他们以西塞罗的名义用真正的雄辩号召以一种更为现代、也更为开放的方法研究古代哲学的。尤其是，他们的著作体现了一种公开的反亚里士多德主义的立场，比早期指责亚里士多德的人文主义言辞更为讽刺。这场运动中最为著名的个案是伊
22 拉斯谟在16世纪20年代至30年代间的亲密伙伴、西班牙人文主义者胡安·路易斯·比韦斯（Juan Luis Vives）。比韦斯长期居住在英格兰和尼德兰，此时他已经在北方人文主义者中颇具影响力。1532年，比韦斯出版了他代表作《论规范》（*De disciplines*），这本书系统地彻底清除了亚里士多德在各个学科的巨大影响；五年之后，他又出版了一本同样明晰的著作《对亚里士多德著述的批判》（*Censura de Aristotlis opreibus*）。比韦斯对亚里士多德的批判归根结底是对论证性科学观的攻击。比韦斯曾这么说道：

> 如果你准备说服你身边的朋友，你不能用一套一成不变的方法，因为，对每个人来说**直接且基本**的命题总是因人而异的……例如，

> 有些人（如伊壁鸠鲁派）相信所有的感觉，另一些人（如学园派）甚至不相信最为明显的、可以用感觉来验证的东西……因此，论证方法其实就好比是莱斯博斯岛尺——尺要适应模具的形状，而不是模具要适应尺子的形状。你要求**必然的**、**非此不可的**东西。何以知道这一点呢？因为，这世界上有无穷多的个别事物，对此我们不可能完全了解，而共相就是个别事物的累计；哪怕缺少一个个别事物，我们也不可能有共相。（*Opera omnia* VI, p.119）

比韦斯并没有否认一个人可以拥有真实的命题，不过这类命题仅仅局限于对世界的某个个别部分的非整体性的判断。他明确反对将三段论当作理性论证的模型——这是人文主义怀疑论与中世纪唯名论传统关于共相学说的区别所在，虽然后者同样强调个别事物的优先性。但正如我先前所述，唯名论者对亚里士多德的科学观并无敌意，中世纪学者从没有批评过三段论作为论证工具的有效性。比韦斯对亚里士多德的伦理学也不无微词：他指出亚里士多德的美德理论彻底偏离了基督教的学说，因为，亚里士多德关于人应该如何生活的观念仅仅局限于异教市民的实用关注——事实上，亚里士多德在他的美德表中竟列出了“愤怒、野心、对荣耀的渴望、奢侈和仇恨”（ibid., pp.218—219）。对现代的基督徒而言，伦理知识唯一真正的来源只能是基督的教诲。比韦斯对古代哲学研究所持态度是开放的，他确信一种批判方法本身就是真正的人文主义者应该展现的——这些无疑继承自伊拉斯谟。至于
他自愿声称部分地忠实于西塞罗的学园派怀疑主义，也同样属于真正 23
的伊拉斯谟主义之列。伊拉斯谟在1524年他与路德关于自由意志的著名争论中曾说道：“至于说我会欣然逃入怀疑论的怀抱避难，我倒乐于听到这些‘断言’，只要这被圣经的权威和教会的律条许可”（*Luther and Erasmus*, p.37）。

在伊拉斯谟的继承者中，真正将这种态度体系化并使之成为当

时欧洲主要智识议题的学者是巴黎大学的彼得卢斯·拉谟（Petrus Ramus）。当他的同事佩里翁着手用西塞罗式的拉丁语翻译亚里士多德之际，拉谟的智识工作也刚刚开始。1543年拉谟出版了两本书，他举起西塞罗主义的大旗批判亚里士多德的论证性科学理论。佩里翁则在同一年写成了他为亚里士多德辩护的第一篇论文，此后三十年间他与拉谟为这一论题一直争辩不休。16世纪50年代中期，拉谟在大学中开设了一系列课程批判佩里翁所模仿的西塞罗风格，继而又将矛头指向整个修辞学的传统（后来这部分内容以《西塞罗主义》为题出版）。佩里翁于1549年为其立场做了辩护，其后拉谟的主要对手皮埃尔·加兰（Pierre Galland，参见Scott，1910，p.100）也加入了批评拉谟的行列——加兰是另一个试图将对亚里士多德的兴趣与西塞罗式的措辞结合起来的学者。

尽管拉谟对当时的亚里士多德主义与西塞罗主义的批判后来发展成另一种形式的复杂精致的方法论（拉谟的晦涩在那个时代已然声名在外），他的学说究其核心从一开始就是对逻辑必然关系或逻辑蕴涵关系的驳斥——这两者对于亚里士多德的论证性科学理论显然是至为关键的。特别是，拉谟也持有与数十年前的比韦斯相同的立场，即三段论对于理解这个世界来说是无效的。与比韦斯的观点类似（同样的立场包括三个世纪之后的约翰·斯图尔特·穆勒），拉谟坚持认为，三段论不过是循环论证，按照他的说法，三段论无非是一个“圆环”（Gilbert，1960，p.134）。为了避免这种循环，科学在就某个主题做出普遍陈述之时，必须同时用尽可能全面的事例加以说明；而普遍陈述自身必须是从
24 个别事例中归纳出来的产物。拉谟所谈论的“科学”与亚里士多德意义上的传统论证性科学不同，他的科学本质上只是由个别对象或个别事例的组织起来的系统陈述而已。

拉谟坚持认为，考虑到这一更弱的科学观，哲学科学与实践的推理之间就无真正的区分——甚至在科学与可能的“意见”之间也不存

在逻辑的区分。而既然二者并非不同，并不存在两个不同的理智能力，那么亚里士多德主义所主张的理智美德高于实践美德的观点就不能成立（*Dialectique*, 1555, p.62）。事实上，拉谟竭尽所能强调实践的必要性和优先性，例如他建议数学系的学生去研究巴黎市政建设的方法。另外，他的学生和朋友奥默尔·塔隆（Omer Talon）一直是拉谟学说的鼓吹者，塔隆于1548年出版了一本为西塞罗的怀疑论学说辩护的同名著作《论学园派》，而加兰则于1551年出版了《反新学园派拉谟》，于是，拉谟的对手一致公认，拉谟不过是复活了学园派的学说（Popkin, 1979, p.31; Schmitt, 1972, pp.92ff.）。

这种打着“真正的西塞罗主义”名号的“反亚里士多德主义”在北欧得到了广泛传播；剑桥的加布里尔·哈维（Gabriel Harvey）在他1577年出版的《西塞罗主义》一书中指出，这一传统始于伊拉斯谟，通过拉谟的中介而流传开来，比如匈牙利人约翰尼斯·萨姆布库斯（Johannes Sambucus）的《效仿西塞罗》、德国人约翰·斯杜姆（Johann Sturm）编注的西塞罗《演说家》以及德国人约翰·弗莱格斯（Johann Freigius）的《西塞罗主义》皆属此列。哈维对这一传统加以总结，在他看来，如果某人追随这一传统，那么他最终可能不是罗马人，而是法国人、德国人、英国人或北欧人（*Ciceronianus*, pp.82—83）。

上述学者不但是新教徒，而且他们还或者属于加尔文宗或者属于斯特拉斯堡教派（如施杜姆），据说拉谟本人还可能因为某个亚里士多德主义者的挑唆而死于圣巴托罗缪节大屠杀。毋庸置疑，拉谟学说对于新教徒尤其对于加尔文宗具有非常重大的意义。伊拉斯谟提出现
代西塞罗主义者应该将西塞罗研究罗马法的精神用于对圣经的研究， 25
这无疑对新教徒有极强的号召力，三位学者既强调西塞罗建立共和国观念，同时也都掺杂进了对加尔文主义的关注（甚至加尔文本人也是罗马道德家的杰出传人，他于1532年编辑了塞涅卡的《论坚贞》，并一度在斯特拉斯堡施杜姆的学校中任教）。耶稣会将意大利对西塞罗风

格的模仿转变为他们自己的风格，而加尔文主义者也将北方的实践方式转变为他们自己的方式。加尔文主义者弗朗西斯·霍特曼（Francis Hotman）在他1567年写就的《反托里波尼安》一书中采用了与四十年前的伊拉斯谟相似的表达，“当今法国的情况已经与罗马共和国时期的情况大不相同了”（Pocock, 1957, p.12）。

不过，这么概括多少还有些偏颇，有一个重要的例外没有提及。将反亚里士多德主义的观念全面运用于政治领域实际上是另一位法国学者、曾自称为拉谟主义者的让·博丹；他与加尔文主义者比如霍特曼的观点还存在着不少差别。博丹于1564年出版了《简明历史方法论》（*Methodus facilem historiarum cognitionem*）一书，这本书的内容甚至包括其标题都体现了其拉谟主义的起源（methodus一词是拉谟及其追随者经常使用的词汇，而纯粹的西塞罗主义者如尼佐里则一再嘲笑methodus一词实在粗鄙不堪）。博丹在这本书中力求告别以西塞罗和亚里士多德为代表的修辞学传统史观，他呼吁创造一种新的普遍的现代历史（参见Franklin, 1963）。十二年后，1576年博丹又发表了他最为重要的政论著作《国家六书》（*Six livres de la republique*）或称《论国家》（*De republica*）。

《论国家》开篇即攻击亚里士多德的学说，尤其是亚里士多德在城邦或政治共同体与其他团体如家庭之间所做的区分。博丹的主要论点之一是，“在我看来，亚里士多德并没有为他追随色诺芬区分政治与经济、城邦与家庭提供什么充足的理由”（笔者译自*De republica*, p.12; 参见*The Six Books*, p.8）。他力图说明，二者之间并无道德区分可言：多数法律规定父亲在家中可以有权掌握子女的生死，这可以严格对应于城邦行政长官的最高主权。国家不过是把许多家庭整合在一起，它的统
26 治方式类似于一个孤立的家庭——虽然统治者类型并不必然相同，国家的统治者并不一定就是父亲。博丹认为，国家是某种人为造作的家庭（artificial family），政治统治权是非自然的，对此他采取的是现实主

义的立场，换言之，他对民主制、贵族制或君主制一视同仁。不过，毋庸置疑他更倾向于类似一个孤立家庭中父亲的个人统治，也就是世袭的、合法的绝对君主制。

现代学者对博丹《论国家》的研究多集中于其中的司法要素，但这本书对亚里士多德自然主义的批评或许更为重要，因为它构成了其司法学说的基础，也决定了其最终的结论。一旦亚里士多德的公民学说被推翻，古今各种版本的亚里士多德主义就能轻而易举地扫荡一空，任何基于为了共同的善、以自由公民的联合而组成不同政体形式的观念，博丹都能够轻易加以反驳。博丹的司法学说中我们可以看到他早期追随拉谟的痕迹，他对早期人文主义者视为粗鄙不堪的中世纪法律家的著作非常看重。正如伊拉斯谟认为阿奎那和司各特比当时的意大利人更配得上西塞罗主义者的称号，博丹也主张巴托鲁斯（Bartolus）与巴尔杜斯（Baldus）才值得尊敬（Reulos, 1973）。

虽然博丹一度对加尔文抱有同情态度，但《论国家》批评的恰恰是天主教徒和加尔文主义者（值得注意到是，第一个运用博丹的理念的恰恰是荷兰的加尔文主义者，例如*Acta pacificationis*, pp.53, 81, 97, 99），试图捍卫的则是法国的君主制。天主教徒广泛运用了亚里士多德的政治论证，而1576年天主教神圣联盟成立之后，某些学者觉察到激进的天主教徒对法国王权的威胁，开始全面利用博丹的学说。事实上，早在《论国家》出版的前一年，博丹的朋友路易·勒卢阿（Louis le Roy）就已经在他的《论王权政府的伟大》一书中形成了将家庭与国家视同一体的观点。很快这一观点成了为法国君主制辩护、打击对手的利器，其中最为典型的代表是图卢兹的皮埃尔·德贝卢瓦（Pierre de Belloy）于1587年写就的《论王权的权威》一书——此书对天主教联盟及其宣扬者大加抨击。博丹学说中的论证带有某种反天主教的意味，这意味 27
着它对英国和法国的君主制来说都有可资利用之处——我们在下一章将讨论这个问题。

博丹学说在法国的回响不仅体现于德贝卢瓦的辩论小册子，而且还有系统更为宏大、更能体现博丹主要洞见的论述；最为典型的例子是一度在耶稣会主导的穆松大学任教、后转而反对天主教联盟的皮埃尔·格利高里（Pierre Gregoire）所著的《论国家》一书（值得注意的是，德贝卢瓦所在的图卢兹也是保皇主义的中心所在地）。与博丹类似，格利高里同样将家庭与国家视同一体；此外，他还明确将反亚里士多德主义作为其论证的核心：

> 亚里士多德及其追随者说道："如果一个统治者的统治不基于被统治者的意愿，那么这个统治者就应该视作僭主"，而在我看来，他们都错了；如果这种说法是正确的，那么实际上没有一种政体能被称为君主制，因为，基于人民**意愿**的政体应该叫做民主制而不应该称之为君主制。（VI. 18.15, p.373）

同样的情绪还可以在穆松地区的另一位学者吉列姆·巴克莱（Guillaume Barclay）那里发现，除了没有强调政府的家庭特征，巴克莱在1600年出版的《为王室权力一辩》一书中同样将博丹的学说体系用于胡格诺派反对天主教的理论（参见Collot, 1965; Franklin, 1973, pp.91—112）。

拉谟及其衍生学说从没有盛行于天主教国家，其学说一再被运用于对天主教政策发起的攻击，不过，与此同时，对亚里士多德主义及纯粹西塞罗主义的双重批判在南欧也衍生出另一个版本。这一现象在最近几十年已经得到充分的研究，这或许是因为这些意大利的先知如特勒肖（Telesio）、布鲁诺等人所研究的奇怪新科学往往对他们怪异的反亚里士多德主义立场进行捍卫，抵御受到危险的攻击——正是他们的新科学捕捉到了现代想象力。特勒肖是这一运动的开创者，也是其中最伟大的一位，他于1565年在那不勒斯王国出版的《就事物本身的原则论其自然本性》一书是开风气之先的著作（那不勒斯王国是南欧反亚里士多德主义的中心，其原因不明）。而从我们的观点看，弗朗西斯科·帕特里齐（Francesco Patrizi）的著作或许是最具启发性的。帕特里齐的老师、西塞罗主义者帕多瓦的弗朗西斯科·罗伯特罗（Francesco Robortello）于1548年出版了《论历史学》，像当时其他西塞罗主义者一样，在这本书中罗伯特罗试图把西塞罗将历史叙述视作“演说术主体” 28
的观点发扬光大，并将它与亚里士多德《诗学》中诗歌与历史关系的理论联系起来。不过，十二年后帕特里齐在《关于历史的十篇对话》一书中驳斥了罗伯特罗及其他西塞罗主义历史学家。针对西塞罗派的主张如“历史是道德的指南”，这篇对话反问道，巴比伦国王的谱系是历史作品，但它又是何种道德指南？既而，在对话结束之处，帕特里齐呼吁建立一种普遍的实践性的史学——这显然呼应了博丹之前在《简明历史方法论》中表达的观点（Spini, 1970, pp.98—105）。

1570至1580年间帕特里齐开始关注亚里士多德的整个哲学体系。在《逍遥学派探讨》（第一部分问世于1571年）中他首先对亚里士多德的形而上学加以反驳；既而，同特勒肖一样，帕特里齐提出了自己的神秘主义哲学——1587年他写道，“亚里士多德在运动中发现了‘第一推动者’（the Prime Mover），而我通过柏拉图下降到创制事物的方法在‘泛宇宙论’（pancosmo）和‘泛光明论’（panaugia）的光里发现了它”（Firpo, 1970, p.274）。帕特里齐的这一观念体现于1591年出版的《宇宙新哲学》。虽然天主教圈子里有一些人对帕特里齐的著作表示赞赏，但在正统的耶稣会亚里士多德主义要求下，这本书最终被查禁，而帕特里齐也选择了屈服。和其他意大利的亚里士多德主义一样，他的神秘学则是在传统的古典哲学之外的另一种选择：神秘学学者主张，在古典文化的表面之下，存在着一种仅为少数人所知的“古典智慧”。他们从根本上拒斥主要古典学者的价值，通过这种论证方法，他们继续以一种广义的文艺复兴姿态，为自己的拒斥正名。

对新科学的追求以及对旧人文主义的批判，虽然在这些意大利作
者那里令人震惊，但我们可以在一些拉谟的继承者那里发现类似的思
想。博丹对建立一种新的普遍自然科学也有类似的野心，他的晚年几乎
都用于写作《大自然的剧场》（*Universae naturae theatrum*）。像任何
一个意大利人一样，博丹都是信仰神秘的力量的宗教异端（即相信自己
受到魔鬼的直接启示，参见Baxter, 1973）。创建一种新科学的计划在
29 16世纪晚期得到了欧洲各国政府的关注，这部分地可以归因于新科学
的先知许诺了一种新的理解自然、控制自然的方式，而这最终又会给启
蒙带来新力量。鲁道夫二世为反亚里士多德的科学提供了大量的资金
（Evans, 1973），欧洲的其他王室也是如此（甚至伊丽莎白一世也资助
了英国的反亚里士多德主义者约翰·迪伊）。王室这么做不应被视为是
怪诞的行为：在他们看来，这些学者对亚里士多德的批评是令人信服
的，这些新科学的先知并不是没有可能履行他们的承诺取代亚里士多
德的位置（至少比起我们这个时代的人工智能的可能性更多）。他们表
达了对西塞罗和亚里士多德的不满，因此他们也试图与那个时代的人
文主义文化决裂；在下一章，我们会看到，这种传统人文主义的出路既
不在于重新解读传统文献，也不在于完全拒绝主流古典文化，他们的出
路在于一种全新类型的人文主义，而新人文主义的基石则是一个出人
30 意料的人物——塔西佗。

第二章

怀疑主义、斯多亚主义与“国家理性”

中期西塞罗主义

第一章的开篇之处，我曾谈到1620年之前的人文主义政治思想历史（正如人文主义文化历史的另一面，比如艺术）完全可由欧洲两个城市中心（意大利和尼德兰）讲起。在这两个中心之外虽然也有如蒙田这样的原创力与影响力兼备的人物，但这个时代的学生大概还是会被这些大城市极为丰富的知识资源所吸引。16世纪整个欧洲的人文学学者、诗人、戏剧家都将目光投向了意大利，以至于17世纪早期图拉真·博卡利尼（Trajano Boccalini）曾自豪地说道，“意大利人付出了血汗，但他们只要从他们的天才宝藏中拿出一些素材并付诸辛苦就可以了，他们不用从其他人那里借用什么。欧洲其他国家的学者，其辛苦和不可思议之处就在于尽可能广泛地阅读意大利人的作品”（*I ragguagli*, p.23）。

不仅如此，也只有这两个地区在16世纪晚期所遭遇和面对的核心政治问题才是真正的问题——显然，这就是西班牙的霸权。自古典时期以来，从没有出现过这样的一个国家，它不但在欧洲而且在新大陆统治了星罗棋布、如此众多的地区。1517年查理五世继承了卡斯蒂利亚王国、阿拉贡王国、上纳瓦拉王国、尼德兰、奥地利以及那不勒斯王国；

1519年他成为神圣罗马帝国的皇帝，1535年使米兰公国成为其领地，并使之并入了西班牙君主治下。1555至1558年查理五世退位，他的统治期
31 内伴随着一连串的战争：在尼德兰和德意志他要对抗的是来自法国的挑衅；16世纪40年代则是与德国新教公国间一场协商终了的战争。西班牙为了建立一个新形式的帝国于16世纪40年代至16世纪50年代年间发动了横扫意大利半岛的战争，意大利人所面对的是西班牙人的侵略。

1559年《卡托—康布雷齐和约》签订之时，查理五世和他的儿子腓力几乎已经使所有意大利半岛的国家纳入了一个帝国体系，并成功地阻止了法国人对意大利的觊觎之心。米兰成为西班牙人在意大利的军事基地，而且在镇压16世纪60年代尼德兰的反叛时起到了组织中心的作用。热那亚则是金融中心，它在名义上是独立的城市，但实际上与西班牙帝国的命运休戚相关。科西莫·美第奇治下的佛罗伦萨是意大利中部复杂政局中的西班牙代理人，伊曼努尔·腓力贝托治下的萨沃王国（Savoy）是西班牙统治下的意大利和南部意大利之间的缓冲区。其他地区则依靠军事力量和复杂的金融手段维系，甚至教皇国也不得不满足西班牙人的胃口；整个意大利只有威尼斯一直处于西班牙人建立的意大利帝国之外。

当西班牙人的现实权力建立之后，就再也没有其他力量可以干涉意大利的事务，而意大利的统治者们也终于可以在西班牙的阴影下建立他们的强权国家了。15世纪的文艺复兴以及16世纪早期意大利文艺复兴中的社会政治争论在外部干涉的刺激下愈加激烈：各种政治立场开始关注意大利战争带来的新的政治可能性。《卡托—康布雷齐和约》之后的长期和平意味着所谓“专制政权”的出现，萨沃、托斯卡尼以及西斯笃五世治下的教皇国（1585—1590）显示了君主如何依靠军事强力和金融手段统治其领土，他们或无视或篡改了旧的宪政实践。

1559年的意大利城市成为整个欧洲唯一感受到帝国主义扩张的地区，这种扩张的帝国主义通过军事和金融的力量建立起一系列可靠的

卫星国以巩固其地位，而这一政治体系正是欧洲的大部分地区下个世纪所追求的目标。如果没有这种现代国家的结构，或者说这种结构被 32
打破了，那么其戏剧化的情形或许就类似于当时的另一个都市地区。当1559年西班牙在意大利建立起稳固的统治时，它对尼德兰的控制却摇摇欲坠——尤其是1566年的宗教异见运动演化为公开的叛乱后。西班牙人试图将统治意大利的经验和理念用于阻止这场内战，最为典型的例子是，任用臭名昭著的阿尔瓦公爵（Duke of Alba），后者曾经于16世纪40年代的意大利战争立过赫赫战功。对尼德兰战争的双方而言，现代的国家结构和军队都是取胜的前提，荷兰联省共和国正是从这些体制性的冲突中最终脱胎而出。同样的过程出现于16世纪70至80年代年间的法国，随内战而消失但自从1589年亨利四世即位之后又重新出现。正是这些宗教战争激发了那个时代的人去思考，现代世界究竟需要怎样的政治。

正如上一章所指出的那样，尼德兰内战和法国内战期间，形形色色的西塞罗主义仍旧是主导政治思考的方法。除佛罗伦萨一枝独秀外，其他旧共和国形式逐渐消失殆尽，而君主鉴学派及其传统渐成主流。需要强调的是，这一学派对君主权力通常也抱有一种开放的、克制的宪政立场；其典型代表是来自西班牙帝国相距甚之地、经历了西班牙帝国风云的的两位学者塞巴斯蒂安·福克斯·莫希罗（Sebastian Fox Morcillo）与吉奥瓦尼·菲佩拉尼（Giovanni Viperani）。

西班牙人福克斯·莫希罗1548年由塞维利亚来到鲁汶，在鲁汶的三语学院工作。1560年腓力二世任命莫希罗为腓力二世的儿子唐·卡洛斯的家庭教师，这是一个典型的人文主义者的职务，不过莫希罗却在他回西班牙的途中遭遇海难去世（*Biograpie Universelle* XIV. p.584）。1556年他曾在安特卫普出版了《论王位及王国制度三卷》一书，这是一篇君主制代言人与共和制代言人之间的对话，其篇名显然是对15世纪著名的人文主义者弗朗西斯科·帕特里齐的著作《论王位与国王的教育》的刻意回应。这篇对话的论证采用了罗马道德家的措辞，其中君主制的代言人认为，对于由权力争夺而产生的持续社会混乱而言，
33 君主制是对社会混乱的必要遏止，帝王的成就必须体现为正统的美德，比如正义。帝王在法律之上，因为他制定了法律；同时帝王也在法律之下，因为他自己也必须遵守法律；自由的政治结构与其说建立于法律之上，不如说建立于道德秩序之上，最为重要的政治美德是信守承诺，即便对于敌人帝王也应该保持其诚信。当对话中的共和主义者以僭政的名义指责君主论者时，君主论者这样回应：僭政与真正的君主制之间有显著的区别，而现代的西班牙帝国是真正君主制的典范；于是，共和主义的吸引力在当代世界的实践中被帝王的道德素质抵消了。与众多人文主义者相似，福克斯·莫希罗相信，帝王的教育者和谏议者可以影响君主的道德。值得注意的是，在此后一年莫希罗还出版了一本同样正统的历史方面的著作，其中西塞罗式的人文主义历史叙述又一次得到重述，而没有提到塔西佗（*De historiae institutione,* fol. 70v）。

辩称西班牙帝国为道德和法制的君主国同样是菲佩拉尼著作的重要主题。菲佩拉尼是墨西拿当地人，在佩鲁贾接受教育并成为一个耶稣会士（当时众多人文主义者都成为了耶稣会士，其中还包括伟大的利普修斯）。著名的尼德兰统治者、红衣主教格朗威尔（Granvelle）资助了菲佩拉尼，就任那不勒斯总督之后，他继而又保举菲佩拉尼为西班牙宫廷的史官（Bozza, 1949, p.43）。1569年菲佩拉尼在安特卫普的帕拉丁出版社出版了《论国王及王位》（书名同样回应了帕特里齐一个世纪之前的著作）以及《论国王及王位》，其著作的主题与福克斯·莫希罗著作基本一致，只不过更加突出了当时的道德（现在是西班牙相当令人烦忧的话题）。菲佩拉尼关于僭政的论述要复杂和精细得多，他认为，僭主可以维持一种表面的美德生活，但如果他征税不合理或者一直依法执政，那么他就会触犯道德——“完全遵循法治，完全没有仁慈和平等，这难道不正上演着一出无情、不公的暴政？”（*De rege*, p.48）这样的僭主不

可能活得安全，“正如恩尼乌斯（Ennius）所言，‘谁让他们惧怕，谁也使他们憎恨；谁使他们憎恨，他们就希望谁去死’（西塞罗的《义务论》中保存了恩尼乌斯的这一句残篇，其论证类似于菲佩拉尼）……所有的 34
人、所有的民族和国家都视僭主为瘟疫，他们都认为应该把僭主逐出人类共同体，逐出人性界限，使之灭绝”（p.49）。当菲佩拉尼的资助人格朗威尔在流放期间痛苦地观望阿尔瓦公爵无情地试图将秩序施加于尼德兰时，菲佩拉尼公开表达了他对1566至1568年间尼德兰事件的态度，因为阿尔瓦公爵的统治正是菲佩拉尼所痛诋的暴政。不过，菲佩拉尼仍然坚持西班牙的美德君主制，他的论证其主要形式与福克斯·莫希罗在十三年前的宽松氛围中所做的论证几乎如出一辙。

如果说西班牙国王的统治可以作如是观，那么仿效西班牙人的小诸侯们也同样可以；例如1552年帕多瓦人卢西奥·帕罗·罗塞利（Lucio Paolo Roselli）在《论真正的君主政府》一书中以科西莫·德·美第奇公爵的成就为例（Bozza, 1949, p.33），指出“四枢德是君主的侍从”（p.106）。这本书显然是对马基雅维利《君主论》的驳斥，其论调是正统的西塞罗主义。16世纪中期这种论调的著作为数不少，不过，该书使用的有关事例带有与以往不同的反讽色彩。

16世纪60年代的广义西塞罗主义传统内还有两种讨论现代政治的模式。其一是共和主义的人文主义，这类人文主义的观点强调共和国内公民的行为和美德生活而不是君主制国家里君主或大臣的行为及道德。佛罗伦萨的共和制当时已经消失，不过威尼斯的共和制则保存了下来，威尼斯的学者得以坚持某种老派人文主义的立场。虽然16世纪60年代并没有多少相关著述，但70年代出版的两本书则体现了某种未加改变的老派人文主义精神。这两本书的作者都是威尼斯名人；首先是弗朗西斯科·桑索维诺（Francesco Sansovino），他于1578年出版了《政治的观念》；其次是名声更大的帕罗·帕鲁塔（Paolo Paruta），他于次年出版了《政治生活的完善》。弗朗西斯科·桑索维诺是伟大的建筑师雅克布·桑索维诺的儿子（Bozza, 1949, p.52），他的《政治的观念》一书采用的是格言体，格言体形式最初只出现于少数早期人文主义者如圭恰迪尼的著作，1578年之后才逐渐成为新人文主义者最为重要的写作方式。不过，《政治的观念》一书的内容对前美第奇时期的佛罗伦萨人而言则耳熟能详，在他们那里自由得到推崇——“世上最美好的事物莫过
35 于自由”（No. 50）。共和国不应该受制于某个人的“贪欲”，它应当建立在所有人的同意之上。桑索维诺赞赏圭恰迪尼和马基雅维利，他的立场非常接近圭恰迪尼的共和论篇章或马基雅维利在《李维史论》中的观点（参见Grendler, 1969）。帕鲁塔的著述虽然范围更为广泛，不过也同样极为类似16世纪早期的作品：帕鲁塔的对话录强调“积极生活”的道德优先性，同时他也认为孕育这种生活需要一个使每个公民都全身心投入到公共事务中去的政治结构（Bozza, 1949, p.54）。

西塞罗主义话语中另一种处理现代政治的方式则不那么关注与君主或公民的传统道德美德；在某些方面它回顾了马基雅维利的《君主论》，不过在其他方面它也有新的发展，与《君主论》类似，它几乎已经与西塞罗主义传统相决裂。借助继承制这一无可争议的合法体系，西班牙取得了对尼德兰和那不勒斯的统治；并且君主国并没有强迫它的臣民服从，但它在名义上对意大利的统治以及1554年至1558年间对英国名义上的统治却并非如此，在这些地区，西班牙帝国名义上的统治方式显然是不正常的、不可靠的。因为在意大利和英国，我们都看到了一种更为冷酷的人文主义。意大利地区最为典型的例子是热那亚，这或许是因为热那亚不过是西班牙安放在意大利的特洛伊木马。

洛伦佐·卡佩罗尼（Lorenzo Capelloni）的《诸理性》（出版于1576年，不过应该写成于16世纪60年代早期或中期）就曾赞扬驻扎在意大利的西班牙军队以及西班牙人的盟友，比如热那亚的海军首领安德里亚·多里亚（Andrea Doria）。卡佩罗尼是热那亚共和国的公共演说家和法律顾问，由于多里亚本人的影响他得以参与城市事务（*La Grande*

Encyclopédie IX, p.168）。与马基雅维利类似，卡佩罗尼认为凯撒·博尔吉亚（Cesare Borgia）在罗马尼阿的暴力生涯是一个典范：“凯撒·博尔吉亚所做的事情看上去是邪恶的；然而其结果却是最好的，因为，毕竟经由这个掠夺者与僭主之手，大批的僭主统统被消灭殆尽”（No. 11; 1623 ed., p.24）。他借用热那亚历史上的事例指出，无论是极端的宽大还是极端的严酷，极端的手段总要好过正统的手段。不过，卡佩罗尼并 36
不是一个正统的马基雅维利主义者，作为一个热那亚人，他敏锐地觉察到金钱在帝国扩张中的作用：“金钱武装了军队，没有钱，军队必定会被削弱以至于崩溃”（No. 53; 1623 ed., p.107）。

同时，卡佩罗尼也察觉到一个难题，即西班牙在美洲得到的硬通货并没有让它在欧洲获得的稳固霸权——这实际上也是新人文主义者在这个世纪最后数十年以至于整个世纪大大起作用之处。《诸理性》其中的一章致力于说明，西印度群岛的发现给欧洲带来的不是繁荣而是灾难。物价上升，基本商品变得更为昂贵；而且大量的金钱在与东方的贸易过程中流向东方（No. 121, 1623 ed., pp.236—237）。当然，美洲的白银并没有给西班牙带来对欧洲的持久统治，这对于卡佩罗尼来说是一个棘手的问题，毕竟他相信金钱对军事胜利至关重要；而对马基雅维利来说，金融与经济本来就与政治没有多少关系。

英国的例子肯定要比卡佩罗尼有名得多——不过在当时却不为人知；这就是斯蒂芬·加德纳（Stephen Gardiner）的《论盎格鲁人及诺曼底人在不列颠建政》。作为玛丽一世与腓力二世联姻时期的大法官，加德纳于1553年至1555年间写成了这部书并将其翻译为意大利文，以便1556年腓力与格朗威尔都能阅读其手稿，不过这本书最终没有出版。这是一本完完全全的马基雅维利主义的著作，它试图说明一个新君主如何维持他的王国，其中借用了许多早期英国历史的事例，传达的却是当时那个时代的信息。正如其现代编辑者所指出的那样，这本书中有三千字直接引自马基雅维利的著作——大部分是《君主论》，也包括《李维史论》，其中没有体现一丝一毫对于共和制的同情。关于正统的君主美德的主题，加德纳是《君主论》亦步亦趋的读者：

> 君主的位置（不会）允许他们完全遵守这些正统的美德；即便某个君主总是遵循这些美德，这对他来说也是弊大于利，因此，如果他不得不利用与美德相反的罪恶，那么只要他审慎地逃避罪恶所带来的恶名，并避免那些足以使它失国的罪恶例如对臣民财产的贪婪、
> 37 触犯传统的法律、漠视贵族的功勋，就已经足够。至于仁慈、宽大与虔信，只要遵循这些美德带来的好处大于带来的危险，我也会极力推荐。但是相反的东西，如果运用得当的话，同样会带来极大的益处。（p.149）

不过，由于加德纳对马基雅维利的忠诚，他显得要比卡佩罗尼更为老派；加德纳坚持马基雅维利关于公民军队的观点，比如没有证据表明他重视金钱在现代战争与现代政府中的作用。事实上，他把安德里亚·多里亚1528年进攻那不勒斯的行为当作雇佣军不可信赖的例子（法国没有付给多里亚佣金，于是多里亚从法国人一边倒向了西班牙人一边），这恰恰与卡佩罗尼对热那亚不断颂扬的立场相反。

我曾指出，卡佩罗尼与加德纳在某种程度上可以回溯到马基雅维利的《君主论》；虽然他们的思想也可以回溯到马基雅维利伟大的同代人圭恰迪尼，但由于体现圭恰迪尼对这一政治思想传统最重要贡献的手稿直到后来才出版，很难说16世纪中期的学者在多大程度上会追随圭恰迪尼。正如维罗里教授最近所强调的那样（Viroli, 1991），虽然马基雅维利开辟了一条实际政治家所谈论的“国家艺术”（art of the state）的思想道路，而这种“国家艺术”是现代的统治者利用贿赂和控制以维系他们政治地位的手段，但圭恰迪尼在16世纪20、30年代写成的一系列著作比马基雅维利要严肃得多。圭恰迪尼在他的《意大

利史》(匿名出版于1561年)的部分章节和《箴言录》(*Ricordi*)中——这本书由国家理性理论最早的理论家之一雅克布·科比内利(Jacopo Corbinelli)出版——提供了一种对于政治的忧郁和怀疑的立场,人文主义对于自由与荣誉的热情则被贬低了。“对那些鼓吹自由的人,你尽可以嘲笑。这话即便不是全对,也有八九分可信。如果这些人觉得在僭主制下能得到更多的好处,他们会出尽快冲向僭主制。因为所有人都是自利者,只有少数人会认可荣誉和光荣的价值”(B.106; *Maxims*, p.121)“如果仔细考察其来源,一切的政治权力都植根于暴力”(B.95; *Maxims*, p.119)。

正是圭恰迪尼提供了新的政治类型的关键词,例如“利益”。“利 38
益”一词很少出现在马基雅维利那里;但在诸如上文的段落中,“利益”却是圭恰迪尼的核心词汇,同时也是在16世纪晚期和17世纪早期的时代标语。更令人吃惊的是,圭恰迪尼在1521年至1525年的《关于佛罗伦萨政府的对话》一书中再次强调,所有的“国家”都植根于暴力,而这一国家暴力(如处死士兵而不是将他们收押)会相应地被正当化。《对话》一书中圭恰迪尼的代言人认为,如果某人不以基督教的方式,而是“根据国家的理性和习俗”,那么就一定会出现这种情况(*Dialogo e Discorsi*, p.163)。于是,圭恰迪尼开创了后来的政治词典中的核心词语——“国家理性”(ragion di stato)。“国家理性”一词在16世纪40年代似乎就已经是一个常用词语:1547年当查理五世得到皮亚琴察并拒绝将其归还帕尔马的奥塔维·法内塞公爵(Duke Ottavio Farnese)时,法内塞任命人文主义者吉奥瓦尼·德拉·卡萨写了一封文书给查理五世要回皮亚琴察,德拉·卡萨这么写道:

> 一些被贪婪蒙住眼睛的人说陛下您拒绝放弃皮亚琴察;他们说“市民理性”(la ragion civile)会让您这么做,因为“国家理性”(la ragion degli Stati)不会允许您如此。不过,我认为这种情绪不但是非

基督教的，而且是非人道的：这就好比公平与诚实仅仅是我们参加劳动穿上的一件脏外衣，而不会在参加典礼时穿。（*Opere* III, p.337）

有趣的是，德拉·卡萨认为查理五世的行为如同意大利的君主——而在加德纳和卡佩罗尼看来，意大利的君主根本不是指责的对象，恰恰是值得推崇的对象。

塔西佗主义的兴起

虽然圭恰迪尼的话语对后来的理论家影响颇深，但他个性化的政治观点往往是含混和反讽的：在其著作的许多章节他和马基雅维利一样对共和主义价值推崇有加，诸如此类的观点为数不少，很难形成一套成熟的理论。16世纪中期欧洲的主流人文主义文化的代表者是德拉·卡萨、福克斯·莫希罗或菲佩拉尼，而不是来自西班牙帝国主义的前沿人
39 物：卡佩罗尼和加德纳毕竟是少有人知的学者（加德纳的著作甚至从未出版过）。但16世纪70年代左右风气突然大变：一种新型的人文主义成为知识界的中心和主流。与所有人文主义类型相似，这种新人文主义也有其古典背景；西塞罗的位置被塔西佗所取代，后者无论在风格方面还是道德方面都与西塞罗恰成反对。不可否认，这种新人文主义与马基雅维利传统间有延续关系，但在某些关键环节也存在着断裂，塔西佗的出现本身就是断裂的表征之一，因为塔西佗从不是马基雅维利推崇的人物。同时，这种新人文主义比马基雅维利更接近怀疑主义的立场，后者显然是塔西佗变得重要的理由之一：除塔西佗外，没有任何罗马学者对政治事件持如此怀疑、冷淡的态度。因此，这种新人文主义一边从西塞罗模式中解脱出来，另一边也与马基雅维利发现的问题保持了一段距离。

尼德兰的利普修斯与法国的蒙田是新人文主义的两位代表人物，

对二者著述的讨论将是本节的主要内容。不过，他们的主要贡献出现在16世纪80年代，在此之前对塔西佗主义可能性的研究已经在一个小圈子中展开，而利普修斯和蒙田并不在此列。这个小圈子的成员主要是法国宫廷中的意大利移民，他们一面惊恐地注视着法国在16世纪70年代的内战中分裂，一面试图用意大利人文主义的思想资源解释法国所发生的一切。他们的核心成员是佛罗伦萨人雅克布·科比内利（参见Calderin De Marchia, 1914）。科比内利的家庭曾与科西莫大公共事，但似乎并不同意科西莫的亲西班牙政策。16世纪60年代雅克布和他的兄弟被放逐，1566年他的兄弟被美第奇家族谋害。雅克布和当时众多持反西班牙立场的人物一起汇聚在法国宫廷，此时皇后凯瑟琳·德·美第奇的法国宫廷俨然是另一个佛罗伦萨。尽管凯瑟琳出身于美第奇家族，但由于其嫁入法国宫廷，凯瑟琳还是代表了佛罗伦萨的法国变形，于是，她在巴黎的宫廷内聚集了许多异见分子。

这些流亡者大多是当时的首相洛皮塔尔（Michel de l’Hospital）的朋友和支持者，但是洛皮塔尔调停两大宗教派别计划的失败促使科比内利和他的伙伴们思考一种必要的新型政治。有三位学者成为他们关
注的中心：塔西佗、马基雅维利和圭恰迪尼（顺便提一句，没有证据表 40
明他们明里研究马基雅维利暗中转向塔西佗——这三个人公开得到一视同仁的对待）。我们已经指出他们在马基雅维利和圭恰迪尼那里的发现：马基雅维利在《君主论》中描绘了一幅手腕老辣的当代君主的画卷，不过它又为马基雅维利的其他立场所缓和：比如他对荣耀的关注、他在《李维史论》中对共和主义自由的热情、他对现代国家的机械性比如职业军队和金融权力的蔑视（这些都与他同时代的人文主义者有相似之处）。另一方面，圭恰迪尼则是他们的典范，他们尽可能地利用他已出版的著作——比如1561年出版的《意大利史》，科比内利本人促成了《箴言录》第一版的出版（虽然《对话》一书的手稿直到19世纪才出版）。不过，在塔西佗的著作中他们发现了与圭恰迪尼观点极为相似的

古典权威文献（圭恰迪尼本人的确仰慕塔西佗）：《编年史》展示了一个冷酷无情的、充满权力欲的治者提比略战胜那些同样冷酷无情、卑鄙可耻的敌人的治术（事实上，提比略的统治术同样碾碎了少数真正有德的旁观者）；《历史》则叙述了公元69年这个“漫长而独特的年份”所发生的故事，这一年是罗马历史上的“四帝之年”，罗马帝国在内战中分裂，最终靠苇斯巴西安（Vespasian）的军事才能和刻薄政策才得以重建。

人文主义者将塔西佗运用于当代政治的主题始于16世纪70年代早期。1572年科比内利的朋友皮布拉克（Guy de Pibrac）用拉丁语写成了一部为圣巴托罗缪节大屠杀辩护的著作，科比内利着手将其译为意大利文。皮布拉克使用的是简短的警句而不是西塞罗式的辞藻，他将当时新教方面的领导者科里尼（Coligny）描绘为塔西佗笔下暧昧的反面角色：混合着高贵的美德和卑鄙的狡诈，阴谋推翻国王的统治。皮布拉克指出，虽然处死科里尼点燃了大屠杀的导火索，但却阻止了他的背叛——“国王老谋深算的顾问给出的建议是，重症需用猛药”（p.17）。有些罪行“出于公共利益必须立即惩处”，无需经过法律程
41 序”（p.31）。虽然皮布拉克认为，科里尼处死之后，事态就已失控，但他所指责的对象并不是国王或天主教方面的领导者，而是巴黎的暴民——对大众的蔑视是所有塔西佗主义者的另一个共同主题。科比内利极为推崇皮布拉克这篇切中塔西佗风格的文章（Calderini De-Marchia, 1914, p.54 n.2）：这篇文章体现了塔西佗主义的道德内涵，从这篇文章的政治目的来看，它充分说明了，塔西佗主义随一种极端的状态而出现，它的出现打破了固有的西塞罗式的人文主义。

四年之后，科比内利出版了圭恰迪尼《箴言录》的手稿，并将其献给了凯瑟琳·德·美第奇，同时他还对圭恰迪尼的文章做了详细的注解，并附之以塔西佗、马基雅维利、休昔底德以及波里比乌斯的相关摘录（pp.71—84）。后两位作者构成了对这个世纪后来的古典罗马史学

家和哲学家来说极为重要的额外选择；在当时的人文主义课程中，没有任何一个希腊学者曾占据过罗马学者的中心位置，这是因为在16世纪和17世纪早期，希腊语研究还远不如拉丁语研究那样深入和广泛。16世纪70年代晚期科比内利似乎准备把马基雅维利的《关于法兰西的报告》译为法文，献给国王亨利三世这样的读者。而事实上，据亨里克·凯瑟琳·达维拉（Henrico-Catherine Davila）的描述——此人在凯瑟琳左右意大利移民的圈子中长大，其姓名显然出自亨利三世和凯瑟琳（*Biographie universelle* X, p.212）——国王此时已处于隐退状态：

> 每天餐后，（国王）会命令科比内利以及巴奇奥·德·本尼（Baccio de Bene）——两个极为精通希腊拉丁文献的佛罗伦萨人——为他读波里比乌斯和塔西佗；不过，更多的时候还是读马基雅维利的《君主论》和《李维史论》，这些阅读往往让他心神为之激越，一想起他自己的秘谋，他就情难自制。（*The Historie*, pp.480—481, s.a.1579）

不过，随着十年后政治态势的改变，科比内利和他的国王一样转而反对天主教；1589年，他详细注释了马基雅维利的《李维史论》，对比了当时可堪类比的事件，却带着某种绝望的口气——“当我们的国王占有他的国家时，他就已经开始失去他的国家”（Cardascia, 1938, p.452）。

亨利三世宫廷里此类公开而且极端的“马基雅维利主义”（当 42
然，我们需要对这个词语加以限定）和塔西佗主义，包括以此为圣巴托罗缪节大屠杀辩护的行为，使法国加尔文主义者让蒂耶（Innocent Gentillet）的著名论述有了新的意义。不少学者认为，让蒂耶1576年的《反马基雅维利》与胡格诺教徒对凯瑟琳本人的憎恨有关，他们猜测，一个佛罗伦萨人被利用来诽谤另一个佛罗伦萨人（Skinner, 1978, II, pp.307—308）；事实上，让蒂耶的争论应该得到高度评价，因为他在这本书中所攻击的政治倾向已经得到发展，并开始驻扎在法国君主制的核心之处。

不过，这并非是完完全全的法国式发展；让蒂耶和其他胡格诺教徒是正确的：与法国联合的意大利人才是其中的主导者，塔西佗主义在16世纪80年代得到系统对待并非起因于混乱的法兰西君主制的语境，而是要归因于三个成功的意大利专制主义国家：萨沃、托斯卡尼以及教皇国。这段时期这三个国家的主要学者和政治活动家都使用了塔西佗主义的术语。首先来看萨沃的例子：1581年皮埃蒙特人帕斯夸尔（Carlo Pasquale）在巴黎出版了四卷本的《编年史》，其注释的形式是圭恰迪尼《箴言录》的警句体（参见Momigliano, 1955）。与科比内利相似，帕斯夸尔与法国联系密切，并最终定居在法国；他的资助者是皮布拉克，三年后帕斯夸尔出版了皮布拉克的传记。1574至1575年亨利三世执政期间，帕斯夸尔曾陪同皮布拉克出使波兰，随即得到一连串外交职位；17世纪早期他还曾任法国驻格宋（Grisons）的大使。因此他对塔西佗的评注和科比内利编纂的圭恰迪尼《箴言录》一样也是出自“法国—意大利”的知识分子圈，只不过他将这本书献给了即将继承伊曼努尔·腓力贝托萨沃公爵之位的查尔斯·伊曼努尔（Charles Emmanuel）。帕斯夸尔的著作是对塔西佗第一部完整的政治评注，由此引发了未来五十年内风行欧洲的一个学派。这本书的语调完完全全是塔西佗主义的，认为君主的恶行普遍存在、难以避免；塔西佗曾提及“在提比略自以为拥有的美德中，他最喜爱的是自己的虚伪”（*Annals* IV.71），因此对此帕斯夸尔评论道，“非但提比略，所有的君主都会把虚伪算作必要的美德
43 之一；他们注重虚伪要远远超出其他的美德；即便在今天他们也会说，虚伪对于君主是必要的”（p.235）。

塔西佗与佛罗伦萨政治的关联更是明显不过，1582年达提（Giurgio Dati）用标准的托斯卡纳语翻译的《编年史》再度发行，书内附有当时著名的人文主义者列奥纳多·萨尔维亚蒂（Lionardo Salviati）

的评注残篇。残篇的内容包括不算太长的两章对塔西佗《编年史》开篇前两句话的评注——萨尔维亚蒂以长篇大论而著称，可见此说不虚。塔西佗的前两句是这样的：“罗马最初是在国王统治下的一个城邦。后来卢修斯·朱尼乌斯·布鲁图斯制定了执政官制度和自由的共和政体”。对此，萨尔维亚蒂铺陈了一篇关于共和制自由的论述，其中全面批判了佛罗伦萨的整个传统。罗马固然依靠暴民的力量驱逐了国王并由此建立了共和制度，但随后在共和制度下暴民却又受到了保民官的制约。奥古斯都成功地控制了贵族，保全了城邦的和平和财富，这就足以使他保全自己的地位（*Opere* V, pp.331—346）。对大众政治的蔑视以及对政治操控的认可是萨尔维亚蒂论述的核心，这显然可以对应于科西莫一世的统治。同时，还有另一个佛罗伦萨人达万扎蒂（Bernardo Davanzati）提供了一个更为准确的塔西佗新译本。

第三个例子来自16世纪80年代的罗马，不过作者司各提一生更多是为帕尔马的法内塞公爵服务。1589年，司各提（Annibate Scotti）发表了《塔西佗〈编年史〉及〈历史〉注，特别针对政治及宫廷事务》一书，而作者在书稿校对时就已去世（因此这部书的书名可能并非由作者本人拟定，但却是“国家理性”最早的拉丁用法之一）。司各提本人是罗马尼阿地区的皮亚琴察伯爵，长期担任法内塞家族（包括帕尔马公爵亚历山大以及他的母亲）的大臣与顾问，在教皇西斯笃五世1585至1590年短暂而又令人震惊的统治期间，司各提担任了西斯笃五世的秘书。1586年，他发表了一首诗歌颂帕尔马在尼德兰的胜利（Mensi, 1899, sub nomine）。他对塔西佗的评注完成了帕斯夸尔的残篇，许多地方则是逐字逐句借用自帕斯夸尔的皮埃蒙特语译本。司各提一面使用帕斯夸尔的方法，一面尽可能广泛地利用了他自己的实际经验。比如，西斯笃曾 44
对法国红衣主教声称，通过严刑峻法和金钱赎买，他已经在教皇国重建了权威（此前的70年代教皇国曾陷入贵族反对派和农村匪祸的双重危机）（Balzani, 1904, p.433）。他的秘书司各提则准确记录如下：“一切政府权力都植根于严刑峻法。如果没有严刑峻法，一切仁慈都凶险无比”（pp.216—217），同时他还记录这一段话：“始终保证国库充裕是明智的君主放在首位的大事，明智的君主都会同意这就是公国的基础所在”（pp.826—827）。除了司各提对塔西佗的粗暴运用之外，这个时代的罗马还有更为学院化的文本研究，比如马可—安东尼·穆雷（Marc Antoine Muret）的讲座（参见，例如Muret, *Opera* I, pp.298ff.）。

利普修斯与蒙田

16世纪80年代末期，一种比上述学说更为成熟也更为广泛的新型人文主义开始形成。这主要归功于两个人物：利普修斯与蒙田。他们之间既相互理解也相互尊敬，在他们的著述中，我们会发现，单单只有塔西佗是不够的；在塔西佗主义理解政治的方法之外，怀疑主义与斯多亚主义的混合成分也添加了进来，这让塔西佗的现代评注者倍感困惑，但它的确言之有理。利普修斯与蒙田相互推崇：利普修斯将蒙田比作“法国的泰勒斯”（*Epistolae* I, p.433及n.12），1589年他还曾提到，“整个欧洲没有人比蒙田更接近我的思想”（*Epistolarum selectarum*, p.234 [Cent, II, 55]）。一度利普修斯还试图让他出版商普兰丁公司出版蒙田的著作（*Epistolae* I, pp.427, 433）。相应的，蒙田称利普修斯是“我们这个时代最博学的人；极为敏锐、极为通达的智者”（*Essais* II, p.243; trans. II, pp.295—296）。不过，两人的生活却迥然相异，一个因为尼德兰内战而四处流离奔波，一个则在吉伦特省过着平静的研习生活。

利普修斯1547年出生于勃拉邦特（Brabant），在鲁汶学习长大。（关于他的生平，参见Oestreich, 1982。）他早年曾是福克斯·莫希罗或
45 菲佩拉尼那样的人文主义者，与格朗威尔的身边人士过从甚密（1566年至1569年他曾在罗马担任格朗威尔的秘书），出版过一系列文本研究的著述。在罗马期间他在穆雷的指导下研读了塔西佗等人的著作。不

过，1572年在保持了一段与另一个哈布斯堡王朝的皇帝、维也纳的马克西米安二世的宫廷不算密切的接触之后，他突然宣称反对天主教支持宗教改革，并于1572至1574年间接受了新教的耶拿大学的教职。在一次讲座中他声称，他之所以向学生传授塔西佗，是因为“对我们山河破碎的国家、对你我这样流离失所的失国者来说，没有任何一本书比塔西佗的《编年史》更为合适和有用……难道提比略不正像那个嗜血狂暴的暴君阿尔瓦公爵？”（*Orationes octo*, pp.32, 34）这一主题后来在1574年利普修斯编辑的塔西佗著作的献辞得到简单的概述（这一版本之所以没有评注，似乎是因为利普修斯知道帕斯夸尔已有评注的计划，不愿和他竞争）。他将这部书献给他早先的资助人马克西米安皇帝，并在献辞中对当时的道德直言不讳：

> 塔西佗是极为深刻的学者，天知道，他是个聪明过人的家伙：可如果说有哪一个时代能从他的著作中受益，我敢说一定就是现在。因为，塔西佗记录的既不是汉尼拔对罗马人令人不快的胜利，也不是卢克蕾佳（Lucrece）的戏剧性死亡；既不是占卜者的预言也不是伊特鲁里亚人的符兆，更不是那些娱乐远远大于教益的东西。塔西佗处理的是君主的宫廷，是他们的隐秘生活，他们的计划、命令和行动；我们会发现，他教给我们的东西与我们这个时代极为相似——种什么因，得什么果。你会发现，在我们这个时代的暴政下发生的背叛和谄媚其实并不是什么不为人知的事情；我们这个时代没有真诚、坦率的友谊，朋友间甚至没有信任；有的只是持续不断的背信弃义（这种罪行或许已不再被视作恶），对好人的杀戮，以及比战争更加残忍的和平。（1588 ed., sig.*4）

他一边把祖国尼德兰的政治，他以马克西米安的宫廷为例，展现另一个哈布斯堡王朝的情况。

> 就我在维也纳的所见所闻而言，您接见的人中既有普通的市民，也有大公；既有骑士，也有农民；还有男人、女人、老人、孩子等等。他们讲述他们之间的争执和他们自己的请求，您不仅耐心倾听，而且在他们偶然踏入陌生的皇宫，被皇室的富丽堂皇吓得惊慌失措时，通过
> 46 眼神和手势鼓励他们。（Ibid., sig.*5）

一种不同于塔西佗描述的宫廷是可能的——不过，塔西佗表现的是内战爆发时的情形，以及从利益角逐的角度来说政治通常应被怎样理解。

需要强调的是，1572至1574年利普修斯有意公开批评法国和意大利流行的塔西佗主义。他同意意大利人的观点，西塞罗主义已经丧失了生命力，塔西佗主义可以取而代之；但是他对意大利人利用塔西佗主义为他们的政治辩护的行径大为不耻。意大利学者中有些人如博卡里尼（Trajano Boccalini）看到了利普修斯的意义，对其推崇有加；不过，博卡里尼的立场在当时的意大利还很难被接受，许多意大利的塔西佗主义者还是对利普修斯有所指责。

而利普修斯后来也改变了早期对塔西佗的激进使用，二十年后他甚至转向了当时意大利的塔西佗主义的立场。在他出版塔西佗著作集的当年，尼德兰的和平协约似乎有望签订，因此利普修斯放心回到了鲁汶。此后他一直居住在鲁汶，直到1578年和平协约已绝无可能之时。1577年末南部尼德兰加入了北部的叛乱，并宣布建立了一个以马克西米安二世之子马修大公（Archduke Matthew）为首领的政府；不过次年1月查理五世之子奥地利的唐·约翰（Don John）就率领一支西班牙军队从卢森堡进入刚刚统一的尼德兰。鲁汶随后陷落，利普修斯随尼德兰军队撤至安特卫普；之后奥兰治亲王任命利普修斯担任宗教政策顾问，受此激励，利普修斯接受了位于叛军占领区中心的莱顿大学的教

职——虽然他告诉他的朋友这可能只是一个过渡性的职位。他在莱顿大学任教至1591年，经历了唐·约翰以及后来的帕尔马公爵重新征服尼德兰的全过程。利普修斯自此开始确信，北方的加尔文主义者而不是西班牙政府才是解决尼德兰内战问题的更大障碍。于是他回到了鲁汶，宣布自己仍旧是一个天主教徒，并在此终老至1606年去世。

在莱顿和鲁汶期间，利普修斯写下了一系列著作，这些著作建构了一整套新的政治理论，直到今天也仍旧被细致阅读。与耶拿时期的 47
激进主义不同，利普修斯这一时期的著作体现了1577年南部尼德兰对和解的渴望。他的观点开始为人所知首先是1584年的著名对话《论坚贞》，然后是1589年的政治理论著作《政治六论》。这本书汇集了古代权威学者尤其是塔西佗的诸多引文，并以此编织成一套系统的论证，与当代意大利塔西佗主义的精神有暗合之处。返回鲁汶之后他继续处理这些主题，16世纪90年代中期他一连写下三本主题相关的书讨论罗马帝国伟大之处，他明确反对传统人文主义者对此的解释——1585至1586年的《罗马军事》（*De militia Romana*）讨论的是罗马的军队组织和战术；1596年的《防御术》讨论的是防御工事和技术；而1598年的《赞叹集：论罗马的伟大》讨论的则是一般所谓导致罗马强盛的原因。在他死前不久，利普修斯还出版了两本全面分析斯多亚主义的著作《斯多亚哲学引论》（1604）以及《斯多亚自然学三卷》（1604）；二十年前他曾写过一篇题为《塞拉西：论蔑视死亡》的对话讨论伟大的罗马斯多亚派英雄特塞拉西·培图斯（Thrasea Paetus），但是当时他将手稿付之一炬。

利普修斯的一生既处于尼德兰政治乱局的中心，也可以说位于国际学术界的中心，与其相比，蒙田的一生几乎就是离群隐居的生活。蒙田出生于1533年，他曾学习法律并在他的故乡波尔多担任最高法院的顾问。蒙田偶尔会出入于皇室的宫廷，并在战争期间一度加入国王的部队，1571年他退隐至蒙田堡的领地，开始写作其《随笔集》前两卷。

1580年这两卷的出版立即得到了公众的关注，第二年蒙田便被邀请访问瑞士、德国及意大利。随后他还被推荐为波尔多市的市长，任职两年。1585他开始写作《随笔集》第三卷，三年后完成并出版；1592年蒙田去世。三卷本《随笔集》的核心篇章是第二卷中的《为塞朋德辩护》（*Apologie pour Raimond Sebond*）。相比其他短章，这一篇的篇幅较长，论证也较为严密；而除此之外的一百零七篇短章则提供了多种多样、极为丰富的论说。

尽管蒙田与利普修斯的生活境况迥异，不过，利普修斯说整个欧洲没有人比蒙田更为贴近自己的思想，他的话还是有几分道理的。此二
48 人都称得上旧人文主义的大师，同时他们也都发现了新人文主义的特质。首先，他们比前辈学者更为强调罗马哲学中的“怀疑论”要素，并认为亚里士多德的科学不可能与真正的人文主义相调和。蒙田尤其以此而著称，他的主题之一便是与科学的论战。《随笔集》第一卷（写于1572至1574年间）中有一篇《论学究气》，蒙田在那里质疑道：“如果没有理解，学识又有何用？”（*Essais* I, p.188, trans. I, p.143），由此他推崇斯巴达。在1595年的修订版中他将这种对斯巴达的赞扬推至现代土耳其：

> 无论在这样的尚武国家还是类似的其他国度，都可以找到许多例子说明，学习知识非但不能使人增强和锻炼勇气，反而会削弱勇气，使人变得软弱无力。当今世界最为强大的国家是土耳其，这个国家同样接受的是尚武轻文的教育。（*Essais* I, p.191, trans. I, p.147）

这种抨击知识的方式在《塞朋德的申辩》一文中发展为全面的皮浪主义立场。人类的所有信念包括物理学家的信念在内，都是不可靠的、有争议的，真正的智慧只能由皮浪指明。从道德相对论的素朴经验来看，人类科学家其实是走在一条错误的道路上：正如蒙田在《随笔

集》最为著名的段落中指出的那样，

> 所谓的“善”，昨天还得到信任和尊敬，第二天就失去了所有的荣光，（过了一条河，竟成了罪行？山下还是所谓的“真理”，翻过了一座山头，竟又成了谎言？）但是他们仍然乐意赋予法律以确定性，他们认为，存在着一些固定的、永恒的、不会改变的法律，他们管这些叫自然法。在他们看来，自然法是铭刻在人类身上的：他们有的人说自然法有三条，有的人说有四条，有的人多些，有的人少些；这本身就再明显不过地表明，自然法这东西和其他事物一样令人可疑。他们可真够不幸的，（我除了说不幸还能说什么呢，在那些数不清的法律中他们竟找不出一项法律交上好运、得到机缘被普遍接受，在世界各国得到一致的承认），他们也真够可怜的，就是这些有三种或四种选择的法律，也没有一项不受到不止一国、而是许多国家的反驳。（*Essais* II, p.245, trans. II, p.297）

但是这位物理学家错了，因为他最终依赖于对物理世界的知觉，假象的 49
粗糙事实消解了他的物理世界，正如道德相对主义消解了人性世界。而且，物理科学的历史也表明，要想在各个学派中找到最终的结论是不可能的。

> 据说，一个新进的医学家帕拉塞尔修斯完全推翻了古代流传至今被广泛接受的医学原理，他认为迄今为止的医学只是用来杀人而已。我相信，他可以轻易地证实这一点。但是，为了给他的新奇医学做实验而搭上自己的性命，那也决非明智之举了。（*Essais* II, p.236, trans. II, p.286, 1580 ed.）

如蒙田承认的，他的所有论证都来自皮浪主义者塞克斯都·恩披里柯（Sextus Empiricus）。塞克斯都·恩披里柯的著作于1562年由亨利·埃斯蒂安（Estienne）出版后面世，他提供了一种比西塞罗更为广泛的古代怀疑论。类似于塞克斯都，蒙田的结论并不仅仅限于我们应该相信什么，更为重要的是，我们应该如何生活。没有任何确定的外部道德准则，并不意味着一个明智的人不运用任何原则指导其行为：他仍旧需要接受国家的习俗和法律。这一点在蒙田的早期作品《论习俗》中体现得最为明确：在列举了不同民族纷繁奇异的信仰和习俗后（相似的论述参见晚期的《塞朋德申辩》），他最后指出，

> 明智的人应该在内心中摆脱公共事务的束缚，对一切事物都一视同仁地加以自由的判断，但是在表面上他应该完全遵循已经得到认可的习俗的形式。公众社会与我们的思想无关，至于其他，比如我们的行动、旅行、财富甚至我们的生命都必须与公共意见保持一致且服务于公共意见，正如伟大的贤者苏格拉底，他宁可失去自己的生命也不愿违抗法官的判决——即便法官的判决是错误的、不公正的。（*Essais* I, p.165, trans. I, pp.117—118, 1580 ed.）

利普修斯赞同蒙田对怀疑论的同情：《论坚贞》的第二卷明确反对滥用科学方法，而在《斯多亚哲学引论》中，利普修斯也有一章关于怀疑主义的论述，他认为怀疑主义者的目标，

> 是高贵、可敬的；所谓的“不动心”（ataraxia），指的是任何通过感觉经验到的事情都不能触动我们。有人说，唯一可以触动怀疑主义
> 50 者的，恰恰是他们争辩的欲望。我坚决认为，怀疑主义者不应因此而受到排斥。甚至连塞涅卡也曾后悔过怀疑主义者的消失，为怀疑主义的消亡而哀叹不已。（II. 4, 1610 ed., p.73）

利普修斯也对怀疑主义持同情态度，虽然他对怀疑主义的消极性论辩相当反感，后者恰恰是塞涅卡对皮浪主义者的攻击之处。

蒙田和利普修斯对怀疑论的同情，只有在一定的语境中才能得到妥当的理解。它不仅仅是一种认识论上的想法，也是道德体系的一部分。所谓“不动心”的状态，即摆脱激情和导致情绪的信念的影响，是二者共同的目标；同时他们认为，这不仅仅是古代怀疑论的目标，也是斯多亚学派的目标。他们对斯多亚主义的研究让他们对此哲学与之前的学者完全不同。他们更倾向于塞涅卡而不是西塞罗，而关于塞涅卡，他们最感兴趣的是与怀疑论的不动心相对应的概念——“冷淡”（apatheia），以及自我保存的基本特点所在。在塞涅卡那里，自我保存不仅意味着免于外部的打击，而且还意味着，免受可能招致外部打击的激情的影响。而强调社会道德和伦理需求以将国家利益置于个人利益之上，则彻彻底底从这里消失了。

对蒙田而言，个人利益优于他人利益是再明显不过的，《随笔集》第一卷中有一篇文章名为《一人之得，他人之失》，其中蒙田说道：

> 如果我们每个人都来探测一下自己内心深处的良知，你会发现，我们心中产生和孕育的欲望必定伴随着他人的损失和对其他人的伤害；每思至此，我想到，就大自然的总体策略而言，她如何不会在这个问题上否定自己：自然科学家告诉我们，**每个事物的出生、成长和壮大，意味着其他事物的变化和衰亡**。（*Essais* I, p.153; trans. I, pp.104—105, 1580 ed.）

这当然并不是指那种粗鄙的过分自我夸大，因为人的基本欲望只是自我保存，对为了这一目的而采取的手段的真正理解就排斥了恶行。《随笔集》最后几篇中的一篇，蒙田曾提到他何以接受波尔多市长的职务。当时波尔多的议员告诉他，他们之所以选择蒙田部分是因为蒙田的父亲曾出任过波尔多市长。

> 我对他们明确说，很抱歉，眼下这些事情不能不让我想起我的父亲，因为先父也曾担任同一职位，处理同样的事务和管理同一个城市，
> 51 现在他们招我赴任。记得童年时，我曾亲见父亲纠缠于公众事务、日益苍老，顾不上享受家庭生活的幸福；对自己的健康的家庭，他总是掉以轻心，别人为这些积极生活，而对他这些却好像威胁到他的安危，像一场漫长又痛苦的旅程……这种生活方式，我会在他处赞许，却不愿效仿：我这么说自有我的理由。父亲曾听人说，**人须为他人而忘却自己，说个别无论如何不能与总体相提并论**。其实，世上绝大部分地方规矩和训诫掌管我们，促使我们忽视自己、投入广阔的世界，为公共社会所用（*Essais* III, pp.217—218, trans. III, p.256, 1588 ed.）。

在蒙田看来，自我利益保护了人免于这种剥削和劳动，而简单的利他主义却让人投入剥削和劳作。他对波尔多议会的答复已与此前的西塞罗主义相去甚远了。

利普修斯在《论坚贞》中的论证与蒙田的极为接近。这部书采取的是对话体，描述了1571年冬天利普修斯与他的朋友、人文主义者朗格（Lange）之间的对话。这部书的核心论点是主张，坚贞为美德之冠，这也是一种与西塞罗主义明显相反的观点，因为坚贞不属于亚里士多德或西塞罗的德目表之列（坚贞在古典世界的根源可以追溯到塞涅卡，以及罗马军中所列出的士兵美德的名目，如在弗伦蒂努斯的《谋略》第四卷中），但它却是新兴的人文主义运动的核心价值所在——蒙田在《随笔集》第一卷中曾专文论述。这部对话录首先提出了一个问题，一个人该如何应对刚刚爆发的尼德兰内战？对话录中的朗格是利普修斯立场的代言人，因为这篇对话记载了利普修斯在朗格处接受的人文主义教育。朗格主张，战争中任何可能导致某种情感牵连的感觉都应该完全

排除在外。无论是爱国主义情感还是怜悯的情感都是错误和危险的，因为它们可能推翻对智者来说必要的超然；同样，对未来的恐惧与绝望也是无稽的，因为一切都出自上帝的意愿。理性的生活既不在于对政治的参与也不在于对原则的沉思，而在于培养一种不动声色观察事物的情感状态。“Il fault cultivar notre jardin”其实是利普修斯信奉的箴言——就其字面意思而言，这句话说的是，“照顾好自己家的花园”，因为这本书的确也雄辩的口气讨论了花园的道德意味（pp.129—137）（鲁本斯在他的肖像画中也有过此主题，这幅画中老年利普修斯在他的书 52
房中，塞涅卡的半身像前有一个插着郁金香的花瓶）。

朗格对爱国主义的排斥差不多是这部书的核心，而其论证主要遵循的仍旧是自我利益的原则。

> 佩特洛尼乌斯大师（Petronius Arbiter）曾说，世界就是一场大戏。此话确实不假。有人大声抱怨，内战折磨着我们无辜者遭践踏，法律和自由被破坏，也有人抱怨不已。真的是这样吗？你的悲伤，我看得见，但悲伤的原因就得细细琢磨了。你的悲伤是否因为共和国的缘故？噢，戏中人，请摘下你的面具吧：悲伤之故，本是自作。我们常常见到，只要有什么灾难或骚乱，总会有些虔诚的乡下人浑身发抖、四散奔逃，可是一旦事情过去了，再回头去看，你会发现，这些人几乎每一个害怕的都是自豪田地和农作物的损失。城市里只要失火了，就会看到人们大声疾呼，瘸子甚至瞎子都会来帮忙灭火。这些人你怎么看？他们这么做是为了国家？问问这些人，你就明白，他们之所以这么做无非是因为害怕损失过大、波及全体。内战也是如此。许多人之所以对公众生活中的罪恶不满、担忧，不是因为这些罪恶伤害了大多数人，而是因为这些罪恶伤害了他们自己。（*Of constancie*, p.89）

之后，朗格重述了西塞罗关于公民社会起源的主张，他认为，公民社会起源于人的自由联合，在公民社会产生之前，人们过的是一种“野蛮和邪恶的生活”。不过，他同时也为我们描述了公民社会的特点：

> 我们的贪欲开始得到尊敬和重视，仿佛贪欲就代表了我们自己？在某种意义上确实如此，只要我们每个人不完全受某一个人的支配，每一个公民事实上都会在公众生活中有自己的利益，每个人的区别就在于其私人的财产。因而，我们之所以会为共和国的得失或喜或悲：只是因为，唯有共和国是安全的，我们每个人的财产才是安全的；共和国的倾覆也就是我们的财产的倾覆。（*Of Constancie*, p.96）

因此，爱国主义不是自然的产物，而是“习俗的产物”。从我们自己的心理学角度来看，如果减少些爱国主义能增加我们的自我利益，那么爱国主义就会像其他不受欢迎的习俗一样消失殆尽。

《论坚贞》中与自我利益平行的主题是命运或天命的主题。这是这部书在现代文学上得到公认的暗讽性特点所在，但这个主题的论证在某些方面也依赖于自我利益的概念：因为利普修斯一再强调，外部
53 事件的紧迫性使得人们经常不可避免地去做某件事——这种必然性一方面体现为不可改变的命运，另一方面则体现为自我保护的需求。在利普修斯看来，虽然人并不缺少自由意志，但他们往往出于某种基本利益的需求而选择了一条唯一的道路：“对于必然性，你别无选择，只能希望她（即必然）的意愿就是你的意愿”（p.125）。蒙田论述君主的段落中（详见后文）也对命运的强制性表达了类似的观点（p.56）。

利普修斯在著作中一再强调，欲望的强大力量体现为人的某种情感，人为这些情感所驱使，成为某种野性的机器，与情感相对抗的力量只能是培养另一种情感，而不是靠理性地理解什么是对的。尽管某些斯多亚学派也曾提及与善恶相关的共通感，但利普修斯始终以怀疑论的

方式处理这一概念。他在《斯多亚哲学引论》这部远远超出当时那个世纪所有人的著作中指出，即使如爱比克泰德这样的斯多亚学者也承认，共通感是一码事，在现实世界中对共通感的运用则是另一码事：“弃恶从善，这种想法在脑子里你固然可以想得很周全，可一旦付诸行动，你就不得不为自己建构出另一些概念：这或那是善的或恶的。概念并不必然是真实的，好的原则往往会有坏的结果”（II. 11, 1610 ed., p.92）。道德行为需要良好的判断和行动的能力，而良好的判断和行动的能力则需要运用某些情感来控制另一些情感。

在利普修斯那里，我们遇到了整个17世纪反复出现的主题的根源：智慧并不来自理性对情感的控制，而是来自对某些有益的情感的培育。而情感的培养用利普修斯在《斯多亚哲学引论》与《论坚贞》中使用的类比来看，就好比在花园里种花。确切地说，利普修斯从斯多亚学派那里得来的重要教诲之一就是，不能像柏拉图和亚里士多德那样把人的灵魂划分为几个部分，人的灵魂是一个整体——这是斯多亚在古典世界的教诲。理性并不是与情感相对立的东西，理性表现为某些有益的情感，非理性则表现为某些有害的情感。没有什么理性的行动，也没有什么不带激情的美德：“没有愤怒，就没有勇敢；没有畏惧，就没有审慎；没有欲望，就没有节制；没有喜悦，就没有作为美德的知识，或者说对美德的爱”（III. 7, 1610 ed., p.153）。 54

值得注意的是，利普修斯在这一段落中仅仅提及了“四枢德”中的三个，他唯一没有提及的美德是“正义”，后者似乎很难与其论证结构相融。因为，利普修斯和蒙田的美德论证以自我利益为基础，而“正义”则包含着对自我利益的某种批判。这一点甚至在古代也是一个棘手的问题：斯多亚学派的美德论证一方面以自我利益为基础，另一方面则将正义当作首要的美德，他们认为，自我利益就是去理解我们行动的情感源泉，决定采取哪一种可以给我们带来心灵平静的生活方式。社会生活可以给我们带来心灵的平静，因为如家庭生活这样的原初社会生活可以带给我们与亲人生活在一起的持久深刻的冲动。西塞罗在他的《论善》中采取了这种与亚里士多德相似的论证方式，不仅如此，他同时也强调，对更广阔的社会生活，我们也有类似的义务：

> 在所有的道德现象中，再没有什么比人类的团结更加广泛、更加崇高的了。从我们一生下来开始，我们之间就有某种利益的结合、就有某种实际存在的情感，出于以下事实：父母爱他们的孩子，由于婚姻和亲情的纽带家庭得以形成，而这又可以逐步越出家庭的范围，最初由血缘关系、然后由姻亲关系、继而由朋友关系、邻里关系，一直到同胞关系、政治联盟和伙伴关系至最后形成一个人类的整体。这种慷慨的、公平的、支撑了人类的团结和联合的情感，就可以称之为"正义"。（v.65）

这明显是一个非常含糊的论证，它并没有处理最基本的问题——当自我利益与人的同情心发生冲突时，该怎么办？早期基督教学者拉克坦提乌斯保存了一段学园的怀疑派领袖卡尼阿德斯对西塞罗《论共和国》残篇的讨论，其中卡尼阿德斯就提出了这个强有力的问题，他指出，假如某人接受了斯多亚学派的观点，那么一定产生某种明显的悖论，比如有两个人同时遭遇了一场海难，

> 某个比你体弱的人抓住了船板，一个正义的人该怎么办？反正无人在场作证，不如把他推离船板，然后自己凭借这块船板逃生？一个
> 55 聪明人肯定会这么做；如果不这么做，自己就没了性命。假如你宁愿自己淹死，也不愿伤害别人，在这件事上，你的确算得上是个正义的人，可同时你也是个笨蛋，因为你竟然不珍惜自己的生命，倒眷顾别人的生命。（Lactantius, *Works* I, p.329）

卡尼阿德斯的表述在17世纪得到了广泛的关注，他利用以上的论证指出，

> 人对法律的利用只是为了他自己，为他自己的利益，他根据自己的性格运用不同的法律，甚至同一个人在不同时候也会运用不同的法律；根本就没有什么自然法：所有的人、所有的动物天生就受趋利的本性驱使；因此，根本就没有什么正义，即使有正义，正义也是最大的蠢行，因为它竟然为了别人的利益伤害自己本身。（Ibid., p.328）

西塞罗曾对卡尼阿德斯的论证加以反驳，不过，根据拉克坦提乌斯（应当承认，他不能算一个忠实的纪录者）的观点，西塞罗的反驳并不具有太多说服力。

当然，16世纪晚期新斯多亚学派的标志在于强烈排斥对正义的讨论。他们的政治理论并不强调公民的道德义务，也不主张共和国优先于个人利益；相反，他们认为，作为一个国家元首，君主出于自我保存的需要是可以不惜任何代价的。君主的自我利益虽然受制于他所治理的国家的利益，但如果保证政治秩序处于危及之中，那么正义的原则和受宪法保护的财产都不得不放在一边：财产会被褫夺，承诺会被撕毁，无辜者会被处决。蒙田在16世纪80年代写有一篇文章，名为《论利益与诚实》——讨论的是罗马道德哲学的主要概念：utile与honestum——其中提到，

> 一旦形势危急，发生了某些暴力事件或者其他无法预测的事件，为了维护他的地位，或者按照某些人的说法，也是为了维护国家，君主不得不违背他的诺言、失信于人、不遵守他的义务，他将这种必然性归之为上帝的权杖：此时没有任何罪恶可言，因为他放弃了自己的理性，采用了更为有力、更为公共的理性。（*Essais* III, p.18, 1588 ed.）

当然，无论就这一观点的论证而言还是就一般的政治理论而言，利普修斯都要比蒙田投入了更多的精力。在《政治六论》中，利普修斯指出，君主（当然尤其是尼德兰的君主）应该把和平当作他们的首要目
56 标，为此不惜牺牲任何原则。在此基础之上，利普修斯提出了宽严相济的政策：就其无视通常的正义原则、强制让不情愿的人群遵从宗教而论，这一政策是残酷无情的；而就其为了保障和平、放弃统治者珍视的目标（包括宗教上的一致性）而言，这一政策又是宽柔的。

在《政治六论》第四卷中，利普修斯明确提出要超越通常的道德原则。

> 我曾听过许多谆谆教诲:**不能行背叛之事，不能行虚伪之事，不能行欺骗之事**。纯洁的人啊，不，可怜的孩子。哲学家的确说过，**王国的颠覆往往因背信弃义之故**。可要是通过背信弃义保存了一个国家，是否也算不当之行？君主是否不应该不得不**像狐狸那般行为狡诈**，尤其是把**君主自己的利益**伪装为公共的利益？当然，这的确是欺诈之举：**对公共利益的背弃**既违反理性**也违背自然**……可我宁可追随不拘一格的品达，**他歌颂狮子般的勇敢，但在磋商方面也歌颂狐狸般的狡黠**。适时、适当地成为这种人吧，不要在意这些年轻人在学校里关起门来说的话：我认识的那些从来**没有听说过公民学说**，也没有多少判断力的人，才是最合适坐在法官席上的人，**他们不会对这个世界的事情懵然无知**，也不会对那个臭名昭著的意大利学者加以道德谴责。（pp.113—114）

书中的脚注证明利普修斯最后提及的显然是马基雅维利。不过，这可能会引起误解，因而在下一章节利普修斯又对自己的立场加以限定。在他看来，马基雅维利称之为“伟大的欺骗”的东西超出了某种限度，因

而仍旧是非法的。

> 至于我本人，首先，我认为君主在某种极端的状况下**应当遵循必然最有效的东西**，而不是言语的诚实。其次，我要说，君主不能扩大自己的财富，虽然出于自我保存他可以温和地逃避法律。因为，必然性可以保护人的缺点，却会触犯所有法律。诗人说，**一个不伤害别人的人，就会伤害他自己**。（p.123）

利普修斯在这一段落中的表述体现了16世纪晚期的理论家与马基雅维利的区别所在——这也有可能是他们有意为之的结果。在他们看 57
来，只有涉及到自我保存才能触犯法律，其他任何情况诸如为了君主或国家的荣耀，都不能冒犯法律的权威。一个不顾这些限制的君主就成了僭主。利普修斯从每个人的自我利益角度反对僭主，但同时他也承认这种反对的声音往往会起反作用。

> 如果放出了这只野兽，又有何办法加以补救？补救之法无非有二：杀死它或忍受它。方案一源自一种高尚的**精神：宁可去死，也不愿看僭主的脸色行事**。我知道，在希腊人那里，**弑僭者享受某种类似于神的崇高荣誉**，因此我不会去指责他……但是我认为另一种赞同智者统治的方式更有利于公共的利益。（p.200）

在利普修斯看来，明智的君主在必要时可以超出法律和惯常的道德之上，除此之外他还需要尽可能地在他的人民中用强力推行唯一的宗教：“一种宗教可以造就一个统一的国家；混乱的宗教只会带来分裂”（p.62）。利普修斯有力地表达了他对宗教狂热所引发的恐怖的看法：“天呐，宗教在欧洲这块土地上煽动了多少暴乱？我们的基督教国家的首脑之间充满着纷争，数以百万的人民在虔敬的名义下流离失所、命丧黄泉”（p.63）。他认为，那些在国家中制造了宗教分离运动的人应当施以严酷的惩罚：“对这些人不该有任何宽大，烧死、五马分尸都不为过，因为剔除一个人，总要好过整个国家被毁灭”（p.64）。为此，他引用了亚里士多德的看法：“破坏公认的习俗的行为，放在任何一个国家，都是极恶大罪”（p.62）。

利普修斯的观点在联合王国中引起了很大争议。荷兰王国的秘书官迪克·科恩赫特（Dirck Coornhert）猛烈批评了利普修斯的观点。科恩赫特曾于三年前出版了一本维护道德知识的绝对性的著作，后来又出版了一本著作论证宗教真理的可能性（Coornhert, *Breve documentum* 及*Recht ghebruyck*）。科恩赫特认为，利普修斯对宽容的攻击与他对怀疑主义的同情息息相关，科恩赫特的反应证明怀疑主义与宽容在16世
58 纪晚期并不必然相关：科恩赫特主张宽容的宗教政策，在他看来，宗教宽容的基础在于他所理解的宗教真理，即基督要求他的追随者之间相互宽容（确切地说，他准确地指出利普修斯的原则实际上为基督的刽子手所用。*Defensio processus*, p.43, 同时参见p.71）。

虽然利普修斯的宗教一统学说遭到激进的荷兰新教徒的反对，他在《政治六论》中提出有些情况下“宗教一统”也可以弃之不用的观点，则给支持反宗教改革的读者以更大的冲击。在阐明前述观点即宗教异见者应该受到惩罚之后，他补充道：

> 只要能让这些异见分子的活动平息下来、不再有进一步的举动，就应该采取相应的措施。可是，如果这些措施无效怎么办？如果形势所迫，**采取激烈的控制会给国家带来更大的破坏而不是更大的利益**，又该怎么办？假如你对我们的时代有所观察，你会发现，我们这个时代最为致命之嗜好莫过于，**所有的人都执着于争论而不眷恋生命**。到处都是智者和奇怪的探究者……他们的人数何以如此之多？**假如我们对他们一味打压，那么难免又会引发一场战争**。我有理由怀

> 疑，**当所有的政治家都认为应该屈服的时候，君主究竟是考虑镇压的时机好，还是让大家都知道我们的力量不足以控制他们好**。要我看，不该生是非的时候就不要惹事，好比即使是肉体**得了病，最大的危险莫过于不合适的药品**……有人可能会大叫大嚷，**要枪炮、要战争**：这些人难道还不明白，**枪炮和战争同样会引来军事抵抗？人的天性就喜欢逆反，越禁止他就越要尝试**。再想想吧，**是妥协为好，还是无休无止地弥补麻烦为好**？（pp.64—65）

利普修斯认为，支持还是反对宗教一统的政策取决于政治形势。这一观点极为引人注目，因为，这表明在利普修斯那里，公民宗教事实上从属于政治。对他的同代人来说，利普修斯的这一观点尤其说明他是一个马基雅维利主义者。值得注意的是，利普修斯还认为宗教是公共的事务，个人的遵奉则是每个人自己的事情。

1589年利普修斯向尼德兰君主提出的妥协政策意蕴非常（利普修斯没有兴趣对反叛省的领导人发言，内战中他的立场始终站在国王这一边）。16世纪80年代西班牙军队在帕尔马的亚历山大·法内塞公爵领导 59
下收复了尼德兰南部城市布鲁塞尔和根特。帕尔马公爵的军队确保了尼德兰南部处于政府管辖范围，其后他又于1589年发动了对北部城市的攻击。军队重新带来了宗教一统，南部归降的城市大多立誓皈依天主教。而就在这一年，利普修斯却声称军事行动走得太远，政府应该认识到宗教叛乱已是既定的事实，至少在一段时期内是。《政治六论》的最后一章所诉诸的就是妥协的策略。

> 内乱有两种结束方式：签订和平条约或者以一方失败而告终。我宁可选择和约定方式，因为，以**智慧的方式平息总要好过以刀剑和炮火带来的危险**。在我看来，**和平比内战要更加有利**。虽然暂时的和平总是没有保障的，但意见纷争难道永远不可能达成一致？……不

> 少人认为**取得胜利是万无一失的事**，等待结束内战更佳，但我以为，赢得战争只是更加光荣，未必更为有利，采取智慧的、克制的方式缔结和约要更好。因为，**胜利会带来许多不幸，僭政也会随之而来**。小心为妙。（pp.105—106）

1591年利普修斯返回哈布斯堡，这表明他确信帕尔马公爵的军事行动已经失败，停战协定就在眼前。在此之前，1590年叛省军队收复了布雷达（Breda），西班牙军队的攻势已经停止；国家的最终军事分裂眼看就在几年之间会到来（事实上，这种分裂的格局或多或少一直延续到今天）。利普修斯极其准确地判断了当时的形势，回到鲁汶之后他陆续写成了一系列主张缔结停战协定的文章。其中最著名的是写于1595年、发表于1605年的公开信，他在这封公开信中呼吁西班牙政府与叛军缔结和约。在斯皮诺拉（Spinola）将军收复奥斯丹（Ostend）后，西
60 班牙军事上的最后努力终于枯竭。两年之后，西班牙开始谋求签署停战协定，并于1609年签订十二年停战协定，荷兰内战最终随之结束。

不过，利普修斯对新人文主义政治学说的贡献并不在于《政治六论》所主张的尼德兰和平。我们曾指出，16世纪90年代利普修斯全面分析了罗马帝国的伟大功业，充实了《政治六论》中的塔西佗主义。1589年他已经开始主张，纪律严明组织有效的军队是君主统治国家的关键所在。他认为，国家的军事力量应该是从公民中选拔的常备军（既不是早期人文主义者嗤之以鼻的外国雇佣军，也不是纯粹的公民军），根据国家的大小，人数约在7500到15000之间。除此之外，应该有数量更为庞大的预备役部队，以防不时之需。这事实上已经是意大利君主国所推行的制度，后来也被新荷兰共和国所采用；荷兰共和国将军拿骚（Nassau）就极为推崇利普修斯的军事著作。

在《罗马军事》与《政治六论》两部著作中，利普修斯极为细致地考察了罗马军事组织的方方面面，并在《论罗马帝国的荣光》中又对

此加以扩充。从布鲁尼开始的早期人文主义（包括马基雅维利的《李维史论》）就认为，罗马以及其他伟大的城市，如佛罗伦萨，其伟大的功业在于其自由的体制（萨卢斯特语）。萨卢斯特等用复杂而详尽的理论指出了自由和伟大功业之间的精确联系。可利普修斯及其同道（最著名的是波特若1588年发表的《城市伟大之原因》，详见下章）却反对这一观点。（1579年利普修斯买了波特若的《国家理性》。Lipsius, *La Correspondance*, p.282）萨卢斯特的历史叙述不再是他们的典范，他们也不再信奉萨卢斯特的学说。利普修斯认为，决定罗马帝国伟大功业的因素有四个方面：人口的数量、复杂有效的金融体系、令人惊叹的公共建筑以及纪律严明的公民。就第一点而言，他详细考察了罗马的人口 61
资料，试图计算罗马的总人数——人口的主题至此成为此类著述的基本主题（比如，布罗代尔曾指出，波特若所计算的当时欧洲各国人口总数相当准确，Brandel, 1972, I, p.395, no.194）。利普修斯强调一个国家的伟大取决于其人口的数量和税收的制度，这种对政治权力的描述被利普修斯之后的一代人称为“重商主义”（mercantilism）。我们将在下一章对此加以考察。

在这本历史著作的最后部分，利普修斯交待了这本书蕴含的当代道德关怀。欧洲

> 为什么始终被连绵不断的战争和叛逆所折磨？其原因在于，欧洲的王国或王朝规模太小，它们或者对邻国图谋不轨，或者害怕邻国对自己图谋不轨，或者意图窥伺别人或者意图惩罚别人。按照普鲁塔克的说法，罗马帝国之前的欧洲局势与现在的情况也大体相似。普鲁塔克作了生动的比喻，“这就好比动荡世界中的锚”。塔西佗著作中的凯里亚里斯曾提到我们分裂的高卢，“直到你在我们的控制下来到之前，整个高卢遍地都是独裁者和战争”（*Histories*, IV.74）……我认为，为了所有臣民的幸福，为了对抗共同的敌人土耳其人，一个领导者

> 将是促进宗教统一的有效力量。（1617 ed., p.215）

1591年至1606年间哈布斯堡王朝发动了对土耳其人的十五年战争。这一时期，统一欧洲以对抗土耳其人是常见的话题，而且大多数讨论往往使用的是塔西佗主义或准塔西佗主义的术语（参见下一章的相关论述）。

新人文主义的所有主题都在利普修斯和蒙田这里得到了阐述。他们的学说采取的是怀疑主义的立场，即怀疑一切既定的道德学说，无论是西塞罗主义、亚里士多德主义、或者是最近的反亚里士多德主义式的科学——比如利普修斯就对博丹批评有加（*Epistolae* I, p.336）——在他们看来，唯一坚实有效的基础只能是“自我利益”或“自我保存”。而自我只有在情感的园艺学中才能得到保存，这种情感的园艺学意味着某些情感得到培育，某些情感受到控制。在政治层面，难以驾驭的混乱大众也需要同样的规训，正统的道德或者宪政的考究
62 都不能取代作为规训者的君主的地位。君主的权利来自他对强权的本质所持有的现实主义评估，来自军事与金钱的结合，后者可以保证一个大国得到良好的治理。这种关于权力的现实主义与西塞罗式的人文主义无关，它所依赖的古典背景是另一个伟大的古典学者——塔西佗。于是，怀疑主义、斯多亚主义与塔西佗主义结合为一体。15世纪文艺复兴的主流是西塞罗式的人文主义，现在怀疑主义、斯多亚主义与塔西佗主义的联合体取代了它的位置，成为新的主流思想。

这个三重思想的联合体并不仅仅体现于当时的高雅文化，事实上其支持者有各类形形色色的人。最为典型的证据之一是，利普修斯自16世纪60年代开始就隶属于一个尼德兰的秘密宗教团体——“爱之家”。这个宗教组织的成员包括了许多尼德兰上层社会的知识分子和商人（Rekers, 1972, pp.70—104）。在相当长的一段时间内，出版家普兰丁（Plantin）是这个组织的协办者之一，他负责给这个宗教组织的成员

寄送信件（通常由密文写成），在普兰丁安特卫普的工作室里发现了当时的通信。众所周知，自从文艺复兴和启蒙运动以来，出版家在激进的知识分子事业中扮演了一个相当重要的角色。我们之所以对“爱之家”这个宗教组织产生兴趣，是因为它代表了与蒙田、利普修斯观点相近、但不那么学院化、更加倾向宗教的一类人。这个组织的创始人亨德里克·尼克劳斯（Hendrick Niklaus）是避居尼德兰的德国人；在某种程度上，他是典型的“激进改革”的代表，他用非学院化的方式向包括手工艺者在内的人们宣传他的学说，其受众主要来自低地国家和英格兰东部地区。虽然其宗教立场是改革宗，但是对宗教改革以及宗教战争引发的血腥，他却感到幻灭。

> 人们的所思所想往往并非出自圣经，他们往往并没有正确理解上帝的所思所想，因此现如今在人类之子中间就产生了许许多多的争论、争执，甚至在那些拥有世俗智慧和宗教学识的人们中间也是如此。他们所争论的是，他们自己有没有理解圣经，或者按照他们自己的理解，来判断别人有没有理解圣经。（*The First Epistl*e, p.20） 63

尼可拉斯不愿看到的是对圣经的字面理解，他更认同的是对圣经的想象化解释。他认为，圣经中的故事是道德的隐喻而不是对真实事件的记载。尼可拉斯的批评混杂了16世纪晚期的怀疑主义，他认为我们应该遵循与社会规范相一致的生活方式。这表明，虽然在公开场合“爱之家”的成员宣誓某种必要的信仰，但在私下的场合比如家族的聚会上他们会表达自己的真实情感。

像其他种种秘密会社一样，“爱之家”保持了相当隐闭性。尼德兰神学家哈德良·萨拉维亚（Hadrian Saraxia）知道这个组织的存在，在1608年写给坎特伯雷主教的信中，他曾提到：

> 在我看来，这些人把圣经中的所有事情都还原为某种斯多亚哲学……新约中基督的故事是一种隐喻，而不是历史上的真实事件……除了在表面上对圣礼和上帝的信奉之外，（普兰丁）和我们没有任何共同之处。他声称这些对于普通人是必要的，对完人来说是肤浅的。不过，完人不该鄙视这种仪式，以免成为弱于他们的同胞们的绊脚石。（Rckers, 1972, pp.102—103）

“爱之家”在英国出版了尼可拉斯的著作，他们甚至还出版了柏拉图的《申辩》以此作为他们的信仰，不过他们被伊丽莎白政府视为异端。在英格兰东部“爱之家”的影响一直很大（在萨福克索思沃尔德的一家菜贩的店里，我看到过一根横梁上刻有丁道尔译本的圣经中的一句话：“你们祷告时，要进入内室，关上门，向在隐秘中的父祷告；你的父在暗中看见，必定在明处报答你。”这句话的内容和形式都让我们想起蒙田）。现在还不能确定，他们在英国是否也同在荷兰一样吸引了一批高层的支持者。总而言之，他们体现了16世纪晚期的社会中人们对教条主义者正反两方学说的失望，以及蒙田和利普修斯的新人文主义何
64 以能扎根的现实基础。

第三章

新人文主义的传播

西班牙与西班牙统治下的意大利

利普修斯《论罗马的伟大》(1598)一书的最后部分代表了塔西佗主义的前景——或是取消国家的宪政秩序，或是以安全的名义取消爱国主义本身。新人文主义的洞见在第一代学者那里——科比内利、帕斯夸尔以及利普修斯的《政治六论》——主要应用于他们自己国家的问题，此时他们或者被内战所困或者仍留有内战的记忆。而1590年欧洲作为一个整体已经被视为一个被国家间的内战撕裂的社会，因此需要一种新的帝国主义加以重建。这显然是西班牙人或哈布斯堡王朝所乐见的局面，不过，即便在16世纪90年代动乱的世界中，也没有迹象表明哈布斯堡王朝可以承担这一使命。在意大利，新一代已经开始将这一主题付诸讨论，他们不再满足于他们的前辈在16世纪80年代对亚平宁半岛上的小型专制主义的分析，开始着手将这种专制主义加以扩展。这其中最早也是在各方面最为经典的表述来自皮埃蒙特人吉奥瓦尼·波特若(Giovanni Botero)。

波特若出生于1544年，他曾是一名耶稣会教士，1579年因反对教会对君主的主权而被流放(尽管如此，他死前仍把财产全部捐献给了教会）。1582至1598年间，他先后担任了萨沃的查尔斯以及米兰主教费德里克·博罗梅奥（Federick Borromeo）的秘书，并经常出使罗马及其他国家的宫廷。1599至1610年间他返回萨沃担任萨沃公爵的幕僚。他最早
65 追随的是皮埃蒙特人帕斯夸尔，不过米兰之行使他开始关注西班牙帝国的制度。1583年他出版了一本传统的人文主义著作《论国王的智慧》并献给了萨沃的查尔斯·伊曼努尔；五年之后，波特若已经完全转向了新人文主义，出版了《城市伟大之原因》。1589年波特若又继之以著名的《国家理性》，此书在1589至1590年就重印了三次（第一版附有《城市伟大之原因》）。1591年波特若的另一部著作《论普世关系》的第一部分出版，这本书全面分析了欧洲国家的经济、社会和政府组织。16世纪90年代他时不时地为此书添加内容，直到1598年波特若最后完成了《论普世关系》的一套附录。除此之外，他还写有篇目繁多、类型各异的大量政论文章。

在《国家理性》一书致萨尔斯堡大主教的献辞中，波特若指出，虽然他经常引用马基雅维利和塔西佗，但是他并不完全信任他们，他希望能以基督教的方式修正两人的学说（pp.xiii—xiv）。事实上他心中惦记的显然是当时的塔西佗主义者科比内利、帕斯夸尔、萨维阿提、司各提（甚至也包括刚刚出版《政治六论》的利普修斯，利普修斯曾与波特若的恩主之一波若米欧长期保持通信关系），波特若对的修正有着特殊的观点。波特若并没有排斥当时出现的新一波对马基雅维利主义的批评——比如下一章我们将讨论的波赛维诺（Possevino）；他诉求更多的是把《国家理性》一书的原则运用于哈布斯堡王朝的天主教帝国主义，而不是意大利的教区政治。

总的来说，波特若分享了前一代人的基本信念：在他看来，“无疑，君主做出的决定首先考虑的是利益，而不是任何形式的论证；同君主打交道，友谊、亲情、约定诸如此类不能归结为利益的关系都不值得信任”（p.41）。与利普修斯相似，他同样强调情感的作用以及对情感的

控制——因此他建议所有的君主都来学习道德哲学和政治学。“从道德哲学中他能学到人类的共同情感，从政治科学中他能学到做好政府治理的规则，从而运用于对臣民的治理，缓和或激励这些情感以及这些情感对臣民的效果”（p.34）。《国家理性》所讲述的方法也是政治控制的习见技艺。同时，他还注重金钱的巨大作用，他列出了一系列增加国 66
家财政收入的方法，除税收外还包括促进生产和贸易的手段（特别参见Book VIII, pp.148—167）。《城市伟大之原因》则一再强调，人口数量与富裕工业是伟大功业的基础所在。

不过，波特若明确主张，君主所运用的政治控制技艺应当服务于两个目标。其一是保护基督教国家的整体安全以对抗土耳其人。《国家理性》的最后一章让我们想起了之前的马基雅维利《君主论》的最后一章，与之后的利普修斯《罗马的伟业》一书的最后词句也有异曲同工之处，波特若在这里呼吁意大利与欧洲的君主超越意大利与欧洲政治的当地利益，关注基督教社会的整体利益（X.9, pp.222—224）。除此之外，目标之二则是重新建立天主教教会在欧洲的霸权，这显然是第一个目标的延续。《论普世关系》的主题之一即在于此，波特若在此书的下半部分（出版于1592年）强烈谴责法国国王与“土耳其人、胡格诺教徒”媾和——“他们让一切都成为愚蠢凶残的国家理性”，其结果必将走向亡国之途（p.25）。真正的国家理性必须认识到基督教与欧洲的联合势在必行。波特若与1607年匿名发表的《论君主制之优越性》一书持相同观点：“我认为，只有整个世界在一个君主的统治下，人类才能生活得更好……我们的灾难其实大多源自君主政权的割据状态”（*Saggio*, p.14）。而波特若心中的全球君主国，他先前在同篇论文中已表明就是西班牙帝国。

与西班牙结盟的意大利大公国中很快便出现了波特若的追随者。除波特若外，其中最著名的一位是托斯卡尼人西庇奥·阿米纳托（Scipione Ammirato）。阿米纳托生于那不勒斯，幼年在那不勒斯接受教育，继而在威尼斯和罗马求学。16世纪70年代他离开罗马到托斯卡尼大公处就职直到1601年去世。其间阿米纳托接受科西莫一世的委托
67 撰写了佛罗伦萨史。阿米纳托一生写作了大量政论和随笔，1594年他出版了《论塔西佗》。这本书包括了一系列关于塔西佗的《编年史》和《历史》的短篇，出版之后随即成为享誉欧洲的经典之作（拉丁文版本见于1609，1612和1618年，法语版本见于1618，1619，1623，1633和1642年）。

《论塔西佗》中的论文既有对“国家理性”的一般性研究，也有将国家理性理论运用于欧洲政治的具体研究。对国家理性的一般理论的研究出现在此书一篇较长的文章《论国家理性之善》中，这篇论文主要讨论了《编年史》中的一个段，即罗马皇帝克劳迪乌斯迎娶他的侄女——这段婚姻无论在古代罗马还是在罗马天主教社会都是乱伦的行为（pp.223—236）。像许多早期人文主义者一样，阿米纳托认为，自然理性可以等同于与食色等自然本能；人类运用此类自然理性，从动物的状态转而带着财产、契约建立群居的共同体。这就是公民社会，或者说公民理性运用的场所。公民共同体不可避免会产生争执，战争是理性的后果，这就是所谓“刀剑的理性”。同样地，理性也会限制战争，规定战争能走多远，这些限制就是通过外交和协约体现出来的“国家理性”。每一种国家理性都可以大致对应于某种习俗式的道德性的法律或政治性的“法律”，比如自然法、战争法、国家法等等，尽管阿米纳托基于他的人文主义者身份，很少使用在法律的层面上谈论国家理性。因为，国家理性并不是法律的部分成果之一，它“关注的是公共福祉”（p.225），追求的是“共和国或者共和国的代表者即君主”的利益（p.235）。无论是自然的理性还是公民社会的理性都是狭隘的，都不可能达成共和国的整体利益。

《论塔西佗》的其他篇目主要是将国家理性的一般理论运用于对当时欧洲具体问题的分析。与波特若相似，阿米纳托关注的首要问题是团结起来与土耳其人对抗。早在1585年阿米纳托就已经开始寻求欧

洲的伟大联合，他曾一再给教皇克莱门特八世、腓力二世以及腓力三世写信宣扬他的主张。这些观点汇集在《论塔西佗》中的一篇文章，题为“好纪律和好运气造就了八百年帝国基业”（此篇题名出自塔西佗《历 68
史》IV.74，利普修斯也曾在《罗马的伟大》引用过同一章节）。阿米纳托认为，在西班牙和美第奇家族掌握霸权之前，整个意大利半岛处于极度混乱的状态，继而他还指出，

> 随着米兰、西西里及那不勒斯王国进入西班牙帝国治下，意大利再没有经历过令人惧怕的压迫，相反，倒有了多年少见的幸福时光。这主要出自神的眷顾以及王权的恩惠——担心强大的国王遭遇他曾经压迫的人的反抗，这点忧虑已消失殆尽。现在，奥斯曼帝国势无匹敌，为了对付这样一个强大的对手，所有的基督教国家都应该一直对外。如果西班牙人能像罗马人一样明智，在维持霸权的同时也保留了一些王国未去侵扰，那么他们的帝国将会不单是强大和稳定的，而且是可爱的和可敬的。（p.530）

将国家理性的观点运用于天主教普世主义实践，其中最极端的主张来自另一位意大利学者——此人几乎完全打破了传统政治思想的版图。这就是著名的那不勒斯人托马索·康帕内拉。康帕内拉一生的传奇故事、捉摸不定的哲学主张往往让我们忽视了他属于与波特若和阿米纳托一样的传统，只不过康帕内拉运用了他们的观点，推导出的却是实践上全然不同的逻辑结论。

康帕内拉1568年出生于卡拉布里亚一个贫穷的鞋匠之家（参见Bonansea, 1969）。康帕内拉是个天才，少年时期他的老师都认为他天赋极高，鼓励他加入多米尼克修会——这几乎是贫穷的天主教家庭的孩子继续求学的必经之途。他学习了一段时间的哲学，不过像他的同代人一样，16世纪80年代便对亚里士多德失去了兴趣，开始为特勒肖等意

大利现代哲学家所吸引。当16世纪90年代教会开始批判反亚里士多德主义，包括1592年多米尼克修会下令禁止学习特勒肖的著作，康帕内拉帕特里齐一样遭受此劫。为此他曾避难佛罗伦萨、帕多瓦；在帕多瓦他与伽利略相识并结下友谊，两人都是反亚里士多德主义者，他们之间
69 的交往一直持续到1639年康帕内拉去世。康帕内拉早已是日心说的支持者，不过，他支持日心说的理由更接近哥白尼而不是成熟时期的伽利略，也就是说更接近于一种把太阳当作宇宙中心的神秘信念。实际上，太阳作为生活和权力的源泉一直是康帕内拉著作的支配性动机。

事实证明，帕多瓦的环境也不安全：他被宗教法庭宣判为异端，并押回罗马。1596年他曾一度获释，第二年又重新被捕入狱，后来他被遣返回家乡卡拉布里亚，勒令他在某座修道院内修行。康帕内拉当然不会服从，1599年他投入了那不勒斯反对西班牙的叛乱。这场叛乱带有非常强烈的千禧年主义的意味，康帕内拉的政治主张可能也是其动力之一。叛乱平定之后，由于宗教法庭的教唆，康帕内拉在西班牙人手上受尽折磨；据信康帕内拉靠装疯才逃过西班牙人的酷刑。经过二十七年的牢狱生涯后，他才在某些红衣主教的影响下于1626年出狱。两年之后，康帕内拉又一次被罗马教会批捕，这一次的刑期是半年。1634年，由于康帕内拉的一个学生在那不勒斯因密谋活动被捕，康帕内拉也在牵连之列；后来，暗中反西班牙的教皇乌尔班八世（因为他正处于三十年战争的危机之一中）建议康帕内拉逃亡法国，在那里他受到了黎塞留的欢迎，黎塞留任用康帕内拉担任反西班牙的政策顾问。在巴黎，他还和1639年逃亡法国的格劳秀斯相识。

康帕内拉非同寻常的生活经历，虽然可以让我们想起我们这个时代的种种政治迫害，但对当时的历史学家看来，却并没有多少令人惊奇之处。通过向狱卒行贿，康帕内拉在狱中一直保持着活跃的写作状态，他同时写作了大量的形而上学著作和政治著作。他最重要的政治理论著作可能写于1599至1604年关押于那不勒斯新堡期间，当然，这些著

作直到17世纪20年代才出版，而且多以其他语种的译本为主。这些著作中最重要的三本书分别是《论西班牙君主国》（德语译本出版于1620年，拉丁语译本1640年），《政治箴言录》（1623年作为其作品集的一部分出版于法兰克福）以及《太阳城》（以《政治箴言录》的附录形式写成）。 70

他的形而上学著作经过了多次修改，最终于1638年出版，这些作品给予现代怀疑主义以充分关注，康帕内拉认为，不能回避现代的怀疑主义。在最后的定稿中，康帕内拉运用了奥古斯丁对怀疑主义的回答，这一论证某些地方接近于笛卡尔的论证。有些人就此认为，康帕内拉是笛卡尔的先驱（Bonansea, 1969, pp.61—70），然而他们误解了笛卡尔的“普遍怀疑”，即可能没有事物是存在的，这也是笛卡尔思想的核心。康帕内拉处理的还是传统的怀疑主义，他对此的回答是，所有的理性存在者最终都会认同自己是*权力*、*知识*和*爱*的生物。这后来成为康帕内拉哲学体系的基石，他以一种带有16世纪晚期反亚里士多德主义特质的方式将其表现出来。对我们来说，康帕内拉的哲学体系最重要的特点在于，他注意到现代怀疑主义的发展，对此他部分的解决方式是，强调*权力*在人类生活中所扮演的角色。

“权力”也是康帕内拉政治思想的关键所在。他充分意识到国家理性学说在当时的影响力，也为这种学说对政治权力的描述所吸引。他断言，权力与正义最终不可能是冲突的；因为，上帝的意愿就是让权力和正义取得最终的和谐，以在这个世界实现神的意志。实际的例子就是西班牙帝国，就此而言，他和波特若、阿米纳托的观点大体相似。但是他们之间还有一个重要的区别。在康帕内拉看来，帝国的权力体现在它的军事力量，而帝国的正义则体现在*教皇*对支配新世界的权力的认可。教皇是这个世界道德正当性的最终根基所在，长远来看，精神的正义和世俗的权力之间并不存在冲突。天主教（大公教）的普世国家必须建立在教皇的权威之上，因为唯此才可以称之为“*大公*”（catholic）；由此，康帕内拉阐明了波特若与阿米纳托一直回避不谈的东西，他慧眼独具地将国家理性理论运用于罗马教廷的霸权。

康帕内拉在西班牙人手上遭受了如此之多的苦难，却认同西班牙
71 人的帝国地位，这的确是件咄咄怪事，不过，他对此有非常严格的限定。在《君主制历史》一书中，康帕内拉指出，西班牙人的权力必须不择手段地运用于帝国霸权的外部敌人，其次，在帝国内部，西班牙人必须承认教皇的权威。而在意大利，康帕内拉提出，根据《君士坦丁赠礼》统治任务必须交给教皇。1599年那不勒斯的暴乱，其意识形态不单只是对西班牙人的反抗，而且还试图创造一种肩负救赎任务的基督教共和国。康帕内拉对西班牙帝国的看法，与他对西班牙人的批评并不矛盾。当然，在后期的著作里，他更倾向于一种在教皇统治下的普世帝国。

这些主题同样体现在更侧重理论建树的著作如《政治箴言录》及《太阳城》。《政治箴言录》主张，所有的政治权力都建立在正义和暴力的双重基础之上。一个国家最初建立在赤裸裸的权力之上，之后它会转化为寻求共同知识的共同体，最后转化为以共同的爱为基础的民族实体。在现代世界，教皇代表了爱、权力和知识三重原则的结合。《太阳城》以一种隐喻的方式传达的是同样的理念，《太阳城》描绘了一个处于乌托邦幻想中的精英制共同体，在这个共同体中，所有的东西都是公共的，没有任何私人权利。国家的统治者是“他们称之为‘太阳’的神职君主，用我们的话说，此人就是形而上学家”（p.31）。在“太阳”之下，是分别代表爱、权力和知识的三个王，三人一起共同管理国家。在这样一个“太阳城”中，只有作为最高统治者的形而上学家的决策才是正确的，并受知识和权力的系统的支持，实际上，“太阳城”极为接近康帕内拉描述的结合了正义和权力的普世帝国。

不过，康帕内拉的坎坷一生说明了，这样的理论在17世纪早期可能是不合时宜的。西班牙人看上的是像利普修斯或阿米纳托这样的人。

在西班牙人看来，康帕内拉的教皇主义在智识上的是令人不快的，同时在实践上也是危险的，因为意大利半岛上的教皇有一定的实力，归根结底还是不可靠的盟友。不过，教皇也不会给康帕内拉带来多少帮助，因为天主教会早就不再追求教皇直接统治的普世帝国了。康帕内拉后来越过阿尔卑斯山来到法国，似乎也象征了普世帝国的理想来到了阿尔卑斯山的另一面。下面的章节我们会处理这个问题。 72

引人注目的是，康帕内拉从没有接受西班牙人自己所表达的普世君主国原则。波特若和阿米纳托的学说逐渐也受到了批评，更多人主张西班牙的地位应当受到限制。一直到1606年土耳其战争爆发之前，很多人相信也期望一个普世的西班牙帝国或哈布斯堡帝国可以保卫欧洲。但1610年后，甚至意大利半岛上的西班牙盟友态度也开始有所转变。西班牙人1609年和尼德兰联省共和国签订了停战协定，这实际上表明西班牙人输掉了这场与尼德兰人的长期战争，这时候意大利半岛上的大公们对所谓的普世君主国也开始改变了主意。萨沃公国一向是个风向标，它很快便倒向了老对手法国人一边，1610年它甚至准备加入法国入侵意大利的军队（此次计划由于法王亨利四世被刺而取消）。1613至1617年它和西班牙人为了蒙特费拉特公国而开战。1628年，法国和西班牙自1559年以来第二次在意大利的领土上开战，这正是宣告意大利半岛的长期和平的破碎。战争的代价给交战双方包括观战者都带来的不小的惊吓，于是1631年双方重新签订停火协议。不过，1559年至1613年之间的和平再也不会重来，从1631年起意大利半岛陆续有不少小规模的战争（尤其是教皇国试图抓住机会，建立与西班牙人相抗衡的力量）。

策士总是跟随君主的脚步——甚至波特若也在1605年写了一本书颂扬西班牙人在意大利的老对手威尼斯人。总体而言，和西班牙人有直接或间接联系的意大利国家的学者并没有马上起来反对哈布斯堡；不过，新观点认为，虽然西班牙人在意大利的存在还有其必要性，但尼德兰的经验表明了“克制”的重要性。现在我们发现的是，从国家理性出发，用塔西佗主义的词汇主张一种更偏向于自由的、宪政的政府。与此相似的是，利普修斯在《政治六论》中最终所做的妥协：这些学者试图
73 把一些新的理念运用于意大利现实问题，他们明显反对波特若或阿米纳托大而无当的政治主张。热那亚像以前一样代表了西班牙在意大利的动向：热那亚人吉奥瓦尼·科斯塔分别于1610年与1615年出版了《论低地国家的休战》以及《论意大利的和平与自由及维护方式》。在这本书中，科斯塔首先指出，国家理性学说需要君主关注臣民的性格，不要任意施加不受欢迎的措施；其次（献给托斯卡纳的科西莫二世），他声称皮埃蒙特人的扩张主义是意大利长期和平的威胁，因此，只有在西班牙人的保护下，才可能有意大利半岛的长久和平（对于Costa，参见*Dizionario Biografico* s.n.）。

这些主题在西班牙统治下的意大利变得极为常见：例如，1622年就有一部当时极具影响力的塔西佗主义论著面世，其作者马尔维兹（Malvezzi）在西班牙军队中服役并听从皮埃蒙特的米兰总督的调遣（Bozza, 1949, pp.140—141）。在这部献给斐迪南二世·德·美第奇的著作《论塔西佗》中，马尔维兹始终对进攻性军事主义的局限性和危险性忧心忡忡。1620至1630年间的马尔维兹著作重述了早期反西塞罗主义的基本主题：例如，论及奥古斯都时，马尔维兹说，“安全是美好之物……大多数人宁可要奴役的安全，也不要危险的自由；人总是先关注个人的利益，再关注公共的利益；所有人都宁可做个富裕的奴隶，也不愿做个贫穷的自由人”（*Discourses*, p.95）。为此，他引用了迪奥·卡修斯（Dio）记载的一段故事：当西庇阿鼓励凯撒为自由而战时，凯撒反过来给了西庇阿手下的人一大笔钱，凯撒说道，“没有人会仅仅靠说服就跟着凯撒走；我们得认识到，普通人总是重利轻义”——换言之，utile先于honestum。

马尔维兹尤其强调“利益”的重要性。1629年他发表了一篇对罗慕

卢斯的研究（这是马基雅维利《君主论》的重要主题），他为罗慕卢斯的弑兄行为辩护：

> “无论在高贵的天堂还是在矮小的陋室，主宰一切的都是利
> 益……利益就是这个世界的伦理，它甚至渗透到物质的对象里。因
> 为，非但人试图控制其他人，元素也试图压过其他元素。有一个人利
> 欲熏心，就有第二个利欲熏心的家伙；世界始于利益、也将终于利 74
> 益。”（Braecdi, 1964, p.56）

三年之后，他在此基础之上研究了另一例阴谋事件：塔昆（Tarquin）。在他看来，如果基于国家或个人的利益，弑僭同样是必要的。正如他在书中说到的那样：“一个民族的幸福需要三个条件：对内享有安全不受压迫；对外缔结和平；国家富足”（p.100），但是塔昆这样的僭主对这三个条件都有莫大的危害。《论罗慕卢斯》与《论塔西佗》中都一再强调贵族政治可以阻止此类危害。罗马元老院首要的功用是帮助君主平衡平民的权力，罗慕卢斯的错误在于他摧毁了罗马贵族的力量（*Romulus*, fol. 23v）。马尔维兹的这些观念无疑对当时的西班牙首相奥利瓦雷斯（Olivares）颇具吸引力，同时他在英国也得到了赛耶子爵（Saye）的赏识——后者的声名恰恰在于提升了英国贵族的权力。

马尔维兹认为，君主必须同时对他们自己的利益和他们的臣民的利益采取现实主义的态度，不要漠视臣民的利益，这种立场得到了广泛的传播。随后几年，效命于米兰大主教费德里克·博罗梅奥并广泛介入国际关系领域的米兰人穆奇奥（Pio Muzio）出版了《对塔西佗第二卷书的思考》（Bozza, 1949, p.147）。此书围绕西班牙在尼德兰的失败而展开其反思，强调“君主必须知道如何让自己与国家的精神和习俗保持一致”。由于西班牙人在弗兰德斯对一个自由的民族使用了严厉的手段，他们因此失去了很多省份，付出了数不胜数的金钱和鲜血的代价（1642

ed., p.295）。予是从曼图亚战争中期起，站在西班牙一边的意大利人开始强调“克制”的重要性——比如那不勒斯人萨马科（Sammarco）就在1628年专门为莫德纳公爵斐迪南多·贡查加（Ferdinando Gonzaga）写下了《论王国的运转》，主张“国家如果不与其臣民的性格保持一致，就一定不能长治久安”（p.141）。如果君主的信仰与臣民的信仰、与整个民族性背道而驰，或者君主试图引入新的宗教（很明显，这是
75 对尼德兰状况的影射），就一定会失去他们的权力。科斯塔的著作虽未发表，但其中为西班牙的曼图亚战争辩护的章节也包含了类似的观点（参见Ferrari, 1860, pp.312ff. 以及*Dizionario Biografico* XXX, p.188）。

西班牙人自己对待此类政治思考的态度就要含糊得多。在西班牙我们同样也可以发现与意大利塔西佗主义相似的现象——这两个地区在很多方面已具备某种文化共性，意大利人的想法总是能很快传回帝国本土。西班牙学者既吸收了帕斯夸尔、斯各提以及利普修斯在《政治六论》中表述的民族主义思想，也吸收了波特若、阿米纳托以及利普修斯在《论罗马的伟大》中表述的帝国主义思想。他们甚至也采纳了马尔维兹等人的现实自由主义策略。第一种类型的代表是卡斯蒂利亚人巴尔塔萨（Balthasar）。要理解巴尔塔萨的立场，就必须提起早在16世纪70年代西班牙宫廷中由国王及其秘书官安东尼奥·佩雷斯（Antonio Perez）领导的一个派别，他们主张对尼德兰待叛乱采取一种安抚政策——利普修斯就是对这套政策寄予希望才从耶拿回到鲁汶。这套政策的执行者是1573年秋就任的新总督路易·德·雷克森斯。由西班牙军队的狡诈和暴虐，安抚策略付出了沉重的代价，而佩雷斯由于谋杀了他的政敌于1579年7月锒铛入狱。1590年越狱后他在阿拉贡策动了一场反抗腓力的叛乱。1591年叛乱失败，佩雷斯又倒向法国，余生在法英两国渡过。

阿拉莫斯·德·巴里恩托斯（Alamos de Barrientos）是佩雷斯16世

纪70、80年代最亲密的随从之一（Ungerer, 1976, II, pp.338ff.）。在佩雷斯逃亡之后，巴里恩托斯随即入狱，直到腓力二世死后的大赦才重获自由。在狱中他完成了塔西佗的第一个西班牙语译本，并附有一系列直接转引自帕斯夸尔和斯各提评注的政治箴言（需要指出的是，对塔西佗的评注采取箴言体的形式往往意味着，评注者更倾向于早期的更具民族主义倾向的塔西佗主义）。1594年，巴里恩托斯的译稿完成，政 76
府要求利普修斯的朋友安东尼·卡法卢维阿斯对其审查；不出所料，卡法卢维阿斯肯定了巴里恩托斯的译稿（Perez, *L' Art*, pp.xvi—xvii），但腓力却依旧固执己见，禁止其出版。类似的敌意甚至还针对于一些更为正统的作品，如纳尔波那的著作《民政学说格言集》，此书也由于其箴言体形式以及对塔西佗的引用引发了政府方面的敌意；1604年西班牙人经过审查后没收了其出版物，直到1621年才得以重印（Fernandez-Santamaria, 1983, p.35）。

从阿拉莫斯1598年为腓力三世的继位问题写作的长篇策论中，很容易就能发现敌意的原因所在。阿拉莫斯的报告是当时的策士群体所写的无数报告中最早也是最全面的一份，他分析了西班牙帝国所面临的问题，主张西班牙应该放弃普世君主国的理想（这也是佩雷斯认可的政策），因为这种野心只会造成西班牙与欧洲其他势力之间的对立。西班牙应该与法国（Perez, *L'Art*, pp.139ff.）以及荷兰叛军讲和（pp.182ff.），应该集中其军事力量打击英国的海外贸易以瓦解英国的抵抗（pp.194ff.）。他对西班牙在意大利的存在也表示怀疑，在他看来，美第奇家族是完全不值得信赖的同盟（如p.114）。在意大利各公国之间流行的早期塔西佗主义，当直接被运用于西班牙时，很自然地更为强调西班牙人自己眼下的实际需求，从而促使他们放弃普遍帝国的理想。

这一立场在17世纪的西班牙得到广泛认同，而且很自然地与晚近意大利学者更为自由的塔西佗主义联系在一起——这两种看待政治的立场都要求西班牙更为现实地对待自己的权力的界限。随着1621年腓力四世继位，阿拉莫斯虽已垂垂老矣，但却于七十一岁高龄迎来了其事业的高峰（Perez, *L'Art*, p.xxv）。阿拉莫斯是新首相奥利瓦雷斯的朋友，与阿拉莫斯在帝国事务的很多问题上持相同立场。奥利瓦雷斯主张西班牙当时的要务是内部的重组而不是继续图谋欧洲的霸权。有件事可以充分说明阿拉莫斯的塔西佗主义与意大利人的塔西佗主义之间的
77 关联：由米兰总督引荐，奥利瓦雷斯让马尔维兹进入了马德里的宫廷，并成为他的亲随之一。他任命马尔维兹担任国务秘书和军事秘书，并于1640年出使英国。即便在奥利瓦雷斯下台之后，马尔维兹仍然深受腓力四世的宠爱，被腓力四世任命为皇家历史官员。此外，很多西班牙本土的学者也创作了一系列类似于马尔维兹立场的书籍，比如洛佩兹·布拉沃1616出版的《论国王及王政之理三卷》，此书的最后一卷讨论了如何保全国家财富的问题。

利普修斯主义在西班牙的另一个代表是利普修斯的老朋友、神学家蒙塔诺（Benito Arias Montano）。1568年至1575年蒙塔诺曾居住在尼德兰，在此期间，他成为“爱之家”的成员，并监理由普兰丁排印的著名的多语言对照版圣经（Rekers, 1972, p.77）。作为尼德兰统治者的秘书，他一再建议采纳讲和的政策。1576年他回到西班牙担任西班牙皇家图书馆的馆长（当时佩雷斯影响力强大），不过，其此后政途停滞不前：1584年蒙塔诺在信中抱怨，已经有好几年没被国王召见了（ibid., p.116）。1590年，他从皇家图书馆退休回到靠近塞维利亚的家乡庄园。蒙塔诺晚年试图超越利普修斯学派的斯多亚主义和怀疑主义，代之以一种与16世纪晚期意大利的亚里士多德批评者类似的后亚里士多德主义科学（ibid., p.10）；不过，他的政治观点始终未变，与利普修斯相当接近，返回西班牙后他也经常与利普修斯就政治问题交换意见。同时，蒙塔诺还试图在西班牙培养一种利普修斯式的文化氛围，在他的学生佩德罗·德·瓦伦西亚（Pedro de Valencia）身上大获成功。1596年瓦伦

西亚在普兰丁出版社出版了对学园怀疑主义的全面研究，将怀疑主义论证与虔诚的基督教信仰结合在一起。17世纪初佩雷斯一派人物重新掌权之际，他于1607年重新成为策士群体（arbitrista）的领导者（ibid., pp.117—118）。

不过，波特若的帝国派塔西佗主义在西班牙也同样广受欢迎。1603年，安东尼奥·德·赫雷拉（Antonio de Herrera）出版了《国家理性》一书的西班牙译本，1615年他又编辑出版了塔西佗《编年史》的前五卷。赫莱拉是西班牙现代最为重要的史学家之一，在《世界通史》 78
（1609—1612）一书中他叙述了腓力二世的普世帝国与其各种对手尤其是土耳其人之间的战争。与波特若与阿米纳托的立场相似，赫莱拉认为，16世纪90年代作为欧洲与土耳其作战的领导者，西班牙在欧洲的特殊地位是有据可依的。而这一立场最为知名的阐述者则是另一位耶稣会历史学家马里安纳（Juan de Mariana）。

1599年马里安纳出版了著名的《论国王与王国的制度》，这本书近来已经在学术界得到了广泛的讨论。昆廷·斯金纳认为，这是一部耶稣会士的反马基雅维利主义、反塔西佗主义作品，但马里安纳的这本书与苏亚雷斯为代表的耶稣会反马基雅维利主义实际上有着相当大的区别。当时的人明确意识到了这种区别：例如，帕罗·萨尔皮（Paolo Sarpi）就曾指出，经院学者苏亚雷斯比修辞学家马里安纳比要危险得多（Lettere ai Gallicani, p.88）。马里安纳的确在书中对马基雅维利颇有微词，他也的确对国王的诡计大加抨击；但正如我们曾指出的，塔西佗主义的传统对马基雅维利的批评往往只是指责他采取了“*不必要*”的非道德手段，正基于这一传统，马里安纳才对马基雅维利颇有微词。而马里安纳实际上也承认，君主可以使用阴谋诡计，“当然，应该尽可能少用，如果一定要用，应当出于良好有益的目的”（p.165）——他所反对的是，君主把欺骗当作日常的伎俩（毕竟这本书的主题讨论的是君主教育）。在书中他大量引述塔西佗的观点，这充分说明了他忠实于塔西佗主义的理智立场，在此书的开篇处他曾有一段对塔西佗的赞颂：塔西佗的书无比重要，“君主和廷臣应当手不释卷，日夜阅读”（p.137）。即便是这部书一些有不同寻常特点的内容，比如马里安纳在第一卷中论及的公民社会的起源问题——对现代的读者而言这显然更为重要、更具原创力——事实上也遵循了塔西佗主义的传统（比如，阿米纳托就曾提到，道德共同体出于自然人的联合）。

《论国王与王国的制度》最为显著的特点莫过于马里安纳支持弑君行动——这显然也符合塔西佗主义的原则。在他看来，如果暴君侵害了臣民基本的自由、财富以及他们真实的信仰，那么弑君就应当被
79 允许（他所举出的例子是现实中刺杀法王亨利三世的行动，正因为此，1610年巴黎最高法院宣布此书非法）。波特若并没有冒天下之大不韪称赞行刺“沉默者威廉”的行为，即便是利普修斯也对弑君的主题含糊不清。可以说，虽然马里安纳运用了一些与经院哲学相似的论证策略，但是其基本思路仍属于塔西佗主义传统之列。在1592年出版的《西班牙史》一书中，我们可以发现与其他著作中类似的塔西佗主义的主题：比如，不信任变幻不定的大众政治，同时还可以发现，他也为西班牙王室尤其是阿拉贡的斐迪南发起的针对摩尔人的宗教战争做了有力的辩护。马里亚纳之所以对西班牙的帝国主义褒扬有加，是因为西班牙人的政治军事行动代表了天主教的利益——这也是阿米纳托和波特若寄希望于西班牙人的原因所在。

无论我们这一潮流称之为塔西佗主义、利普修斯主义还是波特若主义，他们都分享了这一整体运动的共同前提，代表了在西班牙和意大利出现的新人文主义。他们都不是宪政主义者，并且都不关注传统的美德；所有的人都强调“利益”和“必然性”的力量。同时，他们的共同点是强调促进国家壮大的手段，例如纪律严明的职业化军队、良好的金融经济基础等等。最后一点在西班牙以及西班牙统治下的意大利尤为盛行，也出现了不少极为有趣的作品：正如前文所述，17世纪初西班牙

帝国的观察家都注意到，尽管西班牙得到了美洲的财富，但西班牙还是没能在欧洲建立不可挑战的霸权。

西班牙的经院学者很早就注意到西班牙在经济上的尴尬位置，大量的白银只是提升了欧洲的物价水平。弗朗西斯科·德·维多利亚（Francisco de Vitoria）的追随者如马丁诺·阿斯皮利奎塔（Martino de Azpilcueta）在1556年出版的《临变决事集》中已经指出，大量出现的硬通货并不必然增加一个国家的财富，它带来的仅仅是一个国家物价水平的上升（Larraz, 1963, pp.83ff.）。这些观念后来在另一个多明我 80
会士默卡多的《通商贸易往来与契约》得到了更为充分的传播（Larraz, 1963, p.78）。另一个不同学派的人文科学家博丹在《回应马尔斯特瓦罗先生》中也提出了类似的看法。但无论是西班牙人还是博丹都没能提供一个足够令人信服的解释：财富由什么构成？如果它不是货币构成的，国家究竟应当怎样积累财富？

波特若从塔西佗主义立场提供了一个答案，他认为，国家的财富积累在于提高进入生产过程的人口数量。西班牙瓦拉多利德法院的一位律师冈萨雷斯·德塞洛里戈很快看到了这一点，他在1600年出版的著述《对西班牙共和国及其子王国普遍状况之政治及必要重建备忘录》中指出：

> 大量的通货既不能带来财富，也不能维系国家；我不得不指出，在一个良好治理的国家中，货币的增减既不能增加也不能减少一个国家的财富；因为，它并不为买卖的手段，事实上，少量货币起到的作用与大量货币的作用相同，甚至极大量的货币也如此——其实它只是使贸易和商业更容易，轻便……我们的国民在秘鲁的例子就能说明这一点，由于当地通货充裕物资匮乏，一件粗糙的外套值一千银币，一匹马要卖到六千银币，一瓶酒也要卖到三百银币。（Larraz, 1963, pp.89—90）

佩德罗·德·瓦伦西亚在他给腓力三世的建议书中曾提到类似的观点，他指出，“国王的权力在于他所统治的人，而不是土地，更不是货币”（Larraz, 1963, pp.89—90）。

西班牙统治下的意大利则出现了这一思想运动唯一今天广为人知的成果——那不勒斯王国的安东尼奥·塞拉（Antonio Serra）1613年出版的《略论使无金矿国家金银充裕的原因》。塞拉认为，国家的财富并不在于对金银矿的占有——像波特若观察到的那样，没有金银矿藏的意大利比拥有金银矿的西班牙要富裕得多，相反财富有四个来源：“工业的数量、人口的素质、贸易的范围以及统治者提供的给养”（p.154）。
81 他还以重商主义文献共同的论证方式指出——既然财富并不在于对硬通货的占有，那么，出口的管制显然对国家无益。如果使用金银通货例如在转口贸易中购买商品，那么，出口就会增加一个国家的财富，当然，最终也会增加君主的财富。

尽管重商主义范畴尤其是它在17世纪以及18世纪早期的政府政策中所起到的决定性作用引起了经济史学者的某些怀疑（参见Coleman, 1969, 1980），但赫克歇尔（Hecksher）等人在他们研究的文献中发现的重商主义原则的早期表述，无疑起源于某些今天已湮没不闻的理论语境。赫克歇尔发现，重商主义的论述与现代国家竞逐政治权力的欲望之间存在着某种现实的联系，而这种关联恰恰来自塔西佗主义，塔西佗主义者最早指出了掌控现代世界权柄的现实根源。事实上，所谓的“经济学”著作往往和军事组织的著作一起构成了后宪政国家的君主教材。

法国

正如前文所述，早期民族主义类型的塔西佗主义者首先起源于法国。法国的塔西佗主义往往带有强烈的怀疑主义倾向，它成为从国家的立场看待世界的极具影响力的方式。我们在蒙田和利普修斯那里看到的所有主题，都在16世纪晚期的法国学者那里得到了充分细致的研究。

此类怀疑主义一方面还保持着与早期人文主义的联系，另一方面由弗朗西斯科·桑切斯（Franciso Sanchez）发展为复杂和哲学的形式。桑切斯是蒙田的朋友，葡萄牙的犹太难民的后代，他出生于波尔多，在罗马和蒙彼里埃完成学业，其后在图卢兹成为一名医药学教师。1576年他完成《一切皆不可知》（*Quad nihil scitur*），并于1581年出版。这部书全面批判了亚里士多德的理论，与比韦斯对亚里士多德的批评有许多相似之处，例如书中对三段论推理的基础提出了全面质疑，在桑切斯看来，所有的知识都是特称命题而不是全称命题，普遍的共相是不合法的精神建构（*Tratados filosóficos*, pp.24ff.）。尽管他的观点极为类似唯名论的立场，但是具有典型的人文主义立场，因为，正如前文所述， 82
唯名论者并不责难三段论的有效性，对在三段论基础上建立的亚里士多德体系也并无非议。而桑切斯则得出结论：普遍化和科学化的知识在实践上是不可行的，因为，我们根本无法穷尽那些组成了我们经验的全然相异而又变幻不定的个别事物。

桑切斯的人文主义怀疑论视野只局限在认识论范围内，他并不关注道德层面的问题，对斯多亚主义也没有多少兴趣。不过，同时期的其他法国学者则努力扩展利普修斯那里的斯多亚主题；比如后来成为利雪（Lisieux）主教的纪尧姆·杜凡尔就是一个最好的例子，他曾在1590年写成、1594年出版了一本以“宽大”为主题的对话录。书中他运用了利普修斯在《论坚贞》中的论证，使之由尼德兰内战的问题转化为法国内战的问题。另外，对塔西佗在政治领域中的应用发挥着其影响力：1589年后，一名归附亨利四世新政府的前天主教神圣联盟的成员路易·奥尔良（Louis d’Orléans），将一份研究塔西陀的手稿献给了亨利四世，将另一份献给了法国王储。1610年亨利四世遇刺之后，奥尔良将两份手稿加以综合，于1622年出版（sigg. a4—a5v）。

不过，这一时期新人文主义在法国最有意味的进展来自天主教神父皮埃尔·沙朗。沙朗的著述或许是16世纪晚期17世纪早期最为重要的政治理论和道德理论建树。迈斯纳德曾指出，“就其内容的广泛性而言，沙朗统治了整个17世纪”（Maravall, 1955, p.9）。沙朗的观点在17世纪早期引起了广泛兴趣，单单在1601年至1633年间，他的主要著作《论智慧》曾十二次再版，并很快译为英文，而其英文本在1608至1670年间也再版了八次。早期启蒙主义者如普芬道夫和巴贝拉克（Barbeyrac）对沙朗有过细致的研究。巴贝拉克认为，沙朗是最为典型的怀疑主义者，而怀疑主义正是现代自然法学派需要克服的对象（Tuck, 1987, p.108）。

沙朗出生于巴黎的一个出版商世家（Renonard, 1965, pp.75—
83 76），或许出版商家庭在智识方面的激进主义（普兰丁是另外的一种类型）促进了他的异端观念。沙朗在巴黎接受教育，其后在法国南部的卡奥尔、康多姆、波尔多等地的教会中任职。这段时期他偶然进入了纳瓦尔的宫廷，纳瓦尔的亨利即位之前他就已经成为其支持者。1595至1596年间，沙朗唯一一次介入政治事务，他担任了国王治下的法国教会总会的秘书，当时的教会总会曾试图说服国王下诏号令臣民皈依天主教会，也曾试图说服王国接受特伦特会议（Council of Trent）的各项条例，但最终都没有成功。当时曾有议员这么说道，“陛下需要他们的支持和帮助，而采纳了这些意见，就会冒犯他们”（*Collection des Proce-Verbaux* I, pp.583—584）。因此，沙朗对当时意识形态上的多元主义以及各种调和主义问题都很熟悉。他似乎与蒙田保持着联系，不过二者的交往状况并不十分清楚。从目前了解到的少数事实来看，尽管沙朗对亨利四世尊敬有加，但他从没有在法国统治圈占一席之地；事实上，出版那些在教会统治者看来属于异端学说之列的著作，也还是存在着一些困难。

沙朗早期的重要著作是1593年在波尔多出版的神学论著《三条真理》，此书在当时引发了许多争议，半年之内就销售一空，并很快再版。英文译本的出现显然也与当时引发的争议有关。《论智慧》曾多次提及

《三条真理》，很明显，这两部著作的论证在许多方面都存在着某种连续性。《论智慧》有不少地方逐字逐句采纳了利普修斯《政治六论》以及蒙田《随笔集》中的内容：沙朗试图将利普修斯和蒙田的观点纳入一个更为系统的哲学体系中，并通过各种途径加以拓展。

《三条真理》试图确立的是三条“真理”。首先，明智的人需要宗教；其次，明智的人需要基督教；第三，明智的人需要罗马天主教（后者 84
特别献给亨利四世）。这部著作的论证往往被许多人误解，甚至波普金（Popkin）也曾认为，这部书既有可疑的“信仰主义”，也混杂了“典型的反宗教改革信条”的内容（Popkin, 1979, p.58）。实际上，沙朗的论证基础的确是蒙田提出的对科学和知识的怀疑；不过，沙朗并没有因此转向“信仰主义”——假如这个词的意思仅仅意味着简单依靠非理性的信仰的话（比如16世纪20年代的皮科和雷金纳德·波尔）。相反，沙朗在《三条真理》中运用了与《论智慧》相似的论证策略，这也是由蒙田和利普修斯首先提出的观点：用有益的情感控制有害的情感，或者说，完全以自我利益为出发点，选择能够解脱心理束缚的情感状态。与其他情感一样，宗教情感也是一种选择——首先，明智的人会承认，信仰上帝能够带来某种心理上的益处，于是，对基督教上帝的信仰、对罗马天主教上帝的信仰都可以同理类推。“比起无神论，宗教信仰所带来的利益、快乐和满足要大得多。拒绝相信上帝的存在，又能给我们带来什么好处？”（p.96）既然认识到无神论给我们带来的只是心理上的伤害，比如对未知和死亡的恐惧，明智的人就会教导自己，应当相信上帝的存在。

显然，这已经非常接近后来帕斯卡尔提出的信仰策略，《三条真理》预示了帕斯卡尔著名的关于上帝存在的“赌博”论证（实际上，帕斯卡尔的同时代人已经指出，沙朗是帕斯卡尔的先驱）。

> 对上帝或天意的信仰其实并没有任何危险。就算你打错了算盘，

> 又有什么害处呢？假如这个世界的确并不存在我们必须向它一一汇报的主宰性力量，谁又会让我们忏悔犯下的错呢？可假如上帝的确存在，那些不信的人面对的是何等险境，他们又将面临何等恐怖的惩罚？（pp.98—99）

这并不是严格意义上的信仰主义，因为它提供给我们的是信仰的理性的、非神学的基础，即便这种基础并不构成真正的神学“命题”，但它仍旧将我们导向某种宗教“情感”。

沙朗对宗教的研究的本质在于，宗教是各种情感和各种立场中一
85 种。它是可欲的，但它是独立的，它有可能处于其他情感或立场之后；没有宗教，人也可以活。在《论智慧》中，沙朗有一段令人吃惊的表述。在回顾了《三条真理》中的论证后，他继而指出，将宗教与道德视作同一个东西，犯了根本性错误。“它们是两种完全不同的存在，二者各自有自己的辖域：虔敬并不是正直，信仰并不是真诚，奉献并不是良知”（p.286）。在他看来，某些只关心宗教的人：

> 往往会认为，信仰是美德和良善的全体，一切美德都包含在信仰之中，必然服从信仰。不但如此，他们还认为，如果没有信仰之匙，根本就不可能有美德和正直。可这充满了矛盾；信仰是一种与其他美德相异的特殊美德，有信仰的人并不一定是正直的人。常言道，法利赛人有信仰但邪恶；哲学家没有信仰但良善……有些人之所以是老实人，不过是因为死后有天堂和地狱：一个人，如果不畏惧上天，或者不怕被诅咒，那么，他可算得上胆大包天的人物了。哦，多么可怜的老实人！……我心下思量，要是因为死后会上天堂便做一个老实人，实在算不上什么；真正了不起的是，出于人的理性、自然本性、上帝的意旨、或者说世界的普遍法则，感受到自己是这些的一部分，并且需要它；甚至到这地步，除非你反对你自己、你的本质和目的，否则成为其他任何

一个人你都不会满意。(pp.288—289)

这是1604年版中的表述。比这更早的第一版,内容与此大体相似,只是采取了更为简洁的表述:“宗教后于道德德行,是道德德行产生并造就了宗教,因为道德出现得更早,比宗教更为古老、更为自然”(p.343)。为说明这一论点,他还引用了奥古斯丁的论证:正义需要我们每个人各尽其责,因而我们也应当让上帝尽到他的责任;不过,奥古斯丁在《上帝之城》中这个论证的方法显然与沙朗的大有不同,奥古斯丁并不认为,道德和宗教是两种不同的范畴,或者说,宗教起源于非宗教的道德。沙朗当时已坦然面对“道德无神论”的可能性——这可以解释,到了17世纪晚期和18世纪,沙朗的著作又开始盛行一时了。

不过,波普金将沙朗解释为信仰主义者也并非完全没有合理性;
他正确地指出,怀疑主义复兴的后果之一是,在法国出现了大量的信仰 86
主义者,这场运动很可能直接影响了16世纪20年代的信仰主义思潮,其中的主导人物如赫菲特(Gentian Hervet)曾于1569年翻译出版了塞克斯都的著作。信仰主义派别中最杰出的人物当属耶稣会士弗朗西斯·维隆(François Veron),维农曾成功地运用怀疑主义的论辩技巧以反驳新教,并由此成为法王在信仰方面的官方辩护人(Popkin, 1979, pp.70—78)。与此同时,盛行于同时代的天主教徒的信仰主义类型还很多,比如圣方济各·沙雷(St. Francis de Sales)。不过,总体而言这种类型的信仰主义并不是蒙田和利普修斯思想的必然发展;蒙田和利普修斯对自我利益和情感平衡的强调更容易导向沙朗或帕斯卡而不是维农。

沙朗在《论智慧》中对宗教虔敬的讨论反映了新人文主义与亚里士多德主义相抗衡的基本立场:比起亚里士多德的理念,它显然类似于西塞罗式的人文主义。《论智慧》首先试图证明,亚里士多德以及亚里士多德式的人文主义者的错误在于,他们认为从事思辨科学的人生才是真正有智慧的人生。可从严格的怀疑主义立场来看,科学却是不可能的，亚里士多德尤其应该受到指责：他“比其他哲学家更荒谬，他说话从来自相矛盾，前后不一致的地方数不胜数”（sig. a7v）。或许沙朗可以算得上16世纪早期少见的情绪激烈的人文主义者，他对亚里士多德道德德行理论的怀疑，与传统的人文主义立场有所不同，他批判亚里士多德对道德德行的讨论都带有地方主义：“这些道德既不是所有人都同意的，也不是在任何地方都通行的；所有这些道德都有反对者、都有可议之处”（pp.237—238）。非但如此，在沙朗看来，人的道德情感也是混乱、充满危险的。沙朗嘲笑了这样一种观念，即认为

> 世界上没有什么比人更伟大，人身上没有什么比灵魂更伟大：如果人性提升至灵魂的高度，人就可以升入天堂。这些讨人喜爱、似是而非的观点是经院学者所赞同的。可我要说，如果我们对此细加探究，试着去探索怎样去认识灵魂，你会发现，它就是你我每个人身上
> 87 都有的那种危险的工具：一个让人害怕的侦探、一次麻烦的晚宴、一个不请自到的乏味食客，就好像一个耍滑头的表演者，微笑着，用一些温柔的动作，制造出麻烦，也让人忘却了这世界上所有的麻烦。而真相就是：如果没有它们，那就什么也没有（pp.55—56）。

尽管如此，沙朗仍然坚持怀疑主义者所推崇的保全灵魂的和平和自由、免受情绪干扰使人免受伤害的方法，而不要去冒险去过可能使人受伤的道德生活。因此，可以说沙朗准确理解了怀疑主义的前辈大师著述中的内在意蕴，在这本书的最后一部分（用处理政治领域内的实践智慧问题），他多多少少自觉运用了利普修斯在《政治六论》中的论证，他赞同利普修斯的观点，例如，内战的结束方式“有两种，妥协或胜利。妥协更好，虽然妥协不那么令人满意，但时间会修复一切……胜利是危险的方式，因为，令人畏惧的是胜利者会滥用胜利的果实，僭主往往随之而产生”（p.416）。此外，他也同意利普修斯的观点，君主的正当

性压倒了一切的法律和正义的约定原则。

> 某些对国家来说麻烦、危险、应当被处以极刑的人物，不必采取正当的形式就可以把他们流放、秘密处死；但是这不可能仅仅通过动用一般性的手段就毫无麻烦和危险地办成。当然，在这种情况下只有形式确实被破坏了。可君主难道不在一切形式之上？（p.362）

三十年后，黎塞留在法国法庭上向对手发起的攻击，是这种情绪的又一次重现；事实上，那一次的回归最为显著的标志是一份亨利四世的顾问杜雷夫奇以强烈的利普修斯风格写就的手稿，这份名为《国务顾问》的手稿主张，不经审判逮捕处死、取消个人权利都是有正当理由的：

> 这些事就其自身而言是不正当的，但是这种不正当可以在公共需求和公共利益中得到补偿。所谓'如出必需，勿须守法'，就是说在法律之外。处于极端状态中的君主，除了根据法律发布命令之外，还需要超逾法律之上。唯一需要指出的是，君主不应该自己创造出必然的需求和压制，以满足他个人的贪婪和野心，因为这非但不能为他赢得智慧的声名，而且还会让他被人视作不仁不义的僭主。（Church, 1972, p.281） 88

不过，亨利四世被刺之后一直到1624年黎塞留出任首相的这段时间内，法国政府并没有明显偏向于这一类型的新人文主义。1610年后新摄政开始实施一项与西班牙的恢复邦交的计划，皇家赞助开始偏向于持亲西班牙立场的阿米纳托的"国家理性"主义（最为明显的标志是奥尔良的塔西佗评注被推迟出版）。阿米纳托的《论塔西佗》在1618年有两个法译本，而1612年皇家地理学家安东尼·德·拉瓦尔（Antoine de Laval）出版的《政治的基本问题》则重述了阿米纳托的论证。亨利四世的支持者现在已成了反对派，只有在他们那里，利普修斯派的民族主义式的人文主义才得以幸存。

最恰当的例子有两个。首先是胡格诺派的路易·德·梅耶那·图尔奎特（Louis de Mayerne Turquet）在1611年出版了他的《论君主制、贵族制、民主制》，反对当时广受欢迎的召开新等级议会的计划（这个计划在1614年得以实施，最后一次等级会议则是在1789年）。图尔奎特建议国王不必顾忌最高法院的反对意见，取消等级会议体系，“倘若有邪恶的分裂意图的臣民妄图阻止您的行动，那么您完全可以运用您的绝对权力，使用一切必要的手段。常言道，‘如有必要，勿须守法’”（p.338）。

图尔奎特的主要论题之一是，国家的繁荣建立于工业和贸易。在这方面，新人文主义更为著名的表述来自法国反对派中的另一成员安东尼·德·蒙克莱田（Antoine de Montchretien）在1615年出版的《塔西佗的政治经济学》一书。蒙克莱田曾在1616年短暂任职于黎塞留政府，但1620年他参加了胡格诺叛乱，1621年10月在一次战斗中身亡。他的《塔西佗的政治经济学》充分运用国家理性的语言，重述了蒙田与马基雅维利的命题：“国家理性不是药物，不是一成不变的……人民的福祉就是最高的法”（p.120）。蒙克莱田的论证是这样的：“国家的财富并不仅仅在于国土的面积或者人口的数量，而是在于土尽其力，人尽其职”（p.31）。这本书的常提到“荣耀”一词，为了获取荣耀，君主应该采取
89 一系列的手段激励工商业的发展。此书之所以著名，多少是因为在此书的题名中出现了“政治经济学”一词。蒙克莱田用“政治经济学”一词来说明国家对生产资源的经营管理。与塞拉的作品相似，这本书从根本上说还是波特若和利普修斯观念的进一步扩展。虽然某些研究重商主义早期历史的历史学家认为蒙克莱田与亨利四世的经济顾问巴托洛缪·德·拉斐玛斯（Barthelemy de Laffemas）是法国第一批的“重商主义者”（参见科尔，1931），可实际上拉斐玛斯还是认为把硬通货留在国

内是促进国家富强的手段——用赫克歇尔的术语来说，拉斐玛斯实际上更接近于“重金主义”而不是“重商主义”，因为重商主义的立场一般认为硬通货的水平并不是国家财富的标志。与之相比，蒙克莱田的立场很容易通向重商主义的结论：“金银、珠宝钻石的数量并不能让一个国家变得富足，只有生活必需品以及合适衣物的供应才是一个国家富足的标志”（p.241）。

1624年，红衣主教黎塞留开始执掌大权，自此法国的政策转向了黎塞留毕生坚持的反西班牙立场（尤其是1616至1617年黎塞留短暂就任首相期间），这一政策转向同时也意味着法国知识界氛围的一次大转型。黎塞留本人包括他身边的知识界人士不愿意否认阿米纳托或波特若的国家理性立场服从于基督教和天主教共同体的利益，更不愿意接受暗藏其间的西班牙霸权。解决方案就是他们宣称，法国的政策与西班牙的政策一样代表了天主教的利益（虽然其中包含了一部分真诚的信念，但更可能是挫败其对手的策略性主张）。一般认为，这一命题最初是由黎塞留本人参与过的一本书提出，不过，根据这一领域的专家丘奇（W. F. Church）的研究，1625年杰里米·费里尔（Jeremie Ferrier）的《大公国家》应当是红衣主教规划的来源之一（Church, 1972, pp.128, 134）。1638年，波尔多的前法律教师丹尼尔·德·普瑞萨克（Daniel de Priezac）写出了这类主题中最为雄辩的著述，当时的詹森派认为黎塞留的扶植新教、反对西班牙的政策非但把整个欧洲拖入战争的泥沼，而且也将摧毁整个基督教的王国。普瑞萨克回答了来自詹森派的指控，他强烈要求承认“国家的理性”——“在极端必要的时候不拒绝任何形式的帮助，甚至可以和异教徒结成同盟，这并没有触犯什么良知 90
和教条”（Church, 1972, p.397）。当然，他同时也指出，“很明显，基督教帝国的持存和荣光完全依赖于法国的存在，而如果说神谕是可信的，那么，只要法国国王存在，罗马的荣光就不会消亡，因为，罗马的荣光一直受到他们的支持，一直由他们的帮助得以保存”（Church, 1972,

p.400）。

同样穿上了对手的意识形态外衣、但表现得更为克制的是黎塞留的另一位得力策士希洪（Jean de Silhon）。必须注意到，法国军队曾数次进入意大利，西班牙治理下的意大利学者总体上反对阿米纳托和波特若的立场，他们更倾向于以马尔维兹为代表的反普遍主义立场。而这时法国在意识形态上体现出咄咄逼人的、扩张性的力量——在黎塞留的回忆录中他自认为，他之所以能鼓动法王发起曼图亚远征，是因为他向国王指出了远征的荣光所在：这将超出“所有罗马人的伟大远征”（*Mémoires* IX, p.6）。法国取代西班牙在欧洲的霸权，永远是黎塞留念兹在兹的所在（Elliot, 1984, pp.99—100）。

关于法国在欧洲形成类似于罗马式的宗主权的想法，对天主教徒的吸引力要远远大于新教徒：普瑞萨克把法国的帝国命运与天主教的事业联系在一起，胡格诺叛乱的前领导人之一、1629年重获垂青的罗昂公爵（Duc de Rohan）则于1634年出版的《基督教君主与基督教国家的利益》一书中强调，法国的使命不在于取代西班牙，而在于与西班牙之间形成一种平衡。这本书带有意大利式的风格特征（这类著作在法国更早的一个版本则是1624年出版的《论基督教君主与国家》），它坚持从“利益”方面阐述政治。

> “人民受制于君主，君主受制于利益。利益对君主行动的支配力，就好比君主对人民的支配力。君主可能被骗，议会可能会败坏，唯有利益是永恒确定的。利益能否得到正确的理解，决定了国家的存
> 91 亡”（Church, 1972, p.353）。

法国的反西班牙政策的两个主要盟友是威尼斯和英国，在这两个国家，新教徒罗昂公爵提出的国际关系的平衡主张得到了不少回应。黎塞留和他的策士们思考的是法兰西的帝国主义，可别的人却希望在欧

洲范围内终结所有霸权。

黎塞留的策士并不只是把波特若或阿米纳托的帝国主义换上一张法国的面孔；在黎塞留统治的晚期，他们还在国内政治领域提出了一些与科比内利、皮布拉克以及帕斯夸尔类似的主张。尤其在“众愚日”（1630年11月11日）之后，黎塞留除去了他在宫廷里的对手，利用当时极为可疑的法律将其中某些领导人物或投入大牢或处以极刑。“众愚日”之后为黎塞留辩护的书籍看上去与皮布拉克为圣巴托罗缪节大屠杀辩护的作品如出一辙：例如，西尔蒙（Jean Sirmond）在1631年出版的《安布罗斯枢机主教传》中说道，“国家事务，绝无小事。一旦拖延，就会带来危险。公共和平能否得到保全，重中之重的问题是国家的安全，此系最高的法律。”不过，这些著述中最臭名昭著的一部还要算格斯·德·巴尔扎克（Guez de Balzac）的《论君主》（1631）。在这部书中，黎塞留的忠实崇拜者巴尔扎克曾这么说道：

> “在我看来，如果罪行得不到惩罚，如果在罪犯成为法官的主人之前、不能让罪犯得到应有的审判，那么犯罪的意愿就是合乎理性的……涉及叛乱的罪名有时候也许证据不足，有时候也许只是判断失误，甚至有时候或者只是国王的幻觉，为什么不可以把这些乱臣贼子放入大牢？让他们丧失安全感，惩罚他们，国王才可以舒心……如果采取这样的举措就能制止对国家的危害，个人的自由就不会太频繁地损毁整个国家……公共的利益总是要侵害一部分个人的利益”（Church, 1972, pp.244—246）。

巴尔扎克毫不妥协地站在国王的权柄一边，他认为国王的权力要超出法律和宪政的约束，可以想见，他所援引的论据还是所谓的“必然性”。

> “必然性既可以让兄弟反目，也可以让陌路人联合在一起：出于必然的要求，一些基督徒与土耳其人联合起来对付另一些基督徒；**无论你做了什么，只要事出必然，就可以得到原谅**。上帝的法律不应
> 92 取消自然法。**自我保存就是最古老的律令**；在极端危险的情况下，根本顾不上举止适当，事出紧急的自我防卫，也根本算不上什么罪行”（Church, 1972, p.251，我的译本）。

这类情绪似乎重现了意大利或五十年前的法国一度盛行的学说，因而在当时的法国吸引了公众的诸多关注，以至于一位索邦神学院的教士强烈要求巴尔扎克修改（黑体部分的）上述言论。巴尔扎克对第一句话未作变动，不过在1632年的新版中他将第二句话修订为“如果说自我的保存不是最正当不过的义务，那么它至少也是最为迫切的义务”——这句颇有些怪异的表述显然是为了将他自己的观点和索邦神学院教士的全然不同观点结合起来（Church, 1972, p.249）。

为众愚日事件辩护的一系列著作里最后的扛鼎之作是加布里埃尔·诺德（Gabriel Naudé）于1639年出版著名的《关于政变的政治思考》。虽然诺德是黎塞留的图书馆馆长，但他的这本书却并非应黎塞留之邀而作，当然，诺德也不是为了在公众中传播，这本书的论证直接和我们此前考察的那些人物有关（Church, 1972, p.416; Pintard, 1943, II, pp.614—615）。诺德援引蒙田、利普修斯以及沙朗的论证，指出“国家理性”是为了维护国家安全而采取的超出日常道德之上的统治规则。可严格说来，诸如圣巴托罗缪节大屠杀之类的事件（或者也还包括众愚日事件）并不能适用于这样的规则：相反，它们是所谓的“政变”。诺德创造了“政变”这个词，对他来说，这个词的基本意义是指为公共利益而采取的行动，不过他同时指出，这些行动所依赖的原则并不能当作政治的一般公理。

这种将塔西佗主义式的人文主义的反科学精神推广到“国家理

性”的路线，在法国并非罕见——八年前，拉莫特·勒瓦耶（François de la Mothe le Vayer）在他的《怀疑论政治对话》就曾指出，“政治中的国家理性再明确不过，根本就没有不运用国家理性的政治；也就不存在不运用国家理性原则的反例”（Church, 1972, p.356）。尽管拉莫特·勒瓦耶此时已经准备开始为黎塞留写作政治檄文了，他的《对话》一书试图回到的却是蒙田和利普修斯的原初洞见：政治对个人来说是危险的，摆脱激情的困扰才是智慧的真正道路。过去五十年的新人文主义过于热衷于政治事务，对新人文主义的其他方面构成了不小的损害。

1630年之后公开主张塔西佗主义激进原则的著作主要是路易·马
洪（Louis Machon）1643年的《为马基雅维利申辩》——这部书应黎塞 93
留之约而写，但并未出版。马洪是洛林地区的律师，支持黎塞留合并其母邦的政策；他的《为马基雅维利申辩》是“国家理性”观念的经典表述，尤其是他认为，“为了国家的利益和共和国的安全，国王可以背信弃义”。此外他还主张，

> 一位君主、一位最高统治者、或者说任何一位执掌国家权力的人物，其目标只能是人民的安全、公共的利益以及国家的保全。“人民的福祉就是最高的法”——这句话是一切政治法条的基石，是人类智慧的秘密所在，是对所有人都普遍适用的公理。正因为这位女神传递了纯真，要求爱国成为我们道德德行和世俗情感的目标。（Church, 1972, p.426）

正是在黎塞留治下，我们看到新人文主义的诸多原则才以它的本来面目出现于公众的视野之中。不过，尽管代表天主教帝国主义的“国家理性”学说从黎塞留执政之初就已经出现，但是直到17世纪30年代之后才涌现出更为激烈的、反宪政甚至反道德的塔西佗主义式的人文主义——其中最激烈的版本甚至在当时也没能获准出版。17世纪20年

代，黎塞留还时常担心这些观点对传统教条的冲击，可在“众愚日”之后，黎塞留已经可以对这些约束置之不理，于是，欧洲知识界将会看到，“国家理性”学说逐渐成为了整个欧洲最有权势的国家指导性的意识形态。

威尼斯

在这段时期的欧洲政治格局中，威尼斯共和国颇有些格格不入：它是意大利唯一幸存的真正保持强大和独立的共和国，它也是意大利唯一持之以恒地反对西班牙在亚平宁半岛霸权的国家。17世纪上半叶意大利的和平打破之后，威尼斯卷入了一场新的战争，它的主要敌人是在达尔马提亚一带绵延不绝、专事伏击的乌斯柯克人（Uskoks）——当然，乌斯柯克人不过是另一个帝国的军事代理人。此时此刻，威尼斯人
94 还不愿与西班牙帝国直接开战：1606年教皇保罗十世颁布法令，禁止共和国在教廷之外有创制宗教法条的权利。威尼斯随即决定五十年内禁止耶稣会的活动，并对教皇国展开一系列外交和宣传攻势，直到1607年教皇耻辱地解除禁谕。虽然教皇保罗十世并不是西班牙在意大利直接的利益代言人，威尼斯还将保罗十世的政策与西班牙联系在一起，毕竟西班牙的确利用了教皇禁谕危机从事反威尼斯的活动。因此，威尼斯也发起了一场类似的针对西班牙的行动，并以1618年西班牙推翻威尼斯政府的阴谋失败而告终。

此前的章节中我们曾看到，威尼斯学者直到16世纪中叶所持理论立场多是传统的西塞罗主义式的人文主义，而此时意大利其他地区的学者早已放弃这一陈旧的理论立场。威尼斯共和国的学者对新起的塔西佗主义式的人文主义的回应受制于这一事实，他们试图在其中寻找共和制成分。从某种意义上来看，这几乎是徒劳的工作：利普修斯以降的塔西佗主义者一向认为，君主制是唯一可取的政治体制。不过，威尼

斯人仍旧取得了进展，他们把传统对威尼斯政体的辩护与对立的“利益”术语结合在一起。13世纪以降的传统往往将威尼斯政治视为混合政体或均衡政体（temperata），也就是说，其中同时包含了准贵族、准民主以及准王权的成分，因而也结合了三种政体各自的优点。文艺复兴时期对波里比乌斯的再发现使得他关于罗马混合政体的论述被吸纳进威尼斯人的文献里。不过在16世纪末，混合政体的论述发生了转变：“平衡”逐渐取代了“混合”。

权力平衡的观念最初是圭恰迪尼在《意大利史》中谈论外交事务时引入的，圭恰迪尼称洛伦佐美第奇“试图在国家事务上保持一种平衡，不取悦于任何一方”。如果说“平衡”意味着各种不同利益关系相互之间对等的对立关系，那么“混合”则意味着它们之间利益关系的 95
结合——混合的机制像药物学或炼金术式的模型，而平衡的机制则像动力学的模型（例如，混合机制用以形容国际关系显然是不合适的）。从1590年开始，“平衡”成了政治术语中的关键词，因为，一旦从利益角度去观察政治，那么“平衡”就成了一个适当的描述利益格局的词汇。尤其值得注意的是，孔塔利尼（Contarini）出版于16世纪20年代的著名的论威尼斯政府的著作，其中“平衡”一词只出现了一次，而且其出现的语境恰恰是孔塔利尼将混合政体与化学机制相比照：“在威尼斯这里，所有的国家形式似乎都混合在一起，并且，每一个都占有同等的地位”（p.28）。但在1599年的英译本中，译者路易斯·刘肯纳（Lewis Lewkenor）则把这一句译为如下：“所有的政府类型似乎都保持同样的平衡，每一个都享有同等的地位”（p.15）。

16世纪末17世纪初的威尼斯学者从他们的西塞罗主义先驱那里继承来的另一种基本信念是，他们对帝国扩张的后果持一种反马基雅维利主义的立场。孔塔利尼借用了波里比乌斯关于罗马衰落的论述——即罗马的衰落可以归结为罗马的海外殖民政策，这一观念直接影响了威尼斯人对当时盛行一时的帝国主义的态度。16世纪80年代末期至90

年代早期，帕罗·帕鲁塔在他的《论政治》中更为全面地表达了这一立场，帕鲁塔描述了罗马在共和国晚期整个社会陷入纷争和无序状态时的衰败景象，并指出罗马衰落的原因在于它的帝国殖民政策。帝国扩张的权力只对罗马社会中的一部分人有益——他们在海外扩张中迅速积累了财富和影响力，可当他们回到国内时就破坏了共和国本身的稳定。帕鲁塔认为，一个稳定的共和国有两个要素：一是执政官的权威要受到限制，并且其任职时间不能太长；二是“财富要得到平等的分配，至少不应让它无限制地增长。如果不这么做，那么国家内部就会有人因权力过大而受到怀疑和嫉妒”（Bouwsma, 1968, p.285）。帕鲁塔最后指出，“一个投身于帝国扩张中的政府注定是不能长久的”（ibid., p.286）。虽然《论政治》在广义仍属于前塔西佗主义的路线，但是提出帝国扩张政策对共和国存在着一定的危险性，表明它已经开始运用当时的“利益”话语了。

96 在禁谕时期，威尼斯学者以此为基础捍卫他们的共和主义以及在意大利内部的霸权。反抗教廷禁谕的运动中有两个极为重要的人物，一是帕罗·萨尔皮，另一个则是政治态度模糊但智识上十分活跃的博卡里尼（Trajano Boccalini）。萨尔皮早年的交往范围（在威尼斯长大并加入圣母忠仆会）与司各提和波特若相近——1575年他担任查尔斯·博罗梅奥（Charles Borromeo）的秘书，在16世纪80年代中期依附于罗马教廷。不过1588年后他放弃了威尼斯之外的事业离开罗马回到家乡，此后成为威尼斯的国家神学家。萨尔皮的政治观念最初体现在他未曾出版的手稿《随想录》里，此书开始写于1578年，其中一直不间断地加入内容（许多相关论述实际上形成于1600年之后）。他所发表的正式著述则是在教廷禁谕颁布之后的一段时间，其中著名的文本有《禁谕史》、《圣职论》和《特伦特会议史》。此外，他还针对禁谕问题写下大量策论，并在全欧洲范围内发表了数量惊人的半公开信件以支持他的国家。

萨尔皮对智识生活的理解与蒙田极为相似(蒙田得到萨尔皮圈子的追捧),他的《随想录》事实上从蒙田和沙朗那里借用了不少内容。他主张,应当在所有理论问题上悬隔判断,过一种依赖于日常信念和实践的皮浪主义的生活。在他看来,道德相对主义几乎是不可避免的事实:

> 无论是谁,只要你试着去考察所有的道德,你就会发现,随着时代和地域的变化,道德也会变得迥然不同,一种道德会转化为它的反面,然后你就会认识到,道德无非是变化流转的意见罢了。(*Pensieri*, 471)

与利普修斯的古典学背景不同,萨尔皮的学术背景是哲学和神学,他对怀疑主义的哲学意味的兴趣与桑切斯一样浓厚,尤其是怀疑主义对三段论推理的批评以及对个别性知识的强调。同时他对中世纪唯名论也颇有好感,他曾在书中数次以欣赏的口吻提及奥卡姆。就怀疑主义和塔西佗主义的整体风尚而言,萨尔皮突出的新贡献有两个方面。首先,与桑切斯不同,他并没有对真知识的可能性完全绝望。虽然普遍
性并不存在,知识必须以个别事物为基础;虽然感觉经常会犯错,我们 97
对世界的常识看法经常是错误的。但是,只要知觉过程所处理的材料其特征的丰富含义得到充分的理解,感知就可能得到修正。萨尔皮在他的著述中全面论证了自然界的一切事物都是某种物质运动相互作用的产物,因而他得出结论,运动的规律是可知的,知觉的本性也是可以了解的。尽管他的主张多少还只是停留在宣言的水准之上(尽管在他更长的作品《思考的艺术》中,他详述了修正感知错误的可能性),但二十世后,会出现一批有重大影响的哲学家更为重视萨尔皮所提出的这个问题(不太清楚其中有多少人了解萨尔皮在他们之前所做的工作,可至少有一位哲学家可能读过萨尔皮的著作,那就是霍布斯)。

萨尔皮不但预见了下一代的后怀疑主义学者的兴起，他的学说第二点新颖之处在于，他坦然接受了伍顿（David Wootton）称之为“道德无神论”的立场。与许多怀疑主义者、塔西佗主义者相似，萨尔皮也同样认为，“君主”应当以社会的利益优先——当然，他所谓的“君主”是指威尼斯的共和制政府。可萨尔皮与其他塔西佗主义者或国家理性者的不同之处在于，他洞察到，恰恰是自我利益的力量让臣民利益与君主利益几乎不可能趋于一致。在他看来，一个社会的存在无非借助了人类情感最为强大的一种——恐惧，从而实现了对人类情感欲望的有效控制。萨尔皮比他同时代人更为清楚地认识到恐惧的力量（或许他是当时的威尼斯人中唯一明白这一点的人），并由此开始探寻让人类相互合作的恐惧约束机制。但他似乎得出这样的结论（其论证的主体可能来自沙朗）：对*超自然的*惩罚以及对由这种惩罚支撑的机制的恐惧（有意思的是，他提到了犹太人称呼摩西律法的词，“托拉”，将其比作一切以神性为基础的市民法）诚然是社会控制的一般性手段，但它实际上并
98 非是*必要的*。原则上恐惧可以用“错误的意见”取代，例如在一个无神论共和国的公民之间灌输荣誉和自尊的观念（关于萨尔皮的理论，参见*Pensieri*, 413）。萨尔皮对社会控制的视野要比早先的塔西佗主义者丰富得多，他对社会控制的理解促使他从新人文主义关于自我利益的核心观念中极为出色地抽绎出一种新型的共和主义。

萨尔皮认为，一种由无神论者组成的道德共同体是有可能存在的，这个结论显然与此前的政治理论产生了巨大的分歧，但在某种意义上它也是16世纪晚期以来利益观念演进的顺理成章的产物。另一方面，从萨尔皮对阿米纳托和波特若观点立场的批驳来看，这个结论也是其思想顺理成章的发展：阿米纳托和波特若试图让教皇对威尼斯的影响力合法化，萨尔皮则反之要颠覆代表天主教普遍主义利益（尤以耶稣会为主）的法律秩序。为此，萨尔皮必须证明，他们所阐释的宗教并不是为了人类的利益——这并不是因为人们他们弄错了应当敬重的宗教

类型（萨尔皮从没有认可新教对天主教的批评），而是因为没有任何一种宗教能够起到他们所声称的那种作用。由于萨尔皮的论证策略顺理成章，且在许多方面与沙朗观点相近，这有力地证明了，伍顿对萨尔皮政治思想的争议性论述是正确的，萨尔皮并不是习见的那种信仰主义者类型。信仰主义并不能满足萨尔皮的要求，而将宗教置于社会政治利益支配之下却是萨尔皮所想。（值得一提的是，伍顿论述的另一个有争议的特点是，他声称萨尔皮有一套秘密哲学，与有充分历史记录的秘密哲学之人，如利普修斯一对比，即可得到明证。他们呼吁的将公共生活与私人生活分离开来，明显使他们倾向于过一种有秘密信仰的生活。）

既然萨尔皮已经认识到宗教并非社会生活的必要条件，所以他更进一步把宗教史描述为一部教会利益与纯粹世俗国家利益冲突的历史。在《随想录》中，他指出，早期教会完全与政治生活无涉，甚至反对政治；只是在君士坦丁大帝之后基督教教会取得政治地位后，才开始宣称教会的原则凌驾于政治领域之上。于是，这两种关于公民生活的不同思考方式在后来的历史中发生了漫长的冲突。萨尔皮在《特伦特会议史》中运用类似的方法分析了晚近以来的历史事件；在这部首先在英国 99
出版、同时也广受欢迎的《特伦特会议史》里，最重要的部分当然是他对特伦特会议的分析。他把特伦特会议上的宗教教义争论都视作副现象，掩盖了不可能由任何教义一致性解决的实际政治的利益问题。实际上，这些利益问题只能通过教皇的权力强制推行下去。

同时，在他的《圣职论》一书中，萨尔皮对教皇权力的解释可以明显地看到帕鲁塔的影响，尤其是帕鲁塔用波里比乌斯式的方法分析罗马帝国的论述。他认为，早期教会只是一些信仰伙伴的小团体而已：

> 很明显，教会组织最初基本上是民主制，在需要决断的时刻所有的信众会共同来承担……但由于教会规模的扩大，信众不再参加公共集会，他们往往放弃公众生活只关心自己的家庭，于是教会组织更

依赖于牧师，因而在不知不觉间教会组织就成为了贵族制。（pp.52—53）

因此，教士的野心促进了教会的帝国主义图景的形成，教士的权力尤其是教皇的权力超越了国家的界限，成了一种普遍君主国的类型。同时它也不可避免地转化为僭政：对17世纪早期的威尼斯人来说，罗马教会就好比罗马帝国一样，代表的是一种足以让人警醒的、帝国主义的威胁性力量。

萨尔皮努力使波里比乌斯研究得到更多的关注，他和同时代波里比乌斯研究的顶尖学者伊萨克·卡索邦（Isaac Casaubon）保持着密切的联系（Bouwsma, 1968, p.525; Sarpi, *Lettera ai Gallicani*, p.69）。卡索邦是一名法国新教徒，在禁谕危机期间发表文章支持威尼斯一方，同时，他还于1609年出版了新版波里比乌斯著作集并将此书献给了亨利四世。在给亨利四世的献辞中，卡索邦对当时塔西佗所得到的广泛关注提出了严厉的批评，他认为这其实是一种支持僭政的倾向，而波里比乌斯是对这一倾向的恰当修正——当然，这种修正在关键文本上避免重回西塞罗和李维的老路上去。亨利四世被刺之后，卡索邦担心天主教重新在法国回潮，继续在法国不太安全，于是他去英国寻求避难并在英国找到了皇家赞助人。此后直到去世他一直居住在英国，在这个他后来移居的国家里，卡索邦得到了颇多赞誉。

100 修昔底德是威尼斯学者推荐给欧洲同行的另一个选择，修昔底德的文本也可以适应于后西塞罗主义的人文主义氛围。例如1622年学者莫里诺（Domenico Molino）让杨·莫斯（Jan Meurs）准备一本修昔底德的著作，作为对塔西佗的学徒们的回应：“他们尽管用冠冕堂皇的话打扮这位僭政之师（指塔西佗）吧，我只愿自由的人们不要再放弃那个曾给我们带来宝贵自由的导师（修昔底德）”（Bouwsma, 1968, p.237; 参见p.221）。

虽然萨尔皮许多有趣的思想还在手稿里有待发掘，但他的《特伦特大公会议史》却在英国尤广受欢迎。他的哲学遗产部分流传给了他的亲密伙伴和传记作者米坎乔（Fulgenzio Micanzio）——此人在欧洲同样交游广泛；他在1615至1628年与德文郡伯爵谈论政治事务的信件后来由伯爵的秘书托马斯·霍布斯译为英文（Gabrieli, 1957; De Mas, 1986）。另外，在1604至1624年间担任英国驻威尼斯大使的亨利·沃顿爵士也是英国与萨尔皮时代的威尼斯观念保持联系的另一条重要纽带，沃顿的角色近于威尼斯政学两界与英国知识界之间的中间人（沃顿退休之后的联系人则是弥尔顿）。不过，威尼斯这一时期的政治理念得到最广泛认同的并不是萨尔皮的著作，而是博卡里尼的《帕纳索斯山来信》（*Ragguagli di Parnasso*, 1612/13）。这是一部极为有趣的书籍，它采用信札体的体例描绘了帕纳索斯山上的阿波罗宫廷。这里有彼时整个欧洲的文人骚客、各国政要甚至还包括古代的学者，他们在阿波罗的宫廷里就道德和政治的主题展开激烈尖刻的争论。这本书的主体部分是从他的塔西佗评注中截取出的一节，而塔西佗评注则是博卡里尼耗尽一生心力写作的一部鸿篇巨制，直到1678年才得以出版（1627年这部书被威尼斯十人议事团禁止出版，理由是对“国家理性”的公开讨论危及政府）。与萨尔皮类似，博卡里尼早年交游的范围是一些反宗教改革的教父；他出生于洛雷托，曾在罗马出任行政官并担任过教皇国诸多要职。他最初在罗马反对西班牙人、捍卫威尼斯的利益，后来则移居威尼斯并在彼处终老。据说博卡里尼死于西班牙人派来的刺客之手，这应当是子虚乌有之事；又有一种说法称博卡里尼实际上是一名西班牙间谍， 101
更是荒诞不经的传闻，不过，这两种完全相反的传闻多少可以说明博卡里尼性格中的暧昧之处。

博卡里尼对阿波罗侍臣的描述明确表达了威尼斯学者对同时代的新人文主义者的态度。波特若和阿米纳托都受到了博卡里尼的指责，波特若之失在于他的伪善，他竟然伪称国家理性并不是冷酷的自我利益（p.239）；而后者虽然建议君主从臣民那里大肆征税，却“不肯以慈善公典的名义行盘剥之实”。二者的不诚实（或者说自欺欺人）激怒了博卡里尼。与这两人相比，帕鲁塔得到了褒扬（pp.84—85），利普修斯包括塔西佗本人则成了书中的英雄；虽然书中赞扬的是1574年的利普修斯和他倾力编辑塔西佗的书，而非16世纪80年代至90年代的他（pp.113—115，165—166）。博卡里尼之所以赞扬利普修斯和塔西佗，意在将自由共和国与二者笔下的宫廷世界加以对比，由此指出僭政的本性。对博卡里尼来说，威尼斯虽然是一个值得称道的国家，但真正彻底摆脱了帝国式的冒险行径、真正配得上波里比乌斯式的共和主义典型，还是汉萨同盟国家、瑞士联邦以及荷兰联省共和国。在一封篇幅不短的信札里，他描绘了当时的君主国对新兴共和国势力的焦虑：

> “现在……让我们亲眼看一看那些日耳曼人，他们曾是能工巧匠，可今天他们建立的共和国也像他们建造的钟表一样，他们创造出了永恒的自由；在过去漫长的岁月中，古代哲学家曾苦苦追寻这种永恒的自由而不得，可今天君主国却有十足的理由让它们死亡、根除。”

而他们成功的关键恰是帕鲁塔和萨尔皮所一再强调的那些东西。

> “在日耳曼人的汉萨同盟国家中，最受推崇的政治智慧是，反对占有邻国；凭借这些智慧，他们对外保持了和平。而对内，他们则在公民个人之间签订契约。这使他们的自由在海外令人生畏，在国内他们享有安全。看看罗马人享受了六百年的自由消失殆尽之后，又是何等的惨状吧……可这些无序的状态在今天日耳曼人的汉萨同盟国家里却很少看到，他们享受着他们自己的自由生活，并容忍那些后来的加入者——后来者同样在法律的统治下享受着自由的生活；日耳曼式的
> 102 生活有其普遍的意义，这并不只和某一个日耳曼共和国有关，而是关

系到其他许许多多的国家；因为，自由人的国家武装只是为了和平的目的，为了他们的自我保全，而不是要侵犯其他人的自由。相反，有一种东西必然给君主国带来许多灾难；那就是，比起一面假装在一个被征服的民族中传播自由，一面却暗中打击这个民族的人，一个君主还会树立什么比此更残酷且更致命的敌人呢？”（p.140）

这段话中的反西班牙意味已经相当明显了。博卡里尼死后这篇文章作为《帕纳索斯山来信》的附录于1615年出版，取名为《政治试金石》，更是把这一层意味说得再明白不过。全欧洲的反西班牙人士为之欢欣鼓舞，1616年这篇文章译为德文，它的英译者则是17世纪20年代英国反西班牙运动中著名的宣传家托马斯·斯各特。《政治试金石》里有一封令人印象深刻的信，其中非常直白地提到权力均衡的图景：它借洛伦佐·美第奇之口分析了欧洲国家各自的实力以及它们各自在欧洲占有的地位（在圭恰迪尼看来，恰恰是美第奇让意大利建立了平衡的格局）。可以预见的是，在这封信里，日耳曼人的自由国家联盟所占的分量是其他国家不可抗衡的——“这委实让贪婪的君主们为之眉头紧锁”（p.266）。

博卡里尼与萨尔皮的区别仅仅在于，对萨尔皮来说，首要的问题是教会，附带的问题是才是国家（换言之，摆脱了帝国的统治也就意味着摆脱了僭政的约束），而对博卡里尼来说，首要的是某些国家在当时已经取得的现实成就。在他看来，这是一种技术性的成就（例如他曾将此与日耳曼人的钟表技术相类比）：只要掌握了这种相对简单的原则，自我利益就会引导人民创建共和制国家，就像它引导君主建立永恒的帝国一样。博卡里尼分享了萨尔皮对政治的世俗化理解；与萨尔皮相似，他也认为，在宗教改革引发的宗教冲突之后还存在着深层的政治目的（例如尼德兰所对抗的主要还是西班牙的帝国主义）。正基于此，威尼斯学者才选择了利普修斯和沙朗，以此批判波特若与阿米纳托。

我们还可以从17世纪早期另一部颇受欢迎的著作即达维拉（Arrigo Caterino Davila）的《法国宗教战争史》中发现与之相似的、
103 以世俗化的方式理解宗教改革的态度。1630年这部书在威尼斯出版，书中认为战争中出现的形形色色的宗教集团只不过是利益集团而已，他们之间的对抗根本不可能在原则层面得到解决。达维拉的战争论述中并不存在特别的恶人，也没有犯错的狂徒，他只是在讲述人们由于必然性的趋使不得不各自占据对立的立场以至于相互杀戮。此外，另一个例子是比昂迪（Gian Francesco Biondi），他的书体现了英国与威尼斯在那个时代的联系。作为亨利·沃顿爵士的朋友，比昂迪从1609年开始就主要在英国活动，1612年后他彻底移居英国。他也受德文郡伯爵的资助——米坎乔也与其保持着通信联系，在他的《约克与兰开斯特内战史》（Venice, 1637）中，他用塔西佗的术语分析了玫瑰战争。这部书在手稿阶段已译为英文，尽管直到1614年才得以出版。

英国

萨尔皮、米坎乔、比昂迪的例子表明，威尼斯的政治立场在英国才找到了知音。尽管在国际政治领域威尼斯更依赖于它们与法国的同盟关系，尽管威尼斯人也更青睐法国的知识界而不是英国的知识界，但它的恭维没有换来法国的回应。卡索邦的例子最能说明，对持有威尼斯式理想的人而言，英国而不是法国才是真正的家园。我们曾指出，无论在摄政时期还是在黎塞留执政期间，恰恰是在威尼斯人那里不受欢迎的波特若和阿米纳托的天主教帝国主义在法国宫廷里占有相当重要的地位；不过，这种天主教帝国主义很明显在英国得不到支持。16世纪末17世纪初的英国人文主义非常接近于利普修斯在《政治六论》中表述的、同时也是由帕斯夸尔或斯各提所提倡的倾向于民族国家立场的塔西佗主义，此外，英国人文主义也和威尼斯人一样，带有很强的反宗教意味

（参见Schellhase, 1976）。

英国和西欧其他地区一样很快意识到这种新人文主义的吸引力。虽然英国差不多是16世纪晚期主要国家中唯一一个没有经历内战的国 104
家，英国政治家却清醒地看到了内战问题的存在，英国军队先是与尼德兰军队开战，其后又和西班牙无敌舰队交锋，后者大概是伊丽莎白时代最后二十年影响英国政治的唯一最重要的因素。英国对塔西佗的研究最早为世人所知晓的是1591年亨利·萨维尔（Savile）出版了英译本塔西佗《历史》，取名为《尼禄的终结与伽尔巴的开端》——这或许是因为这些章节与内战研究最有关系。萨维尔的译文还附有不少注释（主要是技术性的），其中一部分为大陆塔西佗学派所采纳，不久后就被回译为拉丁文。萨维尔的主要赞助人是艾塞克斯伯爵，萨维尔一直引导着伯爵的求学生涯，他先后担任牛津大学墨顿学院的院长以及伊顿公学的校长。据本琼森说，艾塞克斯本人在曾写信讨论塔西佗的四帝之年撰述中的政治道德问题。例如：

> “加尔巴的例子说明，如果一个好君主被他的臣子所控制，那么他实际上和一个坏君主一样危险……而苇斯巴西安在内乱时期能耐心听取意见，能抓住机会，这就是他唯一有利的武器。其实，无论伽尔巴还是韦帕芗甚至也包括他们统治下的罗马，所有人都看到了内战带来的灾难，内战开始之时就是法律休眠之时，一切都要靠刀剑说话。（sig.§3）

不过，这封信的作者更有可能是弗朗西斯·培根的兄弟安东尼·培根。培根兄弟和艾塞克斯伯爵的关系都很密切，（后文将提到）弗朗西斯·培根本人也受到塔西佗的人文主义很大的影响。

艾塞克斯伯爵是某种另类廷臣的典型。他反对罗伯特·塞西尔（Robert Cecil）政府的政策、提议对西班牙开战，此类政治躁动最终促使他走向了叛乱之路。16世纪90年代艾塞克斯的圈子似乎对塔西佗和用塔西佗主义式的方法来解释英国历史的某些部分非常感兴趣——尤其是理查二世治下的历史，那段时期的历史事件特别适用于这种研究方法。理查二世常常被视作乖戾无能的暴君，外部的军事失败和内部的叛乱使他倒台，他的覆灭加速了英国历史上到彼时为止主要一段
105 内战时期的到来。艾塞克斯的支持者感受到伊丽莎白宫廷和这些年来英国社会的危机，这似乎更激起了他们的兴趣，（在他们看来）这场由与西班牙媾和引发的危机会让人们想起英法百年战争期间理查二世所达成的和平协定。

同时，他们意识到两百年前让英国陷入内战的行动的和道德复杂性的必然性。内战的必然性尤其体现于萨缪尔·丹尼尔的诗歌《内战》（1595），他将其中恭维的段落献给了艾塞克斯伯爵（pp.311—312），不过丹尼尔认为博林布鲁克在道德上无疑是有错的（参见Book I, stanzas 90—91, pp.93—94）。当然，对内战道德复杂性更深意义的探索还要算莎士比亚的《理查二世》。莎士比亚与南安普顿伯爵关系密切，南安普敦伯爵是艾塞克斯伯爵政治上的左膀右臂，就在艾塞克斯伯爵最终于1600年发动那场没有任何前途的叛乱（他鼓动伦敦市民反对罗伯特·塞西尔政府的和平政策）之前，莎士比亚的《理查二世》曾为这位野心勃勃的阴谋家出演。当然，莎士比亚并不是唯一一个这么做的人，莎士比亚这部戏上演四年之后，我们还可以看到海沃德（John Hayward）1599年出版的《国王亨利四世的前半生》。这部谄媚性的著作同样献给了艾塞克斯伯爵。

《亨利四世》是最具塔西佗色彩的英国史；由于这部书出版于叛乱发生之前不久，海沃德因为其中的某些段落而被指控犯有叛乱罪，弗朗西斯·培根曾打趣道，海沃德的罪名其实应该归于塔西佗——因为海沃德的思想都是从塔西佗那里借来的。在这部书中，所有塔西佗主义的主题都出现了：例如当他们为武装抵抗理查二世而辩护时，援引的

理由是“首先，这是出于自卫的必然性；其次，他们既爱国王也爱国家”（p.21）。当博林布鲁克预备从流放途中返回并接过王位之时，海沃德安排了一场严肃而得体的争论。其中，前任坎特伯雷大主教托马斯·阿伦德尔指出，诛杀暴君的行为从来“都是无比光荣的，诛杀暴君者往往拥有神一般的荣耀”（p.64）。博林布鲁克回答道，“一个人，只要他觊觎国王宝座，就根本没有别的选择：要不就作为国王活着，要不就作为乱臣死去”（p.65），阿伦德尔随即用国家的令人绝望的状态来劝服博
林布鲁克不要再犹豫。博林布鲁克最后说道，“只要必然性开始主宰， 106
一切言辞或者一切法条的力量都不过是轻飘飘的东西：必然性会把所有的铜墙铁壁统统推倒，没有任何法条能限制它”（p.67）。

不过，海沃德并不只是简单地认可这些观点。这些观点具有说服力，表述得体，而在莎士比亚的《理查二世》中，同样既有说服力又很得体的言辞是卡莱尔主教在议会中讨论正式废黜理查二世的一段，卡莱尔主教一再强调他们破坏了神圣的律条，他预言灾难将降于英格兰。显然，卡莱尔的话后来被验证了。但不管是从海沃德还是莎士比亚那里都没有明确表示博林布鲁克错了：在他们那里，这件事并不存在简单的真相，即便是持有传统道德立场的卡莱尔也对必然的形势所迫持有同情。

正如上文所述，艾塞克斯伯爵是伊丽莎白御前会议里最大的主战派，这和利普修斯以来的塔西佗主义立场并不相同，在塔西佗主义者看来，和平才是最高的价值。不过，对艾塞克斯伯爵及其支持者来说，这并不是多大的坎儿，他们认为，国内和平是第一优先考虑的事，且对外战争是为了保持国内和平的最佳手段。事实上，当巴里恩托斯在讨论西班牙与其他国家之间的和平关系时干脆将英国排除在外，在他看来，两个敌人之间根本没有什么和平可言，这看上去多少有些奇怪。他说这番话时，他的主人佩雷斯正作为艾塞克斯伯爵的朋友和赞助人逗留英格兰；这看起来好像是两个团伙为了各自国家的利益在战争中达

成的合谋。

不过，利普修斯的《政治六论》、威尼斯学者以及英国学者的塔西佗主义三者之间最为显著的共同之处是，他们都不愿把宗教放在国家利益之上。1598年，为了给他的政策主张作辩护，艾塞克斯伯爵曾亲自写下了一篇自辩书，他用完全世俗化的语气歌颂了军人的价值——“我爱他们，不仅因为他们的美德，因为他们伟大的智慧，还因为他们伟大的理解力”（sig. CI—IV）。他从国家利益角度为战争辩护，他指出与西
107 班牙之间媾和是不可能的，但是他没有认为这是保卫新教必需的。或者我们只能通过与莎士比亚的信仰问题有关的一些难以捉摸的特征，来设想艾塞克斯伯爵朋友圈子里的信仰状态。

不过，所谓新人文主义类型的英国思想，其中最伟大的人物还要算弗朗西斯·培根（当然，这需要将莎士比亚排除在外，他与新人文主义之间的关系还需要进一步厘清）。培根的文字生涯起步于英国塔西佗主义的核心、艾塞克斯伯爵的圈子。他在16世纪90年代经常参加国会，反对和平决议；他给艾塞克斯伯爵提过不少政策建议，尤其是与法律有关的事务。他对当时以蒙田和利普修斯为代表的文化有不少兴趣，这从1597年出版的《随笔集·宗教沉思·劝诫》就可见一斑。这本书的书名显示了培根对蒙田的热情（蒙田最先引入了essaie一词用以形容此类专题论文的文体），但其中的文章却有着一种极为冷静的工具主义品质——“如果你想影响某人，你必须了解他的天性和气质，以便引导他；了解他的目标，以便劝服他；了解他的缺点和弱点，以便恐吓他；了解那些和他利害关系的人，以便控制他”（*Works* VI, p.534）。不过，这一版《随笔集》只有十篇文章，在这些文章中培根的早期立场毋宁是隐而不显的。从题名来看，所谓“劝诫”或“善恶的色彩”倒是能传达某些讯息，即用理论的力量说服别人接受某些熟悉的道德观念，或者证明某些习见的谬误。举例来说，对这样一个命题——“一切由人的美德和努力而得到的善，都更多些；一切由别人的恩惠或命运的眷顾而得来

的善，都更少些（VII, pp.89—90）”。对此，培根给出了四个肯定的理由，同时也给出四个反对的理由，他自己则不执一词，既不肯定也不否定。事实上，此类短论代表了一种对修辞学研究的怀疑立场（我们曾在第一章指出，这是16世纪怀疑主义的根源之一）：人可以被各种相互矛盾的意见所说服，修辞学关注的只是其中最能打动人心的一种。

艾塞克斯失败之后，培根先后成为伊丽莎白和詹姆斯的幕僚，在詹姆斯一朝他先是担任法务部次官、长官，最后在1617年任掌玺大臣—继而第二年出任大法官。培根得到了维鲁兰勋爵（Lord Verulam）的头 108
衔。1621年在一次政治斗争中落败后他逐渐失宠，此后直到1626年去世一直过着离群索居的生活。就这段政治生涯的开始，1605年培根出版了他的哲学奠基之作《论学术的进展》，这本书为他后来极为多产的学术研究生涯勾勒了一幅蓝图。不过，培根的多产虽然令人瞩目，但更令人诧异的是，他往往用同一套术语重新修订或重述一系列相关观念。《学术的进展》之后，1609年的《论古人的智慧》用培根自己的哲学观念重新阐释了一系列古代神话；1612年出版了一个扩充版的《随笔集》，差不多同时完成的作品还有他的乌托邦作品《新亚特兰蒂斯》；1620年《新工具论》的出版，首次为公众展现了一套新的人类知识；1623年出版的《科学分类法》是《学术的进展》的拉丁扩充版，展现了培根1605年1623年的思想连贯性；1625年《随笔集》又推出了最终的修订版。除了这些大部头的著作之外，他还创作了不少短篇论述，如历史随笔，自然哲学的观察论集，以及关于法律和政治的论述。

在培根的著述生涯里，他始终追随那些引导他进入公共领域的塔西佗主义者的洞察。最为典型的例子是1625年修订版《随笔集》中的一篇文章《论作伪与掩饰》，很明显复述了利普修斯对这一核心话题的论证（VI, pp.387—389），另外在《论古人的智慧》中的一篇文章《斯塔克斯或契约》中，培根主张，由于君主总是倾向于违背承诺，“所以只有一种保卫契约的力量，这种力量不是天上的神力，而是必然性（伟大的权威之神）、国家的危机、利益的交换。必然性最为适宜的代表是冥河之神斯塔克斯；换言之，必然性是一条冥河，渡过者无人可以返回”（VI, p.707）。不出所料，在他的著述中随处可以发现与马基雅维利有关的赞许式的注释，在《学术的进展》里最为（培根在那里说，“我们需要感谢马基雅维利及其他人，他们写下了人们所作所为而不是人们的应做应为”）（III, p.430）。塔西佗和圭恰迪尼也是培根书中经常出现的人物
109 （例如1625年修订版《随笔集》中的文章《论帝国》[VI, p.420]）。

不过，培根在某些方面特别模仿了威尼斯的塔西佗主义者，他们同时也承认培根与他们的因缘。首先，他表现了萨尔皮式的道德无神论，在1612年的随笔《论迷信》中，培根这样说道：

> 无神论把人类交给理性，交给哲学，交给自然的虔敬，交给法律，交给荣誉感；即便没有宗教的存在，这一切也足以把人类引向美德；但是迷信却取消了这些，在人的心里树立一种专制的**僭政**。因此，无神论并不会让国家走向纷乱，因为无神论使人谨慎自谋，因为人们除了自己的福利之外没有别的顾虑：所以我们看见那些倾向无神论的时代（如**奥古斯都·凯撒**）都是太平时代。（VI, p.561）

其次，和威尼斯人相似，他推崇欧洲“权力平衡”的观念；他的《论帝国》一文对此有赞许的评价：

> 在英格兰亨利八世、法兰西的弗朗西斯一世、以及查理五世皇帝三王统治时期，始终存在着一种警觉的情势：三者中无论是谁夺得一掌之地，另外两者立即就会通过结盟甚至在必要时通过战争与之取得平衡均势；谁也不愿接受付出代价的和平。类似的情况还出现在圭恰迪尼指出的存在于那不勒斯的斐迪南多、佛罗伦萨的洛伦佐·美第奇以及米兰的斯福扎之间的意大利安全联盟。（VI, pp.420—421）

在《论王国之真正伟大处》(1625)，他指出，伟大并不建基于霸权式的或帝国式的统治，而在于建立一套训练有素的防卫军队，征召“一批不低于自耕农等级的自由仆役以及跟随贵族绅士的侍从的武装力量”——他认为这是一种“英国所独有的，其他地方所没有的，除了波兰有可能有”的社会结构（VI, p.447, 参见他1612年版本的讨论，VI, p.586—588）。虽然培根一再主张英国应当与西班牙开战，但他并不愿意英国坐上西班牙人空出来的王座；持这一主张的人，其实是培根的老对手沃尔特·雷利（Walter Raleigh）。

再次，最令人吃惊但也常常最为人忽视的是，培根与萨尔皮各自哲学构想的一般特征存在着不少相似之处。他们都对人文主义关于知识的普遍性的怀疑论立场抱有同情：《学术的进展》中的著名章节中，培 110
根曾说道：

> 因为一切的争辩来自命题，命题来自词语，而词语只是有关万物的一般观念的通行符号或标记。对这一类的观念，如果总是随意地脱离了个别事物而使用，那么即使我们辛苦地检验命题的真实性或论证的逻辑关系，也无法纠正其中的错误，这种错误（用医生的话来说）是出现在第一次的消化阶段。因此，许多优秀的哲学家变成了怀疑论者和学园派，否认知识或理解的确定性，这并不是没有缘由的。（III, p.388）

不过，培根并不愿追随怀疑主义哲学家持真正的怀疑主义立场。与萨尔皮相似，他认为我们可以具备某些关于个别事物的真知识，细致的观察、并对个别事物加以分类可以让我们对自然界有某些新的洞察。他在17世纪20年代写下的一段明白无误地表达了他与怀疑主义相抗衡的立场：

> 有人说，**一切事物皆不可认识**，这的确很难反驳……如果这些人说，一般而言，所谓认识某物即了解某物发生的原因，关于原因的知识在一个无限的序列里可以扩展到自然的最普遍的特点，如此以至于如果没有对自然整体的理解，就不可能有对任何事物的真正认识；我认为，就此而言，怀疑主义的确是很难反驳的……不过，虽然我可以在某种程度上赞同怀疑论的起点，但我无法同意怀疑论的目标。在起点上，不能说我们有多大的区别，但他们是以一种**绝对的方式**断言人类理智的无能，而我只是采取一种**相对的方式**，最终我们的分歧是十分巨大的：他们并不寻求甚至不希望寻求任何解决这一问题的方案，放弃公共生活、破坏感觉的确定性让科学失去根基；而我试图寻找另一条道路以调整及修正感觉和意识的谬误。（II, p.687）

无论是今天还是当时的读者都不难理解培根的新道路究竟为何。他提出的方案不过是指归纳的方法：即对个别事物（包括人为的试验）加以观察，记录观察的结果。在广泛收集观察结果的基础上，我们就能够达到低层次的普遍化判断，凭此我们可以在自然界中制造出新的事件并对其加以控制。但正如梅森（Mersenne）在1625年指出的那样（*La Verite des sciences*, p.212），培根的方案并不足以反驳怀疑主义，因为个体观察的有效性并不能得到保证——感觉受到的干扰会影响到个体
111 观察的效力。

培根从没有回答这样的疑难，因而，17世纪20年代的新派哲学家们尽管对培根保持着敬意，但还是把他的著作当作仅仅是一种后怀疑论哲学的姿态而已。当然，培根著作的魅力其实并不在于他哲学上的精确；他的魅力在于他对公众生活和积极生活的承诺，以及他所提供的与怀疑主义时代那种消极的、离群索居的哲学形态迥异的形象。培根一再批评怀疑主义散发出的“绝望感”，《新工具论》就包含了一系列形态

各异的乐观主义论证——此书开篇就提到了丹尼尔的预言，即在世界的终点处，“尽管有反复，知识却得到了增长”（IV, p.92）。

当然，对消极和绝望情绪的批评首要体现于他的伦理学和政治学中。正如前文所述，培根接受了塔西佗主义者的不少论点；他不能接受的是，处于私人生活的公民可以对公众生活采取疏离的态度。这里，我又发现了他为当时的威尼斯学者所倾慕的、同时也更偏向于共和制而不是君主制的精神特质。培根的起点是人类自我保存的普遍欲求（在物质世界里也有普遍性，正如韦伯斯特指出的那样[1982, pp.68—69]，培根是某种类型的活力论者，他认为，我们可以谈论物质世界里的“知觉”和“欲求”）。人类会聚集成更大的实体——就像物质世界中的整体由部分聚集而成一样（培根也是某种类型的原子论），而这些更大的实体也有类似的自我保存的欲望：

> 在每个事物那里都有两种性质的善：一种自身就是个整体或实体；另一种自身是某个更大的全体的某一个部分；后一种更为重要、也更有价值，因为它可以保存更为普遍的形式……这两种不同性质的善、包括它们之间的相互关系也可以比照于人类；如果人类没有退化，那么公共的保存的义务就要比（个人的）存在和生命的保存珍贵得多。（III, pp.420—421）

由此，培根认为，从这种公共义务可以推出：首先，亚里士多德错了：行动的人生一定高于沉思的人生。其次，斯多亚学派也错了，他们
认为我们只有进行那些毫无疑问可以增加我们福祉的行为——“就好 112
比一个人在公众生活中失去了美德和善，比起能得到我们能希望的一切财富，不是一件更令人快乐的事一样”（III,p.423）。再次，怀疑主义者同样错了，“他们过于脆弱、不堪一用，即便是那些古代最受尊敬的哲学家，为躲避无礼和不安，也过于轻率地从公众生活里退出”（III,

p.423）。在1612年的《随笔集》中，他刻意以一种与蒙田相抵触的语气说出了这一论证，在《论自谋》中培根这么说道："一个过于自爱的人必定有害于公众。人应当运用理智把自我的关爱与社会的关爱分开。对自己诚实，同时也无欺于人。一切以自我为中心，是可怜的"（VI，p.561）。

培根所描绘的这种积极的、投入于公众生活的人当然也支持科学的研究，因为科学是用来控制自然、发明为人类服务的新技术的。在培根看来，由怀疑主义论证放弃对新技术的追求，就好比由怀疑主义论证放弃政治生活一样。《新亚特兰第斯》通过描述了一个遥远的、结合了公众生活和知识探索的乌托邦——在那里，公众生活的核心机构是"所罗门王宫"，来自世界各地的信息在这里汇集和整理（III，pp.129—166）——从而最为全面地表达了培根的立场。通过强调科学的实践性和功利性，培根从这个角度回应了梅森等人的反驳。他的回答可能是这样的：科学是实践的一部分，并不是怀疑论者所攻击的沉思性的认知。如果说蒙田和沙朗相对而言没有触及实践智慧的问题，那么他们对科学的批评也未能触动培根式的科学。正如某些学者指出的那样，培根在这方面的学说，上可以追溯到拉谟下可以延伸到17世纪皇家学会的科学理论，这并非偶然——因为拉谟通过将科学范畴和实践范
113 畴合而为一，从而规避怀疑主义的论证。

当同时期的威尼斯学者读到培根的著述后，立即意识到培根与他们的立场颇有志同道合之处。1616年米坎乔给卡文迪许的信中提到，"我迫切要向您推荐弗朗西斯·培根，对他的判断力和学识我唯有表示尊敬，长久以来我从没有发现有任何一本著作让我有如此多的收益，从作者那里收获如此多的见识，对作者我唯有万分尊崇和爱戴"（Gabrieli，1957，p.203）。此后他直接与培根通信，从培根那里得到了一份新的增编版的《随笔集》，并准备将其译为意大利文（不过，在他之前伦敦已经出现一个意大利语的译本，译文献给了托斯卡尼大

公——米坎乔在信中对此献辞大加抨击)。米坎乔对培根的哲学著述也颇为钦佩，他意识到培根的人文主义立场很可能会超越亚里士多德式的唯名论与唯实论的争论。在他看来，《伟大的重建》是

> 那些追求效用而不是虚名的哲学家中一部独一无二、无与伦比的著作。老实说对那些只知道名头的肤浅之徒来说，这本书的确是难以捉摸、不可理解的。但实际上，这本书展现了缺陷的根源，开创了一条通向精通熟练的道路，如果再加以完善，那么，他的哲学会超过此前所有人的成就。(Gabrieli, 1957, p.213)

在米坎乔看来，培根还是促成英国与西班牙相对抗的鼓吹者——只是詹姆斯在1617年蒙费拉战争中违背帮助萨沃公爵的承诺，让这一政策大受怀疑。“当大不列颠冒着风险与西班牙建立某种势力的平衡之后，意大利一度产生了希望。不过就眼前萨沃的例子来看，他们的大使如此信誓旦旦答应相助，最后却不过让他们的自信羞辱殆尽”(Gabrieli, 1957, p.219)。具有讽刺意义的是，恰在此时培根建议英王拓展与西班牙之间的联盟关系(有意思的是，他认为矛头应当转而指向土耳其——这也是另一个他所关注的塔西佗主义的重要主题[*Works* XIII, p.158])。事实上，在英国方面来看，蒙特费拉特战争爆发、意大利和平终结的这段时期见证了外国势力参与的历史性转折：从此之后直到1649年英王走上断头台，英国与西班牙的关系日渐密切——二者之间的亲密关系在1630年马德里条约签订时达到最高峰，西班牙人为 114
荷兰军队准备的白银运送到了伦敦，在伦敦塔里铸造(Gardiner, 1883, VI, p.177)，在查理一世政府相助下，西班牙人组建了一支“西班牙第二无敌舰队”于1638年与荷兰开战：英国人为西班牙人提供了交通运输，而当西班牙人在唐斯被荷兰军队击溃后，他们甚至不得不到英国港口内避难(Gardiner, 1883, IX, pp.57—69; Israel, 1982, pp.267—271)。

随着态势的发展，困惑的不仅仅是威尼斯这样的旁观者。英国内部也有许多人不赞同与西班牙媾和，17世纪20年代怀特霍尔和威斯敏斯特的御前会议上也存在着不少分歧。早期英国和威尼斯的塔西佗主义术语在这些争论中被大量使用；最令人震惊的例子是1620年诺维奇地区的法官托马斯·司各特反对拟议中的西班牙公主和国王查理之间的联姻（这场婚姻象征并保证了英西之间的友好）。在17世纪20年代中期，他是乌德勒支的主教，16126年被一名英国士兵刺杀——这是那段时间内一系列刺杀事件之一（最为著名的当属白金汉公爵遇刺事件），同时也预示了欧洲社会面临的战争压力。

整个17世纪20年代初期，尤其是1624年——这一年（婚约破坏之后）英国徘徊于是否要和西班牙重开战火的边缘——司各特一直攻击与西班牙讲和。他的智识来源相当清楚：他翻译了博卡里尼的《帕纳索斯山来信》，写下了一系列箴言力劝查理一世与西班牙开战，他还在某个场合使用了“伊丽莎白派来的艾塞克斯伯爵的鬼魂”作为他的代言。他的主要著述《上帝的声音》重复了必然性的论证。

> 一个人无论其处于私人生活还是处于公共生活的范围内，都是国家的公民。国家是他生活之地，因此，不经允许他绝没有**权力随意处置自己的身体**，比如在决斗中伤害身体，或其他未经准许的事情。任何人没有明显的必要，就冒险参与决斗伤害自己，就是对国家施加暴力。我所谓的“必要”，即当他遭受攻击时，或者当他目睹**国家**或**教会**遭受攻击时，不得不根据自然法予以反击。因为唯有出于自卫，战争才自然是正当的。同时，私人的自我是合乎自然法的，公共的自卫更是
> 115 如此。我们捍卫**法律**和**宗教**，使其免受其他势力或政策的侵略，因为法律和宗教使我们每个人享有平等的利益；以此为名我们采取的行动，我们所捍卫的东西，都是由自然法所规定的，除此之外则不被允许。（sigg. C2v—C3）

这段话显然与博卡里尼和艾塞克斯有明显的区别，它强调了我们在宗教上的“利益”。下一章我们将看到，在荷兰联省共和国及德意志新教国家出现了一种把塔西佗主义式的人文主义融合到新教中的思想路径，司各特就是这一股思潮在英国的代表。他所代表的这种讨论政治的方式，其影响一直延续到17世纪40年代，内战中国会一方的宣传小册子采取的就是司各特一系的政治术语（事实上，有些小册子甚至逐字逐句使用了司各特的某些主张）。

总体而言，詹姆士一世时期发生在英国的政治争论并没有采纳阿米纳托或波特若的论证模式；英国并没有形成世界帝国的可能性，因此也没有黎塞留那里孕育的法国式的普遍主义。不过，仍有两个不属此列，一个是沃尔特·雷利，他的作品显然从塔西佗主义者那里收获了不少东西，尤其是波特若（他极有可能翻译了波特若的《论城市伟大之原因》[Lefranc, 1968, p.666]）。他的政治事业主要有两部分，一部分是国会上的交锋，另一部分则是创造一个海上的大英帝国。在1607年到1614年他囚禁于伦敦塔期间，他完成了一部作品《世界史》，其中他追溯了世界帝国的兴亡故事——这也是他的全球事业的主要论点。在前言里他引用了沙朗，同时注释里也出现了许多现代人文主义的文本，可《世界史》这本书的观点却是，一个大帝国很容易被那些它未能征服的国家所取代。

> 我们应当留意帝国的兴衰……亚述和巴比伦以二十万大军、六万匹战马侵入米堤亚王国；但当他们想要继续征服时，却以失败而告终；相反他们自己成了波斯人和米堤亚人的臣民。相似的情况还有大流士和薛西斯相继以大军攻入希腊时，希腊人似乎也是不堪一击的。可是当波斯人被赶回家之后，他们就再没有给希腊人构成威胁。（II, p.501） 116

很明显，当沃尔特·雷利提到米堤亚人或希腊人时，他想到的是西班牙试图征服英国和荷兰的失败，以及它们继承西班牙世界帝国的可能性——他话中的历史意义也是再清楚不过的了。

另一个对波特若发生兴趣的英国人是桑迪斯（Edwin Sandys）。桑迪斯是约克大主教的儿子，也是理查·胡克最亲密的朋友之一，胡克的《教会政制法规》就是由他资助出版的。桑迪斯从1599年开始构思并最终于1605年出版了欧洲宗教问题的评论，结集为《宗教国家通志》，其中充斥着新人文主义的术语。桑迪斯终生支持与西班牙开战，他的书很明显是试图回答阿米纳托和波特若提出的问题。桑迪斯在此书末篇中指出，唯一能应对土耳其威胁的措施是建立欧洲的联盟，但他同时指出，天主教会只能妨碍欧洲联盟的建立。倘若反宗教改革的天主教会承认其失败，或者倘若西班牙的权势消退后，欧洲就可以摆脱宗教的纠缠打败土耳其人。不出所料，《宗教国家通志》在威尼斯引起广泛关注：亨利·沃顿寄给萨尔皮一个抄本，1625年此书的意大利文版出版之际就附有萨尔皮的评注（Cozzi, 1967）。1637年格劳秀斯对这本书产生了兴趣，正是他发现了这本书的评注者恰是萨尔皮本人（*Briefwisseling* VIII, pp.65, 163）。格劳秀斯告诉他的兄弟，桑迪斯在与萨尔皮交谈之后完成了这本书，尽管科齐（Cozzi）正确地警告我们不要树立“萨尔皮的神话”，不要把他“当作全知全能、无所不在的人物”（Cozzi, 1967, p.1116），但格劳秀斯的确非常熟悉萨尔皮的一举一动。

不过，同样在意料之中的是，詹姆斯一世并不喜欢这本书，1605年按照高等宗教事务法庭的规定被销毁（此书第二版于1619在海牙出版）。它不但违背了詹姆斯在“火药阴谋事件”之前一面与西班牙恢复和平友好一面与教会媾和的政策；而且，詹姆斯本人也非常不喜欢这本
117 书整体上的理智倾向，他更关心的是神学的真理——正是这一点激怒

了萨尔皮，他对詹姆斯《忠诚誓言申辩》的评价是，这本书的作者“与其说是一位国王不如说是一位神学博士”（*Lettera ai Protestanti* II, p.153; 更多对詹姆斯的批评参见Bouwsma, 1968, pp.526—527）。不过在查理治下，至少在1625至1630年英西两国还处于名义上的战争状态之际，英国反西班牙的塔西佗主义的漫长传统此时可以代表英王的政策，王室很愿意采用此类的新人文主义；当然，查理本人就是个有修养的、关注生活品味的人，比他父亲那种依赖于决疑论神学教条的人要更接近于人文主义的理想。因此，1627年在诉托马斯·达内尔爵士拒绝缴纳战争税的案例中，大法官罗伯特·希斯指出，征税的理由是“国家机密”，禁止追问（*State Trials* III, col.44）；第二年，下议院的弗朗西斯·内瑟索尔爵士（他曾任剑桥大学的校方发言人，因此也可算作人文主义在政界的代表）指出，在某种场合如果出于人民福祉的缘故，可以不经审判抓捕某人入狱（*Proceedings in Parliament*, 1628, II, pp.172, 176, 180）。在同一个场合，弗朗西斯·阿什利在一次与国王的会议中曾说道，“国家的法律出于国家的必然之需”（ibid., V, pp.283, 293, 307）。伟大的民法律师亨利·马腾爵士也曾表述过这样的观点：“必然性无法可循……哪里有必然性，哪里就有法律”（ibid., III, p.396）。

尽管以上的国会议员对政府发起战争的方式感到不快，因此1628年“权利请愿书”抗议征缴海军税时，他们往往持同情立场，可如果他们同时也支持与西班牙开战，那么他们毕竟还是接受了“国家理性”主义的论证。最为典型的例子是赛耶爵士，他是请愿人士在王室里的主要盟友，他一方面主张，必须承认“在必要的时候，需要有国家理性”，另一方面他很明显希望弄明白，哪一种情况才算得上“在必要的时候”（ibid., V, pp.320, 330）。赛耶子爵对塔西佗主义有着浓厚的兴趣，马尔维兹1649年的第一个英文译本就是献给赛耶子爵的（尽管一方面主张与西班牙开战，另一方面则钦慕西班牙首相奥利瓦雷斯的官修历史，的确具有讽刺的意味，但这还是再次反映了英国的艾塞克斯小圈子与

西班牙利普修斯主义者之间的联系）。此时在国会之外，塔西佗主义的
118 论证依旧用于反对西班牙：1627年年末荷兰联省共和国的伊萨克·德莱瑟（Issac Doreslaer）被最为著名的支持反西班牙政策的贵族布鲁克勋爵法尔克·格雷维尔（Fulke Greville Lord Brooke）任命为剑桥大学的历史教员。德莱瑟用塔西佗的《编年史》当作教材，把《编年史》的第一句当作荷兰反对西班牙统治的理由（有些学者如萨尔维亚蒂对这句话存在着另一种解释）。剑桥彼得学院的院长（同时也是查理一世继任威尔士亲王期间的皇家教士）马修·雷恩提出了反对意见，但德莱瑟的言论还是得到了校长的支持。1628年布鲁克勋爵被刺让德莱瑟失去了靠山，此后他靠律师的身份谋生，1649年德莱瑟本人也在代表新英格兰共和国出使荷兰期间遇刺。

1627年至1628年王室和支持者使用的必然性话语激怒了国会方面的人物，他们持有许多反对意见，也反对将必然性正当化的措施，其中包括罗伯特·菲利普斯爵士和约翰·霍斯金斯爵士（至于塞尔登，我们会在另一章中对此加以讨论[*Proceedings in Parliament*, 1628, III, pp.396—397]）。不过，一旦这种语言被宫廷学会之后，就很难被轻易忘掉，17世纪30年代末英格兰又一次处于战争状态时，它被毫不犹豫地用以捍卫类似的措施。这时最为引人注目的是，反对者也使用的是同一套术语来反对这些措施——这显然也是讨论英国内战的智识性质的起点，英国人重演了塔西佗《历史》中的场景时，正反两方都引证了塔
119 西佗。

第四章
其他的类型

德意志与意大利对塔西佗主义的批评

正如在文艺复兴时期，西塞罗主义式的人文主义影响了整个16世纪的欧洲知识界，即便是忠于经院传统的学者如后文将论及的西班牙多米尼克会修士也不得不在自己的著述中提到他们，因此塔西佗主义式的新人文主义也渗透到欧洲思想界的方方面面。由于众所周知的原因，它比西塞罗主义要更为开放，但它引起的敌意也更多；本章我将讨论这种敌意表达的路径，并研究17世纪早期反塔西佗主义是怎样逐步发展起来的。一般而言，在那些传统的亚里士多德主义或西塞罗主义的支持者那里，有两种回应新人文主义的方式。一种是把新人文主义放在某个熟悉的理解框架内，逐渐消化它；另一种则直接抨击它与此前人文主义建立的价值观完全不相容。一般来说，意大利和德意志的学者倾向于前一种方式，荷兰的学者倾向于后一种方式；而耶稣会的学者通常追随荷兰人而不是意大利人（类似的情况还有卢汶神学家对耶稣会神学的影响）。

塔西佗主义之所以在当时的知识界成为无法回避的现象，其中的原因之一在于，当时最有影响的古典学者往往是利普修斯这样的塔西佗主义者：他们凭借远远高人一筹的技艺能力和理论思辨力成为公认的古典学研究领域的权威。因此，这对学习其他学科的人来说是最简
120 便的方法，但不可避免地顺从于古典学者，寻求方法适应新人文主义，直接与新人文主义唱反调总归是很难的。这一观念最为明确地体现在1609年英国神职人员威廉·贝代尔（他是亨利·沃顿委派在威尼斯的牧师，因而很清楚塔西佗主义在当时的影响力）：

> 为了与贵族和教会深化真理的知识：曾有一种说法认为，在最为简单的状态下，人只能有两种选择：或者选择迷信和盲从、对理性视而不见，或者选择理性之光、与宗教划清界限。一方对另一方表示不屑，反过来又会招致另一方的反击。在我看来，如果能用令人愉悦的策略性语言传达宗教的内容，那其实更好。古人对此早有洞察，他们往往在哲学的名义下传达的是基督教的信仰。在我们的时代，我看也同样行得通，完全可以在政治性的话语责问教会犯下的错误。（Shuckburgh, 1902, p.247）

他认为桑迪斯的《宗教国家通志》就是这种政治话语形式的代表。他渴望运用这一技艺与天主教对抗，不过，天主教似乎对运用这一技术也极感兴趣。

新人文主义中的和平主义类型在波特若的《国家理性》面世后三年就开始出现，这就是弗兰凯塔（Girolamo Frachetta）1592年出版的作为《国家政体及战争精义》后续之作的《论国家之理性》。弗兰凯塔生于威尼托，在帕多瓦接受教育，16世纪80年代为罗马的埃斯特家族效力，其后又为贡查加家族的红衣主教西比奥·贡查加服务，并担任西班牙驻罗马教廷大使。在罗马他树敌太多，后只得离开罗马定居那不勒斯，1613年他在那不勒斯完成了一部更为系统性的著述《国家政体讲解》，以此献给腓力三世；1614年时人称他是“西班牙宫廷里鼎鼎大名

的人物”（Bozza, 1949, p.80; Frezza, *Massime*, sig. A3）。因此，虽然埃斯特家族是西班牙在罗马教廷里的主要敌人，弗兰凯塔却越来越靠近西班牙统治下的意大利。他和乌尔比诺公爵贡查加的联系是一件饶有意味的事情，因为，一系列为传统人文主义辩护的著述都出自乌尔比诺及其他一些支持西班牙的意大利小国（例如下文第127至128页要讨论 121
的博纳文图拉和佐科罗）。这些小国并不具备皮埃蒙特或托斯卡尼地区的现代政府机构，它们类似于早期人文主义者效命的社会，同时也一直强调西班牙对意大利统治的道德品质。

弗兰凯塔认为，“国家理性有两种类型：一种是真正的国家理性，我称之为公共的审慎（civil prudence），这种公共的审慎并没有把宗教和道德德行排除在外，因此是政府真正的理性和原则所在。另一种国家理性指的却仅仅是欺骗，且仅仅和运用这种技艺的人自己的利益有关，从不把上帝或人的义务考虑在内”。由是，他宣称君主不应当破坏公正的法律——如斯各提所主张的那种采用监禁、处决等先下手为强之类的手段，是完全不可接受的。通过将国家理性等同于更为人所熟悉的一种审慎的类型，弗兰凯塔将新人文主义的政治理论融入到关于君主式审慎的传统论述中去——这种论述在所有人文主义者那里都能找到，且源自亚里士多德和罗马传统，后者认为君主能做什么有着明确的道德限制。事实上，当弗兰凯塔对马基雅维利和“法兰西这个优美国度”里的马基雅维利主义者大加攻击时，他自身的新人文主义特征反而显露无疑（p.45v）。

当时的意大利随处可见此类对新人文主义欲迎还拒的态度，当然，此类立场的真正受众还是西班牙的腓力三世。弗兰凯塔本人在西班牙的名声显赫，而弗兰凯塔在那不勒斯的保护人之一法比奥·弗雷扎也曾从塔西佗的著述中节选出一本《准则、规律及教诲》（1614），试图借此阐明弗兰凯塔的立场（sig. A3; Bozza, 1949, p.122）。另外，在西班牙军中服务的热那亚医生卡隆尼尼（Pietro Andrea Canonieri）在一本名为《〈塔西佗〉前二卷问答》（1609）的著述中阐述了相同的立场——而这本书也是献给腓力三世国王的。非但意大利和西班牙之间的关系延续的是这条线索，在西班牙内部，此类立场也渐成主流，费尔南德斯·圣马利亚（fernandez santamaria）教授在《1591至1640年西班牙政治思想中的国家理性和国家能力》一书中讨论的大多数著作都应归属此列。其中需要提及的是一位名叫阿尔瓦·德·卡斯特罗的葡萄牙陆军
122 军需官于1616年出版于里斯本的著作《真正的国家理性》。虽然此书多处引用了阿米纳托的著述，德·卡斯特罗还是坚持认为，真正的国家理性必须遵循正统基督教的原则（fol. 22v）。可尽管如此，塔西佗主义的政治探究路径对他的影响仍然出现在他暧昧的言辞里，例如“政治的主题是无根的大海，没有任何一种技艺可以理解它，也没有任何一种科学可以教导它”（fol. 3v）。类似的言论还出现在西班牙外交官法哈多的著述或者萨拉查（Juan de Salazar）1619年出版的《西班牙政治》中。

但是弗兰凯塔的路径很明显存在着一些问题，因为塔西佗及其追随者的要义恰恰在于，西塞罗式的带有清晰道德感的“审慎”并不足以理解现代的帝国政治世界。国家理性与此类审慎可以说并无多少相似之处。同样对新人文主义忧心忡忡的其他意大利和西班牙的思想家充分意识到这一点，他们试图另起炉灶驯服之。其中有一位那不勒斯人帕拉佐虽然在国内追随者不多，却吸引了一些外国的兴趣（比如在法国的杜埃有两个法译本，在荷兰的但泽有一个拉丁译本[Bozza, 1949, p.101]），帕拉乔认为，真正的国家理性仅仅是指那些*维护*现有政治地位的技艺，而不是那些*扩张*国家地位的技艺。国家理性者的许多反宪政主张开始变得有条不紊，当文献的扩张性锋芒弱化之后，便重新回到了正统*正义*观的轨道里了。帕拉乔对国王治理权的强调是他和17世纪20年代其他意籍西籍塔西佗主义者最大的不同之处，后者如马尔维兹或穆奇奥之所以主张对帝国扩张加以限制，更多是出于实际利益的考虑。

17世纪20年代至30年代西班牙人马蒂尔·里佐（Juan Pablo Martin Rizo）对马尔维兹的反驳可以清晰地证明这一点，1633年，他出版了《罗慕卢斯传》以回应马尔维兹的《论罗慕卢斯》的著作。马尔维兹主张，罗慕卢斯杀死雷穆斯是势出必然不得已而为之，而马蒂尔·里佐则强调，雷穆斯触犯法律在先，新创建的国家当然必须把触犯法律的人排除在外。“一个治理良好的城邦，不仅应当有一部良好的法律，而且其
法律必须得到遵守。一个致力于正义事业的君主，只需要在王国内严格 123
执行法律就可以了，并不需要拿自己开刀。”由此，罗慕卢斯案例的道德危险性化解于无形（Fernandez-Santamaria, 1983, p.307）。

不过话说回来，这种将新人文主义融入某个习见框架中的做法终究难以行得通，因为国家理性并不只是与国家的保全相关，它始终带有一种对强正义概念（strong notion of justice）的贬低。更为可行的做法是第三条路线——这条路线无论在德国还是在意大利都是引人瞩目的，尽管意大利人的贡献直到很晚才为人所知——亦即将塔西佗主义融入亚里士多德式的政治科学，尤其是与政体的维系和保存相关的政治科学。

第一章我们曾指出，自从16世纪中叶开始德国尤其是新教德国地区就是亚里士多德式的人文主义的大本营。这或许是因为，亚里士多德主义更为严格的科学化和技术性的特征更容易受到遍及德意志诸邦的专业人士（比如律师、医生和神学家）的青睐。另一种可能的原因是，亚里士多德主义是一种多变的体系。亚里士多德在《政治学》里曾指出，政体形式有相当多的类型，每一种政体都意味着政治共同体内部的各种因素用各种不同的方式加以组合（1290a10）。亚里士多德政体学说的出发点对德国的新教法学家极有亲和力，他们希望用亚里士多德的政体学说分析帝国的特定结构，以便让他们的大公能够获得更多的独立性，同时避免径直将神圣罗马帝国的皇帝等同于君主国的君主。德国最为著名的亚里士多德主义政治理论家哈尔伯施塔特的亨宁·阿

尔尼塞伊斯（Henning Arnisaeus of Halberstadt）就曾运用亚里士多德式的分析方法证明，神圣罗马帝国的最高权力并不属于皇帝，而是出自选侯（*De republica*, pp.1017—1085）。

而最先在亚里士多德主义的政治科学传统里引入塔西佗主义成分的是一位年轻的法学教授阿诺德·克莱玛（Arnold Clapmar），他任教于纽伦堡附近的激进路德派大学阿尔特多夫大学。克莱玛是不莱梅人，1605年克莱玛年仅三十岁即英年早逝，他献给不莱梅当地议会的遗著《论共和国之心术》由他的兄弟出版。克莱玛对人文主义的基本态度
124 表露在他逝世前完成的一篇论文里，这篇论文讨论了博雅教育的课程设置问题；其中克莱玛对西塞罗和亚里士多德大加褒扬，几乎没有提及利普修斯和塔西佗（虽然他称赞了圭恰阿迪尼）。相较于这篇文章，此后他在《论共和国之心术》一书中体现出的对塔西佗主义的热情着实有些出人意料。

对克莱玛来说，塔西佗主义理念最为重要的来源实际上是阿米纳托的《论塔西佗》，他将阿米纳托的论证融入到亚里士多德关于各种政体的论述里。克莱玛认为，每一种政体类型（即君主制、贵族制、共和制三种“好政体”与僭主制、寡头制、民主制三种“坏政体”）都有其特定的“统治法权”（ius dominationis）——这是用相当晚近的拉丁语表达阿米纳托的国家理性概念的译名。这个译名出现在德国，它标志着德国塔西佗主义的话语特征，即由中性的“理性”（ragion）转为包含道德或法律内涵的“法”（ius）。

为了理解克莱玛的论证，我们不妨回忆一下亚里士多德《政治学》中的一个段落（1289a）：

> 真正的政治智慧应当能够分别何为最优良的法律、何为适应于不同政体的法律；因为法律是，也应该是根据政体来制订的，而不是根据法律来决定政体。政体既是一个城邦的政权组织形式，也是每

> 一个共同体所企求的目的所在。法律则不同，它是执政者借以控制国家、处理违逆者的规章。

在亚里士多德主义的传统内部，完全有可能出于维系一种特定政体形式的需要而支持法律压倒一切的约束力，尽管不是出于维持社会的需要而推翻基本的政治结构。实际上就此而言，亚里士多德主义者几乎不用借助外力即能生产出“国家理性”理论来。克莱玛的“统治法权”就是各种不同政体下的统治者所遵循的“法”，他们为了维护自己的地位，为了让政府形式延续下去，或者修改法律以适应自己的利益或者让法律压倒一切。只要政府形式是好的，能够为了它的公民提供一种亚里士多德意义上的“善”，统治者的所作所为就是公正的，如果政府形式糟糕，统治者的所作所为就是不公的。在后一种情况下，统治者体现出来的与其说是“法权”不如说是“命令”。克莱玛像别的塔西佗主义者 125
一样意识到必然性的力量。他曾引用过塞涅卡的一段话“必然性让一切合法”（p.136），并加上了一句评论，“必然性往往让不合法的事情成为公平和正义，这就是必然性的力量和尊严所在”（p.137）——他所关注的即是维系某种特定政体运行的必然性。

除了“统治法权”之外，不同政体下的统治者会运用不同的骗术（subterfuges）亦或所谓的“心术”来维系他们的地位。在克莱玛看来，根据政府形式的不同，其“心术”也各有不同，这其中包括“统治的幻相”（simulacra imperii）或“自由的幻相”（simulacra libertatis）——也就是说，看上去似乎拥有权力或者看上去似乎拥有自由，但实际上什么也完全没有（pp.201ff.）。因而，不能仅仅从低位法或国家的习俗去理解一国的政体性质，它们其实只是统治者为了维系其统治地位而运用的国家理性；如果国家的整体结构在亚里士多德的政治理论框架内有可能被证明是正当的，那么统治者就可以运用他们的“心术”来证明统治者本人的地位也是正当的。

这一将塔西佗与亚里士多德加以精致调和的思想倾向在德国的新教地区流传甚广。1609年由阿米纳托翻译的拉丁文塔西佗著作就是一个明证，此书在正文之前还附有由路德派萨克森公国迈森地区的弗鲁格（Christoph Pflug）从塔西佗著作中编选的《政治散论》、以及匿名再版的福克斯·莫希罗的《论王位及王国制度》——传统人文主义及其后继者糅合成一体同时出现。阿尔尼塞伊斯的《政治学说》也延续了同一路线。虽然阿尔尼塞伊斯声称自己是亚里士多德主义者，虽然他表彰了意大利的人文主义式的亚里士多德主义（并顺带攻击了拉谟），但他同时也是克莱玛的读者（p.505），在讨论政体各种可能的腐败类型时他融入了与“国家心术”相关的论述；对阿尔尼塞伊斯而言，“心术”是统治者用以挽救一个败坏的政体所使用的技艺，因而是亚里士多德政治理论的有益补充（pp.503ff.）。

德国学者对此有着清醒的意识：一个有力的例子是1618年贝绶尔德（Christoph Besold）完成的《论政治家二卷》。贝绶尔德属于另一个新教学术圈（他一度在图宾根教授法律，改宗后他于1630年转入巴伐利亚因戈尔施塔特的天主教大学）。他的著述中专列一章讨论了《论共和
126 国之心术》，很明显贝绶尔德追随的是克莱玛，书中他曾提到，以前称之为“衡平”（epiekeia）的东西就是“现在称之为‘国家理性’的政治理性”。换言之，国家理性也就是习见的亚里士多德体系中的衡平概念，后者往往把更广的正义利益置于法律之上。1626年贝绶尔德又将此章单独出版并添加了一个导言，这篇导论中随处可见来自蒙田、沙朗和博卡里尼的引述。贝绶尔德承认，他曾一度为“新学园派”所吸引，后来才信奉了“早期教会的合一信条”。他毫不隐讳自己是从怀疑主义开始退却的——后者则集中地体现于德国学界将塔西佗主义纳入亚里士多德体系的倾向。

不过，克莱玛关于“国家心术”（imperii arcana）的论述对德国学界仍有相当吸引力，因为它拓展了亚里士多德主义理论的可能性边界。

至此，政体学说的分析框架不再仅仅局限于亚里士多德《政治学》的复杂术语系统，而且也可以诉诸更为多变也更为含混的“心术”。法律和习俗或许不过是一种“幻相”，或许只有透过法律的迷雾才能看清帝国的真正本质（当然，在他们看来帝国并不是君主国）。其中最为极端的一个例子是，三十年战争期间普鲁士人博吉斯拉夫·开姆尼茨（著名神学家马丁·开姆尼茨的儿子，瑞典国王的侍从），他在《论吾等罗马—日尔曼帝国之国家理由》一书中指出，神圣罗马帝国实际上是大公主导的贵族制，只有认清了这一点，1618年波希米亚起义以来对帝国权威的违抗行为才能得到正当合理的解释（例如I.17）。开姆尼茨此书同样随处可见引用了克莱玛和阿米纳托的论述（例如*Prolegomena* I, pp.3—4），不过出于对瑞典国王的忠诚，开姆尼茨并不认为选侯拥有帝国的主权，因为瑞典并没有取得选侯地位就占领了波罗的海南部。

就在克莱玛致力于写作一部依照亚里士多德框架的塔西佗主义著述的同时，一个意大利人也正在做着同样的事情。这就是乌尔比诺公国的弗雷德里克·博纳文图拉，他一度从军，其后出任公国的大使（Bozza, 1949, p.146）。在去世前一年，1601年8月博纳文图拉完成了一部著作《论国家理性》。其中他不点名地攻击波特若、阿米纳托、弗兰 127
凯塔等人的学说，在他看来，亚里士多德的政治分析（甚至也包括阿奎那的版本）才是“国家理性”的最好表达。不过，博纳文图拉的手稿直到1623年才得以出版，而两年前，佐科罗（Lodovico Zuccolo）已经在他的《关于道德和政治的思考》中指出，必须这样理解国家理性，不同的亚里士多德式政体，国家理性的作用也随之而不同。

克罗齐把佐科罗的主张视为理智上的重大突破，他认为佐科罗创造了一种价值中立的政治科学（Croce, 1930, pp.290—296）。事实上，佐科罗的论证很难说与克莱玛的论证有什么本质区别，他的学说明显依赖于正统亚里士多德主义的政治理论。博纳文图拉的手稿也有同样的效力，1627年博纳文图拉和佐科罗的学说同时被米兰人塞塔拉

（Lodovico Settala）运用于一部更为系统的篇制巨大的著述里，阐述同一种类型的国家理性学说。塞塔拉是一位亚里士多德主义的医学家，1627年被腓力四世任命为米兰大公国的医学参事（Bozza, 1949, p.155）；他的《论国家理性》一书献给当时在意大利的腓力四世的宫廷侍卫长。此书的出版标志着意大利和德国关于国家理性问题最为全面、也最为有力的回应。塞塔拉的著作无论在意大利还是在德国都极受欢迎，它代表了17世纪新人文主义最终走向了一条死胡同。因此，在许多西班牙人以及西班牙治下的意大利人看来，新人文主义已经被成功驯服，要论证西班牙对意大利的统治权的合法性来源还是要回归到亚里士多德和西塞罗的传统价值。

而就在德国和意大利的亚里士多德主义者将新人文主义纳入其既有世界观的同时，亚里士多德主义的老对手也在做着类似的事情。正如我们在第一章中指出的那样，16世纪末欧洲知识界不断出现亚里士多德科学的挑战者（尤其是在中欧和那不勒斯王国）。不过，这并不意味着，这些反亚里士多德主义者就完全认同塔西佗主义式的反亚里士多德主义：
128 我们在第二章中曾指出，新人文主义的创建者蒙田对新科学也同样有深深的怀疑。事实上，塔西佗主义和亚里士多德主义之间的理智关联像它们与老式反亚里士多德主义之间的理智关联一样复杂。

对此最为有力的一个例子是乌托邦政治理论中最著名的1619年安德里亚（Johann Valentin Andreae）的《基督城》。安德里亚的所有努力只是证明了，探索清楚17世纪早期德国反亚里士多德主义潮流的多种趋势在理智上的困境。安德里亚的父亲是卢汶大学有名的神学家，与开姆尼茨的父亲大体是同一个时代的人，安德里亚的工作同样是为卢汶的教会服务。卢汶神学家的圈子大概是16世纪末17世纪初反对亚里士多德霸权中最为激烈的群体，安德里亚父亲的那一代人甚至也不认可梅兰希顿接受的亚里士多德主义。他们之所以不认可亚里士多德主义，起因还在于反宗教改革的天主教会对亚里士多德形而上学的运用——

开姆尼茨就认为，关于圣餐问题的讨论沿用亚里士多德的论证是有问题的（*Examinis*, p.77）。安德里亚则一再指责亚里士多德——他甚至在《基督城》中称亚里士多德为“无足轻重的小人物”（p.218）。卢汶的神学家坚持更为纯正的路德立场——圣经足以作为人类生活的根基，它不需要任何哲学的阐释。

从这一立场出发，这些神学家对一切可能损害路德派圣经本位说的其他类型的反亚里士多德主义也往往持保留态度；然而，他们并不能保持完全的排斥立场，因为其他类型的反亚里士多德主义不可避免地对他们有着一定的吸引力。安德里亚就曾面对当时德国新科学的探索者、玫瑰十字会的问题，主张为了社会重生的共同目标而加入基督教社团，但是要在路德派教会的明确指导下（Montgomery, 1973, pp.214ff.）；在他1616年出版的著作《炼金术婚礼》中，安德里亚提到了玫瑰十字会的创建者、传奇性人物罗森克朗茨，只不过他坚持认为，为了改善世界的使命，玫瑰十字会在名义上必须与教会相结合（ibid., pp.224—230）。《基督城》一书也有类似的呼吁，安德里亚认为应当以正统基督教的活动取代玫瑰十字会的活动（pp.137—138）。 129

当然，《基督城》的另一个对手无疑是康帕内拉。1620年左右是康帕内拉在德国影响力的顶峰时期：阿德里亚的朋友阿达米（Tobias Adami）于1619年编辑出版了康帕内拉的《实在哲学》（《太阳城》附于其中[Montgomery, 1973, pp.49—50]），此外，德文本《西班牙帝国》于1620年出版，他的《政治箴言》更是作为康帕内拉选集中的一卷于1623年首次出版于法兰克福。康帕内拉的反亚里士多德主义立场，包括他主张权力在政治实践中处于核心地位、以及需要运用新科学克服权力的中心地位，都与德国知识界的文化极为合拍——考虑到17世纪德国混乱的政治现实，摆脱传统的权力关系、由学者官僚治理国家在德国一直是有着强大感召力的理想。

阿德里亚对康帕内拉极为推崇，他称康帕内拉是“与异教徒亚里士多德不懈斗争中的天才和英雄”（Christianoplis, p.21）。不过，正如他对玫瑰十字会的态度那样，安德里亚仍然坚持认为，路德派教会必须吸纳同时也必须掌控康帕内拉的新哲学；因此，他的《基督城》就采用了《太阳城》的形式并加以重新改造。形而上学被废除了其统治者的地位：基督城的公民需要参加形而上学研讨会，但形而上学的课程最终还是启示神学：“哲学家在黑暗中探索，他们谈论神圣的太阳并希望认识上帝，但作为异教徒他们始终无法真正认识上帝”（p.216）。在康帕内拉那里，主权者是形而上学家，而基督城的统治者则是集宗教、正义和学识三位一体的统治者（p.174）——而所有的统治基础只能来自对上帝和圣经的认识。安德里亚消除了康帕内拉论证的危险性（上一章我们曾指出，康帕内拉的理论有导向教皇至上论的可能），他所描绘的乌托邦尽管在形式上和康帕内拉几乎别无二致，但最终却是一种独特的福音主义。实际上，正如新教亚里士多德主义一样，路德的圣经本位主义最终也同样消化了新出现的危险。

上述怀柔策略在新教德国是成功的，因为德语地区几乎没有相对纯正的塔西佗主义，其唯一的代表杨·格鲁特（Jan Gruter）几乎不能算
130 作德国人。格鲁特出身于尼德兰南部的新教徒家庭，尼德兰内战后逃亡到英格兰并在那里长大（Sandys, 1908, pp.359ff.），后来进入莱顿大学学习，1592年格鲁特进入海德堡的新教德国最高法院；1602年成为当地著名的帕拉丁图书馆的管理人。在1604年出版的《杂论集》一书中，他表明了与利普修斯相似的立场，不过，他们所传达的归隐政治理念几乎淹没在其他人的转述里。晚年格鲁特的生活几乎与利普修斯别无二致，海德堡在三十年战争中（1622年）被蒂利伯爵（Count Tilly）率领的帝国军队占领，格鲁特管理的帕拉丁图书馆被巴伐利亚公爵马克米利安二世所毁。直到1627年死前，格鲁特一直在废弃的大学旁的乡村里照看自己的花园。不过，这种纯正的塔西佗主义在德国甚为罕见；而且，应当说格鲁特在灾难来临时表现出来的退隐立场也极为罕见。德国知

识界在17世纪20年代到30年代之间对论战局势的回应更多是，他们对自己的学科有效性充满好斗的自信心。

耶稣会的通识课程

我们在意大利和德国看到的是一种相对平和的进程，亦即将令人不安的政治技艺纳入相对熟悉的理论框架。不过，在意大利之外还有许许多多的人文主义者或者说古典价值的仰慕者，他们反对滥用这一政治技艺，他们对塔西佗主义的反应或是指责或是在理智上完全排斥。欧洲的天主教地区最先对马基雅维利式新政治发起攻击的是两个卢汶的神学家，弗穆伦（Johan Vermeulen）和朗斯（Johan Lens）。16世纪80年代的卢汶神学是后来的耶稣会神学的前身，弗穆伦和朗斯对马基雅维利主义的批评也和后起的耶稣会神学家如波赛维诺（Possevino）、里瓦德内拉（Ribadeneyra）等人对马基雅维利主义的指责如出一辙。弗穆伦开风气之先：在《五卷书》中（Cologne, 1584）他试图找到异端势力在尼德兰内战中拒绝与天主教妥协的原因——在他看
来，这是因为异端势力以为天主教正统信仰绝不会与异端或叛乱者和 131
平共处。而在一篇名为《论维护异端信仰》的文章中弗穆伦指出，情况并不是这样，最为正统的神学家最多只是拒绝在战争时期给予那些试图散播歪理邪说的敌方使者以安全保护（pp.113—114）。弗穆伦认为，马基雅维利及其追随者才是真正的威胁，因为，马基雅维利主义者主张君主不应当遵守任何人的承诺。弗穆伦的评论很可能针对的是安特卫普的守卫者。1584年安特卫普守军投降帕尔马公爵时，其将领曾试图让守军相信，帕尔马公爵“绝对不会有任何阴谋诡计”——换言之，帕尔马公爵绝不是一个马基雅维利式的君主（也就是说，他绝不会像阿尔巴公爵那样）。

六年之后，弗穆伦对马基雅维利主义的批评在低地国家找到了后

继者。他在卢汶大学的同事朗斯为他的著作《论基督教自由》增补了一篇论文《论俗人所说的政治家》，此书1590年由普兰丁的遗孀出版。其中的这篇文章（不点名地）指责某些政治学者“对世俗王国的关心超出了对宗教的关心”（p.893）——考虑到利普修斯的《政治六论》此前不久在莱顿出版，不难猜到朗斯的攻击对象是谁。不过，应当说无论是卢汶的学者还是追随他们的耶稣会士都对利普修斯寻求妥协或停战的方案持同情态度，虽然他们往往又极为反感利普修斯将宗教置于政治之下以及他推崇马基雅维利的立场。而帝国主义式的国家理性如波特若和阿米纳托则是他们最为厌恶的理论。

弗穆伦和朗斯关注的还只是新人文主义的一个方面，即它与马基雅维利的联系。16世纪的最后十年，其他一些学者扩展了对新人文主义的批评，他们试图捍卫传统的西塞罗主义式的人文主义。其中极有说服力的一个例子又与低地国家有关，此人系英国的天主教流亡者韦斯顿（Edward Weston），1593年后韦斯顿在杜埃（当时属于尼德兰）的英语学校任教十年，其后作为天主教传教士冒险返回英国。尽管韦斯顿在杜埃任教，但他曾分别在牛津和罗马接受过教育，1602年他出版的一部著作就可以体现出他所受到的学术训练。这本书就是《论由自然、道德、神学概念所决定的人的三重职责，反无神论者、政治家及阉人》
132 （Antwerp, 1602）。

此书的前言点明了反对新人文主义的理由：新派人物

> 全然蔑视西塞罗式的典雅：他们就像全副武装的士兵，肚子里没有一丁点有教养的语言。他们简直像是要穿着盾牌盔甲上战场，从头到脚都是铁甲，不断用骇人听闻的言辞在人们耳边喋喋不休：或许，他们引以为豪的就是他们**全副武装的**风格。（I, sig. d1）

韦斯顿用一种散文的风格准确地描述了塔西佗主义的道德意味：

塔西佗主义的语言是一种来自战场的语言，传达的是一种军事价值。而当韦斯顿将批评的重心转而指向塔西佗主义运动时，不出所料其矛头所向又是马基雅维利（有趣的是，他竟然引述撒鲁斯特来攻击马基雅维利），在他看来，如果采纳了此类政治学者的立场，那么“这些政治家带来的根本就不是什么共和国，他们带来只能是一个骗子国王领着一群傻子群众”（I, pp.178, 182）。西塞罗式的自由人文主义者对塔西佗主义的回应特点有二：其一他们捍卫正统道德价值，其二他们主张民众更为广泛地参与到政治和道德生活中去。

韦斯顿虽然并不是耶稣会会士，但是他和包括贝拉明在内的许多耶稣会社团有着密切的联系，他的西塞罗主义与耶稣会的核心文化几乎完全合拍。事实上，尼德兰学者对塔西佗主义的批评很快吸引了耶稣会的注意，16世纪90年代耶稣会开始鼓励类似的思想倾向；不过，这些思想一旦被耶稣会采纳就立刻发生了变形。耶稣会和此前的宗教秩序当然在许多方面有所不同，但是理智风格上最大的不同是，他们创造了一种自律的教育系统。耶稣会会士需要花五年时间学习通识课程（arts course），然后再花五年时间教授通识课程；此后他们才有机会学习差不多长达五年的神学课程。耶稣会的教育虽然在大学之外，但其教学方案大体复制了同时期大学的课程方案；只不过就取得进入神学课程的资格而言，耶稣会的教育需要花十年，比大学教育的时间要长得多。耶稣会的组织形式决定了耶稣会会士要比他们的前辈如天主教或多明我会的智识领袖更容易接受人文主义的理念。当然，耶稣会的人文主 133
义还要服从于耶稣会的整体目标——捍卫并提升天主教在全世界的地位。考虑到耶稣会的此类自律性教育，他们对塔西佗主义古典学者的批评也要比德国的新教学者自信得多。

早在1592年，五十九岁的意大利耶稣会会士安东尼奥·波赛维诺出版了他对当时法国的政治学者德拉卢、博丹和马基雅维利等人著作的评论汇编，他基本上沿用了弗穆伦、朗斯等人的方法，只不过波赛维诺强调的重点有了偏差——博丹、莫尔尼以及德拉卢都被贴上了马基雅维利主义者的标签，因为，在他看来，他们全都拒绝承认天主教教会的压倒性权威。其后，波赛维诺出版了大部头的《书志目录》作为《研读大纲》的指南，在这本书中波赛维诺引述了卢汶学者的观点并对其表示赞许。事实上，波赛维诺对马基雅维利主义的忧虑由来已久，他早期的批评重心或者更为可取。波赛维诺是一个典型的人文主义者：1534年他出生于曼图亚，在加入耶稣会之前他曾经为贡查加家族服务。后来他一直在东欧地区担任罗马教廷的大使，最后在帕多瓦退休。1589年3月，他在卢卡共和国的议会里发表了一次关于“如何保卫国家和国家的自由”的演讲，当时卢卡在名义上是一个独立的共和国但实质上已经完全被西班牙人所控制。在演讲中他反对新派学者，捍卫了许多西塞罗主义式的人文主义主题。尤其是，波赛维诺认为，意大利战争期间政治家的金融和经济立场毁掉了意大利：“那个时代的政治家和金融界只知道利益二字（因为，他们把马基雅维利的歪理邪说当作了他们的圣经和座右铭）”（Ragionamento, p.52）。是西班牙的霸权重新建立了半岛的“道德经济学”，保全了卢卡的真正自由。这种强调道德价值和自由之间相互关联的立场直接来自早期文艺复兴的西塞罗主义学者，波赛维诺也
134 从不隐瞒他对西塞罗的崇敬：《书志目录》后附有一篇文章，就叫做《西塞罗与民族同在，与圣经同在》。

波赛维诺对政治学的批评很快有了追随者，这就是另一位耶稣会会士里瓦德内拉，他于1595年在马德里出版了《论基督教君主应坚守的宗教及德性》。里瓦德内拉是耶稣会创立时期的人物，他对新人文主义的掌握程度和波赛维诺不相上下（他同样把所有的政治学者一起归为马基雅维利主义者）。他一度在帕勒莫教授修辞学，写作与神学无关的历史和传记类作品，他的著述又一次体现了福克斯·莫希罗和菲佩拉尼时代的西塞罗主义的自由价值在耶稣会这里的延续。里瓦德内拉探讨的主题是正统的法律和道德观念的绝对优先性。君主不应当背信弃

义，如果君主要使用阴谋诡计的话，那么按照传统的观念，只允许君主在正义的战争中对敌人使用阴谋诡计（而且，他决不能当面撒谎）。1612年马奎斯（Juan Marquez）在一本致力于批评博丹及其追随者的《基督教统治者》一书中也讨论了类似的主题。这本书后来得到了西德尼等人的推崇，其原因在于此书讨论了摩西和约书亚的政治计谋，这是一种在共和主义者中极为盛行的阅读圣经的方式（例如第五章中我们即将讨论的荷兰联省共和国的范德昆）。

里瓦德内拉主张，如果“一个国家或者这个国家的绝大部分领土”已经被异端学说占据，消灭它们可能会破坏这个国家的秩序，那么更为可取的是运用“基督教的审慎”，允许异端的宗教存活一段时间（他举了一个例子，在很难把阿里乌派驱逐出境的情况下，正教皇帝曾给予君士坦丁堡的阿里乌派以信仰自由[Princeps Christianus, p.178]）。四年之后，马里安纳则在他的书中强烈建议君主不要采纳这一策略——这说明耶稣会成员之间也有观念的差异，但正如此前我曾指出的那样，几乎所有西塞罗主义学者都支持尼德兰战争中的妥协方案。

耶稣会对西塞罗的偏爱在接下来的几十年得到了更为明显的体现。1610年普兰丁出版了修图斯（Andreas Schottus）的《图利乌斯问 135
答集——论恢复效仿西塞罗（第五卷）》。修图斯出生于安特卫普，后成为卢汶的修辞学教授；加入耶稣会后，他转入萨拉戈萨大学，后又出任耶稣会罗马公学的修辞学教职。修图斯是耶稣会通识课程最重要的导师之一，他对西塞罗的崇敬在当时造成了广泛的影响。《图利乌斯问答集》全面维护了以下命题：无论在内容方面还是形式方面，“西塞罗都是最佳的典范”（p.8），同时他曾还多次引用福克斯·莫希罗的著述。针对塔西佗主义者对《图利乌斯问答集》的批评，1613年修图斯还发表了一篇针锋相对的辩护词。不过，对西塞罗主义最为权威最为全面的辩护，还要算他的罗马公学修辞学教席的两位继任者，斯特拉达（Famiano Strada）和马斯卡迪（Agostino Mascardi）。

斯特拉达在1617年出版的《学园演讲集》中指责塔西佗主义完全漠视宗教，并且关注个人利益超出了良好的道德（Spini, 1970, p.126）。他的《比利时战记》（1632）告诉我们怎样用一种非塔西佗主义的方式写作一部内战史。由于耶稣会的影响，这本书的抄本遍及欧洲，直到今天还是二手书店里关于那个时代最为通行的书籍（我曾在诺森伯兰郡一间老屋的地窖里见过一个抄本）。作为斯特拉达的后继者，马斯卡迪的《历史技艺》一书延续了西塞罗主义复兴的主旨，当时人称之为历史学的最佳导论，此书的重印本和译本一直到19世纪仍屡见不鲜（Spini, 1970, p.129）。17世纪20年代到30年代间，包括上述书籍在内的一系列罗马耶稣会著述，体现了耶稣会运用西塞罗主义式的人文主义与新人文主义相对抗的保卫战已完成。事实上，整个17世纪耶稣会大学的教师一直在大学的通识课程里修正并完善西塞罗主义。17世纪末，旧人文主义终于在新教国家又重新盛行起来，而耶稣会大学的文化或许是西
136 塞罗主义复兴的始作俑者。

耶稣会神学家

虽然耶稣会在大学通识课程里有意识地运用老派的人文主义与新人文主义相抗衡，但他们的神学研究确是另一码事。当然，他们仍旧坚持传统的基本洞见——比如道德神学、强调以自然法为基础的古典价值——但他们同时也觉察到，现存的神学体系很难应对当时的批评风潮。为说明这一问题，我们不得不首先回溯宗教改革之后天主教道德神学初期的发展。

正如我们在第一章曾指出的那样，中世纪晚期的经院道德哲学建立于对亚里士多德《伦理学》的自然法阐释之上，因而关于亚里士多德的评注是这个时期基础性文献。不过，布鲁尼及其后继者对中世纪拉丁译本的批评造成了极大的挑战，如果完全按照现代语言的阅读习惯，中

世纪的评注几乎是不可理解的。事实上，尽管15世纪甚至一直到16世纪仍有一些中世纪译本（尤其是《工具论》）出现，但对亚里士多德伦理学的经院式研究已逐渐式微。拯救了16世纪经院哲学的是15世纪末16世纪初主要在巴黎开始的思想运动：这一运动并不直接评注亚里士多德，而是把着眼点放在阿奎那的文本之上。一旦阿奎那的文本开始享有独立于亚里士多德之外的地位，并且得到同等的细读和研究，经院哲学的术语和观点毫无疑问就能保存下来。这是卡耶坦（Cajetan）指明的道路，但真正把阿奎那的评注当作全部著述核心的人物还要算西班牙多明我会的教士维多利亚（Francisco de Vitoria）。多明我会很明显将阿奎那视为重中之重，他们认为阿奎那是多明我会里最伟大的哲学家。16世纪中叶，维多利亚及其追随者开始占据西班牙大学的主要位置，他们关于阿奎那的评注延续了中世纪晚期的争论，并引来了人文主义者的批评（事实上，在《神学大全》之外，他们恰恰更愿意使用当时人文主义者的词汇）。

耶稣会最初的道路与多明我会多少有些相似：《研读大纲》同样规 137
定阿奎那为神学的第一典范。不过，我们已经指出，耶稣会与文艺复兴人文主义的关联要比多明我会深厚得多，因此他们也更能体会两种文化之间的张力。当耶稣会把握住天主教神学的来源后，以维多利亚的方式对阿奎那《神学大全》（*Secundae*）第二卷上部及第二卷下部——阿奎那在这两部书中讨论了道德学说和政治的核心主题——所做的系列评注也就开始走向枯竭了。

此时一种新兴的经院亚里士多德主义取而代之，我们甚至可以确定它准确的诞生时间。1582年8月葡萄牙耶稣会会士莫里纳在他给耶稣会会长阿夸维瓦（Claudio Acquaviva）的一封信里透露了他的学术规划。莫里纳从1563年开始在葡萄牙的科英布拉大学和埃武拉大学任教，讲授阿奎那《神学大全》的第二卷。1582年左右他开始对这一阐释方法产生了不满，在给阿夸维瓦的信件中，莫里纳写道，

> 在我看来，神学家尤其是圣托马斯对正义主题的处理存在着不少缺点。神学家关于政府事务的论述已经名声扫地。他们的阐述含混不清，面对诸多疑难他们付之阙如。他们未能勇敢地面对侍奉上帝、理性推演、安抚良知的事业——关于道德问题尤其是关于正义问题他们的知识实在乏善可陈（我承认，在布道时我自己也多次遇到这种情况）。因此，我决定不再追随圣托马斯《神学大全》六十二论以下至《论虔敬》的部分（大约五十问），重新写作五篇研讨正义主题的文章。我不仅要将托马斯说的内容阐释清楚，而且我还要说出更多托马斯未能说出的东西。（Costello, 1974, p.16）

这里提到的五篇正义论文最终结集为《论正义与法》在1593年至1609年间陆续出版。由于对多明我会托马斯主义存在着不满，莫里纳发起了著名的关于恩典和自由意志的争论。不过，这个问题并不在我的研究计划之内，这里就不在讨论了。我要考察的是，莫里纳怎样在道德和政治事务上偏离了托马斯的道路？

当然，最为直接也是最为明显的区别是，莫里纳改变了经院哲学传统中关于正义问题著述的结构，取代以阿奎那死板的评注，代之以更
138 加宽松的形式，可以提出与阿奎那相左的观点和论证。17世纪初，莫里纳在耶稣会内引来了不少追随者，其中最重要的是同样任教于科英布拉的苏亚雷斯（苏亚雷斯是卡斯蒂利亚人，出生于格拉纳达，1596年任教于科英布拉大学）。1611年苏亚雷斯出版的《论法律》与莫里纳的著述采用了相同的新结构。此书由1601年至1603年苏亚雷斯在科英布拉的授课笔记修改整理而成（*De legibus* I, pp.xxix ff.）；其形式与1582年苏亚雷斯在罗马的课程全然不同，后者完全以阿奎那为圭臬（Giers, 1958）。莫里纳与苏亚雷斯的关系相当有趣。莫里纳是耶稣会里的“问题少年”，在就学期间就常以出人意料的急智而著称（这一点恰如关于

莫里纳主义的争论)。而苏亚雷斯则自称是个慢性子;苏亚雷斯的力量更多体现于他的清晰和广博。对统治者来说,苏亚雷斯显然是一个更为安全的角色,因而,不出意料1596年腓力二世否决了莫里纳在科英布拉大学的神学教席,改由苏亚雷斯出任。

除了形式方面的差异之外,莫里纳的新方法在内容方面也和多明我会的托马斯主义迥然不同。这尤其体现于莫里纳对托马斯主义自然法传统的拒斥,托马斯主义认为,自然法是理性的规则,它的义务力量来自于人的智识洞察力,它的戒律是正确的。莫里纳并没有像某些中世纪晚期的学者那样站在自然法的对立面,认为法律只是上等人对下等人的命令——例如甚至在1550年左右西班牙方济会会士卡斯特罗(Alfonso de Castro)就曾说,“法律并非是君主的认识或理解的东西,而是任何能取悦他的东西都具有法的力量”(f.3)。这种“意志主义”在方济会学者中尤为盛行,其历史上的对手多明我会则往往持与之相对的理性主义观点。莫里纳同样也认为纯粹理性是不够的:法律必须视为主权者的意志行为。但主权者的意志又是主权者的理智认为良好、并强迫臣民遵行的东西。

苏亚雷斯对此持相同立场,甚至早在1582年阐释阿奎那文本的讲
座中就已经形成了类似的看法。他在《论法律》重申了这一观点,并加以 139
全面的阐述。很难说莫里纳和苏亚雷斯谁是先行者;他们在某种程度上各自独立地发展了这一立场,只是就二者的个性来说,莫里纳似乎更像一个先导者。

莫里纳对阿夸维瓦的信件表明,偏离正统托马斯主义的思想运动试图面对那些对托马斯的道德学说尤其是其正义理论的广泛反对意见。莫里纳和苏亚雷斯提出的非正统观点不同于对托马斯主义的现代批评,毋宁说他们的立场更接近中世纪晚期的唯名论者。不过,终归很难避免留给别人这样的印象:即他们的思维一方面代表了那个时代对理性和“科学”的人的理论的不满,另一方面也代表了早期人文主义学

者类似的不满。这种不满的情绪遍及意大利和西班牙各地，甚至在苏亚雷斯活跃于的政府部门里（腓力二世曾为苏亚雷斯在政府里安排了一个职位，但遭到他的拒绝[*Selectians* II, p.9a]）包括在通识课程的文本里，都不同程度地有所体现。他们对反托马斯主义的唯名论传统加以吸收同化，以此形成了独具特色的托马斯主义，他们似乎用自己创造的术语体系回应了来自反面的批评和挑战。他们强调，除了作为上帝律令的理性自然法外，我们能够从某个文本里发现上帝的意志也同样重要，从这个文本中得来的信息与无所凭依的人类理性具有同等重要的价值。因此，十诫在他们理论中的地位就要比在多明我会的理论中高得多，他们往往将十诫当作法律内容的主要来源（比如，在讨论自然法的可变性问题时）。不过，他们从没有变成纯粹的"意志主义者"：理性仍旧是发现道德真理的途径，上帝的律令可以视为一种独立的理性。

随着耶稣会学者逐渐开始重视唯名论者对托马斯主义的批评，他们也重新引入了中世纪晚期的道德语言。例如，比起多明我会，他们已逐渐熟悉"法"（ius）的主观用法，并开始讨论人类的道德权利。莫里纳甚至一度有过这样一种观点，在他看来，自由权也是一种财产权，因
140 此像其他财产权一样可以买卖——当然，这样自愿做奴隶就是可能的了（莫里纳的论证明显是为葡萄牙深深卷入其中的奴隶贸易辩护）。

对托马斯主义的批评同时也渗透入他们的政治理论。莫里纳和苏亚雷斯两人都对维多利亚的学说批评有加，维多利亚认为，主权者对人民的权力就其本性而言是一种不可分割的权力，它是由人民转让给主权者的权力。在维多利亚看来，上帝以某种神秘的方式赋予政治共同体以统治其臣民的权力（也包括禁止杀人的道德禁令）。这种权力尽管是神的天赐，但我们可以在自然中发现它——换言之，并不需要一种特殊启示，让人意识到自己拥有这种权力。权力或者保留在共同体手里，或者由共同体转让给统治者。维多利亚认为，教会的权力也是如此，统治者的权威（这个共同体的统治权威的确是一种特殊启示的产物）或者

是共同体转让而来，或者保留给在共同体手上。而莫里纳极不喜欢君权由某一群人转让给统治者的学说；他认为，政治权威并不是一个统一的实体。政治权威的构成是复杂的，可以在统治者和臣民之间划分为各种不同的方式，没理由说，政治权威不是被转让就是被保留。

> 一旦国家以后把权力让渡给独立于权力之外的国王，国家就失去了可以直接使用的权力。不可否认，一般而言存在着两种权力，一种属于国王，另一种在习惯上则属于国家。只要一种权力存在，另一种权力就受到限制，但是当国家以后把权力转让给独立于权力之外的国王，国王的权力就不再受到限制。只有国家恢复其全部的权力，国王的权力才会消失。在这种情况下，即便国王的权力超出了某种限度，国家也能抵抗他。国家可以运用任何它自身保留的权力。（Costello, 1974, pp.56—57）

这里的论证（苏亚雷斯后来又有所扩展）有三层含义。首先，最为重要的是地方性的宪政：一切政治组织都是可能的，不存在一种赋予
每个人或某些人以某些权利的普遍理论。耶稣会的立场受到对早期亚 141
里士多德主义普遍性的批评。因为，普遍主义可能被用于为一种不受限制的专制主义辩护：苏亚雷斯努力证明，正如个人可以把自己出卖为奴隶，共同体也可以出卖自己的自由。因而，一切都依赖于与国家未来的统治者的“协定”。其次，不依靠叛乱或直接决裂的抵抗是可能的，只要国王遵守与人民的约定，他就可以保持在民众中的权威（莫里纳甚至认为，国王如果破坏了契约，那么他就应该被送上法庭，法庭的判决就应当加之于国王[*De Iustitia et Iure* II, coll.35—36]）。再次，如果国王以某种方式破坏了共同体，共同体就有权利捍卫自身，无需通过某些奇怪的途径声称把让渡给国王的权力重新收回。苏亚雷斯以此解释发生在英国的政治风波，即英国天主教是否有权利拒绝接受詹姆斯一世颁

布的宣誓效忠条例。宣誓条例规定国王不能被臣民废黜，臣民也不能反抗国王的命令。苏亚雷斯认为宣誓条例与维多利亚的主张有关，后者认为共同体将权力转让给国王后，就不再拥有反抗的权利。苏亚雷斯反对维多利亚的立场，他坚持认为，让渡权力与保留某些权利是兼容的，包括自我保全的权利——后者在他看来是一切权利中“最为重要的权利”（*Selectians* I, p.709; II, p.717）。

尽管耶稣会学者对多明我会的托马斯主义多有批评，但我们不能忘了，他们的首要目的不过是为了同化当时的反对意见，而不是认可它们。并且，通过对传统唯名论立场的强调，他们将大部分现代怀疑论思潮排除在视野之外。实际上，莫里纳和苏亚雷斯关于自然法*内容*的论述仍旧属于托马斯—亚里士多德传统，即主张法律的目的是为了巩固和完善人类的基本美德；尽管苏亚雷斯称自我保存是“最为重要的权利”，但是在他的自然法体系中，自我保存的位置仍旧和过去的传统差不多——自我保全不过是受到法律保护的一系列行为中的一种，它还不是一切合法性本身的*来源*（而在17世纪伟大的道德家那里，自我保全恰恰成了一切合法性的来源）。此外，正如我们指出的那样，耶稣会学者不仅推崇传统的美德，而且他们也推崇*宪政主义*——他们比多明我会的
142 学者要更加配得上宪政主义的称号。他们一方面携手在通识课程中捍卫作为16世纪中叶人文主义特征的自由价值，另一方面也将古典价值当作统治者和被统治者的共同规范。苏亚雷斯在《论法律》中用整整一章重述了里瓦德内拉在《论基督教君主应坚守的宗教及德性》中的论证，就是这种双重特质的具体体现。

将耶稣会视作自由人文主义的后继者，固然在某一方面符合他们的自我形象，但是在一个核心方面却是不够全面的。虽然他们可能会出于实际理由而支持宗教宽容（如里瓦德内拉），但通过道德和宪政的手段消灭欧洲的异端势力却是他们坚定的信念。对耶稣会的修辞学家与神学家来说，基督教君主的首要责任就在于建立天主教会的统治权、

尊重教皇和主教们的权威。贝拉明就终其一生致力于审查和抨击现代的异端，他在教皇会议里担任耶稣会的发言人，在1619年献给波兰王储伏拉斯基拉夫的一篇短文《君主的义务》中，贝拉明给出了他的立场清晰有力的表达。这本小书让我们想起早期人文主义的君主宝鉴，它体现了贝拉明式的耶稣会西塞罗主义，并包含了对当时新人文主义的批评——贝拉明唯一认可的"必要"是用"必要的快乐"敦促君主培养基本美德抗拒邪恶，他批评塞涅卡"把人当作铁打的而非血肉之躯"，因为塞涅卡说，仁慈与其说是德行还不如说是一种恶（Brodrick, 1928, I, pp.233—234）。但这本书的第一章还是强调，君主的首要责任还是对教会的责任。

老派的人文主义和对教会的极端忠诚就这样混合在一起。而恰恰是这种对教会的极端忠诚让德国的天主教领导者冲昏了头脑，就在贝拉明出版《君主义务》的那一年，帝国的内战由此爆发了——这场战争又牵扯出法西战争、荷西战争并最终演化成"三十年战争"，这是欧洲带给世界的真正的第一次世界大战。人文主义与宗教虔诚的混合体究竟是怎样影响统治者的？对此最好的说明是另一位耶稣会学者康岑
（Adam Contzen）的生平与著述（参见Seils, 1968）。他是这些学者中 143
最年轻的一位，1573年出生于于利希，在维尔茨堡的耶稣会大学接受教育。1610年，他成为美因茨大学的教授，十年之后他成为巴伐利亚大公马克西米安的告解神父。就在移居慕尼黑的同一年，他发表了一部可读性极强的政治理论巨著《论政治家十卷》，以此献给刚刚即位的神圣罗马帝国皇帝斐迪南二世。不过，此书的主体可能在1618年到1619年之间就已经完成。

这本书重述了早期耶稣会对康岑称为"伪政治学家"的马基雅维利主义者的批评——其中不少章节干脆就是对马基雅维利本人的反驳（例如II.4）。此前我们考察的所有主题都在这本书里有所体现，尤其是他对大众政治的诋毁者的驳斥，"有些人认为只有大公和君主才有智

慧，公民全都是无知、麻木、没有进取精神，这些人完完全全错了”。在康岑看来，这种人主张的政治体制不过是莫斯科公国的体制，一切有荣誉感的人都不会接受这种政治体制（pp.104—105）。基本的美德无论对君主还是对臣民来说都是必要的，为此他还举了一个例子，在尼德兰战争中，正是尼德兰人民的军事智慧让他们成功抵御了西班牙国王的进攻（p.105）。

不过，康岑有两方面胜过耶稣会的宪政主义立场。首先，他用极为雄辩的语调呼吁尽快结束欧洲宗教分裂的行动，他主张，结束宗教分裂的机会就在眼前。“欧洲的君主们会发现，要把他的臣民带回到祖先的宗教那里去并不那么困难的事情——只要他们愿意的话”（p.95）。欧洲大陆尤其是神圣罗马帝国正在经受新教的诱惑；通过分析1617至1618年间欧洲主要国家的宗教形势（IX.10），他指出，“最近德国的改宗让人觉得曙光就在眼前——巴伐利亚、法兰哥尼亚、斯泰尼亚，莱茵地区的城市再加上尼德兰的大好河山，终于可以黑暗的谬误走出来，获得成为上帝子民的自由”（p.667）。他鼓励皇帝追随先人的成就，尽可能用合法的手段把新教消灭于无形。

其次，康岑延伸了耶稣会学者的地方还体现在他所推崇的不仅是
144 德行，而且还有权力。这本书的第八卷就致力于说明“国家的权力”，其中康岑主张，君主必须追求权力，因为只有这样他们才有可能展示出他们的美德：“国家的力量在于虔诚和美德……（在政治美德中），最为重要的是权威或者说声名和威严；其次是对公民的爱，再次才是财富、武装、人民、堡垒和城市”（p.552）。此书的主体事实上是讨论怎样征收钱款建立一支强大的军队而不至于引起臣民的反抗。康岑书中的立场接近新人文主义的观点，虽然和意大利的新派耶稣会学者一样，他更愿意把对权力的分析放在更广泛、更为习见的美德框架之内。无论如何，他的确对利普修斯推崇有加（p.3）。

《论政治家十卷》一书的写作时间、以及作者所诉诸的宫廷都是

决定性的要素。巴伐利亚在很长一段时间内与意大利的公国极为相似。巴伐利亚的君主用一支纪律严明的军队取代了之前的募兵制，同时巴伐利亚的耶稣会也拥有同样纪律严明的教会组织、一所位于因戈尔施塔特的大学。马克西米安一世是利普修斯的热心读者，1639年他写给儿子的《父辈之劝告》就是以利普修斯的著述为范本的（马克西米安的父亲曾于1592年试图请利普修斯到因戈尔施塔特大学任教）。就军事组织的效率而言，巴伐利亚在德国的主要竞争对手是新教国家巴列丁奈特，后者像荷兰联省共和国那样实施了军事改革。这两个国家分别在两个德国的宗教联盟里——1608年的新教联盟和1609年的天主教联盟——占据着重要的地位，当1618年针对波希米亚叛乱的战争爆发之后，它们更是其中举足轻重的角色。巴列丁奈特的选侯接受了波希米亚的国王称号，支持针对神圣罗马帝国皇帝的叛乱；而巴伐利亚则站在皇帝一边，除了提供军事力量之外，他们还派出了战争初期最有名的将领蒂利伯爵。在两个国家的较量中，巴伐利亚不费丝毫之力就取得了胜利，这也促使皇帝采取与巴伐利亚相似的方式重组奥地利的遗产。

如果说巴列丁奈特是纯正的利普修斯主义通过杨·格鲁特的中介在德国扎根的地区，那么康岑对巴伐利亚的感召力则象征了德国的大 145
公准备运用军事力量捍卫真正的宗教。就在康岑从美因茨旅行至慕尼黑的同时，蒂利伯爵的军队进驻了布拉格，他的胜利昭示了17世纪20至30年代耶稣会的理念在整个欧洲的成功。

理查·胡克

当耶稣会重新用人文主义的方式将亚里士多德和西塞罗结合为一体，并以此重新阐释传统的经院哲学主题时，欧洲新教地区的神学家也在做着类似的事情（尽管其范围要小得多）。新教神学家推动的这场思想运动其中一个成果是政治思想史上的经典著作，理查·胡克的《教会政体法规》的诞生。本节我将对这部作品的诞生加以阐释。

和北欧其他地区的大学一样，英国的大学曾经见证了16世纪中叶人文主义式的亚里士多德主义的成就（例如剑桥第一位钦定希腊语教授约翰·奇克），也见证了16世纪后半期拉谟主义对其的批评。英国人和巴黎一样热衷于拉谟主义对亚里士多德的批评，这无疑是因为伊丽莎白时期英国的智识氛围还处于伊拉斯谟的笼罩之下，英国的拉谟主义者（例如第一章我们曾提到的加布里尔·哈维）很容易取得主流位置。而正如我们在第三章里指出的那样，16世纪末欧洲的那种习见的塔西佗主义也开始在英国出现。不过，人文主义式的亚里士多德主义终究没有消失；亚里士多德的著作仍然是牛津和剑桥的基本读物（虽然16世纪末，诸如霍布斯这样具有现代精神的学生已经开始对此感到格格不入）。尤其对神学家而言，亚里士多德式的科学仍旧构成了他们早期学术训练的基础。

1568年，也就是胡克十四岁那一年，他成为牛津大学基督圣体学院的神职人员（相当于低年级本科生），胡克是埃克塞特人，他在基督圣体学院的老师雷诺兹（John Rainolds）也是埃克塞特人。此后胡克一直在牛津学习并担任助理研究员，1584年结婚后他并第一次在乡村
146 生活，第二年就任天普大学的校长——实际上也是伦敦几所律师公会的牧师。1591年后他先后迁居威尔特郡和肯特郡，1600年在肯特郡去世。从入学开始，胡克一生的时间有一半在牛津度过，16世纪70、80年代牛津的智识氛围对他的成长以及对《教会政体法规》的形成起到了至关重要的作用。《教会政体法规》一书前四卷出版于1593年，在这一版的导言里，胡克称其后还会有四卷。但只有第五卷出版于四年之后，另外三卷直到胡克去世也没有出版。第六卷一度曾认为已经遗失，后据称1648年与第八卷一起出版，此后1662年又出版了第七卷。胡克的遗著记录了胡克对教会组织的缜密思考，一直以来就有人猜测之所以这几卷内容迟迟没有出版，是因为胡克及其后代担心其中有引起争议的内容

（后来这一猜测得到了证实）；不过，胡克的手稿似乎也存在着混乱，这或许是推迟出版的另一重不那么引人注意的理由（Folger, *Works* III, pp.xiii—xx）。当代的研究者认为，胡克遗稿的写作时间应当在胡克生命的最后一段时间，约在1593年到1600年间（ibid., pp.xx—xxiv）。

为了理解胡克生活于其中的氛围，以及理解16世纪晚期盛行于牛津人文主义式的亚里士多德主义，相对简易的方法是认识一位牛津的亚里士多德主义哲学家约翰·凯斯（John Case）。虽然一般认为凯斯只能算牛津的边缘性人物，旁人眼中的天主教徒而已。施密特指出，这完完全全错了（凯斯很可能并不是天主教徒）。凯斯在16世纪80年代出版了一系列亚里士多德主义的书籍，多以对亚里士多德著作的摘选评注为主；其中包括1585年出版的《亚里士多德〈伦理学〉全书道德问题之鉴》以及1588年出版的《城邦之域》。

在前一本书中，凯斯虽然用人文主义的方式重述了亚里士多德伦理学，但是他对阿奎那也持同情立场，后者已然是16世纪下半叶亚里士多德主义的基本特征。值得注意的是，胡克已经表现出对经院哲学的热情，胡克的老师赖恩霍尔兹（John Rainholds）则坚持比韦斯和拉谟的立场（Hooker, Oxford, *Works* I, p.106），而凯斯却在他给赖恩霍尔兹的信中说，阿奎那的出现就好比“拨云见日”（Schmitt, 1983,
p.150），足见其对阿奎那之推崇。实际上，凯斯的年龄比赖恩霍尔兹还 147
要大上一些，不过他的世界观却更对胡克那一代学生的胃口。他对经院哲学抱有极大的同情，例如他对亚里士多德论自然正义一节所做的评论使用的就是自然法的理论；他把“自然法”区分为三种不同的类型：神圣天启、动物本能和人类正确理性习惯（pp.223—234），这种区分后来为胡克稍作改动后采纳入他体系。

在三年之后的《城邦之域》中，凯斯提供了一种我们已经在同时代的耶稣会学者那里看到的那种自由人文主义式的亚里士多德主义政治理论。与耶稣会学者相似，凯斯的著作也强调了某种程度上大众政治参与的重要性：主权或“最高的统治权”应当让给人民，“我并不认为大众就错了，事实上在我看来，大众是淳朴的，而且，如果把他们作为一个整体而不是一个个单独来看，他们也是极为聪明的”（pp.260—261）。他注意到，尽管亚里士多德说君主制是最佳政体，但并没有在其体系中给出一个具有充足说服力的理由；而为了完成亚里士多德的工作，凯斯指出，“优良的国家”（optimus status reipublicae）应当是这样的：在这个国家里存在着一种“中层权威”（in medio magistratu），“中层权威”不应当是一个人或少数人而应当是多数人，虽然君主依旧是这个国家最高的权威。显然，凯斯试图用亚里士多德的术语为英国政体辩护，因为，在英国两院的地位就相对于次等的权威。

与耶稣会知识界的情形相似，和相对较为自由的宪政理论相伴随的总是对现代马基雅维利主义政治的深深厌恶。《城邦之域》一书的前言和后记随处可见对马基雅维利以及“这个时代的无神论者”的指责；有趣的是，凯斯认为，马基雅维利式的僭主其策略之一是破坏大学，“学术总是被僭主所伤害”。他似乎感到，一个人只要认同新的或塔西佗主
148 义式的人文主义，就一定对学术的反思尤其对亚里士多德主义心怀怨恨——这或许也准确地表达了16世纪晚期马基雅维利主义与反亚里士多德的怀疑论之间存在着微妙的联系（Schmitt, 1983, pp.181—186）。

此外，凯斯的政治理念还总是伴随着对清教运动的反感——后者作为英国教会内的宗教运动，改变了伊丽莎白执政时期与长老会组织的协定，代之以君主居间协调的教会会议的组织形式。对此可以有一个侧面的证据：令人惊讶的是，凯斯的事业在方方面面都得到了伊丽莎白的大臣哈顿爵士（Christopher Hatton）的支持。哈顿是凯斯《城邦之域》一书的致谢人，而早在1584年，凯斯就得到了一份位于哈顿家乡北安普敦郡的钦赐封地。1589年，当哈顿爵士权倾一朝之时，凯斯又得到了一块在索尔兹伯里的钦赐封地。哈顿对清教运动毫无同情，他试图在英国相互冲突的宗教群体中保持一条中间路线。在这一方面，以及对待亚里士

多德和经院哲学的态度上，凯斯与赖恩霍尔兹形成鲜明对比：前者在哲学上接近文艺复兴的亚里士多德主义，其宗教立场是一种更为保守的教会论；后者在哲学上接近比韦斯或拉谟，其宗教立场则是加尔文宗。

胡克捍卫教会在宪政秩序中位置并反对其清教的对手，这一点与
凯斯立场相同。最为典型的是1590年到1592年胡克牵涉进高等宗教事
务法庭的抗辩。自从1559年伊丽莎白执政期间的第一次国会会议批准
通过了“最高权力法案”（*Act of Supremacy*）后，国王支配和管理教会
的权力就由一个委员会来执行。1590年，针对国教会里的牧师试图在教
会组织里推行长老会的组织程序，委员会提出了一项控诉。圣公会内牧
师的领导者是神学家卡特赖特（Thomas Cartwright）。卡特赖特16世纪
60年代在剑桥任教，后因与校长惠特吉夫特（John Whitgift）在神学问 149
题上反目，失去了他在三一学院的教职（后来当卡特赖特接受审判时，
胡克的朋友惠特吉夫特已经成为了坎特伯雷大主教）。圣公会的牧师
在法庭上对委员会的判决提出了抗诉，最终没有成功，他们大多因不屈
服于委员会的命令而入狱。虽然最终牧师大都获释，但委员会的判决
本身却没有被推翻。

因而，1590年到1592年间的法律诉讼体现了英国法律规定的教会管理系统与教会组织自身所采取的加尔文理论之间的冲突；值得注意的是，问题的关键并不在于一套组织系统与另一套组织系统之间发生了冲突，而是通过由国会章程控制的委员会来做出决定这一套英国式的程序的合法性。另外，参与法律行为的人都具备相当的学术水准：卡特赖特的“学识”几乎是当时所有派别不断抱怨的对象。而胡克为这一套英国式程序所做的辩护就同时包含两种因素；首先这是一篇学术性极高的文献，其学术背景是英国两所大学的哲学神学传统；出版商考虑到这一点，所以直到担保款项到位后才勉强答应出版《教会政体法规》；更有意思的是，桑迪斯就是此书的担保人，虽然他的智识背景是新人文主义；桑迪斯是胡克在牛津的学生，他的父亲是约克大主教，

因此，他有相当充足的个人理由支持胡克为教会所做的辩护（Folger, *Works* I, pp.xiii—xvii）。

从根本上来说，胡克所做的无非是提出了一套自由亚里士多德主义式的政治理论，然后宣称教会“政体”应当符合这一统治原则。选择“政体”一词也是深有意味的：亚里士多德的politeia（政体）一词有双重含义，既指广义的一般政体，也指理想的混合政体。胡克首先论述了神性、自然与人性的等级秩序，这与凯斯几近相同，在有些学者看来唯一重要的区别是，胡克认为，除了上帝为世界制定的永恒法则，上帝还将永恒的法则加诸自身——“亘古之前，上帝就已经制定了这秩序，这秩
150 序为了他自己安排万事万物而定下的”（Folger, *Works* I, p.63）。尽管他承认，“学术上对永恒法则的理解，并不是指上帝为了他自己而创造了法则，而是指他自己制定下法则以便他所创造之物能够遵行”（ibid.），但是他还是认为，应该更为广泛地应用永恒法则。

麦克格雷德（McGrade）曾指出，胡克的这个论断与司各特的观点存在着相似之处（删节版*Laws*, p.17）。的确，胡克仰慕司各特，他称司各特为“经院哲学诸圣中最有智慧的一位”（Folger, *Works* I, p.117）；但胡克此处论证最具争议性的地方还在于他的神学立场与其对手加尔文宗的立场之间的关系。加尔文在《基督教要义》中称，“我们并不认为上帝是绝对全能的，这种世俗的见解应当为我们所鄙弃。我们想象不出一个本身即是法则、无法无天的上帝”；在另一处他还表达了对经院哲学在这个领域内的不满：“关于经院哲学家谈论的上帝的‘绝对意志’或‘武断意志’，我不仅会加以反驳，而且非常痛恨他们，因为他们竟然割裂了上帝的正义与上帝的权能”（*Institutes*, p.950）。加尔文宗的预定论需要一个自我约束的上帝，胡克的神学从没有对此提出异议（在这一点上，不同于胡克的学者是剑桥的研究员巴雷特[William Barrett]，他于1595年提出了“阿米尼乌斯派”式的观点，当然，校长惠特吉夫特谴责了巴雷特的观点）。胡克一直试图寻找的是，与长老会共

同点，在此之上再发展出与长老会不同的结论。

胡克在其他方面的观点也与凯斯大体类似（包括对马基雅维利的批评）。胡克认为，政治权威的来源是人民——

> 在我看来，无论以任何形式建立的社会，毫无疑问、毫无争议的是，群体中的每一个独立的个人都拥有处于上帝之下的至高权威，拥有完全的主权，即便是不受其他任何人约束的人，自身也拥有相同的权威。（Folger, *Works* III, p.334）

不过，人民一旦把权威授予君主（像罗马大众做的那样），就不太可能再把权力收回来（ibid., p.339）；因此，"在授予权力之前，必须审慎思量如何限制权力"。胡克和当时的耶稣会学者二者共同之处在于， 151
他们都认为存在着各种不同的宪政安排的可能性，他们也都认为可以用不同的方式限制君主的权力。在英国，对君主的权力限制采取的是一种习见的方式，由国家法律予以详细说明限制，君主做某些事的法律义务需经议会批准（ibid., p.347）。

如果说"最有智慧的哲学家"（即亚里士多德）提出不止是政治的论证，他的眼光"包罗万象，一切自然怀抱里的事物都没有逃过他的注意"（ibid., p.341），那么在胡克看来，就有必要把他的论证运用到像教会这样的准政治社会里去。胡克当然承认基督教信仰的基本信条是神圣不可侵犯的，任何政治行为皆不可干涉，但他的论敌并未能提供有关教会组织的神圣法则的明确证据，证明它不同于基督教信仰的基本原则，后者不受政治程度的侵犯；有鉴于此，就更需要运用普遍公认的政治理论来弥补这一缺陷。胡克此书有一处提到，他认为亚里士多德的政治理论已经在神职授予制度中得到了体现。在他看来，长老会声称，"教会组织的混乱在于教区主教的神职授予制度，选任过程听不到任何人民的呼声，神职授予完全由主教一人决定，也就是说，他们在没有广泛选举的前提下，就授予了神职。古代的主教不可能也从没有这么做”。而胡克则又一次借用罗马共和国的例子指出，人民完全可以放弃他们最初的权利：“最初对于人民来说合适的是某种制度，但后来对他们来说更为适合的却是另外一种制度”（ibid., p.222）。事实上，长老会恰恰运用了这一论证，他们并不反对真正的牧师选举，他们只是反对由“教会的元老们”做出的选择（ibid., p.223）。

胡克的新教亚里士多德主义为其后继者留下一笔含混不清的思想遗产，其著作推迟出版的原因可能就在于其思想的含混性。胡克试图论证，英国的宪政进程决定了教会的组织结构；而1590年到1592年间，当争论出现于宗教事务法庭时，一方面英国教会的主教对国会方面没有丝毫畏惧，另一方面国会对主教制的反感也在与日俱增，直到1641年主教制被废除之前，胡克为英国宪政体制所做的辩护越来越显示出其尴尬
152 的一面。英国圣公会转向了一种纯而又纯的强调主教神圣权利的理论。胡克的确曾说过，他完全接受“主教制就像上帝在世界上安排的其他政府形式一样，是上帝的命令”（ibid., p.147），最近有学者认为，胡克这段话即是承认主教制度的“神圣权利”。然而，这段话的意思是含混不清的，胡克认为主教制和君主制之间存在着严格的类比关系，同时他也注意到，这两种制度从诞生开始都已经经历了极大的改变（p.149）。既然正如前文已经交待的那样，胡克并不认为君主制是唯一合法的政府类型，很明显胡克也不会认同主教制是唯一合法的教会组织。

胡克的声誉在17世纪晚期得到了各方面普遍的认同；洛克称之为“明智的”胡克，而“明智的”确是经常加诸胡克的称号。胡克的美誉要归因于亚里士多德在大学课程中的核心地位，每一个在大学教育里接触过神学或哲学的人都或多或少追随了胡克的观点，但正如我们在下一章指出的那样，随着对亚里士多德的怀疑主义批评的兴起，大学在知识界里越来越边缘：格劳秀斯、塞尔登和霍布斯这一代人理解政治
153 的方法与胡克便迥然不同。

第五章
雨果·格劳秀斯

共和主义

我在前言中已经指出，对17、18世纪新道德科学领域的历史学家来说，这个学科最为重要的人物是雨果·格劳秀斯。对当代的研究者而言，格劳秀斯更毫无疑问是此中翘楚。本书迄今为止的思想史追溯也足以证明这一点。格劳秀斯在思想史上的意义要比当时他的推崇者所认识到的更为重大、更为深远，因为，格劳秀斯所建构的两套政治学说，其影响力一直持续到20世纪上半叶。早年的格劳秀斯参与了一套共和主义式自由理论的发展，这一套理论适用于后塔西佗主义时代的帝国主义共和国（imperialist republic）——即格劳秀斯的祖国尼德兰联省共和国。此后，他又转向建构一套后怀疑主义的道德科学。格劳秀斯在18世纪的最初发展中的角色逐渐被人遗忘，虽然西德尼仍然认为格劳秀斯是他那个时代最伟大的政治理论家（Scott, 1988, p.19）；他在第二次发展中的角色在启蒙时代可能并不为人所注意，但道德哲学在后康德时代的演进却令格劳秀斯一直到今天也很难被忽视。

1583年4月10日，休格·德·格鲁特（Huig De Groot）——虽然格劳秀斯姓氏的字面意思是“高大”，但是他本人却生得相当矮小，与格劳秀斯不同，霍布斯和塞尔登都超过了六英尺——出生于荷兰的代尔夫特。此前两年，西班牙国王被尼德兰联省议会逐出联省政府；而就在格
154 劳秀斯出生的这一年，帕尔马公爵用军事和诡计成功地镇压了荷兰北部的叛乱，奥良治的威廉在代尔夫特指挥叛军。格劳秀斯出生后一年，奥良治的威廉在代尔夫特被暗杀。格劳秀斯出生的时代，尼德兰以联邦形式持续到1795年；与利普修斯不同，格劳秀斯不属于过去的尼德兰，他是新的尼德兰共和国的公民。

格劳秀斯的父亲杨·德·格鲁特（Jan De Groot）是代尔夫特的摄政，他的家族属于城市寡头的小圈子。荷兰的城市摄政是贵族制的行政官员，他一方面拥有管辖城市的权力，另一方面作为所在城市的代理人拥有荷兰省议会的议席。摄政往往是某个家族的世袭权力，他们几乎不需要和城市中其他团体如行会或民兵组织商议城市事务（实际上，从1581年开始，荷兰省甚至禁止城市摄政与所在城市的其他团体讨论相关事务）。联省共和国内其他城市的宪政体制与代尔夫特大体相似；只有少数城市如乌德勒支和多德勒支建立了相对民主的体制。格劳秀斯的父亲以法律为业，他的叔叔科尼利厄斯是莱顿大学的法学系的教授：德·格鲁特家族更近于贵族而不是高级商人，他们和学术界联系也很密切（利普修斯与杨·德·格鲁特是亦师亦友的关系，他还支持了数学家西蒙·斯蒂文的科学实验——其中很可能包括比伽利略更早运用重力试验反驳亚里士多德）。

青年格劳秀斯是一个理想的人文主义者。他在求学期间就写过一些非常出色的拉丁诗，在他的青年时期展现了真正的诗歌天赋。此外，他还具备非常出色的语言天赋，十二岁开始就读于莱顿大学（这在16世纪早期非常罕见），三年时间就通过了通识课程。凭借其天赋和教养，格劳秀斯进入了以斯卡利格为核心的人文主义古典学的小圈子（自从利普修斯离开之后，这个古典学小圈子的中心人物就成了斯卡利格），在这种文化氛围的熏陶下，格劳秀斯一方面于1599年出版了马提雅努

斯·卡培拉（Martianus Capella）的《萨蒂里孔》的学术版本，另一方面
1598年他追随荷兰省议政奥登邦费（Oldenbarnevelt）出使法国。荷兰 155
的议政相当于荷兰的首相，因此事实上也是尼德兰联省共和国的首相，因为荷兰省在整个联省共和国占有压倒性的地位，主宰了联省议会。格劳秀斯虽然出身于法律世家，但是他并未接受过正式的法学教育；他只是在出使法国期间在奥尔良大学得到过一个法学荣誉学位，1599年回国之后他开始在海牙法庭担任律师。他的人文主义知识逐渐便得到了回报，1601年奥登邦费任命格劳秀斯担任荷兰的官方史官。

在格劳秀斯从法国返回海牙这一年，他的朋友杨·莫斯（Jan Meurs）来到奥登邦费家担任其子的家庭教师，而格劳秀斯就住在隔壁的房子里。这是塞尔登、霍布斯以及洛克共同的事业道路——政治领袖的幕僚——这也是17世纪最有政治思想的所遭遇的环境。格劳秀斯卷入了所有奥登邦费参与的政治议题，但他还是保持了独立的品质，在是否与西班牙休战这样一个重大问题上，他强烈反对奥登邦费的主张，忠于代尔夫特摄政。1607年11月，格劳秀斯被任命为荷兰和泽兰两省最高法院的财政检察署长官；这个职务格劳秀斯需要同时处理法律事务与财政事务。这时他个人的财政状况也有所好转，足以供他1608年结婚并搬离奥登邦费家。不过，他和奥登邦费还保持着紧密的联系，1613年他出任鹿特丹的受托代理人。受托代理人既是一个城市摄政会议的秘书，也是这个城市驻荷兰省的代表；奥登邦费年轻时也曾出任过同一政治职位。几乎同时，格劳秀斯又一次承担了重要的外交使命，这一次他出使的是英国。

然而，随着共和国一场重大的政治和宗教危机，奥登邦费和格劳 156
秀斯同时被逐出政坛：一个上了断头台，一个入狱流亡。格劳秀斯的政治生涯就此终结。在退出政坛之后的流亡时期，格劳秀斯形成了其成熟的政治思想，并一直探索导致他本人和祖国悲惨命运的原因。自少年时开始，在尼德兰建立一个新型共和国的理想就激励着格劳秀斯。令

人惊讶的是，很少有人注意到这一点，而这也将是我首先加以考察的问题。

要理解格劳秀斯的理念，首先应当注意的是这样一个事实：17世纪50年代之前，荷兰几乎没有出现过任何古典共和主义理论（两位当代荷兰的历史学家已经指出了这一点[Kossmann, 1960; Haitsma Mulier, 1980]）。联省共和国创建者的理论背景是16世纪中叶的人文科学、以及欧洲加尔文主义提出的抵抗理论。所谓共和国，往往仅仅是在推翻暴君的统治后，随意披上一件外袍，没有任何实质的宪政内核。16世纪80年代，联省共和国围绕如行省这样的现存权力结构的地位展开了一场争论：行省究竟是新主权共和国的临时性下属（这个观点来自莱切斯特伯爵的一位代理人，他早已看中了共和国的新主权者宝座），还是由人民契约规定的真正的统治单位。后一种立场的主要代言人是豪达（Gouda）的受托代理人弗朗斯·维朗克（Frans Vranck），他在回应莱切斯特伯爵的英国代理人时，提出了他对这个问题的推理（ibid., pp.274—281）。

不过，无论是弗朗克还是莱切斯特伯爵的英国代理人都一致认为，政治权力是由一个共同体转让或授权给一个主权者，至于权力的受让者是君主还是议会机构倒是一个次要的问题。实际上，对此后的联省共和国来说，主权转让给国王就是一个活生生的现实。此外，每个行省都有一位形式上的君主权力的代表，即每个行省的总督（代表和总督往往是同一人）。总督以前是国王派驻行省的管理者；现在，正像美国
157 革命后各省的行政长官一样，总督是各个行省自己的受托人（就像昔日的国王一样）。总督是行省执行会议的首脑，也是行省军队的将军，虽然直到1814年总督正式成为国王之前，总督都代表并不在场的国王，但对于共和主义者来说，总督的存在总是令人厌恶的。

联省共和国的大学为尼德兰政治拼凑出的学术框架还属于16世纪中叶的科学传统。阿尔图修斯1603年的《政治论》就是一个最好的

例子；虽然阿尔图修斯是德国人，但他后来出任埃姆登的市政官，而埃姆登作为自由市其独立地位恰恰是由荷兰军队提供保障的。在《政治论》中，他系统地提出了加尔文主义抵抗论的基本信条（参见Winters, 1963）。从最基本的家庭开始，任何一个共同体都有一种“共生的联系”——也就是说，生活在一起，互相服务、互致情感。基本的群体单位在某些条件下组成更大的联合体；阿尔图修斯建立了一种联邦主义式的理论，后来得到19世纪晚期的自由主义学者如基尔克等人的青睐（Gierke, 1939）。任何类型的政府都能纳入这套模式，阿尔图修斯并没有表现出对古典共和国的偏爱。十年之后，弗拉讷克大学的鲍努斯·比伊斯（Paulus Buis）完成了另一部相似的著作，这一思路无论在德国还是在荷兰都有了有力的表述。

不过，尼德兰联省共和国的文化是英国和德国的混合体，在那些更倾向于南方的英国而不是东方的德国的尼德兰人文主义者中，尤其是在奥登邦费——格劳秀斯甚至称之为荷兰的伯利克里——周围的知识界人士，我们可以发现真正的共和主义的萌芽。奥登邦费本人在16世纪90年代组建了一个联省共和国里似乎更倾向于共和主义类型的政府，格劳秀斯等人则对此加以理论化的阐释，将其中的某些重要议题公诸于众。其中的主题之一是对威尼斯的推崇，并强调两个海上共和国的相似之处，而早在1599年格劳秀斯就曾表现出这样的情绪（这一点几乎所有的历史学家都没有注意到）。格劳秀斯曾经将西蒙·斯蒂文（Simon 158
Stevin）一本论述用指南针指导航海的著作由荷兰语翻译为拉丁文，并进献给威尼斯共和国。在此书的导言中，格劳秀斯提到，此前他出使法国时他曾在亨利四世的宫廷里向威尼斯大使孔塔里尼推荐过这本书。

> 最初我们就各自的委托人拿骚和奥登邦费广泛交流了意见，后来话题又转向我们各自的国家，我们发现，两国间存在着许多极为相似的地方，相互间也有着相似的感受——多么不可思议！举例来说，我

> 们两国在公共事务上都反对暴政、都推崇平等和自由，同时，在国家的形式上我们都是自由的宪政国家，庶几接近学者所谓最佳的国家类型。在一一比较了两国的方方面面后，我的结论是，我们两个国家可谓大处相同、小处相似，换言之，我们的"政体"无论在整体还是细节方面都是一致的。因而，谁要是迫害你们、侮辱你们，我们都会站在你们一边；能够与你们这样伟大的共和国相提并论，对我的国家来说是一种荣誉——因为你们是无以伦比的。(sigg. 2*—2*v)

这篇对威尼斯政体的华丽颂词，预示着格劳秀斯已经开始告别经由利普修斯阐释的塔西佗主义，虽然格劳秀斯对利普修斯推崇有加，例如他曾给利普修斯寄去他编辑的阿拉图斯（Aratus）诗集以及他本人写作的第一部诗剧《被逐出伊甸园的亚当》，但他也意识到利普修斯的问题所在。1603年他在评论利普修斯时曾引用了一段卢克莱修的话——"许多罪恶都来自人的野心"（*Briefwisseling* I, p.30）。格劳秀斯和他的朋友并没有像同时代的耶稣会学者那样回到西塞罗主义，他们试图寻找到一种可以把16世纪早期共和主义式的人文主义价值容纳在内的新型人文主义。在这段时期内，出现了一系列共同的主题。其中最突出的一个主题是，他们的共和主义是一种*贵族式*的共和主义：得到赞许的不是民众会议，而是贵族式的元老。用15世纪意大利文艺复兴的表述来看，他们青睐的不是"多数人的统治"（governo largo）而是"少数人的统治"（governo stretto）。

这显然与佛罗伦萨的共和主义（包括《李维史论》中的马基雅维利）迥然不同，正如格劳秀斯对威尼斯的称赞那样，这是一种威尼斯式的共和主义。不过，在另一个方面他们更接近佛罗伦萨而不是威尼斯：
159 他们强调扩张性的、甚至帝国主义式的军事计划。实际上，如果我们要对17世纪初的荷兰共和主义（也可以把17世纪中叶荷兰和英国后继者包括在内）加以总结的话，那么最直接明了的答案是，这种共和主义是威尼斯政体与佛罗伦萨外交政策的混合体。为了阐明他们的立场，荷兰的共和主义者往往追溯两个古代的共和国：一个是罗马，当然这是一个经由他们再解释的罗马，另外一个则是雅典（在某种意义上，这是雅典第一次出现在现代欧洲政治思想的舞台上）。用前塔西佗主义的观点来看，这两个自由的共和国都是贵族共和主义者美德的竞技。当然，并不是所有的塔西佗主义成分都已经消失了：留存下来的是对战争以及帝国伟业的强调，对大众政治的深深厌恶，以及对经济学重要性的洞察。

所有这些主题都出现在17世纪前十年格劳秀斯与奥登邦费交往时期写下的著作里。其中一部直接研究相关主题的著作现在已部分遗失；这就是《比较宪法》。1602年9月格劳秀斯在朋友圈里传阅这份手稿，但只有一卷尚存于世。不过，我们还可以在写于1600至1610年间的一篇未出版的论文《论共和国的改善》（p.524；编者倾向于认为出版于1600年左右）以及著名的《巴达维亚共和国古代史》（1610年出版）和《低地国家编年史》（此书直到1657年才出版，不过1604年格劳秀斯就已经开始了写作，参见ter Meulen和Diermanse, 1950, no.190）中发现格劳秀斯对这些主题的研究。所有这些著作都来源于他作为荷兰省的官方史学家的经历。

《比较宪法》扩展了格劳秀斯在巴黎与孔塔里尼交谈的内容，格劳秀斯将联省共和国以及尼德兰的先人与罗马和雅典相比照。此书遗失的部分比较了它们的宪政制度，而流传下来的部分则比较了它们的美德和生活方式。我们可以从他给一位朋友的信中发现关于宪政部分的构思，其中格劳秀斯分析了罗马既不是民主政体（此前博丹也有此一
论），也不是传统意义上三个阶层共同分享主权的混合政体，他认为罗 160
马政体的实质是贵族制。

> 我认为，鼎盛时期的罗马共和国就是一种贵族制的类型，也就是亚里士多德定义为“所谓偏向于寡头的政体”（《政治学》，

1293b20）。我不认为，罗马是你说的那种“政体”，即所谓“保留其真正称谓的政体”（也就是亚里士多德所说的混合政体，1293a39）。尽管在战时的罗马，博丹称之为最高权威的主权掌握在人民手里，但有大量证据表明，平时或者说日常的政府管理是贵族式的。恐怕没有人会否认，罗马的权力掌握在贵族手里。（*Briefwisseling* I, p.29）

他承认，雅典更偏向于民主制，但他同时也指出，考虑到雅典的帝国举措和商业活动，联省共和国与雅典还是可以相提并论的（而且，联省共和国内部也不乏某些民主制的成分，比如多德雷赫特市的政府）。

我们在《比较宪法》现存的部分里不难发现格劳秀斯叙述的道德动力。书中随处可见塔西佗的引文，以至于乍看之下这本书简直是一本典型的塔西佗的论著（这一点从格劳秀斯另一著作《低地国家编年史》的书名就可一窥究竟了）。此外，这本书同时也带有塔西佗主义式的怀疑情绪：开篇格劳秀斯便是喟叹“物质与精神的永恒运动”以及无法充分反映每个人的道德生活的复杂性（*Parallela* I, p.13）。不过，格劳秀斯试图讨论的主题终究还是美德以及以公民美德为基础而建立的政治体制——也就是说，真正的贵族政体。在他看来，真正的贵族政体最为基本要素实际上是自由，格劳秀斯为此引述了亚里士多德的观点，自由人的美德全然不同于奴隶。只有在一个自由的共和国例如在雅典、罗马和联省共和国里，才能够发现美德——任何其他地方都绝无可能找到对比。而且，即便上述那些古代的共和国里，自由也是极不稳定的：

任何一个用心研究雅典历史的人，肯定会发现其中没有什么比自由更重要了。我并不否认它们包含在许可和大众政府的术语之下，
161 后两者总是专断和混乱的。就像（一贯正确的）西塞罗说的那样，希腊人衰落的原因是，他们滥用了自由，并且听任政客蛊惑民心。（*Parallela* I, p.25）

格劳秀斯所推崇的雅典是君主制结束后由执政官管理的雅典。至于罗马，他赞许的也是罗马共和国早期。和雅典一样，罗马也有民众领袖（如提比略）也有走向大众政治的倾向，这最终导致了凯撒及其后继者的暴政。不过，在格劳秀斯看来，巴达维亚人与前两者不同，他们直到西班牙人占领之前一直保持着自由，而从西班牙人的锁链中挣脱之后，他们又恢复了原来的自由精神。如果说早期罗马共和国、雅典的执政官统治时期代表了古代的自由，那么联省共和国就代表了现代世界的自由。

格劳秀斯强调，这种自由亦有其工具性的价值，它可以激发人展现他的美德。此书第三卷有一个长长的美德列表，包含了四枢德，但它们并不在一个显著的位置：例如，四枢德围绕尼德兰人的独特美德："坚贞"（*Parallela* II, p.65）。此外，格劳秀斯还讨论了这三个共和国的军事和手工业的能力——它们都是商业扩张和军事扩张并重的国家（*Parallela* II, pp.75—98, III, pp.1—31）。此时的格劳秀斯对荷兰商人和军队在海上建立的功业有着极大的热情，他曾为此写下了不少诗句，并且为荷兰在东印度的扩张做了广泛全面的辩护。

是否支持荷兰在海上的持续扩张，是否拨款资助荷兰与西班牙的战争，是共和主义者在联省共和国宪政体制上最为关注的焦点问题。当时的战争已经让联省共和国面临着财政难题（作为荷兰省的财政官员，格劳秀斯对此自然心知肚明）：已经有部分省份及城市开始拒绝为战争提供资金，不同的利益取向以及相互间的利益冲突已经越来越明显。因而，有一种意见认为，需要重新整合联合体，赋予中央机构以更多的权力，以控制地方性的情绪、实施更具侵略性的军事政策。这其
中最为重要的贡献来自一位匿名作者的著作《和约国情考》，19世纪的 162
编者曾误将这部书归于荷兰驻巴拉丁的大使柯奈利斯·布雷德罗德名下——我更倾向于认为，这其实是荷兰驻巴黎大使艾森（Francois Van

Aerssen）写的一篇“请愿书”（den Tex, 1960, IV, p.144; Barendrecht, 1965, pp.175—176）。这篇文章使用了“国家理性”和“国家利益”等词汇（p.6）论证战争是共和国唯一的选择。作者写道，的确，和平是必要的，

> 但和平是你与邻居的关系，不是君主和臣民的关系；君主和臣民的和平根本不能叫和平，它不过是出卖自由的奴役条约，就像一位古典作家说的那样——“城邦里有了国王，就等于接受一种奴役的和平”。（p.13, 引句出自Livy, II.9.5）

为了管理一个共和国，他建议设立

> 一个类似于希腊“近邻同盟”（amphictyonic）式的议会组织，以便代表国家行使最高权力，而会议成员则由各省选出，每个议员的资格都应当受到审查，他们应当明智、经验丰富、不会被侵蚀，每三年改选一次。（p.16）

这个议会可以决定战争与和平、立法和征税，但三年之后它必须交出一份工作报告。“它好比是威尼斯、热那亚、佛罗伦萨和卢卡的议事会”（p.17）。在具体的措施上，可以像罗马人和威尼斯人那样采用秘密投票的方式。事实上，从没有一部著作如此清晰地表述了古典共和主义（尤其是对希腊罗马先例的引证）与西班牙人的战争之间的关联。

格劳秀斯本人对此做出的贡献则是他的《论共和国的改善》。他同样认为，与城市行省的寡头相比，联合体的中央政府的权力太过弱小，当时的“联省大议会”（States-General）需要任命一个行政实体来执行管理职能，因而，只有由有品德的贵族重新组建一个有行政职能的共和国议会与城市摄政相抗衡，并授予其完全的立法权（当时联省大议会的

审议职能只是礼仪性的[p.117]），联合体才能抵抗住内部纷争和外部的压力存活下去。这里，他再次使用了比较的方法，比照的对象是士师管理下的希伯来共和国，在他看来，希伯来共和国也是一种自由的贵族宪政。1607年当停战协定已在拟定之中时，他已经在一封信中表达了对停
战协定的不满，并预言和平一定会导致国家的衰亡——与许多塔西佗 163
主义者相似，他认为战争是国家的粘合剂。

> 在过渡时期，普通的恐惧允许采取严厉措施反对各路人马打自己的算盘。如果任由他们要手段，国家就会土崩瓦解。而恐惧心理一旦被放大，对个人利益的关注就会蔓延开来，这将直接导致民众国家内部的纷争和分裂，就像我们的国家一样。（*Briefwisseling* I, p.85）

格劳秀斯和代尔夫特的联系很可能是他反对缔结停战协定的原因之一，因为代尔夫特和阿姆斯特丹是主战派的核心成员，同时代尔夫特和阿姆斯特丹也是东印度公司的董事会成员，二者担心停战协定会影响到东印度公司在西班牙控制的东方地区的活动。

很明显，在《比较宪法》和《论共和国的改善》中，格劳秀斯试图整合17世纪50年代影响到北海两岸的北方共和主义。虽然1605年5月在他给一位巴拉丁的朋友及仰慕者林格夏姆的信中，“它已经不再令我满意了”（林格夏姆读了《比较宪法》的初稿（*Briefwisseling* I, p.53））。虽然这两本书最终没有出版，但其中包含的思想在相当长的一段时间内还是格劳秀斯的基本立场。表达其宪政观点的著述里唯一面世出版的是《巴达维亚共和国古代史》，这本书于1610年4月出版，格劳秀斯将其献给了荷兰州政府，这本书的版式和当今的企鹅丛书规格差不多，都是便携的袖珍本。书中开篇是一段塔西佗的引文——“国家的统治者或者是人民，或者是贵族，或者是某个个人”（*Annals* IV.33,此段系塔西佗

对混合政体理论的批评，“[这种政体]说的好听却难以施行”）。格劳秀斯试图记录的是尼德兰从古至今的由贵族统治的政府变迁。格劳秀斯认为，无论有无国王，贵族都可以统治，贵族所建立的政府形式处于君主制和民主制之间；但他从没有说这种政体是传统意义上的混合政体，事实上，格劳秀斯对混合政体这个概念相当反感——而这似乎也是如德·威茨这样真正的荷兰共和主义者的共同特征（Haitsma Mulier, 1980, p.69）。

与《比较宪法》相似，《巴达维亚共和国古代史》强调在古代巴达维人与现代的尼德兰人尤其是联省共和国的人民之间的连续性。由于
164 格劳秀斯的权威性影响，巴达维成了当时联省共和国政府的象征之一。
而关于巴达维的主要记载就来自塔西佗在《历史》第四卷记录的发生于公元69年西维利斯领导下的巴达维人反抗罗马人的叛乱。此前的学者多将这一段对巴达维人的记录当作日耳曼人的起源之一，他们往往把巴达维的史料与其他古典时期的学者所记载的类似部落的相关史料相比照，但格劳秀斯对此有一种全新的重要解释。霍特曼是此前最为著名的注释者之一，他试图用古典时期的史料证明日耳曼人是选举的君主制，国王一旦有恶行，就会被逐出王位，高卢人以及罗马帝国之后法兰克人也是同一种类型的君主制（例如参见Francogallia, p.221）。而格劳秀斯则在此书第二卷花了大量篇幅论证，和其他日耳曼部落一样，巴达维人的统治者不是君主而是贵族。

> 塔西佗的《日耳曼尼亚志》中有一个段落表明，日耳曼人的部落一直以来就不是由某一个人统治的，而是由“一些人”来统治的：那里，他提到日耳曼人古老的迁徙，“日耳曼人的自由是阿萨息斯王国的痛苦”；卢坎说，“越过莱茵河和坦纳斯河，自由就消失了”……在这些段落里，自由与王权恰好是对立的两面——就像在《编年史》的开篇，塔西佗说道，“罗马城最初由国王统治。布鲁图斯建立了自由的政

体和执政官制度……”（1630 ed., pp.25—26）

格劳秀斯当然了解古代史料记载了日耳曼人甚至包括巴达维人中的确存在着国王，“但我们并不清楚这些国王是否就像斯巴达的国王一样，仅仅是名义上的国王而已，实际上他们却不过是首席贵族而已”（ibid., p.26）。这或许是对日耳曼人的共和主义最有说服力的表述之一，当然这也是荷兰共和主义意识形态的重要因素。（值得注意的是，英国的塞尔登此时也就高卢人和不列颠人的贵族共和制得出了类似的结论，虽然他的书要到八年之后的1615年才出版）。

在这种阐释中，尼德兰叛乱就是古代巴达维人叛乱的现代翻版。在整个联省共和国的历史上，巴达维人都一直是极为重要的象征符号：因而在1612年至1613年间联省大议会请奥托·范维恩为议会大厅绘制了一组壁画：《巴达维人与罗马人的战争》（这幅壁画现已毁坏，不过 165
其复制品还保存在圣西门所著《巴达维亚与罗马战争史》的插页里）。1659年到1661年，德·威茨担任共和国执政期间，阿姆斯特丹市镇大厅也陈列有同样主题的画作（其中一幅来自伦勃朗）。1795年，当荷兰宣布他们建立一个法国大革命之后的新型共和国时，他们采用的国名是“巴达维亚共和国”。

在《巴达维亚共和国古代史》后，格劳秀斯转向了其他的政治思想领域。而奥登邦费周围的其他人还在同一领域继续耕耘。其中最为重要的参与者是格劳秀斯的朋友老杨·莫斯。1601年当杨·莫斯还在担任奥登邦费之子的家庭教师时，就曾写过一篇《论荣耀》的文章（书中扉页是格劳秀斯的一首诗）。莫斯强烈反对塔西佗主义的传统，他指出无论在战场上还是在议会大厅里，荣耀都是有美德的人应当追求的东西，为此他回到了西塞罗主义的立场，他认为，议会大厅里的荣耀是更高的荣耀；因为，战争固然是艰苦的，但在和平时期“与乌合之众的对抗才是最危险的事情”（p.63）。做一个有责任感、活跃的共和国的议员，是美德的完美体现。1610年莫斯在奥登邦费的推荐下就职于莱顿大学的历史教席，奥登邦费下台后他躲过一劫，不过1625年可能出于缓解压力的原因转而接受了相对鲜为人知的丹麦索伦大学的任职。由于学术职位的原因，莫斯写了一系列关于雅典的著述，早期和格劳秀斯类似的对雅典的热情逐渐沉淀为更加严格的学术性研究。不过，他一直没有表露其政治立场；在1624年献给威尼斯总督和议会的作品《战神山》（*Areopagus*）一书中，他全面比较了威尼斯和雅典，其中他曾提到，雅典的幸运之处在于“其议会权威从未被削弱”，但雅典的不幸之处也在于，其议会最终还是被改造了（p.80）——在雅典全部历史中，莫斯最为推崇的是执政官汇集于战神山议事会中掌控雅典局面的时期。

这个阶段的荷兰共和主义讨论最多的主题是怎样才能更好地维
166 系一个贵族式共和国。正如我们曾指出的那样，格劳秀斯认为商业和军事的扩张对一个共和国来说是必要的，共和国同时也会促进商业和军事的扩张；不过，应当说荷兰原先的传统思想一般认为商业会危害共和国的安全。这一立场的主要代表是格劳秀斯的朋友皮特·范德尔昆（Piet Van der Cun，又名库纳尤斯），他提出了17世纪早期联省共和国最为引人注目的政治思想之一。范德尔昆曾在莱顿大学读书，其后留在莱顿任教，教授拉丁文和政治学。他所教授的课程是苏维托尼乌斯和塔西佗，试图运用二者的文本阐述独裁的危险性。在他看来，塔西佗论证了自由毁于帝王或僭主的统治，“罗马人之所以得到印度人和加拉曼特人的尊敬是因为他们强大的武力……而这一切都毁于放纵、财富和享乐”——对财富的敌意构成了其后著作的主题（Orationes, p.174）。1617年，在与格劳秀斯反复讨论后，范德尔昆出版了风行一时的著作《希伯来共和国》（1617年到1700年间再版六次，1653年英国的共和主义情绪最为激荡的时期，此书的英译本出版面世）。

范德尔昆将希伯来共和国与现代的荷兰加以对照。在希伯来人那里，“所有人都参与咨议的过程，这同时也保证了所有人的安全；希伯来人的城市有许许多多，但并没有一个追逐权势，而是尽力捍卫公共的自由”（sigg. A4v—A5）。只是在内部的无序纷争产生后，希伯来才衰落了，而希伯来衰落的原因在于，希伯来诸国中“最伟大也最为杰出的国家”——类似于你们的、有着极好国家形式的雅典或罗马这样的大国——“最终放弃了他们的自由，跪倒在凯撒脚下”（sigg. A7v—A8v）。范德尔昆认为联省共和国目前发生的宗教冲突就有可能导致类似的内部崩溃。

为防止共和国陷于瓦解，他提出一种类似于希伯来土地法（Hebrew Agarian Law）的解决办法，而对此的分析也是这本书最为
重要的内容之一。他主张每个家庭都占用同样大小的土地，禁止土地的 167
买卖（每五年在周年庆典时允许有一次土地的交换）。摩西就是用这种方式保证了“每个人的平等；而平等恰是每个良治共和国的首要目标”，“一些人的财富不能建立在对其他人的压榨之上；不应当见异思迁，不应当把心思从淳朴的劳动转向任何新奇的职业”（p.13）。事实上，范德尔昆在这本书中强烈反对任何与土地无关的财富商业性行为——而后者恰恰是17世纪50年代有着广泛影响的议题。

> 我们往往会看到，富人攫取了穷人的遗产，剥夺了他们生活的必需品，自己却聚敛了过多的财富。而这通常会引发政府的变革：因为，如果大部分人丧失了世袭的产业，并开始无止境地追逐财富，共和国就一定会危机四伏……罗马曾制定了《李锡尼·斯托洛法》，禁止公民拥有500英亩以上的土地，原先几乎攫取了所有土地的贵族才受到了限制……不过，由于欺骗的缘故，良好的秩序很快就被破坏了……一旦财产没有限制，就一定会走向放纵（需要指出的是，公元前367年由保民官李锡尼·斯托洛颁布的“李锡尼·斯托洛法”规定仅仅每个公民不得占有500英亩以上的“公有土地”，范德尔昆显然夸大了这一法案的激进性）。（pp.17—19）

敛财不仅导致政治混乱，还招致道德腐败。

> 占有大量土地的人对依靠双手的诚实劳动嗤之以鼻，他们转而投身于农业的贸易；比如，雇佣外邦人或者购买奴隶来为他们服务。下等人也不再把心思花在自己的土地上，他们离乡背井来到城市，他们甘愿住在城市里，依靠软性的低级技艺过着一种闲散的生活，由此一步步走向腐化。（pp.20—21）

谈到范德尔昆，在古代，犹太人是这样的：

> **在犹太人的国家里，从没有出现新的职业，也从没有手工业。**对犹太人来说，这并非是什么耻辱，反而是对他们的最大褒扬；如果新的发明带来的只是低级的技艺，发明又有何价值？工匠无非是些弄脏了手的匠人；亚里士多德说得好，工匠的职业是一种有限的、奴隶性的职业，因为我们利用他们的双手和劳动，他们虽然不像一般意义上的奴隶那样出卖自己的劳动，但在某些特定的事务上却类似于出卖
> 168 了自己劳动的奴隶。（pp.32—33）

由相互间平等的土地拥有者组成的美德共和国是对17世纪的学者极具吸引力的学说。这一学说的思想根源之一是马基雅维利，但范德尔昆从没有提到过他，而事实上马基雅维利对共和国政治制度的论述与同时代的荷兰学者别无二致。范德尔昆称赞犹太公会“不是从贫民里选拔出来的，而是由出身品第良好的家庭推选出来的真正高贵的人”（p.99），在他看来，希伯来国王虽然有宗教权力（这与当时的加尔文主义者的主张明显不同），但只是辅助性的角色。希伯来共和国的衰落源于“犹太的凯撒”耶罗波安利用大众的力量篡夺了权力——“他用自

由和其他似是而非的名词伪装起来，其实隐秘的思想却是怎样自己掌权、奴役大众”（p.134）。范德尔昆在篇末呼吁对当时的犹太人持宽容和同情的态度。

借助于在现代的荷兰联省共和国与古典世界的类比，《希伯来共和国》成为荷兰共和国早期最为有力的共和理论。凭借作者的影响力，这本书和此前我们曾讨论的其他著作一起形成了联省共和国中的一股共和主义潮流，其硕果之一是1650年废除了共和国的摄政，并由此维系了二十二年的共和制。那一年当荷兰省议政凯兹在省议会上就修宪发言时，他就曾强调犹太政府与联省共和国政府之间的相似之处。

> 基于众多原因，一流的学者都认为犹太人的国家和我们的国家总体上是接近的。实际上，无论是古代还是现代，最有智慧的国家都具有相同的形式——过去的罗马人、雅典人、斯巴达人的国家，今天的则是威尼斯人、瑞士人、热那亚人的国家。（Haitsma Mulier, 1980, p.121）

这也正是17世纪早期共和主义者的态度，又一次涌现在历史舞台上。

论印度

当莫斯与范德尔昆仍旧关注于贵族共和主义的主题时，格劳秀斯的视野已经投向更加广阔的领域。与《论共和国的改善》的写作动因 169
相似，格劳秀斯的转向也部分地基于他对停战协定前景的判断。格劳秀斯发现，“与东印度的生意对国家安全极为重要，考虑到葡萄牙人的狡诈和蛮力，很明显，没有武力生意是做不了的”（*Defensio*, p.331）。1604年他开始构思一篇论文，试图论证武装侵入东印度甚至于直接攻击葡萄牙船队的合法性（此前数年就曾发生过一次丑闻，一艘搭载中国货物的葡萄牙大船被当作战利品运回联省共和国）。问题的关键在于，如果商业竞争的对手设置障碍阻碍了竞争，那么是否可以在商业竞争中运用武力；不要忘了，荷兰人一直想撇开葡萄牙人单独和当地的统治者打交道，而葡萄牙人（1580年后葡萄牙人已经受命于马德里政府）则期望维系他们在东印度贸易中的特权。摧毁葡萄牙人的海上势力给当地的统治者看，就是试图证明荷兰人可以像葡萄牙人一样同时掌握商业和武力的力量。

这一问题包含了许多让格劳秀斯感兴趣的主题，直接启发了格劳秀斯的思考。格劳秀斯一方面关注即将同西班牙人达成的和平协定，一方面也关注国内反对这种侵略性帝国主义的势力，在此基础之上，他完成了一篇他一直自称为《论印度》（*De Indis*）的文章——19世纪的编辑者后来重新命名为《论战利品法》(*De iure praedae*)。与《比较宪法》一书类似，格劳秀斯的这本书在三个世纪间一直没有出版，直到1864年德格鲁特家族的手稿拍卖时才被发现。不过，1608年，东印度公司为了影响正在拟议中的和平协定，曾要求单独出版此书的第十二章，这便是著名的《海洋自由论》（实际出版于1609年）。而迟至1613年格劳秀斯还曾有意将全书出版。

初看上去，《论印度》（我愿意尊重作者的原意称其为《论印度》）似乎不太可能出自一位年轻的人文主义者笔下。无论就涉及的领域而
170 言，还是就采取的论证类型而论，此书都堪称广博，它所牵涉到的文本上至古典时期的经典文本下至当时的西班牙经院主义哲学，它采取的论证方法既有历史的比较方法也有更为严格的科学论证。总体而言，经院哲学的成分在文章的主体部分并不突出，主要出现在后来添加的脚注部分。《论印度》开篇是一段短小精炼的人文主义随笔，后来在修订时格劳秀斯才加上了大段大段出自古今各类文献的引文（这和他在《战争与和平法》中运用的技巧如出一辙，后者每次修订的版本都会出现新的案例材料）。从格劳秀斯后来的记载来看，直到停战协定时期

他答应单独抽离第十二章出版时，他才增加与西班牙经院主义直接对抗的表述，他试图“借西班牙人自己的权威”影响西班牙人（*Defencio*, p.332），因而，对经院主义学者的引述在这一章的修订版里出现的频率比其他地方要多得多。

不过，尽管《论印度》一书采用了随笔式的文体，尽管格劳秀斯更为倚重古典的文本，这本书还是大大偏离了人文主义的基本观念。格劳秀斯对自己所持方法的新颖之处自然也十分清楚，对此最为显著的标志是他在此书导论部分与数学方法的比照。

> 本文所论，概而言之是这样的：首先，举出某一真正普世的普遍性命题；其次，逐渐缩小其普遍性程度，使之运用于个别的事例。正如在数学推理中任何具体的推论都必须以所有人一致同意的公理为前提，为了从某些固有的论点中导出结论，我们也应当首先指明最为普遍的一般性规则，为此作为应该记住、而非首次应该学习的基础性假设，并以此为前提得出结论。（p.7）

格劳秀斯以数学为人文科学的模型，是其告别人文主义的决定性一步。我们曾指出，人文主义运动的理论前提之一即认为，道德科学不可与数学或物理科学相提并论，道德科学并不建立于一系列自然法之 171
上，16世纪晚期塔西佗主义式的新人文主义更是重新强化了这一倾向。放在这一语境中来看，格劳秀斯的转变是令人吃惊的，也是极具戏剧性的。不过，如果我们将《论印度》中的论证与当时仍旧坚持自然法立场的反人文主义论调——例如德国的亚里士多德主义者以及伊比利亚半岛的经院主义哲学家——相比照，我们会发现，格劳秀斯并非只是从一个理论阵营转到另一个理论阵营，相反，他很明显是借用自然法的语言传达现代人文主义的基本观念并对怀疑主义做出回应，而他用以回应怀疑主义者的并非是与之相对的教条，毋宁是怀疑主义者自己的信念。

《论印度》开篇即声称，“上帝用以显示其意志的东西，即法律”（p.8）。虽然格劳秀斯引用阿奎那的观点对此提出了不同看法，但他实际上所持仍旧是反托马斯主义的立场，正如他在随后的段落中指出的那样，“阿那克萨库（Anaxarchus）正确地指出，某事之所以是正义的，是因为它出自上帝的意愿；相反，上帝之所以意愿某事，并不仅仅因为它是正义的”（Alexander, 695a）。与此前我们讨论的同时代的耶稣会士相似，格劳秀斯觉察到，在一个怀疑主义时代，意志主义可能是自然法理论最为适当的形式，因为，意志主义完全排除了对于出自理性内省的道德原则的依赖。

不过，耶稣会士的理论其基础仍旧在于亚里士多德主义的结构系统，而格劳秀斯则提出了一种此前从未有过的新观念。关于上帝意志的内容，他既没有诉诸“奇迹或超自然的”，甚至也没有诉诸圣经，他认为上帝的意志在于“对自然的设计”。虽然这一点与耶稣会士的立场并无多少差异，但格劳秀斯的自然世界观却与耶稣会士的迥然有别。

> 既然上帝按照他的意愿创造了这个世界，那么这个世界的每个个体也都从他那里得到了自然的属性，每个个体的存在都应当得到保存，世界的每个部分也都追求自己的善，也可以说，这个基本法则就包含在世界的起源里。因此，古代的诗人和哲学家曾正确地指出，爱是整个自然秩序的第一原则，爱的动力指向的是自我的利益。贺拉斯的这句话并无不当之处，他说，在学园派看来，利益似乎是公平和正义之母。而西塞罗也一再提到，自然界中的万事万物都关心自身，都追
> 172 求自己的安全和幸福。这一现象不仅发生在人类身上，在动物那里甚至在无生命的物质那里都体现出一种真实的、神圣的自爱。在创世的每个阶段，自爱都是值得赞美的。我们通常把φιλαντία（也就是说无节制的自利）视作罪恶——事实上，那只是一种过分的自爱。（p.9）

从格劳秀斯对学园派的评价来看（格劳秀斯曾引用了西塞罗《论学园派》中的一段），他已经充分意识到，在怀疑主义关于人应当如何生活的论述中，自我保存的原则占有极其重要的位置。格劳秀斯的核心观点其实是很简单的，那就是：如果采纳自我保存的原则，并且将其视作一种基本的道德权利以此推出一系列其他权利，那么这其实也就构成了一种道德行为的理论（甚至也包括正义理论）。事实上，格劳秀斯最终是用怀疑主义关于人应当如何生活的观念反驳了怀疑主义最初对道德科学可能性的质疑。

格劳秀斯在《论印度》的导言中发展了他的这一观点。首先，他列举了两种自然法：

> 第一，**应当允许人们保护自己的生命，抵挡外部有害的威胁**；第二，**应当允许人们追求并保全那些对生命有益的事物**。我们不妨用西塞罗的话来解释后一种法律，每一个个体，在不违抗自然规则的前提下，倾向于为自己而非为他人取得对生命行为重要的东西。而且，无论任何学派的哲学家在讨论善恶的目的时，都把这两条规则当作无可争议的公理。在这一点上，无论是斯多亚学派、伊壁鸠鲁学派、逍遥派甚至也包括学园派的哲学家都并无疑义。（pp.10—11）

不过，建立自我保全的普遍准则当然不止是重述怀疑主义的论证。为了表明自我保全的原则与正义理论相协调，格劳秀斯又进一步设定了两条法律：“*勿伤他人*”以及“*勿夺他人之物*”。前者是非伤害性的法律；后者是克制性的法律（p.13）。格劳秀斯在导言中花了大量篇幅解释后两种法律的意义以及它们与前两种之间的关系。他强调，自我保全是*居先的义务*：

> 第一组法律与后一组法律之间的序列关系表明，个人利益有相对于其他人利益的优先权——换言之，这同时也表明，就自然的意旨而言，每个个体的自身利益优先于其他人的利益，正如有句谚语说道的那样，“最近的邻人是我自己”，“最贴身的不是你的内衣，而是你的体肤”。（p.21）

只有自我保全得到保证的前提下，一个人才有义务关心其他人的保全——用当今的哲学术语来看，这两种义务关系是一种词汇顺序关系。

格劳秀斯指出，就自然本性而言，唯有在以牙还牙以眼还眼的情况下，人才有义务帮助你的邻人——也就是说，人不犯我，我不犯人，但对那些违反了“勿伤他人”原则的人，就必须加以惩罚。帮助你的邻人，其现实的原因仅仅在于必须让这两个原则产生实际的威慑力，除此之外，再无其他理由。于是，“勿伤他人”与“勿夺他人之物”的律条，再加上必须对触犯者加以惩罚的义务，就构成了最低限度的自然道德。虽然格劳秀斯用“爱”对此加以修饰，但所谓的“爱”仅限于勿施伤害而已，“爱”并不需要给予他人以任何正面的帮助。人根本不是“政治的动物”，自然人的生活里也根本不存在真正的社会。格劳秀斯认为，对自然法做最低限度的解释具有明确无误的普遍性——没有人会认为，假如不是出于保全自己的生命或合法的财产的目的，有意损害他人是正确的。基于这种普遍性，他进一步指出，

> 学园派这些无知的大师们，他们对正义的反驳其谬大哉，他们以为唯有个人的利益是出于自然的东西、而城邦的正义并非来源于自然而是出自人们的意见；但他们的错误在于，他们忽视了正义作为人类中介的一面恰恰是人类的特性所在。（p.13）

在他看来，任何超出最低限度之上的东西，都是在人们进入公民社会之后经过慎思做出的决断。而对公民生活来说，也有以下两条基本法。

> **首先，每一个公民不仅不能损害其他的公民，而且应当保护公民整体以及其中的每一个个人；其次，公民不仅不能占有别人** 174
> **的公私财产，而且应当在国家和其他公民需要时贡献自己的财富。**（p.21）

不过，这种对人类之间的互动关系的描绘仅限于一个有组织的社会，在这样的社会里，存在着各种丰富的可能性，上述规则只是特定规则的一种。此后，他又从个体公民的角度指出，

> 卡尼阿德斯和学园派哲学家认为正义只是“一种基于法律而非基于自然的”意见，各个国家的现存制度不同，正义也就随之而不同——这是一种错误的观点。（p.76）

从亚里士多德主义传统的立场来看，即便是合同法和商业法中最为细微的规定都可以解释为一般性的普遍原则的某种变形，这种亚里士多德主义式的正义观念在格劳秀斯那里已几乎消失殆尽，而此消彼长、取而代之的则是有限的地方性的规则。

这就是说，只有在某个国家或某个公民社会内部，才会以成文或不成文约定的方式规定了公共利益应当高于个人的自我保存。在这样的社会里，

> 只要涉及到个人的利益和全体的利益孰重孰轻的问题，毫无疑问都会以全体利益为优先，因为，全体中就包含了个人的利益。所谓

> 皮之不存、毛将焉附……对此，修昔底德记载的伯利克里演讲是最好的说明，伯利克里的演讲可以澄清何以个人生活从属于公共生活，在多大程度上个人生活从属于公共生活。伯利克里曾如是说道，“我的意见是这样的：每一个个人在整个国家顺利前进的时候所得到的利益，比个人利益满足而整个国家走下坡路的时候所得到的利益要更多。一个人在私人生活中，无论怎样富裕，如果他的国家被破坏了的话，也一定会牵入普遍的毁灭中；但是只要国家本身安全的话，个人有更多的机会从私人的不幸中恢复过来”。而李维则用简洁的语言表述如下：“只要国家本身是安全的，个人财产的安全就是有保障的。出卖公共
> 175 利益，绝无可能维护个人利益”。(pp.21—22)

格劳秀斯认为，之所以在一个国家里国家利益高于个人利益，可以理解为最初在契约签订时已对此表示认可。在格劳秀斯看来，任何违背了契约的行为都是一种有意伤害行为，因而也是违背了自然法的行为；因为，违背契约的行为涉及到说谎，诱使别人做出承诺，因而构成了对别人的损害。

> 上帝创造人类，让他们拥有“自由和自主的决断权”(sui iuris)，从而使每个人的行动及其对财产的使用都只听从于他的个人意志而不受任何其他人的意志的支配。对此，几乎所有的国家都有类似的共识。所谓的“天赋自由”，无非就是指与个人意志相一致的人的行动能力。人有行动的自由就好比人有财产的所有权。因此，曾有一种说法，“每个人都是自己财产的统治者和裁决者”。当然，个人的意愿可能会发生变化，但这种变化不应以欺骗别人的形式出现，也就是说，不应通过赢得他人的信任来为自己谋取利益和享乐、并损害他人的利益……由此可推出诚信的规则：**个人的意愿就体现在与自己相关的法律中**。过去曾有一种说法称“被害者赞同，则无所谓伤害”，即

与此不谋而合；而古代的格言也曾提到，关于人类的自然衡平与诚信，再没有什么比遵守与他人达成的约定更为恰当的表达了。（pp.18—19）

这就是格劳秀斯所提出的新理论的基础所在：其道德论述在突出自我保存的优先地位的同时，也强调不能随意损害他人的利益，这两个原则与各种可能的社会实践和道德信念都不相违背。格劳秀斯的观点令人兴奋之处在于，他主张人类的内在自由并摆脱了道德和法律教条的限制：人类所构建的世界有各种不同的类型，人类只对他自己身处的道德生活负责。在某种意义上，这就是蒙田或利普修斯传达的世界图景，只是与之不同的是，蒙田或利普修斯对道德生活的态度是消极的、退隐的，而格劳秀斯则创建了一种新的道德生活类型。

格劳秀斯由此出发建立了一整套论证体系以证明荷兰借助武力与
西班牙对抗的合法性。其要点：其一是论证荷兰自身的国家合法性（西 176
班牙人显然对此持存疑态度），其二是论证禁止海上的国际贸易是不合
法的。关于前者，他主张一切统治者的权威都来自通过社会契约建立起
来的国家。总体而言，

很明显，体现在法律和判决中的市民权力，归根结底还是来自国家本身；这就好比，每个人对个人自己及其财产的权力懒于属于所有与他自己相关事物的属性。除非有一种与所有人都有关的权力，否则根本就不存在针对每一个个人及其财产的权力。（p.25）

不过，为便利之故，社会不得不引入一些专门从事管理职能的人即执政官——在希腊是archons、在罗马则是magistratus。格劳秀斯将这一论证逻辑推演到底，由此得出了真正原创性的论点：执政官的惩罚性权力来自国家，而这种来自国家的权力实际上又来自于构成国家的每

个个人。

> 惩罚权是否属于国家？决不是！相反，执政官的权力来源于国家，而国家权力又来源于个人；国家的权力不过是所有人约定的产物……因为不曾占有的东西也就无法转让，所以惩罚的权力在属于国家之前，很明显是归个人所有的。我们还可以举一个更有说服力的论证：国家的惩罚性权力不仅可以施加于本国人而且也可以施加于外国人；但市民法对后者没有惩罚权，因为仅仅由于市民给予了同意市民法才能约束公民；于是，自然法或万民法就成了国家的权力依据。（pp.91—92）

此处格劳秀斯最后的论证与洛克后来在《政府论》中的论证几近相同，虽然洛克在那里说，“这是一种非常奇怪的学说”（至于洛克是否读过格劳秀斯出版的著作，一直是个有趣也很难弄清的问题）。从格劳秀斯的理论基础可以推出个人拥有惩罚权：正如我们所指出的那样，在公民社会建立之前，有意伤害他人的利益就是被禁止的。

177 如果执政官与国家之间是这样的一种关系，那么国家完全可以做到废黜统治者直接处理事务，国家也有足够充分的理由这么做。格劳秀斯认为，荷兰的情况就是这样。从以下的一段话中我们能看到格劳秀斯明显的共和主义立场：

> 在没有君主的情况下，主权毫无疑问将转交于国家。国家或者可以分为数个行省，或者（正如科瓦鲁维亚斯[Covarruvias]所言）是由贵族和显要代表整个国家行使主权，这样的行政实体或者叫做“行省总督”或者叫做“行省议会”。（p.297）

于是，联省共和国的律令也获得了合法性。

除此之外，格劳秀斯还需要进一步论证荷兰入侵远东海域的合法性。格劳秀斯首先需要证明的是，海洋不属于任何人，因而在海上通行也不应当有任何限制。为此，他发展了出一套独特的财产理论。而这一部分的内容也是《论印度》一书中唯一在当时获得出版的章节，其中的核心章节作为《海洋自由论》于1609年出版。格劳秀斯曾经论证了财产是一种基本的道德自然秩序：每个人的自我保全及其对生活必需品的保护都有其正当理由。但他同时也意识到，这仅仅是“所有权的一种类型”（p.228），仅仅是对这个世界上的人类谋生所必需物品的赋权。这与近代成熟的财产概念——即排除他人对某个对象的占有——决然不同。本质上世界对所有人来说是“公共的”，但这并不意味着人类对其拥有集体的所有权，而毋宁说每个人都可以从这个世界中拿走一份。

在经院哲学传统里，这并不算什么非同寻常的对自然共同体的解释。格劳秀斯的原创性在于，他非常灵活地论述了从自然状态过渡到私有财产状态的过程，因为，他不认为，这种过渡需要一种正式契约的认可。这由于体现在，他非常审慎地对待那种把契约性义务当作其他一切义务基础的观点。“很明显，当代的财产权概念并不是一种突变，而是在自然本身引导下逐渐迈出了第一步”。这是因为，最初直接性的消费 178
对象只能是私有的，自然延展开来，诸如衣服这样的东西也只能是私有的。

> 由于这样的发展，例如土地这样的不动产最终也不可能不分配，尽管对不动产的使用不会直接与消费相关，但不免还是服务于消费性的目的……也没有足够的不动产以满足每个人不受限制的使用。（p.228）

在格劳秀斯看来，即便是现代的私有财产其基础也不在于现实的契约，而在于个人出于自我保存或个人利益的需求而使用财产的可能性。格劳秀斯承认在实际的财产分配中存在着约定的成分（一个经典的类比是，剧院的座位安排就是约定的产物），但他并不认为财产本身的存在有约定的成分。

格劳秀斯的财产理论有两个显著的特点。首先最为突出的一点即为它将海洋排出在所有物之外：

> 就由自然构成的所有事物而言，那些即便为某个特定的个人所用、但仍足以为他人所共用的事物，今天乃至一直都将保持着它最初从自然中迸发出来的状态。（p.230）

这么说来，海洋就是那种既不能为个人所占有、也不能为某个国家所占有的东西，格劳秀斯以此完成了他的精致论证。此外，格劳秀斯的财产理论的第二个特点是它开启了对财产的经济史研究：关于财产问题的争论将依赖于对经济行为的历史现象的考察。格劳秀斯开创的这条经济史研究的道路，一直要到18世纪才得以实现。

宗教宽容

《论印度》第十二章出版之后不久，正当格劳秀斯筹划全书的出版事宜之际，他又卷入了另一场政治论争的漩涡。就在1610年，此前局限
179 于神学界的论争突然之间进入了政治的舞台，从而迫使政治家不得不面对宗教宽容的问题。

为理解格劳秀斯的立场，也为了理解何以格劳秀斯穷尽此后数十年的心力卷入了这场争论（最终因此被永久流放），我们首先需要追溯的是联省共和国宗教组织的构成。与英国、瑞典以及许多德语国家不同，联省共和国没有经历由君主主导的宗教改革。某个地方的具体状况以及战争进程本身的起起落落决定了这个地方的教会是保持其天主教

身份、还是成为新教的教会、抑或成为新教中的哪一个具体派别。这个国家的城市联合体里同时存在着众多的基督教派别以及一个主要的非基督教信仰（犹太教）；甚至（在奥登邦费执政期间），耶稣会也没有被废止，它们只需要向政府定期汇报而已。虽然我们不可夸大了当时法律的宗教宽容度——1573年荷兰省曾规定禁止弥撒庆典，1612年这条法规又推行至整个联省共和国境内——但天主教徒、路德宗、门诺派浸信会以及犹太人确实在这里享受到了充分的宗教信仰自由。

不过，这种宗教自由只存在于得到国家财政支持的教会组织之外。联省共和国的加尔文宗不像英国的新教教会那样拥有大量的独立的教会资助来源；相反，教会中牧师的薪俸都是由城市财政提供的。最初，联盟中的加尔文主义者试图原原本本地按照加尔文主义的立场来组织公众的教会，即完全由地方的长老牧师会和教区会议来处理教会行政事务。城市的执政官作为教区会议的主席或仲裁者出席会议，牧师按照多数决议的原则做出决定。16世纪80年代，奥登邦费对这种政教模式提出了异议，他对城市执政官运用了财政杠杆的手段，并在1591年成功地与教会组织达成妥协，即由地方行政长官和长老牧师会共同任命主教，而教会的成员资格由地方政府而不是由教会自己来管理。教义仍归属于教区会议尤其是全国教区会议的职务范围，但奥登邦费刻意避免 180
使用“国教会”的名号（据说在私下里他曾说道，只要他还活着，就绝对不会有国教会的存在[den Tex, 1973, p.587]）。

因此，这里实际上存在着两种不同的关于宗教宽容的问题。首先，在政府支持的加尔文主义教会之外，国家是否允许其他不同信仰者信奉他们自己的宗教。对此，大多数人支持这一宗教宽容政策（不过，在法律上天主教礼仪仍旧是被禁止的），即便是最坚持加尔文宗的牧师如特里格兰德也认为，尽管在法典上有反对异端的法条，但除非在特殊情况下，否则一般不宜强制推行（den Tex, 1973, p.434）。几乎所有的荷兰新教徒在口头上都会说，个人的良知是不可侵犯的，按照这个基本原则同时也要求国家有责任不把某种信仰强加于人民。在此前我们提到的16世纪90年代科恩赫特（Coornhert）与利普修斯关于宗教宽容的争论中，科恩赫特正是从圣经出发捍卫这一宗教宽容的观点。

但在这一场争论中，从利普修斯的立场来看，宽容原则与以下观点冲突，即宽容或理解必须通过政府权威在公教会中推行，这和推行某种大一统教义别无二致。世俗的行政长官是否有权决定什么样的教义应当在国教会中推行，这些人是否有权决定生活的方方面面？尤其是，在加尔文主义者与利普修斯的天主教读者心头始终萦绕着一个幽灵，这就是联省共和国政府有可能基于政治的考虑重新引入天主教——这显然又加剧了加尔文主义者反对的声音。与英国和德国相比，联省共和国的新教改革还处于萌芽阶段，国家内部始终有一股力量希望重新建立与南部天主教地区的联系。因此，加尔文主义者完全有理由怀疑奥登邦费或格劳秀斯这样的政治家是否坚定地站在反宗教改革的对立面，这一点要超过天主教地区对利普修斯立场的怀疑。

使荷兰教会陷入分裂并最终摧毁了格劳秀斯与奥登邦费的共和国的是莱顿大学的神学教授阿米尼乌斯（Jacob Arminius），他1603年在
181 那任职直到1609年10月去世（参见Harrison, 1926; den Tex, 1973，特别是第10至11章）阿米尼乌斯一直对加尔文派的拯救论心存疑虑。加尔文派的拯救论主张，上帝在创世之前就已经决定了谁可以得到拯救谁必当受到永罚，而对那些无论外在的生活还是内在的精神都体现了值得被拯救特质的上帝选民，上帝则通过耶稣对他们施以恩典。这是一切拯救论中众所周知的严苛版本，而教条的加尔文主义或许是唯一否认人具有通过自我努力获得拯救的可能性——也就是说，他们认为，怎样才能得到拯救，是人不能理解的；而如果承认人可以理解拯救的实质，就获得了与上帝相抗衡的正当性。某些晚期中世纪的学者如吉尔森承认这种可能性，而新教的基本立场则是否认这种可能性。

阿米尼乌斯注意到存在着更深一步的可能性。对阿米尼乌斯主义

者而言，确切地说，圣经的核心是恩典可能被拒绝。如果是这样，上帝仅仅是总体上决定，接受恩典的人应当得到永生。而是否接受上帝的恩典则取决于个人的选择。这并不意味着通过人自己的努力获得了拯救；情况很可能恰恰与之相反。打个比方说，父母为孩子买了件东西：孩子可以拒绝，但凭孩子自己的能力却无法购买这份礼物。同样，父母也不能决定孩子是否接受这件礼物：父亲所能决定的仅仅是，如果孩子接受了，那么他就能得到这件礼物，否则则不能。

阿米尼乌斯的理论虽然还存在着一些问题；例如，接受恩典会产生什么样的心理状态？在人接受了上帝的恩典之后，人是否仍旧是自由的，如果人仍旧是自由的，那么上帝带给人的究竟是什么？不过，总得来说阿米尼乌斯主义是一种精致的、有说服力的理论，在新教内部也是可以自圆其说的。问题是，荷兰教会的大多数牧师和长老都不认同阿米尼乌斯主义，于是在他们看来，阿米尼乌斯主义者不能在公教会中宣扬他们的学说。阿米尼乌斯自己并不反对荷兰教会的立场——他倾向于召 182
开教区会议来解决教义问题。不过，阿米尼乌斯的追随者很快认识到，首先，教会绝不会接受阿米尼乌斯主义的学说；其次，他们很可能会在这场论辩中败下阵来；于是，他们决定与加尔文主义的神学与政治理论决裂，寻求世俗权威的保护以避免来自加尔文主义教区会议的干涉。1609年8月，这场决裂终于发生了，阿米尼乌斯的主要追随者之一艾屯波加特（Uytenbogaert）在荷兰省的一次演讲中声称，每个省应当自己全权控制宗教仪式、教义、圣餐礼以及主教的任命。次年2月他出版了一部著作论述执政官在教会中的权威，同年1月以艾屯波加特为主席的委员会正式采用了阿米尼乌斯主义的神学——这就是著名的《抗辩书》（*Remonstrance*）。8月22日，荷兰诸省正式通过决议宣布，“赞成抗辩书意见的教士应当免受其他教士的迫害”，也就是说，教会组织无权干涉教士个人的信仰。只有国家才能控制他们的行为。于是，争端从此开始。

争端始于加尔文主义者，此后七年，他们不断向奥登邦费施压希望召开教区会议解决教义问题。奥登邦费回绝了他们的请求，他准备由政府来决定教会的政策：于是1612年他扩大了针对天主教的管制范围（虽然很快就形同虚设），1614年1月，关于新教异议者的宽容政策的正式声明出炉（主要内容由格劳秀斯执笔完成）。尽管有少部分城市通过了这一宽容政策，但绝大多数重要的城市尤其是阿姆斯特丹却拒绝执行这一政策。奥登邦费和格劳秀斯试图说服他们但收效甚微。最后，当原先的中立者荷兰执政拿骚的莫里斯将赌注押上加尔文主义者、并运用其影响力争取到荷兰大议会的支持以反对阿米尼乌斯派的抗辩时，奥登邦费和格劳秀斯的政治灾难就到来了。从某种意义上来说，这也是不可避免的：正如我们在下一章所指出的那样，整个17世纪，欧洲的加尔文主义者发现君主相比共和政体治下的贵族寡头是更好的盟友。君
183 主的权力可以确保他们在一个分崩离析或不够心悦诚服的人群中建立一个统一的教会。

莫里斯的干涉让奥登邦费和格劳秀斯明白，他们需要掌握荷兰省议会的权力，尤其是军事指挥权——因为，此时荷兰执政仍需要省议会的授权。于是，1617年7月荷兰省通过所谓“不流血的革命”将军事权力收回并直接转授于各城市摄政（这也许可以说就是三十五年后英国新模范军法的前身）。此时联省共和国已处在内战的边缘，随之而来的是大量的论战性时评政论（其中最为激烈的是指责奥登邦费意图采纳利普修斯的政策与西班牙统治下的尼德兰联合[den Tex, 1973, p.618]）。1618年8月28日，联省共和国大议会授权莫里斯以莫须有的名义逮捕奥登邦费和格劳秀斯，并于11月将二人押送特别法庭接受审判。格劳秀斯在法庭上几近崩溃，他提供了一些对他的老朋友和赞助人奥登邦费极为不利的证据；此后，1619年5月13日奥登邦费被送上了海牙的议会大厦外的断头台。这是17世纪上半叶欧洲最具象征意义的两次公开处决之一，对断头台前的围观群众来说，公开处决似乎象征了对国家权力的

胜利。不过，三十年之后对英王查理一世的公开处决则更像是对联省共和国这次教义争端的获胜者的报复。格劳秀斯几乎被处以极刑，虽然最终的判决结果是送入鲁汶施坦的牢狱监禁，但格劳秀斯的政途也就此终结了。

在1609至1619年间的争端中，格劳秀斯的智识工作采取了两种不同的形式。与他早年的工作类似，在格劳秀斯的朋友间流传的手稿包含了大量激进的政治命题，而公开出版的节本则要相对保守得多。其中最为重要的两部手稿分别写作于1611年和1613年（Selden, *Opera* I, col.1014; Barratt, 1951, p.209）；这两部手稿在格劳秀斯死前都没有出版，前一部手稿直到最近才被发现——不过，1647至1648年，安东尼斯·德·瓦尔（Anthonis De Wale）即瓦拉乌斯（Walaeus）的莱顿版文集 184
中发表了一封瓦拉乌斯致格劳秀斯的信件，其中曾论及格劳秀斯1611年的手稿，由此可以推断这部手稿的存在以及其大致的内容。也就在同一年，格劳秀斯的1613年手稿最终得以出版。1611年手稿以《麦勒修斯》（*Meletius*）为题，讨论的是神学分歧的本质，而1613年手稿以《国家对宗教事务的权力》为题，处理的是国家权力介入宗教事务的问题。

格劳秀斯一直对天主教和新教之间的分裂心存不满。他在1600年左右写下的宗教诗即意在探索基督徒之间的共识，1601年他给利普修斯寄去他的《被放逐的亚当》的一个抄本（此书后来曾影响了弥尔顿），直陈其首要的关怀是致力于早期教父指出的"天主教的和大公"理想（*Briefwisseling*, p.20）。《麦勒修斯》作为一篇短文（手稿约40页），在文体形式上是一封与格劳秀斯的朋友东方学家波内尔（Boreel）的通信，之所以借用了16世纪晚期亚历山大里亚的主教麦勒修斯·帕格斯的名字，是因为麦勒修斯试图建立一个基督教的大公联合体与伊斯兰教对抗。据波内尔所言，麦勒修斯的著作最吸引格劳秀斯的地方在于，麦勒修斯不仅强调基督教基本的统一性，而且他还断言，"基督徒固然分享了各个哲学学派和各种国家体制中一切最优秀的成分，但除此之外，基督教还有一些不为他人所知的特征”（p.105）。

格劳秀斯受其影响在《麦勒修斯》中组织了一组论证——后来在晚期著作中他还会经常加以运用。他认为，一切宗教其核心是一组共同的关于仁慈神性的存在的学说。如果对这一组共同的学说加以考察，就会认识到，唯有基督教提供了与共同内核相一致的外围教义（如唯有一个上帝）。因此，基督教是宗教的理想化类型。格劳秀斯对这一主题的处理与他在《论印度》一书中对自然法的处理如出一辙：他所运用的论证方式都是寻求某种最低限度的、为所有社会一致赞同的定义。

不过在《论印度》中，自然法实际上是在宗教中得到认知的一组神
185 法，而在《麦勒修斯》中，格劳秀斯则认为，宗教超出了纯粹自然法的领域。最为突出的例子是，在《论印度》里格劳秀斯并不认为仁爱是自然的，而在《麦勒修斯》里，他却指出，基督徒“必须对待亲人如同想让上帝对待自己的那样……以这一信条为准则，除非你尽可能帮助别人，除非你完完全全对别人的痛苦感同身受，否则仅仅避免伤害别人是远远不够的”（p.127）。不过，基督教和自然法之间的区别并没有在这篇文章中详细展开；这一主题是此后二十年格劳秀斯关注的焦点所在，最终造成格劳秀斯在自然法问题上的转变。

文末格劳秀斯最终指出，（恰如麦勒修斯所言）我们应当从伦理的角度而不是从教义的角度去理解基督徒的共同信仰：关于人应当如何生活，基督徒之间并不存在分歧，他们的分歧仅仅在于其哲学意义。“解决这一症候的方式应当是，将信仰的必要教条限制于少数自明的原则，然后从这些自明的原则出发，在圣经的引导下以慈爱之心不带偏见地探寻其他致力于完善神性智慧的教义”。《麦勒修斯》是一部杰出的短论，与习见的加尔文主义神学不同，它回避了关于圣经和耶稣基督的讨论，同时利用了基督教诞生之前的哲学和宗教思想阐述宗教的原则。

格劳秀斯后来将这部手稿的抄本寄给了奥登邦费的继任者德·瓦尔。德·瓦尔的回应相当谨慎，尤其是对这部手稿中回避讨论耶稣基督及三位一体的立场，他的态度更是极为小心——他指出，格劳秀斯应当区分真正的基督教与各种异端学说如3世纪撒摩撒他的保罗（Paul of Samosata）以及现代的苏西尼主义所主张的神格唯一说（Unitarian），并且要求格劳秀斯“关于三位一体的位格理论说得更多一些”（*Briefwisseling* I, p.184）。格劳秀斯则回应道，神格唯一说不是基督教的异端，在他看来，这种学说是与伊斯兰教相近的另一种宗教（ibid., p.186）。德·瓦尔对格劳秀斯的回答并不十分满意，从正统的加尔文主义立场来看，格劳秀斯的立场是相当危险的，尤其是格劳秀斯 186
还曾指出，“如果信仰被简化为所有的基督徒在所有的时代都确信的东西，那么由此可见罗马天主教一定会溃败，因为它持有的是一种偏狭的观点”（ibid., p.186）。格劳秀斯没有指出的是，基于同样的道理，加尔文主义也一定会溃败。

关于荷兰教会中发生的加尔文主义与阿米尼乌斯主义的分裂，格劳秀斯对此的态度与他对待天主教与新教的分裂的态度完全相同。阿米尼乌斯的教诲并没有违背基督教的基本教义，因此，教会应当容忍反面意见的存在。事实上，阿米尼乌斯的立场毋宁是说，国家应当在其公民中培养一种信仰原则：在阿米尼乌斯去世后不久，格劳秀斯发表了一首称颂阿米尼乌斯的诗歌（*Poemata*, p.221），另外，在一篇未出版的文章中格劳秀斯还曾指出，“对国家有害的教条”有两种：一种是否认自由意志的存在，一种是否认善举的重要性。在他看来，无论是对哪一种道德体系来说，这两个教条都是有害的。有趣的是，格劳秀斯认为，这些教条就好比是上帝的实体性争论——“色诺克拉底曾说，上帝是否具有形体，这是一个无关道德的问题”（*Quaedam hactenus inedita*, p.331）。

《麦勒修斯》中未曾明言的观点——即国家应当培养一种符合其根本利益的宗教学说——出现在格劳秀斯另一部重要的著作《国家对

宗教事务的权力》中。对当时的人而言，这部书中有两个令人不安的命题，这无疑也是格劳秀斯生前一直没有出版这本书的原因之一。这两个命题分别是：其一，宗教事务与世俗事务没有根本的区别，国家和教会并不分属两个各自独立的领域；其二，即便是一个非基督教的国家也有权干涉基督教会的内部事务。

第一个命题的论证是某种自然法理论的直接推论，不过这种自然法理论已经与《论印度》中的自然法理论有很大的区别。这也表明格劳秀斯对宗教问题的反思促使他思想发生了转变。此时的格劳秀斯认为，有两种行为准则：

> 第一种出自行为自身的本性——如信奉上帝是对的，撒谎是错
> 187 的。第二种则出自高等级者的命令——例如，地方行政官员可以命令一家之长该做什么，政府官员可以命令地方行政官员，主权者可以命令政府官员。（*Opera theologica* III, p.221）

自然法显然属于前一种原则：而与《论印度》中的论调不同，上帝对人的命令此时仅仅属于“神圣的实定法”，就其逻辑而言，上帝对人的命令与人类社会中高等级者对低等级者的命令别无二致。

> 如果说圣父圣子圣灵是同一个神、真正的神，那么对他们的信仰遵循的必定是自然法。不过，上帝的命令，无论对某个人、某个国家以至于人类种族而言，则属于另一个范畴——也许可称为神圣的实定法。（Ibid., p.212）

《论印度》中的“唯意志论”此时已经消失，但取而代之仍旧是同一种底线论的旨趣：这时的格劳秀斯认为，自然法是指那些极为明显、无论持何种宗教信仰都不会反对的命题。传统自然法的内容很大程度

上已经被放弃了。

最为典型的例子是摩西十诫。格劳秀斯在《国家对宗教事务的权力》中指出，十诫仅仅代表了上帝用一系列行为约束体现为上帝施于犹太人的惩罚，严格说来十诫不能算自然法（其中某些行为甚至在道德上是错误的）。格劳秀斯的朋友抗辩宗的J.A.雷文斯即考文纽斯（Corvinus）采纳了这一观念，在1622年为抗辩宗神学辩护的一篇传道书中，拉文即称十诫为神圣的实定法而非自然法。而德·瓦尔在对这篇传道书的回应中称这是“迄今为止闻所未闻的学说”，它完全摧毁了经院主义和加尔文主义对十诫的理解——因为，无论是经院主义还是加尔文主义都将十诫视为自然法的例证。

借助于这一论证方式，格劳秀斯宣称宗教事务与世俗事务并没有根本的区别。无论是自然法，还是上帝的实证法都既适用于宗教事务也适用于世俗事务。如果主权者能够让他的臣民接受某种规则而自己却不受限制，那么他也就能介入教会自认为具有司法管辖权的领域。甚 188
至，一个世俗的主权者即便并不信奉同一种教义，完全可以基于正义或公共利益的目的介入教会的内部事务。在格劳秀斯看来，对此最有说服力的是撒摩撒他的保罗的例子。保罗不认可耶稣的神性，却希望保留安提阿教会的主教职位——

> 当卷宗出现在异教徒奥勒留皇帝案头时，他颁布敕令决定撤换保罗。问题是，保罗的教诲是否触犯了法律？皇帝并不是信徒，但他是公正的，他轻易断定，如果某人所教授的学说与基督教信仰相冲突，那么此人就不适合担任基督教的主教职位。（*Opera theologica* III, p.225）

与此相似，关于教会内外的教义争端，异教皇帝的举措往往是，阻止其扩大为公民社会的纷争，并且对其他宗教一视同仁。主权者可以听取神学家的建议，但最终做出决定的是主权者本人，他们的决定要基于共同的社会基础，这就好比在有关公共健康问题上需要征询医生的建议，但最终他们有权不采纳医生的建议（ibid., pp.223, 228）。（此前持反教权立场的学者如帕多瓦的马西尼乌斯也曾使用过医生的类比——当然，医生的类比甚至可以追溯到亚里士多德——不过在他那里，采纳医生的建议是理所当然的[*Defensor pacis*, pp. 178—179]）。

《麦勒修斯》与《国家对宗教事务的权力》中的观点在1613年的著作《荷兰与西弗里斯兰国家的神圣性》中首次公诸于众。格劳秀斯这部书的写作目的首先为了论证荷兰省在阿米尼乌斯派论争中所做决定是合乎信仰的，其次也是为了论证授予阿米尼乌斯以神学教席是合乎信仰的。新任的神学教授康拉德·富尔修斯（Conrad Vorstius）是一位德国神学家，他支持艾屯波加特的政治立场，同时也提出了关于上帝的形体存在的多种假说（格劳秀斯所引用的色诺克拉底的话有可能就是针对富尔修斯）。格劳秀斯私下里反对富尔修斯在教会里引入不必要的新的纷争（den Tex, 1973, p.525），但在公共场合他却为富尔修斯辩
189 护，因为在他看来，富尔修斯与阿米尼乌斯都没有挑战基督教基础性信仰。他认为，富尔修斯既不是索齐尼主义者也不是撒摩撒他主义者——前者系现代世界“神格唯一说”最初的倡导者浮士托·苏西诺（Fausto Sozino）的追随者。

格劳秀斯不得不为他的《荷兰与西弗里斯兰国家的神圣性》受到的大量批评而辩护，就在他完成《国家对宗教事务的权力》之后不久，他写下了一篇名为《驳浮士托·苏奇诺》的论文试图澄清他的立场与“神格唯一说”存在着重大的区别，他重申了1611年就已经阐明的观点，即“神格唯一说”不属基督教信仰之列，不能纳入了教会——不过，他并没有说明，在教会之外，这种信仰是否应当得到宽容。或许是为了减轻加尔文主义者对他的怀疑，他将这篇论文的抄本寄送给德·瓦尔，并最终在1617年出版。这本著作包含了与《国家对宗教事务的权力》中

或多或少相似的自然法理论，格劳秀斯再一次强调，真正符合“自然”的事物并不包含那么多冗赘的成分：

> 无论在物理学还是在道德事务中，或多或少都有某种“自然”的成分。物理学中的“自然”是指事物的必然特性——比如，有生命的事物必有感觉。如果仅仅涉及到合适或有利的事情，比如当我们说，人类习惯使用右手，就不能算真正符合自然的。道德领域里的情况也大体相似，真正自然的东西是来自事物之间关系的自然理性，比如说谎是不道德的。除此之外，比如后辈必定胜过前辈的说法，就并不算真正的自然。（*Opera thelogica* III, p.311）

因此，传统自然法理论其内容多数是模糊的、不真实的：因为一个行动是自然法的一部分，所以事物可能是另一种性质，这是不可想象的。

战争与和平法

由于政治上的失意以及随之而来的牢狱生活，格劳秀斯得以用几年的时间整理他自1609年以来的思考。不过，他囚禁在鲁汶施坦的岁月仅仅持续到1621年3月，这一年他筹划了一次著名的完美越狱：格劳秀斯藏身于他妻子送到监狱中的一只书箱里逃出了鲁汶施坦的监狱，经安特卫普抵达巴黎，此后在巴黎渡过余生的大部分时间。当然，此时他的财政状况并无保证：荷兰政府采取法律手段截断了他之前的收入 190
来源，因而，格劳秀斯最初在巴黎的一段时间不得不依靠某些法国政治家的资助，这些人——如法国驻海牙的大使杜穆里埃实际上是格劳秀斯在奥登邦费掌权期间的老相识。法国政府认为格劳秀斯有某些潜在的利用价值，比如或许可以从他那里获取荷兰的情况，听取他关于荷兰政治的建议，而在非正式的场合，某些政治家如穆里埃的弟弟亨利及其继承人也希望和他有私下里的交往（亨利对奥登邦费和抗辩宗持同情态度，他一度曾为此受到威胁）。格劳秀斯给法国宫廷甚至于黎塞留本人传递过消息。1625年，格劳秀斯和黎塞留有过一次不算愉快的会谈，其时，红衣主教说道，“在国家事务方面，弱小者总是错的”——而这恰恰是格劳秀斯自1605年以来致力于批评的怀疑主义立场。当时格劳秀斯给出的是多少有些无力的回答，“上帝和时间会让真相大白”（*Briefwisseling* II, p.448）。

法国政府承诺给予格劳秀斯一份皇室年金，与流亡到法国的其他外国政治家的待遇等同。不过，这份年金经常是朝不保夕，到了1631年甚至彻底付之阙如。格劳秀斯只好潜回荷兰，寄望于亨利能接纳他，可四个月后他还是被迫离开并迁居汉堡，此后数年格劳秀斯一直在汉堡居住。1634年，西班牙政府正式考虑聘用格劳秀斯——西班牙人认为，这是对他们的老对手的重大打击；不过，格劳秀斯并没有接下西班牙人的聘书，他接受了瑞典政府的邀请临时担任瑞典驻巴黎的公使为三十年战争中法国和瑞典的同盟关系居间调停。格劳秀斯没能完成瑞典人赋予的特殊使命，为此瑞典首相乌克森谢纳（Oxenstierna）不得不亲自来到巴黎会见黎塞留。可就在乌克森谢纳逗留巴黎期间，格劳秀斯的风度给他留下了极深的印象，他反而推荐格劳秀斯长期出任瑞典驻巴黎的大使。于是，格劳秀斯再次回到巴黎，直到1644年瑞典和法国关系趋于紧张，格劳秀斯去职并被召回斯德哥尔摩。1645年夏天，他乘船在穿
191 越波罗的海到吕贝克途中遭遇风暴，船只不得不在波美拉尼亚登陆，格劳秀斯感染风寒，于1645年8月28日死于罗斯托克。格劳秀斯的遗体最后荣归代尔夫特——虽然生前荷兰政府不允许他定居于此。

格劳秀斯入狱之后完成的著作毫无疑问首推1625年3月面世的《战争与和平法》。不过，此外他还完成了另一些重要的著作。在狱中，他写下了两部荷兰语作品《真宗教的证明》与《荷兰法导论》。前者是一首与基督教真理性有关的诗歌，奠定了1627年著名的《论基督教真理》

一书的基础；后者于1631年出版，是一部关于荷兰私法的概论（格劳秀斯本打算再写一篇讨论公法问题的文章，然终未及完成）。逃出监狱不久，格劳秀斯先后用荷兰语和拉丁语出版了他的《申辩书》为他的公务行为辩护，同年（即1622年）他在一封致其兄弟威廉的信中提及自己有一个有关自然法问题的大部头论著的写作计划（*Briefwisseling* II, p.254）。1623年5月，在为斯托拜乌残篇汇纂本写作的前言里，他提到这本书正在写作之中，而在出版商的催促下，此书最终于1625年3月在法兰克福书展上面世（*Briefwisseling* II, pp.426, 444）。同年5月法国国王收到了敬献给他本人的抄本。1631年和1642年，此书还分别推出了修订版和增补版。17世纪30年代，格劳秀斯的精力主要放在外交事务领域，直到30年代末他才重回到智识领域，出版了一系列论述其宗教思想的作品，其中包括一个圣经的注疏本——后者被同时代的人称之为“格劳秀斯式的宗教”（理查·巴克斯特曾以此作为书名）。此外，在这段时间内，他还为某些政治法律类著作如康帕内拉的《政治箴言录》添加了新的注释。

总体而言，这些著述代表了他对滥觞于1619年的底线论理论的阐发。此时他不再表现出明显的共和主义倾向，但在他的《申辩书》中，格劳秀斯还是提出了他对联省共和国宪政的全面观点，强调联省共和国在本质上是一个联邦（在他看来，联省共和国的大议会就好比古希腊的同盟会议），各省或各联邦的统治者只能是由贵族组成的主权实 192
体（pp.2—4）。这意味着，1618年荷兰省的法令要高于荷兰大议会的法令。在《战争与和平法》中，他再次重申了早期的立场，即正如罗马学者所主张的那样，“君主国之内绝无自由”。“如果说个人的自由意味着没有主人的支配，那么公民的自由意味着没有皇权以及一切专断权力的支配”（I. 3.12）。假如国家服从某一个个人的统治，那么国家就没有自由可言，但是，对于这样的发展可能存在着充足的理由：正如格劳秀斯在此书一个著名的段落中指出的那样，

> 首先，我们不能同意他们的观念，即人民的权力永远而且毫无例外是最高的权力；人民有权限制国王的权力，甚至对国王的行为施以惩罚，就像国王们时常也会滥用这种权力一样。明智的人已经看到，这种观点已经造成而且必将造成极大的灾难。为此，以下我将对这一观念加以驳斥。无论是希伯来法还是罗马法都曾规定，人可以按照自己的意愿选择成为奴隶。据此来看，为什么一个民族就不能按照自己的意愿毫无保留地将他们自我统治的权力转让给某个人或某一些人？不要以为这样的事情绝无可能：问题并不在于怀疑这种假设的情形是否实际存在，真正的问题是，这样假设是否合法？这么做固然会引发一些所谓的不便；但任何构想中的政府形式都会造成这样或那样的不便和危险……
>
> 世界上有各种不同的生活方式，每个人都会认为某些生活方式要好过另一些生活方式，每个人也都会选择他喜欢的那种生活方式；同样，每个民族也都会选择他们所喜爱的那种政府形式：主权者对其臣民的权利的范围，并不取决于这样或那样千人千面的政府类型，而是取决于臣民转让给主权者的意志的范围。
>
> 事实上，一个民族放弃其主权、将其转让给某个个人，是有很多种原因的。比如当他们濒临灭顶之灾，又无拯救自己的办法，或者当他们处于极度匮乏的状态，他们除了选择转让自己的权利之外，再无其他维持生存的办法时，他们就只能这么做。（I. 3.8）

虽然格劳秀斯一再指出，共和国无论在逻辑上还是在历史上都要先于君主国，所有的君主国都意味着一个主权共和国的自由的终结，
193 但共和国的政府同样代表了某些被共和国排除在外的个人其个人自由的终结（当然，格劳秀斯强调，这并不意味着他们作为公民的自由的终结）。在《战争与和平法》以及在他对康帕雷拉的评注中，格劳秀斯都

曾表明类似的表述：

> 不过，这并不意味着，这种情况仅仅适用于君主国的主权权威，因为存在着相同的权利和理由，由贵族统治的国家同样也把人民排除在外。从没有过在公民大会上将极度贫穷的人、外国人、妇女和儿童包括在内的平民化国家。（I. 3.8）

而在他对康帕雷拉的评注中，格劳秀斯暗示一切国家都存在着某种原始的状态。

> 这里可以有不属于任何人的财产，可以有不属于任何人的村庄、城市、地区。国家的直接构成单位不是父亲、丈夫，而是一些自由人，他们如罗马的第一批居民那样要么拥有无可争议的自由，要么凭借武力获得了自由。（*Campanella, Aforismi politici*, p.229）

如果说这时格劳秀斯的共和主义仅仅在于他始终坚持对自由国家与君主国的区分，那么，由于政治生涯的经历此时他尤其强调宽容的信念以及底线论的宗教观。在《战争与和平法》中，格劳秀斯明确指出，无论是十诫还是耶稣的教诲都不是对所有人的义务——前者仅仅对犹太人有效，后者给予我们的是如何达到“最高层次的”完善的劝导而并非某些必须遵守的律令（*Prolegomena*, 51; 参见I. 2.9）。宗教原则所支持的道德义务仅仅可以表述为“存在着某种神性，这种神性关注人类的事务”而已（II. 46.a）。在格劳秀斯看来，这种受到神性关注的人类事务就是指道德的义务，因为宗教提供了伦理行为的动机。他认为，这在自然的状态中尤为如此。

> 总的来说宗教在更为广泛的人类社会中的作用要超过其在个别的

> 公民社会中的作用；因为，在公民社会中，宗教部分地依赖于法律的存
> 在，法律得到执行，宗教也就可以发挥其功用；但在更为广泛的人类社
> 会中，权利很难得到贯彻，除诉诸武力之外往往别无它法，而且，即便
> 有法律的存在，其力量也主要来自对上帝的畏惧；因而，对那些触犯了
> 194 国际法的人来说，无论在哪里都等于是触犯了神法。（II. 20. 44）

而诸如“可见者皆非上帝”这样的宗教信念，由于和人类事务并不明显相关，因而，没有理由因持有这样的观念而对其施加惩罚——而对有更加复杂的教义学说的基督徒，就更没有理由对其加以惩罚了。此时的格劳秀斯很明显不再支持某种统一的、强制性的宗教学说，例如，他曾提到，在征服一个国家后，

> 除非他们自己同意改变信仰，否则应当赋予被征服者以维持其传统信仰的权利……不过，如果被征服者的宗教信仰存在着谬误，那么征服者应当注意不可压制真正的信仰；君士坦丁大帝打击李锡尼的力量即是一例。（III. 15.11）

格劳秀斯的《基督教的真理性》一书同样强调了宗教的道德性或社会学的功用。这本书的正式目的是为了说服犹太人与穆斯林改宗基督教，为此格劳秀斯在书中运用了两种论证方式。首先，他指出，对基督神迹的历史记载很有可能是真实的（虽然这些记载的真实性与其他历史资料的真实性并无二致）。相比第一种论证方式，第二种论证要重要得多，格劳秀斯所运用的是与我们在《战争与和平法》中称之为“自然宗教”的论证相似的分析方法。宗教的道德意义在于引导人类的行为趋向于社会化的需求，而在这方面基督教的作用要远胜过其他宗教。比如，伊斯兰教的信仰倡导战争，这在格劳秀斯看来显然是不正当的；而犹太教对人类死后的生活语焉不详，因而不能提供人类善行最为重

要的行为动机——因为犹太人诉诸的是等待着上帝的选民的现世回报。基督教避免了这两个误区，同时又有它自身的优势。基督教劝导人们用自己的财产安抚他人的贫困，“这有助于人们形成这样一种观念，即他们不是这个世界绝对的主宰，仅仅是最高的上帝在这个世界的代理或管家而已”（*Opera theologica* III, p.43;参见*Meletius*, p.130）。格劳秀斯强调基督教的道德优点，却并没有给出一种救世神学，这在后来的读者看来无异于苏西尼主义；我们曾指出，格劳秀斯在1614年至1617年间曾刻意与苏西尼主义保持距离，但当他的宗教旨趣逐渐趋向于底线论的宗教观，他事实上也就逐渐接近“神格唯一论”了。 195

为了理解格劳秀斯强调宗教的道德含义的理论背景，我们必须回到格劳秀斯在《战争与和平法》中提出的自然法的一般理论——这也是他所有其他论证的基础所在。这一自然法理论出现于此书简短的导论部分，但给当时的读者以极大的启发和震撼。与《论印度》一书的要旨相似，虽然在表面上格劳秀斯的论战对象是古代的怀疑主义，但格劳秀斯的首要目标还当然是同时代的怀疑主义思潮：

> 如果根本就不存在所谓的“权利”，那么关于“权利”问题的讨论自然是空谈。为了让本书建立在坚实的基础之上，也为了证明本书的意义所在，首先有必要地对一系列错误的观念加以驳斥。当然，这其中头绪众多，我们没有必要面面俱到，最好先确定一个代表人物。还有谁比卡尼阿德更加合适呢？……此人对正义观念的反驳，是所有驳论中最有力的一个。在他看来，法律是人们为利益之故而建立的，因此，由于人们生活方式不相一致，非但不同的国家有不同的法律，就是在同一个国家，不同的时代也有不同的法律。至于人们提到的所谓“自然权利”，不过是镜中花水中月。自然促使所有人甚至一切生物追求自己的利益：因而，不存在所谓的正义，即便有所谓的正义，也是一种极端愚蠢的行为，因为它让我们出自自己的偏见去让别人获得利益。

（*Prolegomena* 5; 参见18和19）

与《论印度》一书相比，格劳秀斯在这本书里对学园派的回应要含混得多。他只是一再强调，人自愿过一种与他人相互依赖的社会化的生活，而不是仅仅趋向于自我保全，因为，社会生活自身就具有价值（虽然社会生活同样是自我保全的手段）。

> 因此，无论是卡尼阿德还是其他人以为"利益是正义和权利之母"都是不正确的：更确切地说，自然法之母是人性本身，虽然我们周遭环境并不必然有社会性的需求，但人性本身会创造出社会性的需求……当然，自然法和利益存在着某种关联：造物主创造的每一个个别的人都是脆弱的，为了获得许多东西以便生活方便，我们最终更加渴望影响社会。（*Prolegomena*, 17）

不过，社会生活的特性与亚里士多德的描述全然不同（格劳秀斯
196 在此书导言部分明确批评了亚里士多德的美德论，以此与亚里士多德的理论相区分），在此书第一卷中，格劳秀斯指出，自我保全是自然法的第一原则也是最为重要的原则。

> 自然界给我们的第一印象是，它从不站在战争的反面，恰恰相反，一切自然的事物都支持战争；如果战争的目的是为了保全我们的身体和生命，或者是为了获取对生命而言有用的东西，那么战争就是自然所嘉许的；出于必然的需要而运用武力，并不是什么不可接受的事情，事实上，自然赋予了每一种动物以自我保全和自卫的力量……居第二位的是正确的理性或者说社会性的本能，但人的社会性本能也并不禁止一切暴力，社会仅仅禁止对社会有害的暴力比如说侵犯他人的权利。社会性的规划就是让每个人都能通过共同体联合的力量和帮

助享受自己的生活。(I. 2.1)

就每个人的权利尤其是自我保全的权利而言,社会生活是一种和平的操练。正基于此,格劳秀斯才特意指出,现代国家之间的关系也是一种社会性的关系,因为每一个国家都拥有不受邻国侵害的权利;而在亚里士多德主义者看来,国际关系是一种对抗性的、利益妥协式的关系,不属于真正的社会生活之列。

尽管格劳秀斯对社会生活本身的定义并不明确,但他坚持认为,对我们来说社会生活本身就是有价值的,或者说社会生活是我们本能的追求,并且他在《战争与和平法》中正是运用这种论证方式解释了何以对朋友不随意施加伤害是我们的义务。在《论印度》一书中,我们曾看到,所谓“毋施伤害”的原则只是上帝的律令。尽管上帝的意志是对人的自我利益的全面回应,格劳秀斯还是没能解释从自我利益中怎样产生出“毋施伤害”的原则,上帝的意志仍然构成了最具基础性的论据。在《论印度》一书完成之后,格劳秀斯对宗教问题的思考促使他逐渐区分了神法和自然法;而在《战争与和平法》中,他将最低限度的社会性需求视作解释“毋施伤害”的论据。不过,这显然意味着自然法不再是上帝加之于人的律令,在这本书最为著名的一个段落中,格劳秀斯由此顺理成章推出了其结论:“上述论断必定会发生,虽然我们由此不得不
假定——当然,仅仅如此假定已是极大的罪恶——并不存在上帝,或者 197
说上帝对人类事务毫不在意”(*Prolegomena* 11; 参见I. I.10)。此外,他还另有一个具有启发性的思考,他明确批评了阿那克萨库的观点即亚历山大是上帝意志的产物,在他看来,这一说法过于笼统。(I. I.15)

最初受到格劳秀斯影响的学者如普芬多夫、巴贝拉克等人都曾指出,虽然格劳秀斯所采取的论证方式在14世纪的唯名论者如里米尼的格里高利(Gregory of Rimini)那里就曾出现过,但格劳秀斯的论证仍旧是开创了一个新的时代。他们对格劳秀斯的推崇是合理的,因为,格

劳秀斯论证最为核心的部分与唯名论者的论证大为不同。我们在第一章曾指出，唯名论者认为，包括自然法科学在内的证明科学提供的是偶然的规则。对我们而言的必然规则是上帝加于我们这个世界的，但上帝完全能够创造与我们这个世界全然不同的世界。因此，对我们而言他们的必然性并不能证明上帝的存在，因为，如果上述推理是成立的，那么这也就意味着，所有的可能世界必定包含着相同的规则。这或许可以解释，相较于强调科学必然性的实在论者，唯名论者更为强调科学的偶然性——前者实际上主张，在现实世界之外，并不存在其他上帝创造的世界，而且，即便上帝不存在，我们的道德规则仍旧成立。唯名论者的观点显然与格劳秀斯的观点相去甚远，而格劳秀斯的立场所引起的争议也是显而易见的。

格劳秀斯论述的意义还在于，他所提出的关于宗教信仰的社会可欲性的论点。对格劳秀斯来说，宗教是道德行为的首要来源和动力，但选择哪一种宗教信仰很大程度上又依赖于对这种宗教的道德作用的评价。因此，必须有一种即便是无神论者也必须遵从的、不依赖任何宗教信仰的道德知识。格劳秀斯意识到，这种观点必定会触怒某些人，他随即又强调，上帝是存在的，上帝的意志是自然法的另一个基础。但这是
198 他后来添加的想法了，格劳秀斯在第一版中只是说，战争与和平法“或是出于自然，或是出于习俗和默许同意”；在第二版中他才加上了一句，“抑或是出于神圣的律令”。

这本书中的自然法理论虽然与《论印度》中的自然法理论有很大的不同，但实质上却没有多少差别。自我保全的权利以及不伤害他人的法律仍旧是论证的基石，由此得出的结论和《论印度》一书也多有类似之处，而两本书关于财产和惩罚的论述更是如出一辙。这两本书最为关键的差别在于，在《战争与和平法》一书中格劳秀斯更为清醒地在私有财产和公民社会的理论框架内讨论自我保全的权利。首先，如今他声称，如果说私有财产的形成只是一种更为有效地实现自我保全权利的

手段，那么有理由认为，私有财产的权利不应当置于其他人在极端状态下求生存的基本权利之前。除非其他人明确放弃了自我保全的权利，否则从必然性的角度来看，偷窃也是正当的。因此，就好比没有必要对海洋进行分割，由此进一步扩展到对一切具有公共用途的物质对象进行分割则更加没有必要——这么做既是非理性的也是没有意义的（II. 2.6）。不过，格劳秀斯这里的论证还有一个问题，他既然承认个体之间及团体之间的契约必须得到尊重，这一条原则就应当是不受侵犯的理性社会生活的核心。假设我们能够就分割海洋或者说排除其公共使用的权利达成一致，难道这不是有约束力的契约？格劳秀斯回避了这一问题，他更倾向于认为，理性人之间不可能达成这样的契约，可这恰恰是后来塞尔登对他提出的有力追问。

其次，关于公民社会中自我保全的权利，格劳秀斯也持有类似的立场。一方面，

> 所有人都具有保卫自己不受伤害的权利……但是公民社会需要建立一种和平的制度，为了实现此目的，国家就有了一种凌驾于我们之上的权利。为了维护公共的和平和良好的秩序，国家有权力禁止所有人无限制地对其他人使用自我保全的权利。（I. 4.2） 199

由此，主权者惩罚臣民的权利得以成立。但另一方面，

> 我们讨论的这种法律似乎依赖于最初进入公民社会者的意图，后者决定了主权者的权力来源。假设他们面临这样的问题，究竟是认可处死所有公民的强硬必然性，还是认可他们在任何情况下都有权拿起武装抵抗最高的权力。我不能确定他们究竟采取哪一种答案；很可能他们会主张，并非一切都必须忍受，除非当抵抗不可避免地造成国家的极大混乱，或者说会造成诸多无辜者的伤害时。（I. 4.7）

后来霍布斯、普芬多夫、洛克等探索的诸多主题很明显都已经出现于《战争与和平法》这部书中。格劳秀斯论证的矛盾之处在下一代学者如霍布斯那里（虽然霍布斯只比格劳秀斯小五岁）得到了解决。格劳秀斯对这一进程的唯一评论是他在1643年4月写给他兄弟的一封信——此前不久他曾从梅森那里收到一本霍布斯的《论公民》。

> 我已经读了《论公民》，他的这本书代表了国王的立场，对此我感到欣慰。不过，我不能赞同他借以立足的论证。据他说，所有人在自然中都处于战争状态，这一观念与我的立场不合。他认为，公民即便不是出于自己的良知、至少在表面上也有义务服从国家的宗教。除此之外，还有不少观念都是我不能同意的。我认为这本书不会出售，不过我会打听一下。我很高兴，国王的立场能得到这样的辩护，这也是值得的。（*Epistolae*, pp.951—952）

虽然他对霍布斯的立场多少持同情的态度，但还是与其保持了一定的距离。卢梭极为敏锐地发现了格劳秀斯和霍布斯之间的联系，他在《社会契约论》中对格劳秀斯的这段话有如下评论："格劳秀斯很有雅量，他偏爱作者（即霍布斯）的缺点却原谅了作者的优点"（*The Social Contract*, p.271 n.2）。

在生命的最后数年，格劳秀斯几乎全力投入其统一基督教的新计划。最初他试图利用其外交地位推动新教的联合，不过，不难看出他还有更为远大的志向。因此他编辑了卡桑德的书，并且当莱顿大学的神学家里维特（Andreas Rivet）指责格劳秀斯忘记了加尔文主义是荷兰骚
200 乱的主要推动者时，格劳秀斯回答道，

> 沉默者威廉说，骚乱的成因有二：一是为了保卫宪法，二是为了

> 保卫信仰自由。可加尔文的追随者1618年在首相的煽动下对宪法的公开破坏，连西班牙人也不能相提并论……此外，信仰自由的保障又何尝单单出自亲王威廉的御笔，而是来自根特和约、来自乌特勒支联盟以及荷兰各个城市之间达成的契约；人们声称所有真正的加尔文主义者都反对这样的自由，只要看看加尔文对待塞尔维特就足够清楚了。（*Opera theologica* III, p.679）

在他一生中最后一部著作里，格劳秀斯实际上重述了他在理论和实践
领域为之探索一生的两个政治原则。 201

第六章
英国革命

导言

格劳秀斯在政治理论和历史理论中做出的理智变革很快便影响了整个欧洲社会，当时的欧洲迫切需要一种现代视角的人文主义理念，格劳秀斯的学说满足了他们的需求。法国人非常重视格劳秀斯的著作，尤其是梅森的圈子——霍布斯也属于这个圈子，我在下一章对此将有所论述。不过，英国或许才是格劳秀斯式的理念以及后格劳秀斯理念的真正发源地。17世纪的英国社会与格劳秀斯的荷兰有诸多相似之处：这时的英国，虽然有一个不直接属于加尔文主义的教会，但各种形式的新教组织仍然艰难地存续着，同时，商业帝国主义也刚刚在英国生根发芽（当然，与荷兰的方式有所不同）。当时的英国有两个教会派别：一个是英国圣公会，它拥有宗教法庭和法律特权，比起荷兰的加尔文主义者他们所拥有的法律权力要大得多；另一派则是希望把英国圣公会转化为长老会式的教会组织的部分教士，他们把苏格兰和1619年之后的尼德兰联省共和国视为典范。这两个派别相互敌对，各自在某些时候都构成了对世俗的国民利益的威胁。

不过，两派之间也有共同之处：他们都认同以君主制元素为核心的

政府形式。上一章我们曾指出，年轻的尼德兰联省共和国所采用的加尔
文主义宪政理论认同的是混合式的或均衡的君主制，霍特曼的《法兰
克高卢史》（*Francogallia*）认为，这种混合的君主制是古代欧洲的典 202
范。在苏格兰，掀起反对“血腥玛丽”革命的加尔文主义者也持有类似的见解（用他们自己的话来说，君主不过是参与合作的三个等级之一）。而当苏格兰的詹姆斯六世试图维护自身权威，凌驾于长老会之上时，他拟定的“黑色法案”（*Black Act*）所谴责的显然正是这种混合式的君主制理论（Mendle, 1985, pp.73ff.）。事实上，英国加尔文主义者对于君主制也有类似的看法。詹姆斯六世的反应表明，混合君主制的理论有时可以被解释为反君主制的理论，但在大多数情况下，16世纪末17世纪初欧洲的加尔文主义者恰恰试图用这种理论俘获他们的君主，运用君主的权力建立一个长老会式的教会组织，同时把君主视作教会组织机构中居间调停的角色。就此而言，加尔文主义与圣公会虽然在体制上差距甚远，但二者仍有颇多相似之处，圣公会和加尔文主义争夺的是同一个猎物。

正如奥登邦费事件所表明的那样，一旦遇到试图摆脱教会组织制约的强大世俗寡头，加尔文主义者将束手无策。大陆的加尔文主义者不幸地发现，缺少君主制成分的共和政府并不是他们的朋友。虽然在我们的印象里，加尔文主义似乎代表了自由市的信仰，但这不过是因为热内瓦在加尔文主义运动中的压倒性地位；事实上，德国许多自治城市信仰的往往是路德宗或非加尔文主义的其他派别，反而正是在君主的帮助下加尔文主义才取得了成功。

格劳秀斯的早期著作体现了这样的一种思想倾向：对共和制理想的同情往往伴随着对长老会式的教会组织的敌意；而其晚期著作则表明，决意打破教会的权力却往往会致使人们认识到只有一种类型的专制主义是不合适的。在英国，我们可以同时看到这两种反应，当英国的古老政体衰败之后，这两种反应可以说都是17世纪中期复杂的政治形势中某个重要的环节。英国内战在许多方面和三十年前尼德兰联省共

和国的斗争极为相似，其不同之处主要在于，掌握统治权的世俗寡头对
203 教会组织的攻击集中于英国教会制度，他们借助了加尔文主义对主教制度的批判。而荷兰的情况则是世俗寡头既反教会又反君主；英国内战的一个与众不同的情况是，长老会并不愿意豁免君主。议会联盟的危机来临之际，长老会和他们的苏格兰盟友支持的是国王；而非长老会的力量（当时人称之为"独立派"）则于1649年1月30日用一把刽子手的斧头同时砍向了教会和君主。两年之后，荷兰大国民议会在海牙的比宁霍夫宫也彻底废除了联省共和国宪法中的君主制因素，奥登邦费在北海两岸的两个国家都实现了复仇。

在本章的第一部分，我希望追溯英国内战中诸种因素的缘起。此前的概述有两点极为关键。首先，大多数历史学家往往混同了两种不同类型的君主：在真正的共和主义看来，君主只是寡头集团的首席代言人，而混合君主制的观念则认为，君主有其独立的权力来源。共和主义是1649年1月的胜利者，它在英国的根源比我们通常的认识要深远得多。其次，决定禁止加尔文主义的教会组织在英国出现，也要比我们通常的认识早得多。

当时，拥有清晰和系统的政治理论的英国思想家唯有约翰·塞尔登（当然，这是指除霍布斯之外），因此，在论述17世纪40年代其他学者之前，我将首先讨论塞尔登的政治观念。塞尔登是英国当时极为活跃也极具影响力的政治学者，他对后起学者的影响要远远超出我们的想象。当然，对诸如亨利·帕克这样重要的国会时评家来说，格劳秀斯无疑也是一个得到广泛关注的人物，亨利·帕克是17世纪40年代国会中最为重要的时评家，他的著作将是我在第二部分处理的主要内容。此外，
204 格劳秀斯的读者还包括当时希望结束战争带来的灾难、建立一个新共和国的众多学者；他们的著述是第三部分的主题。最后，我还将讨论保王党人的观念。

约翰·塞尔登

上文已经提到16世纪晚期17世纪早期英国与荷兰的相似性，令人惊奇的是，在大陆学者格劳秀斯和英伦学者塞尔登之间，也存在着极大的相似性。事实上，无论是他们的同代人还是17、18世纪的自然法历史学家都认为，格劳秀斯和塞尔登两人各自独立地发展出一套极其相似的观念。

就其社会背景而言，塞尔登与格劳秀斯原本差异颇大。塞尔登比格劳秀斯早一年出生，1584年他出生于苏塞克斯的一个自耕农家庭（Aubrey, II, p.219）。塞尔登与霍布斯一样接受公共教育，少年时期便在古典语言和人文修养方面体现了极高的天赋。1612年成为律师之前，他已经写下了一系列关于英国历史的作品。17世纪20年代或者更早一些时期他居住在肯特伯爵府上（霍布斯也曾在此处居住，巧合的是，肯特伯爵夫人竟然是霍布斯的恩主德文郡伯爵的亲戚）。基于肯特伯爵等人的影响力，塞尔登分别于1623年、1626年、1628至1629年三次担任下议院议员，在国会与国王的斗争中发挥了相当重要的作用。不过就在17世纪30年代塞尔登在法院任职期间，他也和国王的支持者如爱德华·海德（Edward Hyde）、劳德（Laud）等人过从甚密，劳德甚至把牛津大学在长期议会的一个议席分配给了塞尔登（Clarendon, *History*, p.923; Trevor Roper, 1962, pp.336—337）。内战爆发之前，塞尔登与格劳秀斯、霍布斯两人的生活经历都非常相似，他们都作为幕僚生活在贵族和国家的统治者周围。但与霍布斯不同，塞尔登和格劳秀斯都直接卷 205
入了政治，虽然塞尔登更多是某种利益阶层的代表，并非能够发出自己独立声音的重要角色（其实，格劳秀斯也未尝不是如此）。

与格劳秀斯相似，塞尔登同样是为了理解自己国家的政体而开始探索现代人文主义的理念。16世纪对英国法律体系的研究与对欧洲大陆法律的研究一样，从没有摆脱现代人文科学的影响：亚里士多德主义与反亚里士多德主义同时被阅读和传播。英国既出现了拉谟主义式的法律研究，同时拉谟主义式的研究也遭到了亚里士多德主义的反击——其中最著名的批评出自16世纪90年代的约翰·多德里奇爵士。多德里奇主张，包括英国普通法在内的所有法律体系都是理性原则的产物，都可以得到充分的理解。不过，要得出正确的结论，仍然需要通过科学的训练；多德里奇指出，法律之所以有“规则、根据及公理”，其直接原因在于，

> 经过论辩和证明筛选的自然理性之光。正因为如此，法律才称得上是理性的。每个人凭借自然理性的理解很可能并不完全相同；但仍旧存在着某种人为的理性。人为的理性是指人们在人类事务方面的智慧、学识与经验，凭借这些智慧、学识与经验，人们才懂得什么是应该得到遵守的适当准则，才能有一双明亮的眼睛、有对正义的应有尊重，同时也才能为他们生活于其中的国家着想。（sig. IiIV）

多德里奇的立场是反亚里士多德主义，但他对法律职业技能的诉求却很可能来自博丹。他思想的另一个来源则可能是爱德华·柯克——伊丽莎白政府的检察官以及詹姆斯政府的大法官。爱德华·柯克极为推崇博丹和亚里士多德（Coke, *Catalogne*, pp.59, 73），在他写给詹姆斯的著名抗议信中，他曾说，“对臣民的生命、遗产、利益、幸福的关注，并不出自然理性，而是源自人为的理性和法律的判断……”（*Twelfth Report*, p.64）

柯克认为，法律科学如同16世纪晚期其他的人文科学一样是真正的科学，对法律科学的信心使柯克得出了越来越极端的结论，从
206 1600年开始他出版了以他所经历的案例为基础的系列《判例汇编》（*Reports*），并附之以极有争议的导言。他的基本观点体现在《判例汇编》第九卷：

> 我常常说，抽象的法律是确定的，具体的法律是不确定的，这种不确定性是人性的缺点而不是什么职业的特质。简单说来，具体的不确定性有两个原因：一种是不合常规的读解，一种是不够审慎的实践……而（正确的判例）应该让理性之光照进法律的领域，以发现那些运用在规则中的理性（亦即法律本身的美）。（*Reports* II, sig.cc）

法律的确定性依赖于法官做决定时的客观理性，这一观念使得柯克在《判例汇编》第三卷中对现代普通法做了大量的回溯式探索。因为，如果法律的本质就是理性，那么法律的基本原则就应该和人类的理性一样古老。

不过，英国的情况与大陆有些类似，建立一门演绎的人类科学的愿望往往受到人文主义传统内部层出不穷的怀疑主义的批评。柯克的历史方法就受到不少攻击；而他《判例汇编》第六卷中对《判例汇编》第二卷中某些随意的评论做了辩护，而考古家协会中的人文主义考古学家如威廉·汉科威尔（Hakwill）早已对《判例汇编》中的历史表示怀疑（Hearne, I, pp.1—10）。柯克与人文主义考古学刻意保持了一段距离，他一再批评对英国宪制的传统历史研究——在他看来，教条的历史研究根本不能提供关于英国法律的洞见，只有具备职业资格的律师才能真正理解英国法的精神。考古家协会的领导成员之一威廉·卡姆登（Camden）对当时的塔西佗主义相当轻蔑，而柯克的主要论敌、政治上的对手弗朗西斯·培根也试图用现代的法典编纂方法解决法律的不确定性问题，这意味着在某种程度上拒绝对法律的理性化理解；但柯克自己还是坚持16世纪晚期非怀疑论的理性主义理想。

这就是塞尔登开始其著述时的背景。塞尔登于1607年完成了他的 207
第一本著作《盎格鲁不列颠考》，但直到1615年才在法兰克福匿名发表修订版。他的第二本书是1610年的《英国雅努斯的背面》，第三本书

《英格兰的埃比诺米》(*England's epinomis*)是第二本书的英国版本(写于大约1610年，但到1683年才出版)。所有这些著述都是对从不列颠时代一直到中世纪盛期的英国法律史的纲要性概述。1614年塞尔登又陆续发表了《荣勋之名》(*Titles of honour*)——此书研究的是国王、公爵、伯爵等头衔的来历——对柯克所推崇的福蒂斯丘(Fortescue)的《英国法律颂》(1616)的评论、以及著名的《什一税史》(1617)。

塞尔登的前三部书无论在形式和内容上都是对柯克的批评，它们同样追溯了英国宪制的历史起源。更加重要的是，塞尔登尤其关注英国主权权力的历史沿革，他认为英国法是主权权力的产物。塞尔登的历史解释方法在当时的欧陆知识界相当盛行，这一点他与格劳秀斯似乎不谋而合(格劳秀斯的《巴达维亚共和国古代史》直到1610年才出版，而同一年塞尔登已经完成了《英国雅努斯的背面》，三年之前他就完成了《盎格鲁不列颠考》)。与格劳秀斯相似，塞尔登反对传统的加尔文主义者关于欧洲古老政体是有限君主制或混合政府的观念，他在《盎格鲁不列颠考》中指出，"仅仅从最近的世系推导出君主制是极其荒诞的：如果我们相信凯撒的记述，并参照学者们最近提出的假说，我们就会发现，不列颠的政府类型事实上与君主制相差甚远"(*Opera* II, col. 877)。在罗马人统治之前，不列颠的政治体制是贵族制，凯撒在《高卢战记》中称之为"王"的那些人仅仅像罗马的独裁官或威尼斯的最高总督。确切地说，这是一种贵族共和制。塞尔登和格劳秀斯同样认为，贵族共和制是欧洲所有国家的古老政体。在他的《英国雅努斯的背面》一书中，这一观点得到了更为细致的考察(*Opera* II, col.1026; *The Reverse*, p.93)。(在塞尔登最早的一本书中，他的立场更加激进，或许正因为此塞尔登才决定把这本书放在法兰克福出版，并在修订版中扩展了他的观点。)

在塞尔登看来，英国现代政府的组织形式是君主制，这意味着英
208 国政体最重要的部分已经发生了巨大的转变。在《荣勋之名》的第一

版中塞尔登主张，这样的转变是国家历史的一般形态，其中的一段不由得让我们想起了格劳秀斯："从经济的原则来看，所有的人在其本性上都同样是自由的，都拥有同等的地位……一个国家首先起之于民，通过自身的判断，然后才转变为一个君主制国家"（*Opera* III, col.927）。这个由民众国家转变为君主制国家的过程同时也伴随着法律内容的转变。在他对福蒂斯丘评论中，他甚至将这一过程比作希腊神话中的阿耳戈英雄之船。在海上修复过的船，当它返航时已经不同于出发时的模样。

塞尔登对普通法的描述与柯克的描述大相径庭。在塞尔登看来，法律就其本质而言是可变的、不确定的——法律从来不是对理性原则的简单反映。塔西佗主义的语言在塞尔登早期的著作中随处可见（比如对塔西佗的引证）；因此他在《英格兰的埃比诺米》中称大宪章 "是超越法律之上的必然性的反思，并由此通向公共领域的自由"（*Opera* III, col.41）。在《什一税史》中他明确批评了柯克的观点，他认为普通法意味着"一系列处理人事的法律，它们对这个国家而言有其公共的、普通的功用，它们从来也不具备神圣的效力……在这一意义上，默认的习俗、国会制定的成文法就是我们所说的普通法"（*Opera* III, coll. 1329—1330）。后来他又指出，普通法的原则无非就是更早的成文法，只不过它们记载了已经失传了的东西（这一观点经塞尔登的朋友和追随者马修·黑尔发扬光大后成为18世纪的主流学说[Opera III, col.742; Hale, *History of The Common Law*, p.4]）。

不过，如果说塞尔登属于当时的塔西佗主义者之列，那么他更近于以塞克·德莱瑟而不是利普修斯。1617年之前，塞尔登所做主要是两件事：首先是对神职权力的批评，其次是对公民权利的维护。前者体现于塞尔登最为著名、也是当时极具争议的作品《什一税史》。巧合的是，格劳秀斯恰恰在《什一税史》出版这一年卷入了反神权斗争。塞尔登在此书的前言中赞扬了格劳秀斯（*Opera* III, col.1074），据说他拥有 209

两份格劳秀斯《与圣事相关的最高治权》的手稿（格劳秀斯1613年完成了这份手稿，但直到1647年才得以出版，不太清楚塞尔登何时得到这两份手稿）。格劳秀斯1613年访问英格兰时，兰赛罗特·安德鲁（Lancelot Andrewes）从格劳秀斯处借阅了格劳秀斯的手稿，并制作了一些复本在朋友圈子里流传（劳德应当也有一份）。对什一税演变历史的研究是一条考察神职权力起源的隐含线索，因为，塞尔登在书中一再强调教会征收什一税的权利事实上是一种纯粹的世俗公民权利，这也意味着所有的教会权利本质上都是世俗公民权利。同时，此书的前言还强烈谴责了教会带来的普遍压制：

> 与诸多懒惰的修士不同，学识渊博的培根所做出的研究仅仅由于其学说对教会的莫须有成见而饱受质疑。罗西林（Reuchlin）和布德（Bude），一个因为其希伯来背景，一个因为其希腊背景而倍受憎恶，仅仅因为这两人的所学所授对修士和僧侣来说几乎无法理解（*Opera* III, col. 1073）。

同时，塞尔登明显极为推崇塞涅卡和利普修斯的怀疑主义：

> 古代的怀疑主义者从没有说他们发现了真理，他们提供了最为睿智也是最好的研究方法：即对那种被某些人轻信为不会出错的原则和教条，他们持怀疑态度，即便是自己刚刚得出的结论，他们也同样持怀疑态度。怀疑主义者太妙不可言了，他们思维敏捷、不承认任何现成的真理。撇开轻率的辩论风格不论，他们所采取的自由研究方法，是唯一可能的研究方法，是真理最后的避难所……这让我们想起昆体良的话，“最佳的学习方法就是，怀疑一切”（*Opera* III, col. 1072）。

随着其著作的出版，塞尔登遭遇了来自长老会和英国圣公会两方面的反对声音，这和四十年之后霍布斯的遭遇极其相似。长老会和英国圣公会有一个共同的信念，他们都认为教会应该保持对俗众的绝对权威，他们各自代表了回应《什一税史》的一个群体。白金汉公爵曾指 210
责塞尔登对教会怀有偏见（*Opera* III, col.1395）——他自己对教会权力，无论对加尔文宗还是对英国圣公会都没有什么特殊的敌意。因此，即便白金汉公爵以及国王本人一再避免事态扩大化，塞尔登还是不得不向高等宗教事务法庭递交了一封道歉信。

16世纪20年代晚期塞尔登追随他的贵族恩主在国会中对白金汉公爵发起了一系列攻击，他终于可以为1617年的遭遇反戈一击了。有意思的是，虽然就白金汉公爵的战争政策是否威胁到国民的自由，塞尔登和柯克这位前任首席大法官观点非常不同，他还是与爱德华·柯克成为下议院中的同盟。柯克认为，普通法和理性的法律是国民的最大保证。塞尔登则认为，国民的最大保证来自对具备实际效力的成文法的严格解释。当时的焦点是战争法问题，亦即尽管存在着一套复杂的法律体系的限制，但出于保护臣民的目的，国王能否拥有征兵权。国王的支持者之一、民事律师亨利·马腾（Henry Marten）曾在1628年4月19日声明如下："理性是普通法之母。某类具体的法律，或许并不能得到理解，但对于法律之母理性来说，却没有什么绝对不能理解的东西……战争法的确很难说是合法的，它只是出于某种必然律的支配；但因为它事出必然，它也就必定是合法的"（*Proceedings in Parliament* II, p.572）。尽管柯克从中得出的结论与此不同，但这或许也是柯克学说的前提所在。塞尔登对此则大为不满："一些人说什么便利，一些人说什么必然，还有些人说什么预防。可我们真正该去考察的，并不是法律应当是什么，而是法律实际上是什么"（ibid., p.574）。塞尔登最为极端的表述是，他不认为，普通法的有效性与自然理性有什么关系："战争法的权力来源就是普通法的权力来源，如果战争法出自国会，它就是合法的，否则，它必定会早早夭折”（ibid., p.576）。

1629年3月，塞尔登在下议院中的举动终于为他招来了牢狱之灾。与他一同入狱的还有包括约翰·埃利奥特爵士在内的八名下议院议员。在阿伦德尔（Arundel）与彭布罗克（Pembroke）两位恩主的多方努力之下，塞尔登于1631年出狱（埃利奥特则要不幸得多，他于次年死于伦敦
211 塔中）。塞尔登因其政治信念而招致了数年牢狱生涯，这一段经历又一次与格劳秀斯的生平相合。不过，不同的是塞尔登并没有经历过流放。事实上，在获释问题上塞尔登得到了对他相当有利的判决，而他自己也相应地有所转变。造成塞尔登立场转变的原因主要有两点：一是外交政策方面的考虑，另一个则是出于宗教层面的忧虑。塞尔登一向反对英国与西班牙开战，这在白金汉公爵的反对者中相当罕见，英国政府在17世纪30年代的亲西班牙政策得到了塞尔登的支持。之所以采取亲西班牙的政策，归根结底的原因是，荷兰人取代了西班牙人的位置，引发了两国殖民力量间的冲突。第三章中我们曾提到，查理一世政府认为，英帝国的最大威胁是尼德兰联省共和国而不是西班牙。1636年的英荷撞船事件是自尼德兰联省共和国建立以来英国与荷兰的首次冲突，这预示着后来17世纪中叶的英荷战争的爆发。1639年英国舰只已经开始帮助西班牙人对抗新进崛起的荷兰人。荷兰在欧洲的势力扩张引发的敌意还不止于政治层面，荷兰政府的极端加尔文主义也是招致敌意的原因之一；塞尔登在17世纪30年代就更为担心加尔文主义关于教政的理论带来的危险而不是英国圣公会带来的威胁。1633年他强烈反对威廉·佩恩（William Prynne）的立场（Whitelocke, *Memorials* I, pp.53—63），在长期议会召开之初，他还曾一度担任过“由主教委任的学监”一职（Shaw, 1900, p.43）。

作为其和解行动的一部分，塞尔登1636年发表了著名的《海洋锁闭论》。期待已久的塞尔登与格劳秀斯之间面对面的冲突终于开始了；塞尔登在1619年就已经开始构思《海洋锁闭论》，但真正完成这一著作还

是应查理一世政府的要求、作为政府的反荷兰宣传的一部分而写成的。塞尔登不仅维护英国对北海的领海权，而且还维护查理一世政府为保卫英国领海权采取的手段（如征收“造船费”）。在“造船费”事件中，《海洋锁闭论》曾为塞尔登的老朋友、王室律师爱德华·利特尔顿爵士（Littleton）和约翰·班克斯爵士（Banks）所引用（*State Trials* III, coll.
928, 1023），塞尔登本人并不反对征收造船费和17世纪30年代的其他 212
战争措施。这一点与二十多年前塞尔登的立场形成了鲜明的对比——他在造船费事件中的立场显然是暧昧的。不过，他们的“勇敢固然值得称赞，可是他们的所做所为没什么好处”（*Opera* III, col.2071）。（1626年塞尔登发起了针对白金汉公爵的弹劾案，指责作为海军司令的白金汉公爵没能保卫国王权属范围之内的领海）。

虽然塞尔登不赞成格劳秀斯《海洋自由论》的结论，但对于格劳秀斯的论证前提，塞尔登则赞许有加；事实上，塞尔登的《海洋锁闭论》完完全全是一本格劳秀斯主义的论著，这一点也得到了格劳秀斯本人的认可。塞尔登接受了格劳秀斯在《海洋自由论》中提出的“利益的自然共同体”的观点，但是他也提出了一个极为关键的问题：为什么土地的所有权属于个人，海洋的所有权反倒不属于个人？他指出，格劳秀斯在《战争与和平法》中曾论及私有财产形成中契约的作用，这一观点与《海洋自由论》中的观点明显相抵触。格劳秀斯之所以否认海洋的所有权问题，其主要论据是，海洋的资源是不可穷尽的，因此所有权没有任何实际的意义；而塞尔登的回答则是，世界作为一个整体也可以视为不可穷尽的，因此在逻辑上我们也可以说，所有权对整个宇宙来说也没有实际的意义（当然，塞尔登对这一结论的实际效力持非常审慎的态度[*Opera* II, col.1260]）。他说，整个世界已经被分给了诺亚的孩子们。关于陆地和海洋的所有权，自然法的效力是中性的、消极的，所有权的归属只能依赖于契约和约定。唯有历史证据才能证明实际权利的归属。实际上，格劳秀斯很可能对这一立场持同情态度；他们的差别在于海洋的所有权是否不同于陆地的所有权。格劳秀斯回应过一些批评，但对塞尔登提出的问题他却从没有回答（虽然他曾鼓励范德昆对塞尔登做出回应，但最后是另一位朋友迎难而上了（*Briefwisseling* VII, p.145））。1636年格劳秀斯服务于瑞典的政治，此时的瑞典主张对波罗的海拥有
213 主权，这和英国主张对北海拥有主权别无二致。格劳秀斯在那一年的12月写信给他的兄弟时曾提到，“我真是个笨蛋，明明从荷兰人那里我得到的只是仇恨，可是我干的这些事情恰恰讨荷兰人的欢心，反倒得罪了我真正的朋友瑞典人”（*Briefwisseling* VII, p.583）。从这一点来看，格劳秀斯和塞尔登在1636年使用的其实是同一种政治语言。

格劳秀斯的《海洋自由论》激发塞尔登在17世纪30年代研究格劳秀斯在《战争与和平法》中提出的一系列更为普泛的自然法问题。而围绕在梅森周围的巴黎现代哲学小组（其成员包括霍布斯）也极为赞赏格劳秀斯的学说，他们从1629年就开始对塞尔登的著述投入了极大的兴趣（Mersenne, *Correspondance* II, p.226; III, p.226; VII, p.186; VIII, p.357; X, p.294），在塞尔登这一面似乎也有回应：他是笛卡尔《方法谈》最早的读者之一（塞尔登的藏本现保存于剑桥大学国王学院图书馆），也是霍布斯1642年出版的《论公民》的收藏者之一（塞尔登的抄本以及塞尔登的藏书大部分保存在牛津的波德林图书馆）。对于他自己提出的自然法观念的阅读语境和内涵，塞尔登有着非常清醒的意识。

1640年塞尔登论自然法观念的著作终于出版，这本书取了个有些怪异的名字：《从犹太教诲中得出的自然法和国家法》。塞尔登意识到，一本讨论自然法问题的著述竟建立在犹太教义的基础之上多少有些怪异，为此他特意在此书的第一章交待了其论述的动机。他列举了古往今来诸多怀疑论者为论证知觉不可靠而引述的事例（例如，太阳究竟有多大是不可能看见的；对同一种颜色的感觉是因人而异的等等），并就此指出，古往今来哲学家的自然法观念因为同样的原因也是不可靠的（*Opera* I, coll.76ff.）。对希伯来道德传统的考察由此有两个好处：

首先，道德分歧很可能不是较早进入人类历史的，而希伯来传统所记载的学说甚至要比古典传统更加悠久。其次，对于急切在党派纷争中发现共同基础的现代哲学家来说，犹太学说代表了一类必须加以重视的道德信念。

塞尔登由此交待了他的意图，即提出一套最低限度的、所有社会所有哲学家都会同意的道德信念以回答怀疑主义的质疑——这无疑也 214
是格劳秀斯的寄托所在。17世纪晚期有一种观点认为，塞尔登是格劳秀斯最早的追随者。这显然是正确的。塞尔登在这本书的第六章中曾重述了几乎所有卡尼阿德斯的论证（即格劳秀斯在《战争与和平法》的前言里曾详加阐述的命题），以此说明人类之间存在着极端的道德分歧。另一个塞尔登曾引用的例子是，希罗多德曾讲述的在大流士宫廷上希腊人与印度人关于何为野蛮习俗的争论，这也是古往今来的怀疑论者常常喜欢引用的例子。塞尔登运用征引的例子指出，从人类的自然理性来看，人之间没有任何共同的道德原则，他以一种文艺复兴时期的怀疑主义者耳熟能详的方式抨击亚里士多德主义和后亚里士多德主义的道德学说（*Opera* I, col.137）。他同时也抨击了这样一种观念，即英国普通法包含着某种可以理解的理性原则：实际上，在许多方面塞尔登是把自然法的问题运用到英国民法领域。

不过，如果说有某种普遍承认的东西，那么这种得到普遍承认的东西就是，所有人都必然要遵循某种等级秩序。塞尔登主张，假如存在着某种绝对自由的、没有任何对人类行动加以约束限制的状态，那么这种状态同时意味着，谁也不可能知道，什么是道德上的正派什么是道德上的败坏。人类只有承认某个等级更高者拥有惩罚他们的权力，道德正派的观念、道德败坏的观念以及义务的观念才可能出现：“某种不包含违法则受惩罚却包含着义务的法律观念……其不可思议的程度就好比我们说，某人已经成为父亲，却从没有过孩子”（*Opera* I, col.106）。塞尔登认为，所谓的等级更高者“或者是上帝，或者是拥有合法权力的人”（ibid.），而他的整体论证还是试图说明，人类权力的合法性终究还在于是否符合自然法。而唯有上帝能够赋予人类以普遍律条并惩罚他们，塞尔登从不怀疑上帝是唯一的至尊者。对他而言，如果合法性就意味着遵循上帝的命令，上帝的合法性问题就是毫无疑义的。塞尔登采
215 取格劳秀斯式的论证进一步宣称，上帝是道德义务在逻辑上唯一可能的根源，因为所有文化中都有这个信念（*Opera* I, coll. 141ff.）。

在此基础之上，塞尔登又阐述了上帝的命令如何交付给人类，人类的道德信念的多样性是如何产生的。从这里开始，塞尔登的论证的怪异之处逐渐明显，因为他主张有充分的历史证据表明，上帝传达了两次命令，一次通过亚当，一次则是诺亚方舟之后人类的复兴——后者即塔木德传统中的“诺亚法”（*praecepta Noachidarum*）。上帝律令的具体细节并非通过世代相传的方式交付给后人（*Opera* I, coll. 151—152），而是经由上帝选民的“积极理智”（active intellect）才得以发现。而所谓的“积极理智”，塞尔登并不是指人类探询真理的能力，他强调，这是一种外在的力量（或是神或是天使）给予人类精神的启示（*Opera* I, coll. 154—155）。在诺亚的子孙中，闪的支脉更能感受到神的启示，因此，其他民族只有在闪的子孙那里才能发现最为清晰明确的上帝律令的表述（*Opera* I, col.157）。在某种程度上，诺亚的其他族裔（如希腊人、罗马人以及现代欧洲人）已经丧失了对原初真理的认识。塞尔登坚持希伯来传统的神圣启示性，他回应了塔木德法只是另一种衰败的、不可靠的人类传统这种指责。在他看来，自然法理论只能奠基于希伯来启示传统之上。

塞尔登这里的论证看上去和格劳秀斯的观点大相径庭，而且，他的论证也不能充分回应怀疑主义者的指责。不过，仅就法的实际内容而言，塞尔登与格劳秀斯之间或许并没有看上去那样相距甚远，最低限度的法其实就是，不能同族相残、不能偷窃、遵守宗教义务和法律义务等等。与格劳秀斯相似，塞尔登同样认为，各种不同的道德实践和信

念，是不同民族根据他们自己的利益以不同的方式为道德自由设定的限
制。根据塞尔登在《海洋锁闭论》中的观点，这些限制作为所有社会中
的民事法律，都依赖于上帝的律令，即“你必须遵守契约，必须遵从经过 216
公民同意的政府，必须诚实守信如此等等”（*Opera* I, col.150）。契约的
维系是社会生活的基础所在。

塞尔登的学说作为某种对怀疑论的回应，首先依赖于上帝作为道德义务根源的必然性（这一点为后来的许多学者所欣赏），其次依赖于希伯来文本的历史真实性。本书已一再交待，现代的怀疑主义者就是人文主义者，他们对历史有一种特殊的人文主义式的尊敬（虽然同时也有一种对历史的批判态度）。对历史探究的全面怀疑在当时相当罕见。从文献入手回应道德相对主义的方式，一定是塞尔登根据读者的喜好而做出的精心选择。

对他的读者而言，塞尔登的话总是既尖酸刻薄又引人入胜。塞尔登的不少朋友都曾提及，他在饭桌上要比他在书桌前说得远为清楚明白（Tuck, 1979, p.83 n.2），在他的《宴谈集》（*Table Talk*,主要始于17世纪40年代）中有一些文字就是这种类型。比如，他曾把《从犹太教诲中得出的自然法和国家法》一书中的观点完完全全用大白话说出来：

> 自然法的意义，就是我自己也很难摸清，我更愿意设想它是神法。除非某个人告诉我，偷窃是不对的，通奸是不对的，否则，我从哪里知道？一定是有人告知了我，不是我自己认为偷窃通奸是不对的，也不是你认为偷窃通奸是不对的。要是这事发生了，我们的想法或许就会变了：从哪里来的这些限制？除了更高的权力，谁还能约束我们。我不可能约束自己，因为自己打的结，自己也能解开；一个和我平等的人也不能约束我，因为我们俩各自的结，完全可以相互帮忙解开。必须有一种更高的权力，或者说必须有至尊的上帝。两个人签下协议，凭什么一个人就得遵守？凭什么我得为我的话负责，你得为你的话负责？

> 说到底，仅仅是因为有人告诉你我，“须守信”；如果我们俩改变了注意，准备签一个新协议，也照样会有这么一句，“须守信”。（*Opera* III, col. 2041）

> 学院中人说起道德中的“正确理性”，要不就把理性说成来自上天的某种律令；要不就和平日里女人的言论差不多：“因为它是这么个样子，所以它只能是这么个样子”；换句话说，她的理性告诉她只能如此这般。后一类其实也有它的意义。就拿土地法这件事来说，我的理性告诉我，我肯定不会减少人口。为什么？很简单，这么做，一定会有害无益。（*Opera* III, col. 2065）

> 虽说要遵守契约，虽说契约神圣，可怎么签订契约还是我们自己
> 217 的事；要是我们达成协议转让这座房子、那块地，那照契约办就是。可如果你准备花一百磅买我的一副手套，我会告诉你，这副手套很平常，不值破费，手套是我自己的，我不准备把手套卖给别人，如果你愿意那么一百磅成交等等；我不知道，如果我不这么做良心是否不安。我们不知道，什么是被禁止的，什么是被允许的，它们总是会给我们带来很多困扰。（*Opera* III, col. 2024）

《从犹太教诲中得出的自然法和国家法》出版之年恰逢长期议会召开，塞尔登终于可以把他过去三十年间逐渐形成的理念运用到威斯敏斯特的政治斗争去。在关于主教制度的论争中，塞尔登先是捍卫主教制度并反击来自长老会方面的批评（应当是劳德把他牛津大学的一个议席分配给了塞尔登[Shaw, 1900, I, pp.44—45; Rushworth, *Historical Collections* IV, p.165; Cal. S. P. Dom., 1640—1641, p.450; *Master Grimstons answer*]）。不过，当下议院于1641年7月提出在每个主教管区设定一名世俗官员以取代教区主教时，塞尔登的立场发生了巨大的转变（霍布斯也有类似的转变：开始捍卫主教制度，后来转为支

持世俗宗教组织）。塞尔登立场的转变充分说明，他主要关注的是防止长老会滥用他们在信众中的权力，当1643年塞尔登被任命为下议院的代表参加威斯敏斯特会议时，他几乎用尽一切手段反对长老会。最为典型的例子是，当长老会的代表从圣经中引用一段文字之后，塞尔登往往会接着他的话说："先生，您的金边袖珍圣经里这句话或许是这样的，可是在希腊文圣经和希伯来文圣经里，这句话的意思其实是……"（Aubrey, *Brief Lives* II, p.220）。福勒认为，塞尔登"意在羞辱长老会的天启权威"（*Church History* VI, p.286），不过他在国会和会众中的努力的确有效地阻止了长老会在17世纪40年代的势力扩张。

塞尔登后来用十年时间完成了他的最后一部政治理论著作《论古代希伯来人的议事会》，他在这本书中考察了希伯来的教会组织，认为希伯来的教会组织体现了他所主张的伊拉斯图主义。在塞尔登看来，伊拉斯图完全可以与哥白尼相提并论，而格劳秀斯和他的《国家对宗
教事务的权力》也得到了塞尔登极尽夸张的赞扬（塞尔登记载了兰赛罗 218
特·安德鲁得到一份格劳秀斯的手稿并在朋友中传阅的往事[*Opera* I, col.1014]）。《论古代希伯来人的议事会》分为三部分，第一部分出版于1650年，第二部分出版于1653年，最后一部分于1655年在塞尔登身后才得以出版。

在政治上，塞尔登在这段时期更倾向于温和的议会制。他对"民兵法案"（*Militia Ordinance*）——国会试图借这一法案绕过国王单独控制国家的军事力量——的合法性持怀疑态度，塞尔登对"民兵法案"的评论是相当独特的：

> 如果有人说，民兵法案的立法根据在于它是必然的，可这不过是掩盖了这一法案实质上缺少立法根据的事实，因为，这里唯一真实的、明显的必然性是，每个人都像国会两院一样拥有同等的、保护其生命安全的自由；通常法律和正义不允许去做的事情，任何一个民事法庭

> 也不能声称有做越过必然性范围之外事情的权利，如果一旦出现这种情况，就只能让法庭关门。（Tuck, 1982, p.149）

不过，对国王通过一系列行政命令征集军队的举措，他也持同样的怀疑态度。这让人想起了17世纪20年代反土地法时塞尔登的立场。他为国会起草了反对国王命令的决定，这说明，在两种不合法举措之间，他宁可选择出于公民利益的不合法举措，而不愿支持出于国王利益的不合法举措。他曾在餐桌上说过一段话：

> 国王和议会都错了，这就好比一场不守规矩的赌博，双方试图抢夺对方的赌注。因此，不应该质问国王这么做是否恰当：在此之前，要是一场公平的较量还能这么问，但现在的局面是，双方都会选择做对自身安全最便利的事。（*Opera* III, col. 2039）

转向国会立场后，塞尔登也接受了神圣盟约，虽然在《宴谈集》中他曾提到：

> 有两种约定，一种是肯定的誓言，一种是约定的誓言。前者固然需要我在上帝面前发誓，不过，对于我所起的誓言，他人亦知晓其意思；后者则是只对上帝起誓，唯有上帝知道我起誓的意思……对后一种情况，如果我脑子里的想法在于好的阐释，如果我改变了想法又有
> 219 足够的解释，我干嘛不这么做呢？比如，我发誓明天去牛津，当时我的确就是这个意思，可如果在此之后，我待在家里没去，难道就违背了我的誓言？显然，我并没有必要去。（*Opera* III, col. 2049）

有了这种对誓言的弹性理解，塞尔登完全可以轻松应付17世纪40年代的政局，尤其是可以轻松地“宣誓服从”了（*Opera* III, col. 2050）。

他和“残缺议会”（Rump Parliament）保持了良好的关系，1650年，英吉利海峡两岸一度有传言说，针对萨尔马修斯（Salmasius）对共和国的攻击，塞尔登受到新共和国的委托将为新共和国辩护。巴黎的帕丁（Gui Patin）甚至确信，塞尔登为共和国辩护的著作已经写成，只是最后出版时才被撤下。众所周知，为英国人民声辩的任务后来落在了弥尔顿肩上。1653年，克伦威尔甚至要求塞尔登和奥利弗·圣津（Oliver St John）为英国起草一部新宪法（Worden, 1974, p.339）。不过，并没有太多证据表明塞尔登接受了共和国的委任，唯一的痕迹是塞尔登身后出版的《论古代希伯来人的议事会》第三部分的某些篇章，其中他探讨了“犹太公会”处死以色列国王的可能性（*Opera* I, coll. 1673—1679）。17世纪50年代早期，塞尔登的身体一直不好，他不太愿意卷入到当时的政治漩涡中去；1654年，塞尔登因病去世。根据奥布里（Aubrey）的记载

> 塞尔登弥留之际，牧师正赶过来。其时，霍布斯先生刚好在场，他脱口而出：塞尔登，你写作时还像个男人，怎么临死前倒像个女人一样？所以牧师就被打发走了。（*Brief Lives* II, p.221）

即便这个故事的真实性还有待考察（奥布里本人当时的确在场），但它至少表明了塞尔登的真实情形：首先，塞尔登终其一生与神权势不两立；其次，他的立场与霍布斯的立场非常接近（当然，还有格劳秀斯）。虽然霍布斯在17世纪50年代初才与塞尔登相识——他曾把刚刚出版的《利维坦》以及1642年出版的《论公民》寄给塞尔登——但两人之间的理智交往仍旧是相当重要的。塞尔登代表了一种修正了的霍布斯立场，相对而言也更容易在英国政治中被接受，他的朋友和追随者在未来数十年逐渐掌握权势。塞尔登的两个朋友兼遗嘱执行人马修·黑尔以 220
及约翰·沃恩（John Vaughan）曾担任查理二世时期所谓的“卡巴内阁”的法律顾问——这段时间也恰是霍布斯受到官方青睐的时期——他们

的英国法观念对18世纪的学者有着极为深远的影响。17世纪晚期至18世纪的英国政治文化，正是让塞尔登感到舒适自在的那一种。

共和主义与英国革命

现代历史学家往往认为，英国人做了长时间的、大量的智识上的准备，才战战兢兢迎来了1649年的共和国。而在带有保守气质的英国历史学家看来，17世纪欧洲历史最为波澜壮阔、最为光彩夺目的一页，即对国王的审判和处决、创建新的宪政体制的自我意识，多多少少是个不受欢迎、不期而至的事件。极为奇怪的是，这几乎是17世纪英国史学的少数共识之一；对保守主义者来说，他们认为政治革命在英国根基薄弱，1649年的革命几乎成了后来的政治活动家引以为诫的习惯教训了；而对非保守主义者来说，他们更愿意看到的是由平等派代表的革命，在他们看来，由于拒绝采纳平等派的方案，1649年的革命事实上已经被某些大人物出卖。阿什顿教授最近出版的一本书所采纳的观点似乎代表了大多数学者的共识：

> 本书的主要论点是，即使在1648年至1649年间，采取激进的、共和主义式的解决问题的方式，仅仅代表着少数人的立场，不顾整个国家的绝大多数人的反对而推进……实际上，即使是在1647年秋天著名的普特尼（Putney）论争中，克伦威尔和艾尔顿（Ireton）还曾积极捍卫过君主体制。（Ashton, 1978, pp.185—186）

在阿什顿教授看来，新模范军中的“低等阶层”推动了共和国的建立，后来的政治局势迫使新模范军的领导者不得不顺势而为，宣布成立共和国——从另一种政治立场出发，克里斯托弗·希尔教授也得出了类
221 似的结论（1961, pp.175—176）。

不过，这并不是17、18世纪历史学家的观点。保王党人虽然并不喜欢共和主义者的举措，但他们一向认为，1649年的革命显然出自军队领导者的意愿，而且，从内战一开始这些人就已经虎视眈眈。幸免于难的共和主义者（如西德尼和拉德洛）以及他们的后继者虽然认为革命被背叛了——不过，与现在的共和主义者不同，他们并不认为革命在1649年就已经被背叛了，在他们看来，1653年克伦威尔解散“残缺议会”开始摄政时期才是革命被背叛的起点（Ludlow, *A Voyce*, pp.68—69）。他们和现在的历史学家一样，认为克伦威尔的摄政阶段与王政复辟的阶段无论在人员方面还是在立场方面都存在着某种程度的连续性，他们的英雄既不是克伦威尔、也不是平等派，而是死于1651年的克伦威尔的义子艾尔顿（ibid., p.272; Scott, 1988, p.105）。他们认为，1649年建立的共和国是真正的共和国，而且，从战争一开始这一结果就指日期可待。

妨碍我们理解这一段历史的因素有两点。首先，当时人宣称的种种政治信念，往往是短期的政治争论的产物，其中有不少政治策略的成分；如果不加审查地运用这些材料，把它们当作当时人真正的政治意图，就搞错了方向。这就好比，当今国会里的政客发言，只能听听罢了，当不得真。其次，更为重要的是，17世纪中叶的“共和主义”究竟意味着什么？这并不是一个足够清晰的概念。后起的美国共和主义赋予“共和主义”一词以混合政体的内涵。可是我在前文已经指出，对英国以及尼德兰联省共和国而言，真正的“共和主义”与“混合政体”是完全相反的一对概念。这一节，我将通过对原始材料的仔细阅读，尽可能地接近当时人的想法和观念——比如对共和政府的思考就需要追溯到更早的时段、范围更广的领域。

首先，就整个欧洲而言，英国内乱使用的是一套现代的语言。所有的新人文主义核心词汇都曾出现在当时的宣传手册上——“必然”、“人民的福祉”、“国家理性”以及最重要的一个词——“利益”。争论的双 222
方都意识到，“利益”是一个崭新的现代词汇；长老会成员查尔斯·赫尔勒（Charles Herle）曾有意识地使用过这个词，1655年当他回顾这一段经历时曾经提到，"'利益'这个词最近一段时间才为我们所用"（*Wisdomes Tripos*, p.169）。实际上，"利益"一词这时还没有摆脱它在意大利语中的引申含义："对某事某物产生的兴趣"，许多学者的兴趣也在与此。我们曾看到，整个欧洲的君主都曾使用这一套语言以维护独裁、反对宪制；而唯独有两个地方，这一套语言反过来用于捍卫共和国的自由，反对君主独裁。这两个地方分别是尼德兰联省共和国以及威尼斯（二者都与英国有着广泛的联系）。而英国反对国王的斗争所使用的也是这一套语言，这不禁让我们想到，威尼斯与荷兰的立场究竟在多大程度影响了英国的政治语言。

实际上，荷兰和威尼斯都使用"利益"的语言捍卫并不是宪政主义。他们所拥护的共和制自由是与具体的宪政形式无关的某种正面价值（我们曾指出，格劳秀斯试图为荷兰提出一套宪政架构的贵族制）。实际上，这恰恰是新人文主义的共同信念：君主或人民的利益应该压倒宪政和法律的形式。

我曾在第三章结束之处提到，查理一世政府在其执政晚期曾于许多场合使用了国家理性、人民的福祉、利益等等术语以论证其统治的有效性。最明显的例子是"造船费"事件，另一个例子则是1641年沸沸扬扬的"斯特拉福德伯爵"（Strafford）审判，据说斯特拉福德曾在枢密院中有过一段发言——"陛下已经再三努力，但还是被议会拒绝了；在此极端紧迫之时，为了陛下的王国和人民的福祉，您应该不受一切政府法令约束，您在上帝和人民前是无罪的。您在爱尔兰还有军队，您可以调他们来拯救国家"（Rushworth, *Historical Collections* VIII, p.545）。
223 据说，斯特拉福德常说，"国家的福祉是最高的法律"。而在斯特拉福德在他的辩护词中对此根本没有否认，他宣称，"常言道，'人民的福祉是最高的法'；事已如此，不能再用常法……上帝固然不会允许，但国王为了保护他和他的人民，还是应该尽可能地运用他的权力、智慧和勇气”（ibid., p.560）。

对当时欧洲其他中等大小、中等实力的国家来说，此类语言的运用已是再熟悉不过的事情：在过去的法律框架内，已经不可能再维系一个有效运转的军事力量了；17世纪上半叶，德国的君主往往由于征兵问题与采邑地发生持续不断的冲突（Oestreich, 1982, pp.195ff.）。因为，习俗或成文法已经详细规定了征兵的规则，国王治下的采邑地希望这些规则能够得到遵守，至少新的规则不应该通过强制的方式实施——这或多或少是因为，他们很清楚，新的军事组织需要花费大量的金钱。17世纪早期，英国国王有三种征兵的方式：首先是封建所有制；其次是雇佣职业军人；再次是一系列中世纪的制度，规定在某种情况下，所有郡的居民都可以被征用，不过，只能提供给他们有限的武器装备（到1642年时，这种规定已完全过时），而且，除非有大规模的外国武装力量入侵，否则某一个国家训练的军队不能进入另一个国家作战。这些制度的形成在16、17世纪有一段复杂的历史：首先，它们曾被腓力二世和玛丽一世废止；1604年得到恢复后，1624年第一种征兵方式再次被废止。据说，柯克在1628年曾宣称，“国会的法令不得用于征兵。法律不允许这么做”。柯克的说法明显针对的是查理一世时期白金汉公爵发动战争时采取的征兵方法（Tuck, 1982, p.146）。同时，这也是塞尔登1628年反对政府的法理基础所在。

和德国的采邑地相似，英国国会不愿意创立新的法律；同时，与德国的君主相似，英国国王也迫不得已寻求法律之外的特权，他们的正当
理由是为了尽到保护国土的职责。这是17世纪20年代英国下议院审议 224
时一度采取的论证方式；而在十年之后的英国法庭上，尤其涉及到“造船费”事件问题时，这种论证方式仍然起到了很重要的作用。1638至1640年之间，随着1638年西班牙无敌舰队被荷兰人在英国海域击败，以及1640年葡萄牙在伊比利亚核心地带反叛成功，西班牙在欧洲霸权最终崩溃了。这迫使原先或多或少依赖于西班牙的欧洲君主（比如1630

之后的查理一世）不得不各自作鸟兽散。在英国政府看来，西班牙帝国解体之后，尼德兰联省共和国已经取代西班牙的位置成为英国最大的敌人，因此，为了在这个前途未定的世界里捍卫英国的利益，必须征募一支强有力的海上和陆上的军事组织。不过，查理一世政府之外的人并不这么认为。1639年的公众意见支持的还是荷兰而不是西班牙。因此，1640至1641年间，长期议会的领导者轻易以宪政立场否认了新征兵方案的必要性。

在那个时代的人看来，英国内战中最为重要的因素很明显是它有一种独特的宪政话语体系。这也是英国与德国的区别所在：在德国出现的与君主国王的斗争，发起者是职业人士，他们运用的是法律和亚里士多德主义的政治科学等一套规则化工具。而英国内战的发动者是人文主义者，他们所使用的公共修辞来自历史和塔西佗主义。相对而言，英国的公共政治生活很少有职业的行政人士的参与。尽管在现代英国的早期，法律和律师起着相当重要的作用，但大量的行政事务往往由非专业人士处理——当然，这些人往往从某个律师学院毕业。（另一方面，由于罗马法仅限于职业人士，相对而言，普通法简直是业余者的天堂了）。英国人的教养来自语法学校的课程和大学的人文课程；职业律师和职业的牧师占教育人口的比例很小，而且即便是他们自己也轻视技术

225 化的规训。

此时，英国出现了一种新的军事组织：一种不归君主管辖而是受制于采邑地的军事组织，它在镇压爱尔兰的天主教叛乱时已崭露端倪。这种军事组织的出现宣告英国宪政的努力已陷入僵局。1642年3月5日的民兵法案创造了这个军事组织，随即它便与国王的军队相抗衡。虽然欧洲其他地区的采邑地有时也曾主张过征兵的权利（波希米亚的采邑地就曾在1638年有过这种权利主张[Oestreich, 1982, p.234]），但1642年威斯敏斯特国会大厦中的提案者无疑意识到，英国国会正在做出一项全新的决定，他们正在提出一项无须经国王认可就自行通过的法案，并

以此赋予这种权利以全新的表述（Tuck, 1982, pp.150—153）。

民兵法案的动机诉诸于“必要”以及“人民的福祉”，这曾经是君主攻击宪政的术语，但现在这一组术语开始为宪政辩护。1642年春夏之交国会的一系列声明（比如5月26日的）都曾使用如下论证：即便国王不出席国会讨论，为了公众的安全，国会仍然拥有一切权利（*Parliamentary History* II, coll. 1310—1311）。当下议院领袖约翰·皮姆（John Pym）着力于在议会中弹劾斯特拉福德时，甚至他也沿用了这组术语；1643年去世前不久，皮姆出版了他的《澄清与声明》，回顾了1640年以来的经历，在书中他把自己比作反对卡提林阴谋的西塞罗——因为，西塞罗同样为了保全国家的体制而不得不采取不合法的手段。皮姆认为，与敌人的卑鄙罪行相比，“我关心的是公众利益，毫不羞愧地说，这是我的首要美德”（Rushworth, *Historical Collections* V, p.378）。从这一角度为国会辩护的文献，最具代表性也最有影响力的是亨利·帕克（Henry Parker）于1642年6、7月间写作的两本宣传手册：一本是较短的《关于1642年5月19日国王陛下对国会宣言答复的一些意见》，另一篇是全本的《关于国王陛下最近的表态和答复的一些意见》。 226

帕克是塞耶和塞尔子爵威廉·费因斯（William Fiennes, Viscount Saye and Sele）的侄子（前面我们曾介绍过这位子爵，他是马尔维兹英译本的读者之一）。内战爆发之初，帕克还是一个职业律师，不过他的著作与常见的法学论争无关。在1640至1641年间的争论中他逐渐形成了自己的政治宗教观点，并出版了三本体现其观点立场的小册子（无疑，这很大程度是向他的亲戚及恩主表明其观点）。在《造船费事件》这本颇投赛耶子爵个人之好的著作中（他，而不是汉普顿，曾极有可能成为判例案件的被告），帕克用极为清晰的语言阐述了他后来一以贯之的观点：必然的需求或人民的福祉，是一个有效的原则：

> 对人来说，最高的律条就是“人民的福祉”。一切法律都止于它面前，上帝可能免除许多他的法律，而人民的福祉永不受损；我们称之为必然性的那条铁律，也亦服从于它：为了国家的兴亡，可以采取一切必要的手段，必要的就是合法的。(sig. B1)

1640年还远远不到采取必要手段的时刻，因而在帕克看来，国王在法庭上的辩护词是无效的。这不由得让我们想起赛耶子爵1628年在上议院采取的类似辩护。(P.118)

同样在这一年，帕克在《论清教徒》(第一版献给了赛耶子爵)一书中引用了马尔维兹的《论污蔑中伤》(sig. A2)，并延续了一种类似于萨尔皮在《特伦托会议史》中使用的论证：教会的自治权力是不合法的(sigg. C3—D4)。帕克数年间一直坚持这一观点，他在《论清教徒》一书中不但指责主教管辖制度而且也指责长老会的教会组织体系(如sig. F1)。此后一年，他又出版了关于这一论题的第三本小册子：《教会体制的真实基础》。其中，他表达了一种相当新颖的观点：任何政府所拥有的政治权力、哪怕是僭主的政治权力都和某种公众利益相关，如果说
227 这种政治权力能够起到保护公民的作用，就不应当抵制它。

> 当尼禄禁止彼得布道时，尼禄的禁令在某一方面的确约束不了彼得，因为上帝的权力是至高无上的；但如果尼禄用剑指向彼得，那么彼得也不能反抗尼禄的刀剑，因为尼禄的刀剑此时固然会带来伤害，但在其他时候它仍然是神圣的。尼禄的暴力的确是一种僭政，但他的权威却不是僭政。刀剑固然会给伤害到某一个人，但却维护了大多数人的安全。如果尼禄的刀剑被夺下，那么大多数人的利益就会受到伤害。而多数人的利益要高于某一个人的利益。(sig. D4)

显然，这种类型的政治权力不能为教会所用，于是他得出了一个与格劳

秀斯有些类似的结论（帕克对格劳秀斯极为推崇，但他并没有读过格劳秀斯的《国家对宗教事务的权力》），独立于国家的教会权威是不可能的。

帕克运用这些新人文主义的核心观念参与内战中的论争，1642年后，他希望以此表述国会的立场。不过，他必须首先说明，为什么“公众利益”的维护者是国会而不是国王。实际上，他的两个系列的《关于国王陛下答复的一些意见》很大程度上就是对这一问题的回答。后一个系列在17世纪40、50年代有过数个版本，同时，作为国会立场的权威表述一再被广泛引述；帕克1642年被任命为国会军的秘书，接受艾塞克斯伯爵的指挥，这也是国会领导人之所以采纳帕克《系列意见之二》的原因。不过，早在《系列意见之一》中，帕克就已经表达了他的核心观点。众所周知，国王在《关于5月19日声明的答复》中曾指责国会侵犯了他合法的军事权力（参见Pocock, 1975, pp.361ff.; Mendle, 1985, *Passim*）；面对这一指责，帕克强烈主张，不管国会的行为合不合法，没有国王的国会更能决定公众的利益。

> 首先，他们比其他人见多识广；其次，说到公众利益，他们比其他人更加负责，更少犯错；再次，下议院所代表的是民众利益，不掺杂什么个人的利益。假如这五百位绅士的目的都在于篡取贵族阶级的利益或其他统治性的权力，他们决不可能实现他们的目标，这实在是太荒唐了……（sig. A3）

对帕克而言，“所有现实的自然权力”都属于“王国”，而王国受制于这五百个人是不可想象的。 228

帕克还曾说道：

> 我们都看得见自由国家（即共和国）与君主国的区别。一般来说，

> 君主行恶受到的限制总是比君主行善受到的限制要少。如果委托君主去做的事情少一些，国家的幸福却更多一些，那么委托君主去做的事情就应当越少越好。如果君主在各种情况下都能受到某种形式的约束，我愿意看到我们英国的君主制一直存在下去，除了在意图行恶的一些事件中……（sig. A4）

尽管帕克的话好像撤回了原观点，但帕克的宪政观点还是明确的。他的立场是实用主义的：公众的利益必须得到维护，能够维护公众利益的更有可能是一个“尊贵的绅士团体”，此外还可以有一个君主，他得到“委托”的权力越少越好。帕克很清楚地意识到，这样的君主与自由国家是可以同时并存的；在他的这种思想背后，是一种类似于格劳秀斯在《巴达维亚共和国古代史》中所描述的政体观念：“元首”（princeps）与“首席”（primores）共治。

《系列谈之二》也有相似的论证。利益仍然是其中的关键词，帕克首先提到，“人民的福祉是一切政体之本，它是最高的法律，它为其他一切法立法”（sig. A2）。然后，他又有一段极为著名的表述，其论证如下：

> 尽管世上的君主国所受限制各有不同，但几乎没有不受限制的君主国。在我看来，把人民的福祉置于君主利益之上、把目的置于手段之上对这世上大多数帝国来说都是最自然的、或者说最符合必然需求的。任何国家都不愿受到奴役，为了君主的意志放弃自己的利益，既是不公正的也是不必要的。因为，一旦放弃自己的利益，就没有任何与君主对抗的力量，人民也没有办法自我保全。而如果遵守契约带来的是自我的毁灭，却把契约放在自我保存之前，造成的只能是对自我的伤害。这也是违背自然的。（sig. A4v）

《系列谈之二》也曾论证议会的特殊权威。在帕克看来，过去与僭主相抗衡的力量只有监察官或保民官，可以激起大众的叛乱——这是帕克不愿意看到的，因为“这只是把一种暴政换成了另一种暴政” 229
（sig. B3v）。但现代英国的国会是一个选举制和代议制的团体（《系列谈》中“代议”问题随处可见）。

> 一国之中不应有任何超越法律者——无论是君主还是其他私人性的团体。整个共同体应当召开会议来行使正义，这种会议组织应该考虑到与会者的教育程度，应当考虑到时间、场合及任命的方式，应当考虑到会议的大小以及与会人数的多少以免产生混乱。也就是说，通过选举和代议的形式，少数人代替多数人工作，聪明人代替普通人发言，整体的美德促进了部分，部分的明智促进了整体。（sig. B4）

一个对选民负责的选举制议会坐在君主面前、议会可以控制君主，这幅图景并不是通常所见的混合君主制的图景（这是我们今天站在议会立场的观感）；就许多方面而言，这幅图景更接近尼德兰联省共和国的贵族制共和国，因为它突出了贵族制议会或寡头制议会在整个社会中的控制权。同时，它也和塞尔登在早期著作中描述的不列颠土著居民的共和国有类似之处。不过，与荷兰不同，帕克等共和主义者更为强调议会的代议制特征（他们更多提及是“选举制”特征）。这也是在战前已有根基的特征；我们不妨比较一下荷兰人默尔与英国人劳斯（Francis Rous）论雅典共和国的著作，从中可以看到极为有趣之处。劳斯毕业于牛津大学默顿学院，二十八岁去世，1637年出版了《阿提卡考古》（*Archaeologiae Atticae*）一书，并献给了默顿学院的督学、亨利·沃顿的门生布伦特爵士（布伦特是萨尔皮及其英国出版商的中介，同时也是内战中国会的支持者）。在此书中，劳斯歌颂了雅典的伟大，不过，他认为雅典的最高团体不是寡头制的战神山议事会而是大议事会，后者“类似于我们英国的议会，经过议会同意所有的法律都可以被废止、新立，私人的权利和所有物可以被改变，甚至宗教的形式也可以被创建……它和威尼斯的大议事会也不无相似之处”（p.107）。劳斯强调，雅典和威尼斯的议会都是通过选举产生的（虽然他的意思实际上指的是在全体
230 公民中由抽签产生的[p.108]）。此外，在这部书中还有许多雅典与威尼斯的对比（如p.120）。

在《系列谈》完成两年之后，帕克又于1644年10月出版了另一本著作《人民的正义》（*Jus populi*），这本书是他早先观点的系统化表述，其中选举问题占有重要的位置。帕克大量引述格劳秀斯的观点以证明，权威可以通过多种宪政程序实现，此外，人民还可以保留基本的抵抗权利。利益和必然性仍然是核心词汇——“我们坚决主张，必然性是政治的基础和目标”（sig. G2）。在此前一年完成的一本小册子中，他还曾提到，“国家理性是比法律更高的、更威严的东西”（*The Contra-Replicant*, sig. C1v）。这本书对政府的社会学基础的复杂分析类似于马尔维兹的主张。帕克认为，要统治一个幅员辽阔、有战争危险的国家，专制君主制是必需的，而对一个面积不大的、处于和平中的国家来说，专制君主制并不合适。帕克在帝国主义上的看法接近于威尼斯人以及17世纪20年代西班牙统治下的意大利人，他们都认为帝国主义是危险的：

> 政治家关于政府形式的争论简直是数不胜数……毫无疑问，分歧并不在于政府形式，而在于选择采取哪一种形式的国家……因为，只要国家还处于一个封建君主统治之下，战争就不可避免；战争不可避免，就需要军事化的统治；需要军事化的统治，法律就需要让位于自由裁决权；对那些参加过战争、经历过军事化的帝国统治的人来说，流血事件是再常见不过的。（sig. H2）

实用主义的考虑又一次支配了宪政的选择。

帕克在《人民正义》中主要讨论的是罗马史问题，关于这个问题的讨论使帕克的政治观点更加明确。

> 实际上，无论是君主制还是贵族制，都是民主制的某种衍生类型，他们都依赖于民主制。民主制也许并不是最好的政体，它不可能是一切国家在一切时间里的唯一选择，但是它是最自然的、最真实的政体；在某些情况下，它会带来极大的利益。不过，虽然罗马人的治理非常聪明、非常有效，但他们并不了解民主制所能带来的利益；他们的
> 部族会议刚好破坏了贵族制的秩序，很难形成自己的秩序和礼仪。整 231
> 个国家甚至包括无产者自己都不赞同选举制或代议制，他们一致信任的是权威的任命、法律的认可，而不是一大堆粗鲁、混乱、庞杂、无知的粗人的统治。（sig. I2）

也就是说，如果罗马人在他们的共和国植入一个经由选举产生的代议制政府，那么他们就能战胜直接的大众政治的危险，从而维护他们的自由。

值得注意到是，帕克对共和制是青睐的，他后来甚至认为英国从根本上说也是一个共和制国家，这起源于他在战前形成的判断：现代国家的基本特征即共和制。而在《造船费事件》中，他承认，英国与其他欧洲国家不同，因为在英国国王和人民享有同等的权力——"所有其他的基督教国家，在政体上都和我们不同"。不少国家曾经是绝对君主制，"可现在的世道变了，一种有约束的政府形式即共和制已经开始出现"（sig. B1）。或许是荷兰的经验让帕克相信，历史的车轮将如此转动。

帕克对国王和国会之间冲突的探讨，有一个突出的特点是，他没有使用混合政体的观念。16世纪人文主义的宪政主义者往往认为，英

国是三种古典政府形式的混合体（君主制、贵族制和民主制），它体现于国会中的三个等级（国王、上议院和下议院）。这种类比方式在当时颇为盛行，法国和德国都有类似的理论。17世纪早期的许多学者已经指出，中世纪的三个等级其实是指教士阶层，世俗贵族阶层以及平民阶层，国王是"三个等级的国王"（Opera III, col. 2038; Mendle, 1985, pp.11ff.）。这一发现在17世纪30年代颇受保王党人欢迎，因为这意味着，在旧的混合政体中，国王要占据一个更高的位置；不过，对于那些
232 准备以非宪政的方式反对王权的人来说（比如塞尔登），这并不是一件多么棘手的事情，因为，在他们看来，王国之中的各等级阶层实际上代表了一种与国王的私人利益相抗衡的公共利益。

国王的支持者如福克兰爵士（Falkland）与约翰·科勒佩普爵士（John Colepepper）等人意识到，采取混合政体理论更有利于国王的利益，1642年6月著名的《对国会十九条提议的答复》由此产生。国王的代言人曾如此道来：

> 人间的政府形式不外三种：专制君主制，贵族制和民主制。三者各有利弊。我们的祖先凭借他们的智慧和经验，为英国创造了混合三种政体的政府形式。这是人类可以想象的最高智慧，因为只要我们保持三个等级的平衡，就可以汲取三种政体之利、去除三种政体之弊……（sigg. C2—C2v）

国王的宣传员试图用现代的平衡政体理论在宪政主义者和非宪政主义者制造分裂，内战开始之初，他们就希望对法律秩序的关注能把人民引向国王而不是国会——尽管查理一世本人早已破坏法律在先。

虽然这一策略取得了部分成功，但数百年以来的欧洲经验一再证明，混合政体或联合政体的观念还是更有利于那些采取宪政的立场、并忠实于在王权结构中工作的反对者。这些人几乎都同情苏格兰人的

叛乱，因为加速内战爆发的、苏格兰人反抗查理一世的斗争，是一种典型的加尔文主义式的对王权的反抗，自布坎南（Buchanan）和霍特曼（Hotman）以来，这一幕已经不断重演。苏格兰人与16世纪70年代的加尔文主义者有相似的主张，他们都希望控制并限制王权，但对共和体制他们没有任何兴趣——毕竟，现代世界中最重要的两个自治共和制政府（一个是威尼斯，一个是奥登邦费统治下的荷兰）都强烈反对教会的自治。北海两岸的加尔文主义者思前想后还是认为，他们最好的选择是 233
继续和君主合作，如果可以有君主来反对宗教的自由政治——因此，荷兰的加尔文主义选择与奥兰治王室合作，而苏格兰人也不愿废黜查理一世。

英国的加尔文长老会虽然在17世纪40年代早期是国会中反对国王的力量之一，但他们同时也维护国王统治下的宪政体制。长老会成员中的杰出代表人物是教士查尔斯·赫尔勒（Charles Herle），他试图将传统的加尔文主义的政治理论与帕克的公共利益观结合在一起。1643年他出版了第一本著作《对菲尔纳博士的全面答复》（亨利·费内是一位曾对帕克的《系列谈》发起攻击的保王党教士）。赫尔勒认为，英国的确是“联合的或混合的君主制国家”（p.3），但是他开始使用一套全新的利益平衡的术语来论述混合体制。

> 由三个等级的混合体组成联合政府，其目的在于维护国家的**安全**。所有政府的目的都在于维护**安全**，而混合政体尤甚：王国的整体利益都体现在国会中，并与国王的利益纠缠在一起让国家更加安全。（p.7）

此处赫尔勒甚至使用了国家理性一词，“国家的理性或者国家的智慧首先在于，避免让这个混合体制消亡”（p.8）——不过，赫尔勒的这种方法更接近于意大利或德国的亚里士多德主义而不是真正的塔西佗主义。

在赫尔勒看来，在英国式的联合君主制中，一旦有某一派力量发起攻击（比如国王），其他派别有权抵抗并迫使它回到原先的法律体系中去。这类建立有限君主制的想法一直是长老会的核心观念，其主要表现就是《神圣同盟公约》的第三条。1643年2月苏格兰人和英格兰长老会通过《神圣同盟公约》成功控制了英国国会。当然，这也是让苏格兰人加入反查理一世斗争付出的代价之一，苏格兰人极大地帮助了他们夺得英格兰东北部的煤矿区，保王党人对那片地区的控制曾使伦敦经济几近崩溃。《神圣同盟公约》第三条宣称，“我们将尽力保全国会
234 的权利和王国的自由，同时捍卫国王陛下的人格和权威”（Rushworth, *Historical Collections* V, p.478），此后数十年，革命的批评者总是苦涩地重提这段话。同时，这种政治立场极为全面的版本则出现于另一位长老会领袖菲利普·亨顿（Philip Hunton）笔下，他的《论君主制》是17世纪40、50年代最具权威性的著作。与赫尔勒不同，亨顿很少使用利益一词——在这本长篇大论的论述中他仅仅提到过两次，而且从没有展开论述。

17世纪40年代中期，长老会方面出现了包括亨顿此书在内一系列的有分量的权威著述——比如威廉·佩恩的《国会主权论》以及1644萨缪尔·卢瑟福（Samuel Rutherford）的《王法》——英国长老会的理论体系由此逐渐完备。它有别于帕克及其后继者的非长老会国会学说，相对更为强调混合政体的作用，但是贬低了选举制和代议制的作用。赫尔勒从没有提到选举和代议，亨顿则小心地指出，只有下议院才能代表人民。在混合政体理论中，国王、上议院和下议院拥有集体的合法性，他们的权威并非来自选举或代议而是源自英国人民对这种政府形式的共同承诺——这其实也是所有的非选举制政体的共同基础。

不过，除了长老会的忠实支持者外，帕克对选举和代议的强调引起了很大反响。其中最具代表性的是纳撒尼尔·培根（Nathaniel Bacon）所著《英国政府史》（1647）。理查·巴克斯特认为，此书与帕克、亨顿

的著作并属，国会方面最重要的著述（*A Holy Commonwealth*, p.458; 参见Weston和Greenbery, 1981, pp.66—67），甚至到17世纪晚期18世纪早期此书仍然在激进的辉格党人中广受欢迎。相较于上述论战中人，培根介入政治更深，他是“东郡联军”的委员会主席，从1644年开始以剑桥为基地为联军提供财政和行政支持（东郡联军后来1645年新模范军的主体）。培根曾是职业律师，1645年代表剑桥大学成为下议院的 235
新一届议员。尽管后来被普莱德排除出议会之外，培根还是于1649年6月重新成为残缺议会的议员。有理由认为，他赞成1649年之后的政体（Underdown, 1971, pp.289）。在这段时期，他成为共和国的首席大法官以及克伦威尔摄政政府中的申诉官。在“英王空位时期”，培根完成了一部论伊普斯维奇市政府的书，并广泛参与城市事务的管理（*Annals of Ipswich*, pp.iv—v）。

约翰·沃恩认为，培根的《英国政府史》（1651年第二部分出版）其基本观念来自塞尔登，这本书和塞尔登早期论英国宪政的著作《盎格鲁不列颠考》有不少可参照之处。《英国政府史》考察了从古至今的英国政府的基本特征，在其致上议院和下议院的献辞中，培根很明确地表达了他的立场倾向：

> 君主制的概念脱胎于言行中的野心（17、18世纪的版本此处改为“绝对君主制”）。只是，身处君主制中的人们，早已忘掉了它最初的动力，就像人们追逐魔法石，最后却无非是在捕风而已。或许更应该说，这个世界上，最完美的政府形式还是要靠利益的合理分配，继而混合为一个合适的政体。（sig. A4v）

与塞尔登在《盎格鲁不列颠考》的观点相似，培根同样认为，罗马人到来之前的不列颠人实行的是共和制而不是君主制。培根以共和主义的方式阅读塔西佗对日尔曼和高卢的阐释——这也是格劳秀斯在

《巴达维亚共和国古代史》曾经使用过的方法。培根引用了迪翁·卡修斯（Dion）的《塞维鲁斯生平》一段话，他认为迪翁的话说明了，“在不列颠，人们把政府掌握在自己手里，也就是说，不列颠的统治者不是国王，他们的政体也不是君主制，考虑到那时候世界还未开化，这其实也是极为平常之事”（p.2）。此外，不列颠自从福音时代便已皈依基督，这么来看，它几乎就是现代国家的更为合适的模型了。

根据塔西佗的叙述，盎格鲁萨克森人在他们征服不列颠之前，他
236 们在家乡也有某种类型的共和制；培根甚至猜测，他们是希腊人的后代，因为他们的政府形式极为接近雅典人的政体。

> 他们的国家分为数个郡或数个地区，政府由十二位首领组成，统领各个地区，如同雅典的地区制和执政官体制……十二位君主通过公民大会选举产生；他们在各自地区的司行其职，多在乡村和露天之地如同雅典设在乡村的“民众法庭”（Heliasticke）或“露天法庭”（Subdiall Court）。总之，他们的法律制度近于雅典，而在其他方面尤其是军事制度方面则近于斯巴达。（p.15）

一般来说，在遭遇外敌的紧急情况下，临时的军事首领往往就此成为国王，但培根坚持认为，国王是经由选举产生的，他们会在王国的大会上接受审查，大会的组成人员则包括贵族和自由民——而自由民是指农民或“乡村绅士”。虽然培根承认，有证据表明所有国民都有权参加大会发表他们的意见看法，不过在他看来，

> 我不认为，粗人有权力控制选出贤达人士；就是说，即便有，也是因为时代还处于某种蛮荒状态。法律总是由贤达之人制定的，这个原则并不是来自哪一个国家的实证法，而是出自自然的基本法则。最高的司法机构应该由“贤人议事会”设立，这并不是撒克逊人赋予的

> 光荣权利，而是出自自然的理性之光；不能让傲慢无知的人说上一句，“我向人民呼吁”，就剥夺了贤达之人的权利。（p.61）

自由民不但可以参加大会，而且还可以组成议事会，选举战时的军事领袖及和平时期的法官。因此，培根指出，

> 撒克逊人的共和国仿佛一座非常稳固、根基极为牢靠的建筑，无论在战时还是在和平时期都能做到齐心合力……他们的国家是美妙的联合体，从国王到平民，各部分之间总是能相互依赖相互扶持；他们的行政官员是从所有国民中选出的，他们的国王则是“选民中的选民”；他们的选举带来了尊重和美德；选举带来了爱和信任，成为共和国抵御灾难风险的基石；国民所选出的大人物并不期望得到什么回报，他们唯一能获得的就只是荣誉和尊敬，而这通常带来了对高尚行
> 为的回报。（p.112） 237

这幅英国政府的美妙画卷，我们可以称之为贵族制共和国：这种政体并不一定把君主排除在外，君主是“平等者之首”，是“选民中的选民”，换句话说，君主就是总统。长老会式的混合政体理论认为，君主有其独立性，其他等级与之形成平衡，这种观点培根并不赞成。他对经过选举产生的议会以及选举制原则本身的热情要远远超过对法律秩序的兴趣——尽管选举不可能没有“粗人”的参与。

培根认为，甚至在诺曼人的统治下，这种贵族制共和国的结构也没有完全消失。诺曼人在某种程度上确认了英国的自由权利——“英国人的自由体现在三个方面：首先是所有权；其次是确保所有权的法律；最后是应用法律的司法权力”（p.135）。在他看来，英国自由受到君主制的威胁始于13、14世纪；有趣的是，培根为此前诸世纪的贵族行为辩护，那些贵族攻击他们的国王是早先的政府权力的遗存。

> 我们国家最早的政府形式是一种混合了贵族制成分的民主制（历史为我们保留了许多证据）。（国王最初只是军事领袖），贵族最初同样有法律的执行权，他们的权利并没有被国王剥夺；国王也从没有得到过掌控一切的权力；贵族拥有的权力虽然需要得到国王的许可，但即便没有得到国王的认可，人民与贵族同样可以联合起来与国王对抗，失败的最终还是国王一方。（pp.222—223）

不过，中世纪的国王往往利用贵族的割据建立个人的权威（虽然不可能达到任意专断的程度）。培根在第一卷末尾曾对这个过程加以总结：

> 最初，诺曼时期的国王为了共同的利益与贵族联合在一起，他们之间的差距近似于贵族与自由民之间的差距。后来，国王开始取悦自由民，把他们引向一直盘踞在他们头上的贵族。但是如果贵族联合在
> 238 一起，结成党派反对国王以达到他们的欲望，这种差距将很难被克服。问题是，某些有野心的贵族（同时也往往是更受欢迎的贵族）开始追逐利益……于是，作为贵族会议中的协调者，国王最终又成为了国会的协调者。可是，国王和贵族对待自由民就像贵族对待封臣那样，他们滥用他们的权力；他们从没有试图争得自由民的同意，法律成了国王的工具。（pp.317—318）

除了这种方式之外，王权的兴起还得到了教会的帮助。《英国政府史》也强烈抨击了教会的权力尤其是主教制度；教会权威与君主权威的建立是同一个过程，二者相互制衡，缺一不可。

培根在第二版中记述了伊丽莎白时代的斗争。不过，1647年上议院对培根来说还是政体一个不可或缺的因素，1651年他却认为，

> 贵族阶层曾经为国王带来权威和权力，甚至国王对他们也不无嫉妒，但后来贵族的地位成了鸡肋，既不能给国王带来利益，也不再能为他们自己带来好处。现在，代表英国的是下议院，下议院不再是下等人的地盘，国王需要下议院对他的行为加以监督，国王必须维护人民的自由和法律；必须维护人民的公共利益……总之我认为，我们的国家是共和国。我们国家的未来是共和国，也将永远是共和国，或许我们会拥有我们的祖先撒克逊人曾拥有的幸福，“每个人凭他的正当权利而活”（塔西佗语）。（pp.306—307）

培根注意到，亨利四世治下国会的选举权开始限定于年收入在四十先令以上的恒产者，由于这一决定开始赋予大多数人以选举权，所以他对这一规定持肯定态度：“多数决议制的出现，让那些不识字的下层社会有机会凌驾于上层社会之上”；不过，“更加合理的应该是，把下议院的投票权赋予那些缴纳税务、并履行公共事务的人”（p.132）。
1651年培根为残缺议会做了相当有力的辩护，在他看来，残缺议会是 239
旧的国会选举体制下仅存的国家议事机构。不过，这一年出版的《英国政府史》第二卷与第一卷的内容并没有大的不同。早在1647年第一卷出版之时我们就已经看到，两年之后由某位政治家提到的“共和人”（commonwealthsmen）理念的雏形了。

需要着重指出的是，培根笔下的共和国严格说来既不是贵族制也不是民主制。与帕克等人相似，培根并不关注按照正统的政体范畴，英国宪制在严格意义上属于何种政体类型。相反他注意到，很难用某种正统的政体范畴来描述英国的政体。从某种角度来看，英国的最高机构是议事会，而议事会的成员皆是贤达之士，因此英国属于贵族制；可是，议事会同时也是选举的产物。当然，从当时的一般观点来看，选举并不意味着民主，因为古代的民主是以人民集会的方式实现的。17世纪

40年代，没有人希望英国以这种方式治理。正如格劳秀斯不知道该把他的理想共和国放在古典政治理论的何处，他的英国后继者也发现，要描述他们的共和国存在着问题。1651年首席检察官约翰·库克（John Cook）在查理一世的法庭上宣称他的理想国家是"选举贵族制"（sig. A4），这或许是一个相对妥善的表述。

英国共和体制中国王和通过选举产生的首席领袖长时间并存的局面，是实用主义的立场，但是这种政体的至高权力和选举制特点不是。本世纪的历史研究过于强调在"非长老会的国会派"中发生的戏剧性分裂，往往容易忽视这个体制的首要特点。历史学家极为重视平等派运动，"军事委员会"秘书威廉·克拉克（William Clarke）1647年逐字逐句记载的普特尼（Putney）会议上发生的论争，吸引了太多历史学家的眼光。的确，我们从没有见过欧洲其他地方发生过如此复杂、如此激情四溢的高水平政治论争。事实上，"普特尼论争"已经成为20世纪英国
240 内战研究的核心。不过，我们必须极为小心地诠释，不能过分夸张其中的理智分歧。为此，我将首先考察普特尼争论的政治背景。

从1644年开始，国会派阵营中的反长老会派就开始关注英国国会的领导权问题。长老会与苏格兰人的联盟一度让长老会在军事上占了上风，纽卡斯尔侯爵所率王军的失败以及伦敦煤炭供应的缓解都加强了长老会的势力。不过，新模范军的成立重新建立了势力的平衡，因为新模范军是为"独立派"所控制的军事力量，而独立派一开始就是作为长老会的反对派联盟而闻名的。"独立派"一词最初指的这样一些宗教人士，他们支持松散教会组织，主张不同的宗教组织有权选择他们自己的神学立场，国家可以监督宗教活动，但不能把任何宗教立场强加于公民；因此，独立派事实上非常接近荷兰在非加尔文主义时期采取的理论和实践——格劳秀斯就是其主要的支持者之一。

对长老会的反对派来说，最能体现长老会在国会中的权力的一件事是，1645至1646年间长老会对李尔本（Lilburne）采取的一系列

行动。李尔本出生于达勒姆郡一个富足的律师世家，在拉丁语法学校接受过很好的教育，但并没有上过大学。与平等派的许多成员类似，李尔本曾接触过现代的人文主义思潮——平等派中的威廉·沃尔温（William Walwyn）曾阅读过蒙田和塞涅卡的著作，并且也在文章中大量引用过他们的文字（*The Leveller Tracts*, pp.362, 364, 366, 367）。李尔本认同独立派的宗教观点，积极投身国会反抗国王的战争。他拒绝接受"神圣同盟公约"，并退出新模范军，此后，并迅速加入佩恩领导的针对长老会的斗争。1645年他曾数次接受下议院委员会的审查（入狱一次）；1646年他被上议院判处七年徒刑并送入塔狱。1647年当独立派和军队控制国会之后，李尔本被释放。李尔本事件是用以责难长老会的 241
把柄之一，其后几年的宣传小册子一再借此鼓吹，国会已经不再是人们的代表。用平等派的成员之一理查·奥弗顿（Overton）一本书的书名来说，我们"建议解散堕落的英国下议院、建立真正的人民代表体制"。

不过，对这种诉诸英国人民的主张必须有清醒的认识，我们不妨将这种主张与从对长老会的攻击加以比较，最初看上去它们存在着不少相似之处。1645年，一个伯克郡的保王党人威廉·鲍尔（William Ball）出版了一本书，名为《依法统治及国家管理》。他认为，如果国会立法剥夺个人财产，那么

> 面对如此巨大的灾难，各郡、各市、各镇起初可能是请愿恳求；请愿恳求无效的时候，他们会抵制抗议；抵制抗议无效的时候，他们就会用武力保护自己；如果王国的代表开始用武力捍卫国家、捍卫自己，这难道还不足以说明问题？（sig. C1）

回应鲍尔的人并不是期待中的长老会成员，而是后来提出选举贵族制的约翰·库克，当1646年李尔本面对上议院审查时，他曾担任李尔本的顾问。在他对鲍尔的答复中，库克坚持认为，国会有权决定英国境

内任何财产的归属。不过，常常为人忽视的是（也包括我自己的前一本书），在平等派的宣传小册子中，从没有出现鲍尔所主张的观点。同时，也并没有出现地方团体有计划地用武力反对国会的情况，这只是“棒民”的意识形态宣传——“棒民”是当时的“中立派”，1645年在若干郡县（包括伯克郡）起义，他们出于维护传统地方主义的目的反对国会的军事和金融压榨（Morrill, 1980, pp.98—111）。鲍尔的著作很明显是为“棒民”的行动辩护，而他的前保王党人的身份表明了许多“棒民领袖”原是保王党人。

另一方面，平等派跳过国会诉诸人民的立场，表明他们意在重新举
242 行大选。李尔本在1645年《英国的天赋权利》中问道，既然“巨大的党派利益”已经败坏了国会，“在困苦中劳作的英国自由民为什么不能保卫国会和他们自己的自由和天赋权利？为什么不能每年重新选择国会成员？为什么不能让已经当选的国会议员每年接受质询？为什么不能重新举行选举？”（sig. E1）与其他长老会的反对派相似，李尔本和他的追随者非常重视选举制和代议制，而威廉·鲍尔对此则毫不关注。鲍尔并不在意英国议会是否是选举制和代议制的议会，他在意的是，对任何形式的议会权力都必须加以限制。很明显，库克赞同李尔本、同时他们都反对鲍尔，因为他和李尔本都相信，只要国会采取的是选举制和代议制的形式，那么国会就享有至高无上的权力。

1647年，国会中的独立派偕同议会军领袖决定彻底摧毁国会中的长老会势力，他们与平等派的关系则相对要和谐一些。6月14日，一份名为《托马斯·费尔法克斯及麾下兵士的呼吁》实际上可能出自艾尔顿手笔的文件，首先宣告了军队对现存国会的态度；7月中旬，经过雷丁的长期争论之后，军事议事会起草了一份基于《呼吁》的的文件，名为《军队提案纲要》，表明了军队与国内各方面势力的妥协（*Puritanism and Liberty*, pp.422—426）。《军队提案纲要》主张：每两年举行一次国会选举；重新确定选举权资格（没有相关细节）；政府权力归属于国务会

议（Council of State），国务会议成员由国会任命。国王的地位相对而言并不明确，但国王独立行使的权力受到了严格限制（比如，所有人员的任命都需要经过国会或国务会议的同意）。国王的地位类似于尼德兰联省共和国的“执政”（Statholder），荷兰同样有国务会议，国务会议向统一的全国议会负责，国务会议与执政的关系同样非常复杂。我们很难了解《军队提案纲要》形成过程产生的争论，不过，可以确定的是，243
他们最终一致同意建立由十二名高级军官和十二名“鼓动员”（即平等派的代言人）组成的军事议事会。其中克伦威尔军团的鼓动员说了一段千真万确的话：“我想您应该知道，我们还是些年轻人，我们还不知道提交给我们的东西目的何在，对我们听到的东西，我们还不知道如何判断有何重要之处”（*Puritanism and Liberty*, p.421）

1647年夏季，军队按照原定计划向长老会发起进攻。6月16日，军队逼近伦敦，提出了对十一名长老会议员的起诉。7月，十一名长老会议员退出下议院后，伦敦的暴民冲击议会，国会被迫撤至军队的营地科隆布鲁克（Colnbrook）寻求支持；其后，长老会十一人重返议会，并与国王签订更加妥协的条款。8月6日军队进驻伦敦，十一名长老会议员再次潜逃（Underdown, 1971, pp.81—83）。在这段革命岁月里，军队内外的平等派与军队高级军官在《呼吁》和《纲要》的原则之下形成了某种意义上的统一战线。

在现代历史学家看来，《呼吁》和《纲要》是军队的底层士兵向高级军官施压的产物，在这种压力之下高层军官才不得不放弃了他们习惯的保守主义立场，不过，情况可能并非如此。作为这场反长老会斗争的要旨所在，《呼吁》和《纲要》是反对长老会斗争自然而然的共同平台。在军队进驻伦敦之后，胜利一方的阵营里才出现了一些内部的紧张——平等派（包括李尔本，他直到11月才从塔狱获释）表达了对“贵族”的缓和态度的关注，他们注意到，“贵族”试图同国王妥协。10月军事议事会为此在普特尼教堂召开了一次会议，讨论平等派关注的现

象，尤其是约翰·威德曼（John Wildman）在10月15日发表的小册子《军
244 队陈辞》。魏德曼在《陈辞》中提到，“无论对军队还是对这个国家被压迫的人民来说，我们都没有感受到任何有效的作为”（*Puritanism and Liberty*, pp.443—445）。在讨论过程中，平等派提出了一份新文件，这就是起草于10月29日发表于11月3日的《人民公约》，他们的自己观点在《人民公约》中得到了体现。这些相关讨论就是所谓的“普特尼论争”。

这份文件有一个非常重要但常常为人忽视的特点：这是现代欧洲早期极为罕见的一份逐字逐句记载的文件抄本，克拉克对普特尼论争的纪录是其中最早的一批。明显的例子就是国会日记，不过，即使是最详尽的国会日记也很难在深度和广度上达到克拉克的水平。而另一类例子即佛罗伦萨的账簿也很难与克拉克的记录相提并论。克拉克之所以一字不差地记录争论，很可能是因为平等派中形成了一种在小册子上记录讨论内容的习惯——不管是军事议事会内部的讨论还是和军队外贵族的讨论（参见*Puritanism and Liberty*, pp.342—350）。具有讽刺意义的是，给后来的历史学家带来极大方便的克拉克档案，最初也有可能是对付平等派的工具。当然，要考察这份记录的真正起因，还需要进一步的研究。

普特尼论争的第一部分，首先记载的议题是，是否需要重议7月拟定的《军队提案纲要》，但议事会最终同意讨论平等派领袖提出新条款。平等派的《人民公约》的第一条宣称：“英国人民被郡、市县、镇在国会的选举权利是不平等的，应该得到更加平等的分配”。《军队提案纲要》的第一条则声称：

> 国会下议院的名额应当平等地分配给王国的每个郡、每个部分，
> 245 应当根据平等或比例的原则、按照各自的税赋多少，让所有的郡都可以选择他们自己的国会议员，使国会下议院成为整个国家的平等代表。（*Puritanism and Liberty*, p.422）

很明显，两份提议之间存在着一些差别。亨利·艾尔顿曾这样解释《人民公约》的意思：“每一个居民都应当被平等地对待，在选举中所有的人都应当有平等的发言权”（ibid., p.52），他的解释得到了平等派的认可；平等派的代表人物之一托马斯·雷伯勒（Thomas Rainborough）对此有过一段著名的论调：“在英格兰，即便是赤贫者也应当享有与至尊者一样的生活”（ibid., p.53）。

20世纪的内战史研究已经在艾尔顿和平等派之间发生的争论上投入了太多的笔墨。艾尔顿是富有的诺丁汉绅士，1626至1629年他曾在牛津学习艺术课程，并一度就学于中殿律师学院，不过他并没有获得律师资格。他的“虔诚”和“学识”得到当时人的公认；拉德洛（Ludlow）、西德尼（Sidney）等人对他敬佩有加。艾尔顿在普特尼主张限制选举权，我们曾在培根那里看到过类似立场：“只有那些与国家有永久固定利益关系的人才有选举的资格”（p.54）——事实上，“利益”一词贯穿了整个讨论。艾尔顿虽然没有阅读过格劳秀斯和塞尔登的书，但是他的观点似乎受到了这两人学说的影响，他认为，如果他的对手谈论的是天赋的选举权利或自然权利（虽然后者在普特尼论争中很少出现），那么“根据同样的自然权利，他对任何事物——食物、饮料、服装——都有同等的自然权利，为了他的生存，他同样可以利用它们。他有占用土地的自由，他有做一切能使过上自己体面生活的事的自由”（p.58）。后来，他甚至对选举权是否是自然权利产生了怀疑，因为它“并不是保全自己生命的必要条件”（p.63）。

艾尔顿的反对者中，没有任何一个人否认（除了并不是平等派核心 246
成员的马克西米安·佩蒂）他们希望得到人所共有的选举权。这其实是平等派自17世纪40年代中期开始以来一个公开的方案——例如，李尔本在1646年的小册子中提到，1430年的相关法律条文是“有限制的、不公正的”，每一个自由的人都应该有选举权（Thomas, 1972, p.64）。1651年，培根对1430年以来的有限选举权的推崇是整个选举权问题的讨论中一个相当重要的贡献。而平等派坚持认为，一个人必须选出自己的代表者才能称得上代议制，国会如果要获得其真正的合法性，就必须建立在普遍选举权的基础上。

最近两位学者的研究已经表明，虽然有限选举权在17世纪运转良好，但它并非完全没有可能（Thomas, 1972; Hirst, 1975）。在某些重要的市镇选举权已经几乎涵盖所有男性公民，甚至如德维斯（Simonds D'Ewes）这样的保守主义者也开始以某种平和的心态考虑放开选举权。不过，平等派同时也因为这个问题最终把军队推向了分裂。独立派的随军教士休·皮特斯也曾参加了普特尼论争，他一再建议，关于选举权问题应该寻求某种妥协（*Puritanism and Liberty*, pp.68, 73），事实上，这个问题最后是拖而未决。"拖而未决"的意义非比寻常：因为，贵族与平等派之间的分歧实际上并不是一个决定性的分歧，正如培根所指出的那样，1430年的法律条文在英国宪政史上也并不是什么决定性的转折。整个争论最终的基调是实用主义的考虑，争论中的每个人或许并不能对议会选举制的问题取得一致看法，但是所有的人都同意最终的实用主义解决方式。

当争论的话题转移到《军队提案纲要》中提出的政府结构时，关于国王和上议院的问题也存在着类似的实用主义考虑。《人民公约》提出，所有的行政机构都应当隶属于选举出的代议制机构，"不应当听从其他任何人的调遣"（ibid., p.444）。艾尔顿自己则不赞同《军队提案纲要》中提出的上议院和国王对下议院的立法有否决权（pp.92ff.），最后，讨论又一次妥协，决定成立一个委员会起草双方都能接受的方案。
247 最终的方案在某些方面接近于《军队提案纲要》中的立场（即政府由国王和国务会议组成），关于选举权问题则达成了以下妥协（这段文字的语气充分体现了会议中出现的争论和妥协）："本次国会结束之前，下议院应当决定，哪些人有选举资格，哪些人有当选资格。下议院的决定应当尽可能扩大公民的自由，同时也应当考虑到平等以及目前的政治体制”（*Puritanism and Liberty*, p.450）。

不过，无论如何，一年之后此类方案才有实施的可能。1648年1月的不分区域投票之后，国会决定不再与国王妥协，看上去共和国就在眼前了——克伦威尔和国会下议院中一些头脑清醒的议员如埃德蒙特·拉德洛的确讨论过1月成立共和国的可能性，不过，克伦威尔一直对此闪烁其辞，没有最终表态；他认为，“能够提出来讨论的都是有利的情况，而不是不利的情况”（Ludlaw, *Memoirs* I, p.186; Gardiner, 1886, III, p.296）。克伦威尔总是能准确地判断政治形势：他和他的支持者并不指望控制整个议会，1648年的局势事实上非常复杂，王党失败之后各种势力的权力角逐既造成了部分的合作也造成了军事的对抗（最终导致了“第二次内战”）。某些独立派的旧的领导人（如帕克的恩主赛耶爵士）失去了勇气，他们同查理一世重新签订了一份与1647年7月的协约完全不同的《新堡协定》（*Treaty of Newport*）。这份协定除了规定查理一世将军队控制权交给国会二十年，并在英格兰采纳同苏格兰相似的长老会教会组织之外，君主制本身几乎没有大的变动。任何一个参与1647年方案的人都对这一协定极为不满，军队领导人决定终止协定。

1648年11月，军事议事会提出了一份由艾尔顿起草的《抗议书》（11月20日提交国会下议院），其基本立场与1647年《军队提案纲要》大致 248
相似，只是多少走得更远了。《抗议书》首次提出了以选举的代议制为基础的君主国；虽然选举权问题仍然悬而未决（《抗议书》仍然要求平等地分配选举权），但有意味的一条补充条款是，国务会议有权“处理贸易、安全、预算平衡等相关问题”（*Puritanism and Liberty*, p.464），国务会议作为一种向新共和国过渡的机构，其地位总体上并不清晰。不过，《抗议书》最为重要的提议是，查理一世应该接受审判。这是第一次以书面表述的审判查理一世的提议。

对艾尔顿最初的提案，平等派又一次持保留态度。《抗议书》最终体现了平等派的部分意见。甚至在《抗议书》提交国会之后，艾尔顿和平等派之间仍然就宪政体制的实施有过长时间的讨论。平等派极为担心国会被赦免，而赦免之后的国会又重新凌驾于政府之上。艾尔顿在这段时期也同寻求新的选举办法。但12月5日国会投票表决赞同“新堡协定”之后，军队方面认为，为了避免这份国会议案生效，有必要在重新大选之前对国会进行一次迅速的清洗。艾尔顿勉强同意了第二天的清洗行动——这就是历史上著名的、以带兵军官托马斯·普莱德命名的“普莱德清洗”。值得注意的是，是否需要对国会进行清洗，并不是共和党人和非共和党人之间的争论，比如后来幸存的最重要的共和党人之一拉德洛就主张对国会进行清洗，但平等派对此却持相反意见（Underdown, 1971, pp.129, 142）。

共和国在清洗行动之后不久宣告成立。不过，军事议事会又一次需要考虑新的宪政形式，这一次的讨论记录为1648年12月的“白厅论争”（Whitehall Debates）——后来这一论争也收入了克拉克档案。平等派提出了第二份《人民公约》，其中包含之前达成的妥协条款：现在，选举权应当

> 属于所有英格兰的居民；现在签署这份条约的人，不是来接受谁的施舍，他们之所以这么做是为了穷人的解放；他们并不服务于某一个特殊的人，也不从那个人那里领取报酬……只要他们超过21岁，他
> 249 们就有选举权。（*Puritanism and Liberty*, pp.357）

这一次的提案提出国务会议的成员无需经过选举产生（虽然代表成员需要是国会成员，但正如昂德敦指出的那样，这时候“并没有明确的立法和行政分权的意识”[p.199]）。这份协定一直没有公布，但它却是1月20日递交国会成立新共和国的议案的蓝本。

2月7日，国王处决之后的第八天，英格兰共和国宣告成立了。下议院宣布，“我们的国家不需要把权力赋予某个单独的人，国王这个职位

对这个国家的公共利益、自由以及安全来说都是危险的、不必要的、令人难以忍受的；因此，国王必须被废除”（Gardiner, 1894, I, p.3）。“利益”是这份共和国的重要文件的关键词，而新国家的公共修辞也同样来自新人文主义。最令人惊叹的例子是在纽卡斯尔——夺得此城对击败国王起到了重要作用，它的拱形桥门上刻有一段塔西佗的引文，“有君主，无自由”。共和国的许多修辞语言出自亨利·马腾爵士，他自从战争开始后就是共和党人的忠实支持者，他也是平等派的盟友之一；他对新人文主义钻研颇深，青睐于斯多亚主义，他的腔调有时与蒙田相似；一般认为，马腾的倾向不具备代表性，因为他在1643年3月就已经被逐出国会；而当时马腾就已经指出，为了结束战争，必须把国王和他妻子送上断头台（Gardiner, 1886, I, p.238），这一观点比一般的共和主义立场更加令人吃惊。要知道，即使到1917年俄国革命时，要公开处决沙皇还是一件极其困难的事情。但在1643年，马腾的共和主义也绝不是什么完全不可思议的事情。（对于Marten, 参见Williams, 1978）

1648至1649年的革命是否被背叛了？一方面，1月20日提交国会的方案并没有得到实施，残缺议会统治英格兰直到1653年被克伦威尔解 250
散。另一方面，残缺议会从它开始统治之日起就饱受平等派的攻击。令人吃惊的是，当共和党人，如拉德洛和西德尼回顾这一段经历时，他们都认为直到1653年共和革命才被背叛（Ludlow, *A Voyce*, pp.69—70）。平等派反对残缺议会的事件往往被夸大和误解：他们只是认为（尤其是1649年2月李尔本的《英格兰的新锁链》），1月20日的提案“缺少实际的东西”（*The Leveller Tracts*, pp.157—158）。李尔本和他的朋友们特别关注的是国务会议可能带来的压制，“他们已经拥有海军和陆军的力量，如果他们腐败了，他们完全有可能变成无比强大、不负责任的腐败者”（ibid., p.158）。在《英格兰队新锁链》中没有任何关于选举权的讨论，也没有对新共和国基础的讨论。国务会议的问题最终造成了平等派和其他共和党人之间的分裂。任何一个对大众政治持保留意见的人都不会反对国务会议，因为它非常适应选举的贵族制。因而，最终即便是马腾这样的人也有保留地接受了国务会议的组成成员，平等派在12月也接受了国务会议。

国务会议还是一件小事；1649年3月26日，克伦威尔曾提到一句非常有名的话："你不除掉他们，他们就会除掉你"，这句国务会议上的发言才是问题的要害所在。不过，在平等派开始警惕国务会议之际，1649年4月至5月间又发生了一系列起因于付饷问题的士兵哗变事件，使得事件更加复杂化。哗变事件后来被镇压下去，但这并不是通常所说的一帮寡头分子对真正的共和主义的毁灭性攻击；在残缺会议中工作的共和主义者是否像平等派一样是英国共和主义的原则的真正支持者，的确是一件很难说清的事。事实上，又一次卷土重来的亨利·帕克就对此持怀疑态度。自从1646年他的政治庇护人赛耶伯爵倒台之后，帕克委身于汉堡的"商业冒险家协会"，并成为一名重商主义的鼓吹者，在《论自由贸易》(1648)中他主张，无限制的自由会败坏公共利益，因此需要有组
251 织的商业行为："虽然一千个人有一千个人的利益……但许多人并不希望看到外国的权威……在同一个政策下，就有可能有一百个商人联系起来、团结在一起"(sig. C3v)；"无论是好战的君主国还是商业的共和国，都会紧紧抓住一切有利之处，似乎什么也无法遏止它们对财富的权利，除了利害得失，没有什么真正的荣耀之事"(sig. C4)。1651年，在回国两年之后，帕克出版了《苏格兰神圣战争》，攻击苏格兰长老会并为新成立的共和国辩护。在这部书中，他的那套旧理论不露痕迹地又重新回来了(比如他又一次重复了有限自由的论证)。此时，其他一些学者如亨利·罗宾逊(《简论贵族制政府与君主制政府》，1649)以及约翰·库克(《非神所创的君主国》，1651)也都采取了和帕克相似的立场。库克还在书中赞颂了刚刚去世的艾尔顿(sigg. 1ff.)。他一度和拉德洛过从甚密(Ludlow, *A Voyce*, p.76)。

在这些为共和国辩护的著述中，有一部主要著作是面向欧洲读者

而作。这就是约翰·弥尔顿的《为英国人民声辩》。弥尔顿是国务会议的拉丁秘书、最典型的人文主义诗人，他推崇塞尔登和格劳秀斯，同时私淑塔西佗，反对加尔文主义的长老会。在《为英国人民声辩》一书中，弥尔顿面对欧洲的人文主义读者极为清晰地表达了共和国的立场。当时，格劳秀斯的老朋友克劳迪乌斯·萨尔马修斯曾指责英国处决国王的行为，对此，弥尔顿比较了英国革命与最近发生在尼德兰的“废除执政”事件，他指出，萨尔马修斯背后是刚刚死去的弗雷德里克·威廉（威廉二世死于1649年，他的突然死去让荷兰大议会顺水推舟废除了执政一职）。

> 请你们自己想想，想想你们伟大的尼德兰联省共和国，想想是谁策动这个王权拥护者写文章，是谁不久前企图在你们中间立一个王……如果不是那位年轻绅士的突然去世，奴役的命运和新的君主是不是已经为你们安排好了呢？你们经过多年战斗争取到的自由，是不是又濒于危殆了呢？（*The Prose Works* III, p.109）

在这段时间，比较两国发生的事件是相当常见的。荷兰支持奥良治
家族的学者博克斯霍恩（Marcus Boxhorn）曾注意到，塔西佗主义式 252
的共和主义对英吉利海峡两岸的影响。在1649年的著作《论国王的尊严与特权》中，博克斯霍恩一方面攻击了英国对查理一世的处决，另一方面，在一处对塔西佗的评论中他提到，塔西佗在“自由”（libertas）与“支配”（principatus）之间做出的区分是错误的——因为，在任何政府形式之下自由都是有可能的（pp.3—4）。

实际上，弥尔顿花了不少篇幅与萨尔马修斯讨论塔西佗的自由问题。弥尔顿认为，塔西佗是“僭主最大的敌人”（*The Prose Works*, p.228），他引用了不少塔西佗主义关于僭主压制自由的论述。和其他的英国共和主义者相似，弥尔顿对大众政治并无好感：

> 真正的人民权力就体现在议会中更好、更健康的部分，如果是他们做出的决定，为什么不能说是人民做的呢？假如大部分议会成员选择做奴隶、出卖政府，那么少部分议会成员如有可能应不应当制止这种行为，保护自己的自由？……我们感谢这些官员，并不是因为他们不图国家之利，而是因为他们击退了伦敦市民和工匠中的暴乱分子，那些暴民就像当初聚集在克劳狄乌斯身边的乌合之众那样，竟试图围攻议会。（Ibid., pp.242—243）

许多学者已经注意到弥尔顿学说中的“贵族制”主题，它和英国与荷兰的共和主义理论颇为合拍。不过，与帕克、培根以及艾尔顿相比，弥尔顿明显不太看重选举的作用，因此，1653年之后他继续在政府中工作（这一点弥尔顿明显有别于其他残余议会的支持者），甚至为克伦威尔的护国政体辩护。

宣誓服从派的学者

从国民利益的角度为新政体的共和主义特质辩护，首先需要确立的是对选举体制的信心，也就是说，经过选举产生的国会成员的确代表了国民的利益。在塔西佗主义看来，非选举的大众民主政治会会走向人民利益的反面（这一点甚至也为平等派所接受）；而选举式共和国比个别的君主更能保护公众的利益。不过，在英国革命时期表达出的
253 主题中，这种乐观的、建构式的新人文主义只是其中之一。经过数十年的内战之后，与60年前荷兰内战引发的情绪相似，17世纪40年代的英国也出现了一种类似的观念：即对个人参与政治的悲观以及对无政府状态的厌倦。需要强调的是，荷兰内战时期基本没有出现共和主义的选项，相对而言，英国的政治悲观论者则更多体现为对共和主义的基本

原则即选举体制的怀疑。这其中最重要的人物当然是托马斯·霍布斯，不过，他的立场和思想方法相当复杂，与当时的其他学者都有明显的不同。更为典型的例子是安东尼·阿斯堪（Ascham）的心理历程。

阿斯堪出生于林肯郡波士顿的一个富裕的商人家庭，曾就读于伊顿公学（同一时期《阿提卡考古》的作者劳斯也在此就读），1634年十六岁时进入剑桥的国王学院就学。1637年成为国王学院的助教。19世纪改革之前，剑桥大学国王学院的传统极为重视人文主义的学习，阿斯堪在此接受人文主义的教育并担任助教，一直延续至内战期间。虽然在曼彻斯特伯爵对大学的清洗运动中，国王学院的教务长被逐出，但并没有多少人站在曼彻斯特伯爵一边，因为新教务长本杰明·惠奇科特（Benjamin Whichcote）对意识形态上的离经叛道持相对宽容态度（他自己拒绝接受《神圣同盟公约》，并保护有类似立场的人）。惠奇科特有可能在1649年后写过一份担任教务长一职的个人备忘录，其中阐述了他之所以接受教务长一职的理由。这份备忘录提醒我们，1649年前，当时的人在很多方面都会遭遇到是否服从一个篡权者的问题。惠奇科特的理由与阿斯堪后来罗列的理由非常相似：

> 1、因为统治权在他们一边；2、因为，他们的权力是无可置疑的，我的保障只有依赖于他们；3、不是我想出来的，时代就是这样；4、某个我关注的人邀请了我或乐于接受；5、他们的必然性要求我这样，我服务于他们的必然性……9、……这是一个具有普遍性的错误，无论何时何地都会发生的错误。（*The Ancient Laws of the*
> *Fifteenth Century*, pp.290—291） 254

阿斯堪后来被认为在战争开始时是长老会成员，不过从他最初进入公众视野的时机来看，他的立场并不是那么坚定。1646年6月他被国会选为国王的小儿子、十三岁的约克公爵（也就是后来的詹姆斯二世）的私人教师——当时，牛津被国会方面的军队占领，约克公爵被俘。约克公爵被俘时，国王子女当时的监护人是诺森伯兰伯爵，伯爵对西斯敏斯特的长老会成员总体上持怀疑态度。而负责国王子女教育事务的诺森伯兰最终选择了阿斯堪担任这个人文主义的职位。在担任约克公爵的私人教师期间，阿斯堪完成了一篇论婚姻与离婚的相关论文，主张仅仅基于世俗的或实际的理由，离婚是不被允许的，同时他还认为，孩子的教育中需要一个教父的角色；“国家理性”的词语已经运用于家庭内部的管理策略中了。

1648年4月，约克公爵逃离圣詹姆斯公园，秘密乘船抵达泽兰。三个月后，他的私人教师阿斯堪发表了他的第一部著作《论革命或内乱时期该当如何检验何为正当的行为》。这部作品得到了广泛关注（Zagorin, 1954, pp.64—67; Coltman, 1962; Wallace, 1968, pp.30ff.; Skinner, 1968和1972），因为，一般认为这本书第一次阐述了内战时期著名的“效忠论”（loyalism）或“事实论”（de-factoism）的立场，即主张无论什么样的政府，也不管现政权的权力来源是怎样的，只要它取得有效的统治，公民就应当效忠于它。阿斯堪此书通过对格劳秀斯的大量引证，要表达的主要观点就是这种效忠论的立场；不过，这本书的道德意味比它通常得到的赏识要复杂得多，实际上，这本书开篇表达了对共和主义的赞美——只不过，这种赞美还夹杂着一种悲观的和怀旧意味的情绪：

> 如果我能实现圣奥古斯丁的心愿，一睹罗马的伟大和光荣，我应当就能看到，世界上所有的国王都在元老院的台阶上接受审查和质询，质问他们是否尽到了王室的责任和义务。这里才有真正的最高主权。（sig. *2）

不过，他认为，元老院野心的膨胀同时也给世界带来了无休无止的战争，于是，结果只能是，“迎来了一个自我加冕的凯撒，他让这世界上的所有人也包括元老院都一并向他卑躬屈膝”。这是真正的塔西佗主义——价值上倾向于贵族式的美德共和国，但对其在一个充满野心和腐败的世界里能否得到实现却感到无比悲观。 255

从写作此书的1648年的语境来看，令人惊讶的是，阿斯堪从没有提及当时许多人主张的扩大选举权的举措。相反，他（明显追随格劳秀斯）主张（pp.11, 29），自我保全及获得生活必需品的基本权利就意味着：如果任何政府威胁到我的生命，我就有权对其做出反抗；同时，如果在内战中，对某一党派的忠诚威胁到我的生命，我也有权放弃对这一党派的忠诚。任何一种政府类型都不具有道德优先性（不过，他还曾说过，北方国家总倾向于共和制及混合的人民统治）。并不很清楚，格劳秀斯本人是否会赞同阿斯堪的观点。在格劳秀斯看来，为了公民社会的团结，个人有必要放弃自我保全的权利，当然，他也提出了不少限制性条件。阿斯堪分析至少在精神气质上是接近格劳秀斯的。

对阿斯堪来说，自我保全的权利既可以体现在个人层面也可以体现在社会层面。

> 每个人都权利处置他自己的东西：但一个政治体是否有这样的权利呢（这种权利是所其他权利的源泉）？……共同体不能随意做出改变：因为，任何一个共同体都有同一个目的，即整体的自我保存。（p.67）

阿斯堪在这一意义上极为接近独立派的代言人帕克与艾尔顿，甚至阿斯堪关于政府类型不重要的主张也和他们有相合之处，因为，我们曾指出，他们认为，宪政的形式只是一个实践上的问题。1647年10月1日艾尔顿在普特尼的发言看上去像是阿斯堪说出的话：

> 王权或贵族的政府形式，和世界上其他政府形式一样，都可能是最为公正的政府组织形式。“同意则不违法”。人是不可能故意犯
> 256 错的……而只要你承认，经过同意建立的政府才可能是公正的政府，那么具体何种政府形式才是公正的，我并不关心。以这种方式或那种方式建立起来的政府，取决于人民的自由程度。但无论怎样，所有的政府都必须为了人民的福祉。（*Puritanism and Liberty*, p.122）

艾尔顿和帕克还认为，人民安全的最好保障是建立一个由选举产生的、代议制的议会，而这却是阿斯堪不愿明确说出的东西。他很可能在1649年4月托名尤塔克图斯·菲洛德穆（Eutactus Philodemius这个名字字面意思是指“守纪律的民粹主义者”）发表了一本为共和国辩护的著作。这本书通过对格劳秀斯和沙朗的大量引证，为新共和国的合法性做了辩护，并强调政府的形式是不重要的。一位名为约翰·菲尔的牛津神学家很可能了解内情，他认为这本书的作者实际上就是阿斯堪（所以，他将哈蒙德对尤塔克图斯·菲洛德穆的回应当作哈蒙德对阿斯堪的回应[Hammond, *Works* I, p.ix]）。不过，这部著作的确比阿斯堪的署名著作表达了更多对现代世界的共和价值的同情——比如作者称英国议会“推选了贵族制的政府、任命了国会的管理者，它遏制了僭政，为一切真诚而有才能的人打开了一条上升的通道，他们由此可以凭借自己的美德走上荣耀和完善的道路”（sig. F1v）。

即便阿斯堪不是尤塔克图斯·菲洛德穆，也仍然可以发现另一些学者试图将阿斯堪的洞见与选举式的共和制理念结合起来，在他们看来，选举是一种让各种不同利益群体得到表达并取得妥协的有用方法。与尤塔克图斯相似，1649年这些学者被策动起来向大批长老会的受众解释，为什么服从新政府是必要的。其中最为典型的人物是约翰·杜里（John Dury）。杜里曾与格劳秀斯保持了一段时间的联系，他还自始至终是新教各派别团结的积极推动者，1649年3月他发表了《良

知决断案》，其中的核心论点是，如果“主权者”出自普通人自己中间，那么普通人就没有必要对政府的合法性加以质疑。这个论断在某种程度上同时承认了敌对的两方面的合法性。1649年末，他又发表了《对当前的“宣誓服从”争议的思考》，其中他指出，残余议会是经过选举认可的， 257

> 可以说，他们还是当前的统治者；那些还在下议院里坚守其位置的人是通过合法途径选出来的，从一开始起他们就是我们真正的代表……我们必须注意到，尽管这段时间内经历很多纷纷扰扰的事情，但任何政府形式的改变都不能取消我们赋予他们的权利。他们受我们的委托关注公共事务的管理，为公共利益而服务。我们赋予他们的权利是他们一切行动的前提和条件。（sig. D1）

不过，1649年春夏间仍旧有一些学者完全不关注选举问题，这其中就包括阿斯堪在内——这多少让我们对菲尔声称阿斯堪就是尤塔克图斯的论断有所怀疑。这些著作中首先面世的是老弗朗西斯·劳斯于1649年4月发表的《论服从当今政府的合法性》。奇怪的是，老弗朗西斯·劳斯正是阿斯堪在伊顿公学的同学小弗朗西斯·劳斯的父亲，从1644年起他就担任了伊顿公学的教务长一职（他出任这一职务是在大清洗之后，与惠奇科特出任剑桥国王学院的教务长大体相似）。尽管老弗朗西斯·劳斯在出版此书之前似乎并没有读到过阿斯堪的相关论著，但二者的精神旨趣却极为接近。此书开篇就引用了《罗马书》第十三节关于服从掌权者的著名段落，但其中许多简短的章节并没有涉及到神学解释的问题，而仅仅是记载了罗马和英国历史上一系列得到臣民服从的统治者的暧昧头衔。此书最后一页还引用了一些16世纪及17世纪早期的圣哲的言论，这些人主张，即使是“有名无实的僭主”亦即非法占据权威位置的人，普通人也无权表示反对。当老弗朗西斯·劳斯阅读了阿斯堪的论著之后，他修订出版的第二版明显采用了阿斯堪的论证，几乎同时，阿斯堪也出版了一系列小册子以支持老弗朗西斯·劳斯。该年11月，阿斯堪将他的第一部著作重新编辑出版，题名简化为《论革命或内乱》，增加了九个新章节；圣诞节过后，他又对其批评者做了一系列
258 回应。这是阿斯堪最后的著作；8月他被任命为“商业冒险家协会”驻汉堡的代理人亦即帕克一度出任的职位，但他没有就任。第二年6月，阿斯堪的忠诚终于迎来了回报，他被英国政府派往马德里，就在他抵达马德里的那一天，四个王室方面的刺客就将他刺死在马德里的街头。此前一年，伊萨克·德莱瑟在出使海牙时也遭受了同样的命运。在公众舆论看来，阿斯堪和德莱瑟是共和国中两个伟大的殉道者——不管阿斯堪在多大程度上是共和主义者。

1649年10月，残余议会决定在所有政府工作人员里执行“宣誓效忠”决议，1650年1月又将执行对象扩大到所有成年男性。这很快成为当时争论的焦点问题，在对老劳斯和阿斯堪的争论中出现的议题都得到了展开（参见Wallace, 1964和1968; Skinner, 1966和1972）。许多小册子作者比老劳斯和阿斯堪讨论过共和国的胜利是符合“天意”的，许多小册子作者比他们更为深入，认为人不应对上帝的神秘意旨产生疑问。不过，阿斯堪的论证还是激起了一些或是出于保王主义立场或是出于长老会立场的“宣誓效忠”的反对者的回应。而“宣誓效忠”的支持者则将阿斯堪提出的观点加以清晰化和模式化，他们还为此增加了一个阿斯堪从没有提出的口号，即“哪里有保护，哪里就有服从；哪里有服从，哪里就有保护”。这个口号向前可以回溯到1607年“加尔文案”的语境（Coke, *Seventh Report*, p.5），在17世纪40年代甚至被用于支持不服从英王的论证（举例来说，1646年共和主义者托马斯·查洛纳曾在国会声称，苏格兰人无权处置国王，因为，既然国王被打败了，那么他们也就没必要再忠诚于国王了）。但在这种情况下，其实是“宣誓服从案”的衍生品——虽然阿斯堪并不关注政府对臣民的保护，他更关注的是，

臣民通过对政府的服从从而得以自我保全。而对这个口号的真正权威性阐释还是要等到霍布斯的《利维坦》，这部书（及其预备期的其他作品）才真正解决了残余议会的合法性问题。 259

保王党人

1642年起，英国捍卫王权的斗争开始引发了大量站在君主制立场上的理论著作。这部分文献总体上形态各异，有些是上一个时代论证的重复，另有一些则充分利用了后格劳秀斯时代的理论资源。在上个世纪末的一段时间内，英国君主制的统治原则一直饱受攻击，可令人惊奇的是，在最近的危机中形成的君主制观念竟然在1642年仍显得相当强势。实际上，英国王权所面临的挑战与法国王权在16世纪80年代所面临的挑战大体相似；许多天主教学者认为，通过公众的抵抗——尤其是教皇宣布废黜某个国王时——就能阻止君主的异端化倾向以及王权对天主教会的迫害，或者对他们加以惩罚。反对宗教改革运动的罗马教廷在16世纪80年代对伊丽莎白和亨利三世提出了同样的指责。最为典型的文本是威廉·阿伦（William Allen）在1584年所写的《英国天主教的真诚申辩》（参见Kingdon, 1966），而17世纪初当詹姆斯一世试图让他的臣民宣誓效忠时，此类为天主教会的辩护又一次出现在争论的舞台上（Sommerville, 1986, pp.117—120, 196—197）。贝拉明（Bellarmine）和苏亚雷斯都曾就宣誓效忠事件写过论战文章，此类论争的重要性完全可以与当时罗马和威尼斯之间爆发的意识形态论争相提并论。

在法国，天主教学者使用的论证方式属于亚里士多德主义，为此，他们的反对者开始探寻一种新型的反亚里士多德主义式的政治科学，比如博丹的政治理论。而在英国，类似运动的发起者是来自尼德兰南部的流亡者阿德里安·萨纳维亚（Adrian Saravia）。萨纳维亚和他的不少尼德兰同胞一样，为了躲避阿尔巴公爵的迫害来到英格兰避难，

1568年他加入英国国籍。16世纪80年代他回到尼德兰，此时加尔文主
260 义已经在尼德兰南部占据了主流地位。1584至1587年间他在莱顿大学担任教授，支持英国介入荷兰政治。由于他卷入了1587年9月莱斯特伯爵（Leicester）流产的政变，他又一次被流放。此后直到1613年去世，他一直作为坎特伯雷教区的教士在英国教会中工作。1593年，他与皇室出版商合作出版了《论统治之权威》，此书既批评了当时激进的天主教主义也批评了加尔文主义。萨纳维亚对博丹以降的思想传统资源多加采撷；一方面，他运用了博丹的主权理论，即强调主权是唯一的、否认混合政体的可能性，另一方面又应用了博丹将国政视同家政的观点。博丹对亚里士多德的批评曾提到，父权与家政的关系就好比君权与国政的关系，萨纳维亚因此推出，没有任何一种主权把它的正当性建立在民众同意的基础之上。父权的君主制是最自然的政治形式，虽然它的确有可能因为征服或篡位而转化为另一个家族的统治或者转化为另一种政府形式。而在博丹那里，无论是什么样的政府形式，主权的权利本质上就是父亲对儿子的权利，主权问题与公民权没有任何关联（*De imperandi authoritate*, p.6）。尽管胡克与萨纳维亚的私人关系很好（参见Sommerville, 1983），胡克的理论却与萨纳维亚迥然不同，胡克仍然坚持传统的亚里士多德主义立场，即国家与家庭之间存在着明显的区别（Folger, *Works* I, p.99）。

用反亚里士多德主义的博丹式的政治科学反击天主教会，在此后数十年内极为常见。最令人吃惊的是，在国会宣布“宣誓效忠条令”适用于天主教徒的1606年，坎特伯雷教区会议为了对抗罗马教廷曾在讨论这一决议的过程中拟定了一些与政府组织有关的教规；这些教规后来称之为《全体主教会议文书》，其中关于政府起源和权利的部分，与萨纳维亚著作的表述竟几乎完全一致。具有讽刺意味的是，由于涉及到荷兰叛乱的合法性问题，教规最终被搁置了。因为，詹姆斯一世当时一直在促成西班牙和荷兰之间达成妥协（这一事在1609年的停战协定

时达到高潮），他认为教规中的君主制论证似乎否认了荷兰有权反抗 26
西班牙人的统治，因而可能会影响荷兰独立的合法性。基于这种考虑，他拒绝批准这些教规，因而，这个文本一直到1690年才最终面世。不过，私下里有许多教士与天主教辩论时常常使用这份文件——比如约翰·巴克里奇，1614年他曾出版一本批评贝拉明的著作《论教皇在世俗事务中的权力》，其中就采用了王权的父权制论证，这恰好是对贝拉明的学说——即君主制政府建立于人民的同意之上——的反击。

不过，持君主制立场的论述中最为著名的出自罗伯特·菲尔默的手笔，我们有理由认为，这部书最初出现于1612年至1614年之间（参见Daly, 1979; Schochet, 1975）。当然，与《全体主教会议文书》相似，菲尔默《父权论》的出版日期是1680年斯图亚特王朝晚期。不过，拉斯莱特在1939年发现了一份菲尔默写于1635至1642年间的《父权论》手稿；而我也曾提出一种设想，即这部书最初的蓝本甚至要比1635年还要早得多，《父权论》的最终成书过程可以分为三个阶段（Tuck, 1986）。目前我们还可以看到一份最晚不超过1629年的手稿，后来菲尔默在30年代对其加以修改，修改后的手稿就是拉斯莱特看到的版本。而1629年的版本中有部分甚至可以追溯到1614年。《父权论》的第一章是对贝拉明和苏亚雷斯论证的反击，这部分的文字没有提及任何一部写于1614年之后的著作（Raleigh, *History of the World*）；第二章主要处理的是英国国会的历史，这部分的内容与17世纪20年代的国会政治相当吻合，提及了17世纪20年代出版的著作，但是并没有提到任何一本写于17世纪30年代之后的论著。

《父权论》的主要论证方式也是博丹一系的反亚里士多德主义。菲尔默使用类似的方法发动了对贝拉明、苏亚雷斯甚至于亚里士多德本人的批评。

> 政治社会和经济社会是同一个类型的社会，对柏拉图和持这一

> 立场的人而言，亚里士多德的学说无异于一个谎言……我在亚里士多
> 德那里发现了这样的论证："男人和女人的共同体不同于主人和奴隶
> 262 的共同体，因为它们有不同的目的。男人和女人的结合其本性在于生
> 育，而主人和奴隶的领域其目的却仅仅在于保存自身……"如果我们
> 认同亚里士多德的论证，那么婚姻的共同体和主奴的共同体无疑就
> 是不同的。不过，这并不意味着经济共同体和政治共同体因此也就是
> 不同的。因为，即便我们证明了一个家庭中包含着两种不同的共同体，
> 也不表明家庭和国家有什么本质的区别，因为，这两种不同的共同体
> 都既存在于家庭中也存在于国家中。（p.76）

我们往往认为，菲尔默的观点无非是说，所有国王的世袭都源自亚当，因此第一个父亲也就是第一个国王。实际上，与萨纳维亚相似，菲尔默对君主制历史的思辨考察是相当复杂的。在他看来，所有独立的国家都源自第一个父亲亚当，亚当的直系继承人统治了他的旁系继承人；但同时他们也代表了一个君主之下各个家庭的结合。菲尔默的论证非常接近于另一个肯特郡人理查·胡克的观点，后者在《教会政治》第八卷对亚里士多德的批评一定已为菲尔默所熟知：

> 为了解决继承人问题，就把最高权力转移到大多数人那里，或者按照他们自己的意愿选出统治者，或者交给那些有能力统治的人，这完完全全行不通。王权只可能在最高的家族间流转，因为每一个王国都由最初建立时确定的原则所决定的。伟大的君主国最初总是建立于各家族或各个小公国的联合，历史上它们也总是无数次回到起点，回到它们的联合。（pp.61—62，比较胡克对"归属性"王国的讨论，Folger, *Works* III, pp.339）

菲尔默在17世纪晚期的对手（比如洛克）往往会对菲尔默的论证提出

反对的意见，例如，协约转让或征服会打断这个国家的传统王权谱系，这看上去是很有力的反对意见；对此，首先需要指出的是，菲尔默当时的理论对手主要是主张政治生活建立在独立公民的基础上的亚里士多德主义者。其次，通过习俗的方式使王权发生转移，与君权本身的自然属性并不矛盾：打个不恰当的比方来说，父亲死了之后，孩子总会有继父或养父。总有人来填补父亲的角色，可这并不是说，只有亲生的父亲才能做好父亲的角色。263

值得注意的是，在17世纪20年代末，当时的菲尔默认为，这种君主制观念有利于其打击国会方面在1628年《权利法案》中的主张。当时绝大多数国会成员认为，“自由”是他们的天赋权利，而对菲尔默来说，这不过是天主教激进主义者反君主制的又一次回潮——我们不妨将菲尔默的观点与当时其他保王党人的主张作一参照。比如，罗伯特·瑟伯索普在1626至1627年的《使徒的服从》中提到“天主教徒主张教会高于国王；清教徒主张法律高于国王”（Lamont, 1963, p.15）。这种观点甚至在下议院中也有一定程度的响应：皮姆为了弹劾瑟伯索普的伙伴曼纳林（Manwaring），就曾使用了国王和人民的契约（*Proceedings in Parliament*, 1628, IV, pp.107—108）。虽然很少有英国的政治家持耶稣会的亚里士多德主义观点，但圣公会的保王党人还是把矛头指向了这一学说。

菲尔默并没有满足于与激进的亚里士多德主义者之间的争论。17世纪20年代末，他又将批评的矛头指向了过分强调议会权利的主张，为此，他组织了一系列论证，其中他尤为关注的是此前少有学者注意的一个主题，即下议院的历史问题。16世纪末17世纪初，关于下议院的历史可谓歧见分陈，不过，1605年考古学会的会议大体可以代表当时的典型立场。考古学会中最为主流的看法是多铎王朝的纪年学者、历史学家维吉尔（Polydore Vergil）提出的观点，维吉尔指出，亨利一世是诺曼征服之后第一个同时召集上议院和下议院的君主。此外，还有一部分意见认为，召集下议院是诺曼征服之前的惯例，亨利一世只是重新恢复了诺曼征服前的传统；另一部分意见认为，征召下议院是亨利一世的创新（Hearne, *Curious Discourses* I, pp.281—310）。总之，在1605年考古学会的会议上，几乎所有人都认为，下议院的历史是可以上溯的，国会制度并没有根本性的变化。几乎所有人都主张，由地区代表召集组成
264 的国会是英国历史始终如一的特点。不过，事实上二十年前就已经出现了一种不同的观点，当时阿瑟·霍尔对下议院历史做了毫不留情的揭露（参见Hall, *An Account of a Quarrel*; Wright, 1919）；霍尔的观点并不算是一种彻底的立场，但很有可能从那时起下议院的年代学叙述就已经得到普遍认可。霍尔主张，甚至到13世纪下议院都不属于国会之列；如果不是霍尔的主张对传统历史观提出了某种挑战，当时他不可能遭受了如此多的猛烈抨击。

由于爱德华·柯克（Edward Coke）的努力，这种情形到了17世纪20年代有了改观。柯克当时是国会中反政府一派的领袖人物。1613年，他发表了《判例汇编》第九卷，其中的序言部分即明确用现代的形式表达了国会的历史不可上溯的观点。前文我们曾经指出（p.207），柯克在《判例汇编》第三卷里集中阐述了英国法律的古老传统，当时就吸引了考古学会中部分人的注意（pp.79—80；参见Pocock, 1957, pp.107—110）。不过，当时柯克讨论的还主要是封建财产及法律程序的历史，其历史来源总的来说并没有太多争议。1613年柯克关于国会历史的观点动摇了当时存在于大多数历史学家和律师那里的习见观点，而他在下议院中的影响力也让他的新观点更易为人接受；无疑，有一部分为王权辩护的人从柯克的论证里得到了强有力的支持。

而对菲尔默这样的保王党人来说，柯克的观点是造成17世纪20年代政治乱局的原因之一，因此菲尔默还是忠心耿耿地重复前柯克的历史观点（甚至他在某种程度上也承认国会的历史传统）。《父权制》的早期手稿并没有超出考古学会二十五年前提到的那些证据；不过他的

一位保王党朋友亨利·斯皮尔曼（Henry Spelman）倒是提供了一些关于下议院起源的比较复杂的观点。同菲尔默一样，斯皮尔曼极为关注不久之前国会的数次“流产”（虽然他看上去一直对“权利法案”持更为同情的立场）。1626年他开始着手整理之前的国会史研究，并在他的论 265
著《考古学辞典》（*Archaeologus*）的一篇论文里极为精细地指出，并不是所有直属封臣（tenants in capite）都在国会中自动拥有人身权利，只有大封臣才有集会权，小封臣并没有集会权。这可以解释现代上议院的起源，不过，斯皮尔曼此时并没有提供任何关于下议院起源的学说。1630年左右，他在一篇关于国会史的文章（这部分未刊稿直到1698年才最终发表）中写道，

> 一个国家从最初的体制里发展出来，由于时间久远，记忆泯灭；人们往往用现代人的观点去看古代人，以为古代人的生活方式和现代人差不多；这就好比，经过错误的推论达到错误的结果，以形成错误的命题……过去16年间，我们见到国会屡次流产，就像一艘船屡次在海上失事，为此，我希望能尽我所能对国会的开端和性质有所认识。（*Religuiae Spelmannianae*, p.57）

斯皮尔曼的观点是：首先，国会作为一个整体最初仅仅是国王的封臣；其次，小的直属封臣组成下议院——封臣对国王负责治下的良善行为，而其治理之下的人民构成全体的国民。

斯皮尔曼的观点是一种关于国会起源的全新观点——不过，他只是在复辟之后才在《考古学辞典》一书再版时加入了这篇关于英国国会制度的论文。在这部论著中，他进一步描述了国会由最早的封臣制度演化为一种更具广泛代表性的“新利维坦”的创制、并由此催生了大众的反叛的过程。同费尔默一样，在斯皮尔曼看来，17世纪20年代下议院领导者的主张是一种新起的危险观点。（*Glossarium archaiologium*, p.452; Pocock, 1957, p.115）

有些敏感的反对派领袖已经意识到斯皮尔曼观点的力量。例如，
266 塞尔登于1631年再版的《荣勋之名》其中关于爵位史的论述就非常接近斯皮尔曼的观点，不过塞尔登还是极为谨慎地避免将其与下议院的历史相比照：在塞尔登看来，小封臣并没有演变为现代的下议院，13世纪之后，他们就已经被完全驱逐出国会了。《荣勋之名》里既没有提到下议院是国会不可分割的一个部分，也没有提到与之相反的观点。塞尔登的朋友也是他在国会中的盟友罗伯特·柯顿（Robert Cotton）爵士比塞尔登走得更远，在一篇写于1624年、但直到王政复辟时期才出版，曾被误认为塞尔登所作的文章中，柯顿甚至承认，下议院仅仅是在1625年亨利三世执政期间才被纳入国会之列，此前的国会仅仅包含国王和贵族。不过，他的结论却是：

> 对于君主制来说，维持这种体制是再合适不过了，不难设想，唯有这样，其他治理良好的实体才不至于膨胀过大。因为民主制之下对君主制没有什么影响也没有什么可惧怕的，而在贵族制的重压之下君主制很快将开始抱怨，就像曾经发生过的情况一样。（Posthuma, p.353; 参见Sharpe, 1979, p.169）

在柯顿这批人看来，下议院的历史来源问题不过是说明其在英国历史上的地位，下议院的历史不能回溯根本不能成为批评下议院的借口。和塞尔登一样，他也以塔西佗主义的立场看待历史的演变，即不同利益之间的角力最终形成某种合理的平衡。柯顿和费尔默之间的差别不在于他们对历史的解释，而在于他们看待现代的宪政体制的政治价值。而作为考古学会的领导者之一，柯顿及其他考古学会的学者们并没有觉察到英国国会在现代开始出现的选举制特征。

与柯顿或塞尔登不同，在17世纪30年代的新版《父权制》中费尔默

一方面采纳了塞尔登关于爵位史的某些观点，另一方面则又运用起他对苏亚雷斯、贝拉明等人的批评方法，既而对塞尔登和格劳秀斯的理论发起了攻击（他应当是从塞尔登的《海洋锁闭论》才注意到格劳秀斯的 267
《战争与和平法》）。在费尔默看来，格劳秀斯和塞尔登犯了与耶稣会士亚里士多德主义者同样的错误，他们都假设了人的“天赋自由”。费尔默并没有注意到他的论敌之间存在着巨大的差别，事实上，无论是塞尔登还是格劳秀斯和费尔默一样都是反亚里士多德主义者。正如我们之前指出的那样，17世纪新道德科学敌视16世纪晚期博丹式的道德科学，就像博丹式的道德科学敌视亚里士多德主义一样，而费尔默只是回报了这种敌意。

费尔默在17世纪20年代到30年代之间就已经形成了他自己的立场，所以当内战爆发之后，费尔默顺理成章地将批评的矛头指向了国会方面的宣传。1640年至1642年间，在保王党人看来，一种并不陌生的反对君主制的立场又重新复活了。格里芬·威廉斯主教在1643年出版的《向国王追讨》中指出，爱尔兰的奥索里叛乱不过是二十五年前科拉叛乱的重演（sig. A3）。1641年9月他在都柏林完成了《向国王追讨》的手稿，他顺理成章地认为，詹姆斯王朝时期的反天主教论证依旧适用于现在的情况。同样，费尔默也顺理成章地运用了《父权制》中的观念：40年代中期费尔默完成了《论有限君主制或混合君主制的无政府状态》，以此批评菲利普·亨顿的《论君主制》。之前我们已经指出，亨顿的著作是长老会或加尔文主义政治立场的典型，强调混合政体的作用。作为一种老派的政治理论，它所面对的来自费尔默的攻击也是老派的。

> 视君主制为眼中钉手中刺的窃贼有两个：一个是教皇，一个是民众。教皇派认为，教皇的权力在君主之上，他们用以论证的原则只不过把教皇的名字抹去，填上民众的名字罢了。这与民众用以反对他们的统治者的方法如出一辙。（*Patriarcha*, p.277）

在这本书的结束之处，费尔默又顺带批评了亨利·帕克的《关于国王陛下最近的表态和答复的一些意见》。不出所料，一旦涉及到那些对混合政体理论同样抱有敌意的人，费尔默的批评也多少有些笔下留
268 情。

但奇怪的是，费尔默对亨顿的批评直到1648年才面世，从这一年起，费尔默开始将他的著作陆续整理出版。首先面世的是《有产者的调查》，这本书是对17世纪20年代末写就的《父权制》一书中涉及法律和历史的部分章节的进一步扩充。此时费尔默主要的批评对象是威廉·佩恩1643年出版的《王国和议会的主权》。此后陆续面世的是《论无政府状态》以及《国王尤其是英吉利国王拥有绝对权力的必然性》——后者的书名已经说明了一切。四年之后，即在克伦威尔共和国期间，他分别出版了对亚里士多德、霍布斯、弥尔顿及格劳秀斯的批评。对17世纪40年代主要的学者如帕克、霍布斯、佩恩，费尔默都有所回应，我们应当注意的是，当国王的军队有可能取得胜利的时节，费尔默并没有加入公共的论争，但就在保王党人的事业就要全盘失败之际，费尔默加入了进来。

这并没有多少特立独行的味道，1647年至1648年仍旧有其他一些持博丹主义立场支持国王的论著面世。其中最为典型的代表莫过于迈克尔·亨德森的著作，作为王室的牧师，亨德森加入军队并在第一次和第二次内战中都有卓异的表现。1648年，他试图占领伦敦塔未果，被国会方面的士兵所杀。1647年9月亨德森出版了他的著作《论政府的神圣自然权利与神圣政治权利——兼论君主制为唯一合法且符合自然的政府制度》。亨德森在某些方面比费尔默还要极端，他坚持认为，除了君主制之外，其他任何政府形式都没有合法性：

> 世界上每一个国家最初、最为原始的政府形式必定是君主制，

> 每一个合法的君主制国家都必定正当且合法地拥有传承下来的王室权力，就好比普通人的爵位是从祖先那里传承下来一样……因此，每一个绅士所拥有的财产都应当有正当合法的来源，没有人仅仅通过宣誓就可以获得财产……臣民的财产也是如此……同样，每一个多头制国家（并非由一个人统治的国家）都必定是叛乱和罪恶的产物。（sig. Niv, 比较费尔默更加温和的阐述, *Patriacha*, p.62） 269

离查尔斯走向断头台仅仅只有两年时间，诸如亨德森和费尔默这样极端保王主义的观点出现于公众视野之前，看起来是件奇怪的事情，但我们应当注意到，1647年至1648年之间，国王有很长一段时间分别同英格兰议会、苏格兰议会领袖进行妥协的谈判，国王一度很有可能与某一方面达成妥协。大体来看，17世纪40年代中期，国王方面的策士可以分为三类。第一类人如克拉伦登主张，圣公会是不可动摇的，其他两派则认为，可以容纳某些教会的敌人。这当中，一部分人认为，应当引入宗教宽容的精神，同独立的教派达成妥协；另一部分则希望与苏格兰人及长老会达成妥协，引入长老会制度。后两派的支持者是法国政府以及查尔斯的妻子玛丽亚王后（后者是叛教并获得王权的亨利四世的女儿）。1647年末，查尔斯受法国方面的影响很大，不过，他最终还是没能和国会两方面达成妥协，11月他发布了倾向宗教宽容的诏谕，12月又收回了这一诏谕（Gardiner, 1886, III, pp.256, 273）。

1647年春季以降，保王党方面著述的大面积出版发行反映了保王党人内部的分歧。从当时的语境视角来看，亨德森倾向于与独立教派达成妥协。《政府的神圣权力》一书极力主张宗教宽容。虽然亨德森是英国圣公会的牧师，但他却认为，强制推行完全一致的宗教信仰，只能逼迫人违背他内心的信条，因而其实是逼着人走向伪善。

> （强制信仰一致）必定会引发罪恶（因为它容易导致虚伪和伪

> 善，而虚伪和伪善是一定会得到诅咒的），非但如此，强制信仰的一致，也是对上帝权柄的亵渎，因为它冒然闯进了上帝预留给它自己的权力领域。（sig. X1）

费尔默从没有提出过宗教宽容的主张，但费尔默的著述非常显著
270 的一个特点就是他从没有涉及教会制度方面的论述——即便身边的人都知道他是英国圣公会的忠实支持者。费尔默唯一提到英国圣公会的地方是在《试论亚里士多德的政治学》中一处论及努马创建了罗马宗教的场合，费尔默在那里加上了黑体字标注（*Patricrcha*, p.207）。费尔默关于王权的论述其引申的结论之一就是，王权绝对高于教权，因此，教会制度在费尔默那里根本就不可能成为一个问题。当然，这恰好和1647年左右法国的制度相吻合（同时，也刚好与费尔默对博丹的引证相一致）。值得注意的是，费尔默对教会的沉默使得他在17世纪80年代重新成为就“排斥法”产生争议的双方都可以接受的代言人。

1649年1月之后（或者更确切地说，1650年12月被保王党人视作最后一战的邓巴战役结束之后[Clarendon, *History*, p.752]），问题的焦点发生了改变，费尔默在此前王室的支持者中提出了一个新问题：要不要抵制新政权？他在一篇短文中为他的读者论证了谋反者的权利（这篇文章最初在小圈子里流传，后来附在《试论亚里士多德的政治学》一书后面世），他指出，服从谋反者或许也是正当的：“谋反者也有他正当的权利，就好比小偷偷了件东西，但是在他保有此物件的期间，法律上除了原先的物主之外，小偷也有名义上的排他的占有权。因此，服从谋反者的意愿是正当的”（*Patriacha*, p.234; cf. B.L. Harleian MS 4685）。在费尔默看来，所谓的服从包含两个方面：一是指本身就合法的事情，其二是指那些与政权更迭无关的事情，因此，按照费尔默的观点，似乎一个前保王党人做新政权的官员也是正当的——只要他不去阻止此前的王室或合法的继承人试图要回他的权力。正如费尔默在《父权制》一

书中指出的那样，所有的政府都是父权制的一种形式，而如果亲生父亲因死亡或流放不能行使其权利，那么亲生父亲对儿子的特权也可以转让他人。颇具反讽意味的是，费尔默的理智生涯结束于他提倡对新政权采取不抵抗的政策，而这个新政权的政治原则恰恰是他毕生反对的。

更具讽刺意味的是，17世纪40年代费尔默曾对其理论基础大加抨
击的保王党的另一支却在1649年后认为，服从新政权的统治是不具有 271
正当性的。这就是本节开始之初我们曾提到的保王主义两种主要类型的另一支脉，其理论基础主要是后格劳秀斯的传统。这一支脉最初的发起人是后世称之为涂村派的一个群体。

17世纪30年代初，一些与牛津多少有些关联的学者常常会造访距离牛津十五英里的大涂村（Great Tew），那里是福克兰子爵的卢修斯卡里庄园的所在地。克拉伦登通过一出描写一干人等事迹的哀婉戏剧让这些人进入了不朽之列（*History*, pp.926ff.; 参见Tuck, 1979, pp. 101ff.）；战争让他们的生命戛然而止，福克兰子爵本人和他的一些朋友为此付出了生命。克拉伦登在常见的访客里挑选了几个人："谢尔顿博士、莫利博士、哈蒙德博士、厄尔博士、奇林沃思先生"——所有这些人全都是神学家。尽管包括克拉伦登本人在内的一些人与涂村派也有不少往来，但应当说这些意趣相投的神学家群体才是这个圈子的核心成员。福克兰子爵自己是神学的爱好者，他们关于宗教的一般观念以及他们关于英格兰教会品质的特殊信念决定了他们在智识上的立场。

我们可以看到，17世纪20年代涂村派学者的观念就已经与格劳秀斯的观念有部分的重合了。不过，直到二十年后，格劳秀斯的神学理论或政治理论才出现在涂村派学者，事实上，作为1640年前涂村派学者中最重要的著述，1638年奇林沃思出版的《新教信仰》一书从没有提到过格劳秀斯，书中只有部分的章节与格劳秀斯的《基督教的真理性》有类似之处。但从1639年起，格劳秀斯的著述逐渐备受推崇：1639年，福

克兰子爵的朋友桑迪斯翻译了格劳秀斯的诗剧《基督受难》，福克兰自己则写了一首序诗以赞美荷兰人（这个阶段格劳秀斯对涂村派毫无所知，他在信件中仅仅提到，一位英国绅士为这部戏剧写了一首诗）。从1640至1641年开始，在涂村派学者的神学和政治哲学著述中，格劳秀斯的影响越来越明显，哈蒙德甚至在1650年左右成为格劳秀斯式的宗教
272 在英国主要的提倡者。

格劳秀斯在宗教和政治问题上的“底限论”立场启发了涂村派学者。奇林沃思在《新教信仰》一书中就曾指出，天主教神学家错误地主张得到拯救需要怎样怎样的条件：实际上，基督教的真理就在福音书的字里行间，也就在每一个自称基督徒的信众那里。在奇林沃思看来，甚至这种最低限度的基督教学说，也不必然就是真理。

> 对于这一假设，“我们的信仰的每一个条目都来自于上帝的启示”，那么我们找不到什么比道德更能证明这一假说的合理性和确定性了：首先，基督教戒律的善以及随应许而来的伟大奇迹已经表明，比起其他宗教，基督教最有可能来自于一个善的基础。其次，一个著名的、持久的且普遍的传统已经证明了其可靠性，智者不会怀疑其他相信四十信条的可靠性的人；这个传统的可靠性让我们意识到，上帝不断造出各种伟大的奇迹向我们证明，他就是这一信条的真正创制者。（p.66）

这自然就是格劳秀斯在《论真理》中提供的基督教信仰的两个基础，而哈蒙德在1650年出版的《基督教信仰的合理性》一书中沿着格劳秀斯的思路对此进行了充分的讨论。17世纪40年代，随着格劳秀斯晚期著作的面世，哈蒙德逐渐成为接近格劳秀斯想法的后继者，在他看来，格劳秀斯对英国圣公会制度的青睐完全可以成为为英格兰秩序辩护的利器。（McAdoo, 1965, pp.358—368）

英格兰保王主义对格劳秀斯的运用并不仅限于他的宗教思想：在战争开始之初，许多成员所签订的政治协议也都体现了格劳秀斯的新道德科学的影响。不过，他们是否可以算作新道德科学的忠实信徒，还很难说：新道德科学在英国最初的提倡者是霍布斯（霍布斯和涂村派之间的复杂关系，我们将在下一章加以讨论）和塞尔登；而这两个人在17世纪40年代和50年代都并非是保王党人的忠实追随者。

最能体现涂村派立场的文献是战争开始之初签订的三份协议。首
先是1642年11月的《对某本出版物的回应》，它回答的是帕克的《系列 273
意见之二》，这份文献的共同执笔人包括福克兰、奇林沃思、一个名叫达德利·迪格斯的万灵学院的青年教师，当时伦敦的书商乔治·托马森为他们取了一个共同的笔名叫作“大学局外人”。1643年5月哈蒙德出版了《论就宗教问题抵抗合法行政长官的权利》，而1644年6月迪金斯的大部头遗著《臣民武装反抗主权者的非法性》也得以出版（迪金斯死于1642年10月保王党军队中爆发的一场霍乱）。比起其他著作来说，后一部作品更不像一部应时之作，后来被重印过数次。

所有这些作品的论证采纳的都是在格劳秀斯以及带有格劳秀斯风格的塞尔登和霍布斯的论著出现过的论证（这些作者全都仔细阅读过霍布斯的作品）。它们共同的主题是批评帕克以及其他国会方面的理论家对自我保全的权利的误用，他们误认为，基于自我保全的普遍权利，人有权抵抗主权者；实际上，如果出于保证社会秩序的需要，自我保全的权利随时可以取消。迪金斯运用了霍布斯和格劳秀斯的语言，让这一问题更为明确，在他看来，自我保全并非是自然法、而是自然权利，但只要是权利，就可以取消。

> 我们需要回顾一下自然法的概念，关于法的概念，我们应当有清晰明确的界定，因为，我们对“法”的一般理解往往会混同于对“自然权利”的理解；“权利”和“法”的分歧就好比是自由和束缚的区别。

> “权利”并不包含任何义务的成分，它仅仅表明在不伤害他人的前提下我们既可以选择去做某事也可以选择不去做某事；而“法”则决定了我们在某种特定的情形下有义务去做某事，或者说在某种情形下有义务不去做某事；因此，我们对自然权利概念的一般用法是指某种自由，不是指某种法律也和法律无关，因为，法律恰恰就是对自由的限制。（sig. B3v）

而人们完全可以承诺不使用自然权利，

> 并且，就人性趋利避害而言，他们相互同意取消这一权力，也是符合人的健康理性的。虽然他们（即帕克等人）坚持为个别人的自我保存的权利辩护，但人们为了趋利避害的目的更有可能取消这一自然
> 274 权利……理性会引导人们建立这样一种契约：他们相互之间有义务关系，不管基于何种理由，不管是基于各人的喜好还是基于某种不符合正义的要求，哪怕是个别情况下出现了不正义的判决，都不能反对权威，每个人的行动都要服从公众的审判。因为，如果耐心同意服从这种可能的恶，就不可能达致最大的善；如果不服从法律，如果每个人都可以审判审判者，就不可能有公共的和平和安全。（sigg. A3—A3v）

这里的核心论证是，契约即便会带来不幸也要维持契约的道德优先性。实际上，《回应》一文的作者针对的是帕克的主张，在帕克看来，“姑且说，所有的自然权力都来自对契约的遵守，但问题是，如果有人签订了导致自我毁灭的契约，这样的契约还要不要遵守？有些人认为，宁可失去自己的生命也要遵守这个契约，这么做是值得尊敬的，但问题是，他们这么做最终损害的是他们自己，他们的行为是违反自然的”（*Observations*, sig. A4v）。对此，他们的回答是，

> 他找不到任何一个民族因契约而导致自我毁灭；没有任何一个政府有过这种疯狂的念头，因此，他讨论的只是一种假设的情况；例如，契约要求我们即便遭受不公正的判决也要遵守法律。在这种情况下，他不应当有任何反抗，如果为了保全自己的生命而违背契约，这才是一种违背自然的、自戕的行为。小偷因为他的罪行而被处死，这固然对他来说是不快乐的，但是如果不处死他，他又会犯下死罪……假如情况发生在我身上，君主毫无理由的冤枉了我，我也只能默默忍受，因为，当初我觉得有利才签订了契约，而今天无利可图时，我也没有权利取消这个契约。我已经享受了这个契约带来的便利足够长的时间，现在我忍受带来的不便，也是正当合理的。（sigg. C3—C3v）

为了强调遵守契约是一种绝对的道德，他甚至以基遍人为例（sig. B3），主张即使靠欺骗而骗取了立约，契约人也有义务遵守契约。格劳秀斯在《战争与和平法》里曾用同一个例子表达了相似的观点，但他的立场远没有这么极端（II.13.4）。涂村派学者并没有明确指出，什么构成了遵守承诺的义务；而在格劳秀斯看来，遵守承诺只需要将所有权置于
我们的自由之上即可——因为，所谓权利，就是指我有权将我的东西转 275
让给你。而涂村派学者也同样认为，自我保全是一种权利，是可以转让的。

不过，涂村派学者也并没有完全采纳格劳秀斯的哲学论证，他们的立场观点中也有与格劳秀斯的世界观完全不同的东西，或者说也有格劳秀斯自从《论印度》之后就已经放弃了的观点——亦即君主的主权权利并非是人民赋予他的权利。迪金斯就曾有过如下论述：

> 上帝的律令说“不可杀人”，但并不是所有人都同意上帝的律令，他们往往不能一视同仁地看待复仇之刀与谋杀之刃。他们往往认为，

> 如果一个人没有拥有生命，他也就不可能放弃对其生命的权力，没有人可以把他自己不曾拥有的东西转让给别人，因此，除非杀掉某个人有可能是合法的，否则人民不可能让长官剥夺他们的生命。因此，生杀权必须掌握在上帝和君主那里（那些手持所谓的无辜之剑、希望杀死冒犯者而不受惩罚的人，他们冒犯的是上帝的意志，因为上帝说，复仇在我，我必报应）。(sig. E1v)

哈蒙德也有类似的论述，“有人认为，王权为人民所赋……可王权天生具有的权利，实际上是上帝额外赐予的……因为，即便在自然状态里也有自戕者”（*Works* I, p.313）

格劳秀斯的观点当然与此不同，在他看来，个体在自然状态中转让给主权者的权力，是惩罚犯罪者的权力，并不是用以伤害自己的权力。涂村派学者采纳了格劳秀斯契约不可破坏的论证，视之为对强调自我保全的优先性的现代观念的一种补充，但是他们并不准备采纳对政治权利的世俗化理解。这或许是基于他们的正统英国圣公会的立场；16世纪末17世纪初英国教会的一般神学立场往往主张，虽然政府权力掌控在某个特定的统治者或某种类型的统治者中是由人为的力量所决定的，但政府的权利始终是一种基于神法的固有权利（这是由费尔默
276 提出的极具争议性的观点）。

英国圣公会的政治立场决定了他们对17世纪40年代后期至50年代事变的反应。在他们之中，有不少人在1647年为国王而战死，而他们的死亡为克拉伦登的叙述平添了几分哀婉的调子（比如福克兰本人在纽伯瑞战役中率领骑兵发起了一次自杀式的冲锋，而被流弹击中身亡）。克拉伦登和哈蒙德幸存了下来，并在40年代后期继续发起忠于英国圣公会的斗争。尽管克拉伦登在1647年引用了格劳秀斯的观点为君主权力做了有力的辩护，但是关于英国圣公会他并没有专门的论述（*A full answer*, sigg. B, S3v）；而哈蒙德作为查尔斯的御用牧师，在1644年至

1647间起草了一系列关于教会制度的方案，即怎样建立一种在主教领导之下的更为有效地维护教会纪律的系统。

哈蒙德对教会秩序的强调遍及他的所有论著，这使他偏离了通常（也是错误地）归之于涂村派的自由主义立场；同时也使他更为同情长老会而不是独立派的立场。在1647年的《论掌握天国钥匙的权力》一书中，他主张建立一种"在长老会协助之下的、更为宽和的主教制度"（*Works* I, pp.404），在这种制度下，逐出教会的权力由主教掌握，主教有权将世俗的主权者排除在日常公共生活之外；他甚至引用格劳秀斯的论述为他的这一观点辩护。在他看来，这种制度可以满足当时所有宗教势力——长老会、独立派以及信奉伊拉斯图学说的国家万能论者（Erastian）——的要求。

> 其他三种派别的长处（长老会对罪恶无知的严厉态度、独立派反对会众混同的热情、以及伊拉斯图派要求不得触犯世俗权力的主张）都可以在这第四种立场中得到体现。（*Works,* p.405）

哈蒙德确信，这是所有党派都能接受的立场，他在1647年出版了《给国王陛下及军方的五条建议》，正值协商的顶峰之时，他呼吁任何新的教会组织的核心是革除教职。在17世纪50年代他一直坚持这一理念，为此受到了塞尔登和霍布斯的强烈批评。而在他看来，这两位老朋友转向宗教宽容、批判革除教职的合法性，已经背叛了圣公会的保王主义立场。 277
哈蒙德在复辟的前夜去世，不过，假如他还活着，他会看到，他的理想在克拉伦登及坎特伯雷大主教谢尔顿这样老式的涂村派人物的努力之下终于得到实现：英国圣公会的权威与圣公会的纪律重新得以确立，同时，长老会也重新进入了圣公会教会的系统。他无疑会和其他人一样指责霍布斯的背叛：在我下一章讨论的霍布斯的故事中，涂村派的非自由主义立场将显露无遗。 278

第七章
霍布斯

霍布斯早期哲学的起源

本书所讨论的众多主题到霍布斯这里才瓜熟蒂落。无论是霍布斯的哲学著作还是他的政治理论著作，都直接承袭了此前那个时代的核心观念——特别是怀疑论以及对怀疑论的修正。但我们有理由说，霍布斯已经不属于此前的那个时代；虽然格劳秀斯只比霍布斯年长五岁，不过格劳修斯在二十岁之前已经出版了他的第一本著作，早早便在知识界声名卓著，而霍布斯四十一岁才出版了他的第一本书。直到五十岁左右，霍布斯的哲学观点才清晰可见。从那之后，霍布斯的思想征途便一往无前，在此后的四十一年一直保持了惊人的创作力。由于这段与众不同的学术经历，霍布斯虽然与17世纪早期的各种思潮纠缠颇深，但是当他开始著述之时，他已经能够以各种方式与之保持距离。

霍布斯的出身更接近于塞尔登而不是格劳秀斯，他的家庭和权势阶层从无往来。他的母亲属于中等阶层，父亲是没接受过教育的教士，在威尔特郡的马姆斯伯里担任西港教区的教区牧师的助手，每年的收入甚至比塞尔登的父亲还要低得多（参见Rogow, 1986, pp.24—29）。霍布斯的父亲性格阴郁暴烈，威廉·奥布里在给他的兄弟约翰·奥布里

的信中曾提到，霍布斯的父亲抛妻弃子、在伦敦附近的一个地方郁郁
而终（*Brief Lives* I, p.387）。幸运的是，霍布斯的父亲有一个哥哥，是
城里的手套商人，收入颇丰，对霍布斯一家人多有照看，资助霍布斯完 279
成了学业。霍布斯生于1588年（这一年正值西英战争爆发之际，霍布斯
后来开玩笑说，他的母亲听到西班牙无敌舰队的名字后，产下了一对双
胞胎：一个是他，另一个则是恐惧[Hobbes, *The Life,* sig. A2v]）。霍布
斯少年时便显出了语言天赋，人文学科成绩非常突出。1602年他离开了
当地的学校，进入了牛津莫德林学院的姐妹院校莫德林学堂学习。与
他的同代人相似，霍布斯对大学的亚里士多德主义课程极为反感，而
在通识课程领域却显示了其非凡的才能，一般认为他已经具备了成为
职业人文学者的潜质。

1608年2月毕业之后，莫德林学堂的校长推荐霍布斯担任威廉卡文迪许爵士的私人家庭教师。后者在1618年授勋为德文郡伯爵。值得注意的是，此年霍布斯同时也接到了剑桥的聘书，或许因为接受了卡文迪许的邀请才未最终成行。从此，霍布斯的早年生涯与德文郡伯爵及其亲眷交往圈联系在一起。与此前我们考察的思想家（尤其是塞尔登）不同，霍布斯终其一生效力于大贵族家庭，除了德文郡伯爵之外，其他还包括德文郡伯爵的表亲纽卡斯尔伯爵——后者在霍布斯一生中最为显要的阶段与霍布斯一直保持着密切的交往。德文郡伯爵与纽卡斯尔伯爵同时受惠于英国当时最有钱的寡妇哈德威克的贝丝（，她死后把一笔庞大的财产分给了她历次婚姻的子女。卡文迪许由此涉足英国地方政治和国家政治，而纽卡斯尔伯爵则更多把精力投入了现代科学和现代数学的研究。在为他们效力的同时，霍布斯也开始涉足他的两位恩主各自的兴趣领域。

在卡文迪许伯爵的儿子，另一个威廉（1626年继任伯爵，死于1628年）的陪伴下，霍布斯开始进入政坛。1610至1615年间霍布斯作为卡文迪许的私人教师陪同卡文迪许游历欧洲，威尼斯是他们的主要逗留

280 地。在威尼斯期间，他们结识了米坎奇奥（Fulgenzio Micanzio），或许也曾遇到过萨尔皮。在他们回到英国之后，米坎奇奥与卡文迪许一直保持着通信联系。由霍布斯翻译的信件，我们已经在第三章中加以讨论。卡文迪许对威尼斯人的兴趣不止于此，他还是威尼斯流亡者弗朗西斯科·比昂迪（Biondi）的恩主，1622年他甚至曾介绍威尼斯大使与国王会面。卡文迪许一直向米坎奇奥通报弗朗西斯·培根的工作，米坎奇奥建议他为培根配备一名书记员，以记录培根最近的思想。霍布斯可能担任了这一工作。卡文迪许受到培根的启发，写作了一系列培根体的散文（当然是在霍布斯的指导之下），还曾收到培根送的纪念品（Gabrieli, 1957, p.204）。正如我们已经指出的那样，威尼斯人极为重视对修昔底德的研究，他们认为修昔底德是对当时偏向于君主制的塔西佗主义的修正，而1629年霍布斯出版的修昔底德的第一个英译本，正是为了纪念刚刚逝去的卡文迪许二世。在效命于卡文迪许二世期间，霍布斯也是卡文迪许在金融事务方面的代理人——奥布里曾说，“卡文迪许让霍布斯负责那些他自己不好意思开口的事情，比如借钱和招揽士绅”（*Brief Lives* I, p.347）。尤其值得注意的是，1622至1624年霍布斯成为了弗吉尼亚公司的一员，代理卡文迪许在公司中的股东事务（Malcolm, 1981）。

在17世纪20年代英国复杂的政治环境中，卡文迪许和霍布斯选择了一条培根和威尼斯人非常期望看到的路线——支持英国与西班牙人开战。而当培根早年曾支持过的白金汉公爵同时发动了一场对法国人和西班牙人的战争时，卡文迪许转而站在白金汉公爵的反面，于1626年
281 加入了反对白金汉公爵的国会阵营；不过，霍布斯在17世纪20年代仍然和白金汉府上的人员保持了友好往来。1622年，后来成为白金汉公爵的秘书的罗伯特·曼森曾写信给霍布斯，希望霍布斯能提供更为有力的战时政策（Toennies, 1936, pp.81—84），1629年白金汉公爵刚刚遇刺身亡之际，公爵世子的家庭教师曾在给霍布斯的信中尖刻地指责白金汉的反对者——例如，“罗伯特·柯顿（Robert Cotton）爵士现在或许知道，

牢狱的历史和自由的历史一样悠远，他终于可以有效仿古人的机会了”（ibid., p.85；对于乔治·阿格里昂比，参见Foster, 1891, I, p.10）。应当说，大贵族阶层的秘书和家庭教师已经形成了他们自己的圈子，他们或是贯彻其恩主的利益，或是相互之间就政治事务交换意见。

需要强调的是，此时霍布斯的专长还只是体现在古典文献和人文学科方面。他并没有对哲学产生特殊的兴趣；最能体现霍布斯当时理智兴趣的证据是，德比郡的哈德维克保存的一份17世纪20年代末出自霍布斯手笔的书目。这份书目的作者包括波特若、利普修斯、康岑、马基雅维利、圭恰阿迪尼、阿尔贝加蒂、博丹以及格劳秀斯。霍布斯在他的《修昔底德》序言中曾经提到过利普修斯（Hobbes, *English Works* VIII, p.xxxi），“国家理性”的文化对青年霍布斯的影响是显而易见的。

1628年6月，德文郡伯爵二世去世之后，霍布斯没有继续担任卡文迪许家的秘书和家庭教师，虽然霍布斯此后在伯爵夫人的府上盘桓过一阵，但他并没有接到伯爵夫人的聘书。伯爵的世子当时只有十一岁，对于一个还处在懵懂无知阶段的孩子来说，霍布斯的学养和才干完全派不上用场。于是，此后数年他在德文郡伯爵的邻居克利夫顿府上任家庭教师，1629年夏至1630年秋，霍布斯携克利夫顿之子游历法国、日内
瓦（Hobbes, *The Life* sig. B2; de Beer, 1950, p.205）。1630年11月霍布 282
斯重新回到德文郡伯爵府上，担任伯爵夫人的顾问并兼任其幼子的家庭教师。虽然并没有迹象表明，霍布斯在克利夫顿府上任职期间开始关注哲学，霍布斯自己后来却宣称，恰是这段海外游历的经验使他开始对几何学产生了浓厚的兴趣（Aubey, *Brief Lives* I, p.332）。不过，关于霍布斯对早年生活的自我陈述，我们有理由持保留意见。

霍布斯回到德文郡伯爵夫人府上，让他有机会接触到德文郡伯爵的表亲纽卡斯尔伯爵，纽卡斯尔伯爵的府邸在维尔贝克，离德文郡伯爵的哈德维克不远。霍布斯哲学的形成与维尔贝克的纽卡斯尔家族有着相当密切的关联，因为伯爵和他的表亲查尔斯·卡文迪许都对当时的哲

学进展产生了浓厚的兴趣。不过，他们的兴趣主要集中在怎样把这些进展运用到伯爵念兹在兹的军事事务上去。纽卡斯尔伯爵在英国内战的早期是保皇党方面的主要军事领袖，一直到17世纪30年代他仍然对战争事务兴趣不减。主教战争爆发之际，他甚至还招募了一批志愿军参加战斗。除此之外，出于同样的原因，他还疯狂迷恋马术。霍布斯为迎合他的兴趣曾写过一篇关于如何训练马的步法的分析性文章，这大概是霍布斯笔下最奇怪的篇目之一了（Strong, 1903, pp.237—240）。在伯爵看来，新自然科学中最引人注目的是光学。实际上，光学是一项与军事应用相关的技术，尤其是效力十足的望远镜。查尔斯·卡文迪许也同样关注于光学的进展，关于数学的技术化应用他甚至还是一个行家。技术数学在17世纪同样和战争事务息息相关。克拉伦登认为，内战中的查尔斯是个极为勇敢、极为热诚的军人。早在1631年，他在数学方面的兴趣和才干也已经得到认可，威廉·奥特莱德（William Oughtred）曾说，正是在查尔斯·卡文迪许的鼓励下，他才发表了他的代数著作《数学入门》（*Clavis Mathematicae*）。1634年10月，卡文迪许还促成了奥特莱德和一些法国数学家之间的联系（关于他的生平，参见Jacquot, 1952）。

同年1月，霍布斯开始显露出他对现代哲学和现代科学的兴趣，当
283 时他正在伦敦陪同伯爵夫人，霍布斯从伦敦写信给纽卡斯尔伯爵：

> 我一到伦敦就四处寻找伽利略的《对话录》；当我离开您到伦敦来，本以为能很快为您买到这本书。可是请恕我无能，恐怕很难买到这本书。首先，有这本书的人很少；其次，买了这本书的人也不愿转让。我听人说，这本书在意大利引起的麻烦比路德和加尔文加起来的还要多，有人说，这本书制造了宗教和自然理性之间的对立。（H.M.G., *Thirteenth Repot* II, p.124）

17世纪头二十年，霍布斯代理了德文郡伯爵一家的商业和政治事务；而从30年代中期开始，他又开始代理纽卡斯尔伯爵及其表亲的哲学和科学事务。1634年初他曾和维尔贝克·卡文迪许的老朋友瓦尔特·华纳（Walter Warner）讨论光学中的折射问题。同一年的晚些时候，他和年轻的德文郡伯爵开始了又一次欧洲之旅，直到1636年10月才回到英国。与此同时，他还为纽卡斯尔伯爵处理日常事务，甚至为他购买了一匹法国马（ibid., p.126）。

在维尔贝克小圈子里培养出的对于光学的兴趣促使霍布斯在这次旅行中开始与法国数学家克劳德·迈多治（Claude Mydorge）联系（ibid., p.128）。此前查尔斯·卡文迪许和奥特莱德已经对迈多治的学说有所了解，奥特莱德曾翻译了一本由迈多治编辑并加以评注的数学著作。同时，迈多治还是光学领域内的重要学者，1631年他发表了《反射学与屈光学之先驱》。迈多治对霍布斯产生的影响非同一般；虽然他在阿珉斯的政府部门担任财务工作，但实际上居住在巴黎，迈多治介绍霍布斯加入了巴黎的一个哲学家小圈子，霍布斯的理智兴趣很快便受到这个小圈子的强烈影响。这个著名的哲学小组其主导人物是梅森，17世纪30年代这个哲学小组最重要的成员是勒内·笛卡尔和伽桑狄（这段时间笛卡尔隐居在荷兰，通过梅森与外界保持联系，梅森是很少的几个了解笛卡尔确切住址的人）。迈多治在学校中就已经与笛卡尔相识，他 284
比其他人更能理解笛卡尔的哲学立场。为了更好地理解霍布斯自己的哲学，我们必须首先考查这个以梅森为主导者、以笛卡尔为核心的哲学组织。

这个哲学组织的首要特点是，一方面运用现代怀疑主义的成果，另一方面又试图超越现代怀疑主义。这个组织中的所有人物都认为，他们的工作至少部分地受到了蒙田和沙朗的影响，因此，他们对常见的亚里士多德主义大多持批判立场。不过，他们同样不满足于此：他们试图发现并推进一种能够克服怀疑主义的新型科学。这当然也是上一代学者如培根、萨尔皮等人的目标所在，事实上，梅森的哲学工作就始于对培根的翻译和研究（Mersenns, *Correspondance* I, pp.172, 611）。但笛卡尔、伽桑狄、霍布斯以及梅森自已都认为，他们的工作在某种意义上超越了培根、萨尔皮等人的规划。正如布恩耶特（Myles Burnyeat）在他对笛卡尔的研究中（Burnyeat, 1982），以及波普金（Richard Popkin）在他对伽桑狄的研究中所指出的那样（Popkin, 1979, pp.144—145），当时这些哲学家共同的批判立场在于，他们认为，直接的、真正的知识来自于且仅只来自于我们的感觉印象。而所谓的“感觉印象”就是指对观察者呈现的东西——在任何时候组成了观察者的视觉领域的一系列色彩和形状，以及通过其他感官接触到的可比较的数据。

古代的怀疑论从不认为，我们有此类的科学知识。我们已经指出，古代的怀疑主义者主张，关于现实世界的真理是不可知的，他们举出了一系列证据证明感觉印象是不可靠的，随时随地都在变化之中——例如，关于某个对象的颜色，不同的人看到就是不同的，同一个人在不同时候看到的也是不同的（比如他得了黄疸病时）。可是，从现代的立场来看，一个人显然可以拥有关于感觉印象的知识，感觉印象就是观察者
285 知觉到的对象，物质对象的性质可以怀疑，感觉印象的性质却不能以此方式怀疑，这是古代怀疑主义者从没做出的论断。他们的基本立场是，明智的人应当悬置所有有关真理谬误的问题，因此关于我们是否拥有感觉印象的知识，也没有一个确切的答案。

唯一与现代世界的后怀疑主义立场近似的古代思想家是伊壁鸠鲁，据称他曾经说过，“每个phantasia都是真实无误的”（phantasia现今多译为“表象”，意指思维或知觉的直接对象）。对这个问题，目前学界的基本观点是——比如用泰勒的话来说——伊壁鸠鲁的感觉论“并不是我们熟悉的那种经验主义，即认为我们对感觉内容的认知是不可纠正的”（Taylor, 1980, p.119），它采取的是更具争议性的观点，即认为我们关于外部世界知觉的变化真实地纪录了与知觉相关的物质客体的

变化。在伽桑狄看来，伊壁鸠鲁就此而言是最接近17世纪知识论的古代哲学家。

古代的怀疑论与现代学者在知觉问题上存在着显著的立场差别，这对我们理解17世纪后怀疑主义的思想家尤为重要。其重要性体现在：其一，宽泛而言，我们可以弄清17世纪后怀疑主义的思想家所从事的哲学工作其开创性意义何在；其二，具体而论，我们才能明白这些思想家之间在建立这项事业的优先权上的混乱竞争（这种竞争的混乱程度颇有些类似于现代自然科学家急于证明是他们最先取得了某项重大发现）。梅森小组中最重要的三位人物笛卡尔、伽桑狄和霍布斯曾各自宣称，无论就观念的形成还是就著作的出版而言，自己都是最早的发现者；不过，实事求是地说，他们三个人的发现都晚于1623年伽利略出版的《检验者》，在这本书中，伽利略曾用大量篇幅讨论了热以及其他与触觉相关的性质，他指出这些性质并不内在于事物自身之中，它们是事物与事物相互运动的产物。虽然伽利略明确反对将上述理念推进到视觉领域，但是此类反亚里士多德主义的方法的形成无疑要归功于他。很奇怪，虽然他们三个人都毫不讳言对伽利略的推崇，但无论是笛卡 286
尔、伽桑狄还是霍布斯都没有提到伽利略对他们思想的启发和影响；或许这是因为，光学问题对他们来说才具有决定性的意义。

梅森小组中首先形成基本观念的是伽桑狄。伽桑狄1592年出生于普罗旺斯的一个穷苦人家，在教会中谋生，先后在第戎和艾克斯教授过神学和哲学。与前一代人相似，伽桑狄在艾克斯的哲学课堂上用怀疑主义的方法对亚里士多德主义大加攻击，1624年他出版了著作《练习以悖论的方式反对亚里士多德》的第一卷，此书基本重述了此前比维斯和拉谟对亚里士多德主义的批评，伽桑狄许诺在此基础之上他还将写完构思中的其余七卷。不过，伽桑狄的第二卷也是此后唯一的一卷直到1649年才出版；1959年有人发现了第二卷的初稿，并确认其成稿时间实际上在1624至1625年左右（*Dissertatians*, pp.xiff.）。伽桑狄在第二卷中一方面声称“并不存在什么科学，尤其是亚里士多德主义的科学”（此即第二卷其中一章的标题），另一方面他也第一次注意到，我们的确可以拥有关于感觉经验的知识——“对我们来说，唯一的科学就是‘经验的科学’或者说‘现象的科学’”（*Opera* III, p.260; *Dissertations*, pp.xiff.）。虽然这种科学的本质在《练习》一书中还只是被间接提到，但伽桑狄无疑迈出了超越怀疑主义的试探性的一步。

可能在1625年伽桑狄发现了某种对未来数十年新哲学的思想发展具有决定性影响的东西——伽利略的天文学著作。这一年8月他写信给伽利略，赞扬其天文学成就（Gasserdi, *Opera* VI, pp.4—6），此后在伽利略构思《对话》期间，他一直与伽利略保持着联系。1632年伽利略的著作出版后，伽利略还曾赠送给伽桑狄一本（ibid., p.53）。伽利略之所以对伽桑狄及其他后怀疑主义的思想家具有非同一般的影响力，是因
287 为他一直强调物理观察并不能依赖直接性的证据。对此，最典型的一个例子是当时的宇宙论争论中的一个论题即地球的自转问题。传统的亚里士多德主义认为，观察多多少少是可靠的，日常的观察告诉我们，地球不在转动，那么，地球实际上就是静止不动的。而伽利略则认为，相对于地球本身而言，人类在地球上所做的观察是中性的——也就是说，无论地球本身是运动的还是静止的，人类在地球上所做的观察都不是证明其运动或静止的证据，因为，如果说地球是运动的，那么地球自身的这种运动也不是相对于地球表面上的观察者的运动。因此，观察不能单独决定包含着抽象因素的问题（比如单纯性）。除伽利略之外，伽桑狄眼中的新科学英雄可能还包括格劳秀斯，后者在梅森小组中广受好评。1632年伽桑狄寄给格劳秀斯一份他自己的天文学著述的抄本（ibid., p.47），梅森与格劳秀斯的联系也相当密切（1621年后格劳秀斯一度居住在巴黎）；而早在1629年，梅森就曾出示过一篇格劳秀斯的福音书评注，他建议尽快出版这份手稿（Mersenne, *Correspondance* II, p.227）。

梅森极为欣赏伽桑狄的《练习》一书——他可能也阅读了这本书第二卷的手稿——这是因为伽桑狄的著作无疑极为清晰流畅地表达了梅森1625年在《科学的真理，反怀疑论者或皮浪主义者》中想要表达的观念。《科学的真理》的批评对象既有怀疑主义也有后亚里士多德主义式的科学比如炼金术。不过，梅森在这本书中并没有用明确提到，表象是我们唯一的直接知识。他鼓励伽桑狄继续他的哲学研究，而伽桑狄由此逐步对伊壁鸠鲁关于感觉经验的看法产生了兴趣。17世纪30年代，伽桑狄一直试图完成他所谓的《伊壁鸠鲁主义大全》（严格说来，其中只有部分内容与伊壁鸠鲁相关）；这本《伊壁鸠鲁主义大全》的出版日期一再推迟，直到1649年才宣告完成（Pintard, 1943a, pp.32—46）。霍布斯在1644年曾阅读过这本书的部分手稿，他的评价是："这是一部用更佳纯正和出色的拉丁语写就的、和亚里士多德的哲学体系一般庞大的哲学著作"（Mersenne, *Correspondance* XIII, p.250）。此书1649年的最终版本包括了认识论、物理学和伦理学；我们已经很难弄清这本书的成书过程，不过，认识论和物理学的部分很可能写于1642年 288
之前。

伽桑狄式的伊壁鸠鲁主义，其核心命题是，科学依赖于对符号的分析——也就是说，我们所观察到的东西或我们的感觉内容就是真实的自然事件的符号，就像词语是对某个事物的符号一样。符号和事件本身并不相同，符号也不像画描绘了现实的世界一样再现事件：通过符号虽然不可能读取任何关于世界的真实性质，但的确有某些事件促成了记号的产生。我们会看到，这种对严格表象理论的批评是梅森、笛卡尔、霍布斯以及伽桑狄的共同主题。

不过，考虑到这本论伊壁鸠鲁的书以及《练习》一书第二卷在17世纪30年代还不曾发表，这个领域对其他人来说也是一块有待开垦的处女地。霍布斯后来宣称，早在1630年他就发现了这一观念，但直到1641年在他对笛卡尔《沉思录》的答复中，才有付诸纸面的相关论点（特别参见Descartes, *Philosophical Writings* II, p.137)。事实上，就付诸纸面的时间而言，的确是笛卡尔首先阐述了这一论点，并且对此有所增益。不过，笛卡尔自己也认为，很难说清这种观念是何时形成的。这或许需要考察笛卡尔哲学思想的形成史，对我们来说，却未免牵扯过远了。

笛卡尔最为著名的著作《方法谈》曾作为他的三篇物理学论文的导言发表于1637年，其中笛卡尔提到，1619年冬天在巴伐利亚的马克西米安的军中，如何反驳怀疑主义对他来说就已经成了一个首要的问题（*Philosophical Writings* I, p.116)。不过，与他的这种说法相左的是，写于1619至1628年之间的笛卡尔早期著作集《指导心灵的诸原则》，没有显示出任何对怀疑主义的兴趣。这本书矛头所向是传统的经院主
289 义，在笛卡尔看来，数学才是绝对确定无误的科学的范型，他认为，科学可以建立在一些明白无误的直观公理的基础之上。而在《指导心灵的诸原则》中，关于感觉经验笛卡尔曾有如下论述：

> 感觉的形成就如同在蜡上刻印一般。我这么说，并不只是打个比方；事实上，我们所感知到的外部事物的形状，取决于对象本身的形状，这几乎可以等同于蜡的形状取决于印模的形状。并且，这里涉及的不止是我们感知到外部事物的形状、它的坚硬程度、它的光滑程度等等，甚至我们也可触知它的冷、热等性质。(Ibid., I, p.40)

这和亚里士多德在《灵魂论》(424a15)中关于感觉问题的论述完全一致，亚里士多德也使用了蜡上刻印的比喻。

不过，到写作《方法谈》时，怀疑论就已经是他所有论述的起点了。笛卡尔第一次相对成熟地谈到内部感觉状态与外部世界关系的论述是写于1629至1635年间的《世界，或论光》。只是，就在他准备出版这本书的时候，他听说宗教裁判所对伽利略的谴责，随即决定不发表

全本，删去与伽利略宇宙论相关的部分。这本书在笛卡尔死后的1664年才正式得以出版。正如此书标题所示，笛卡尔在此书中第一次从知觉构造的角度全面分析了光和视觉的关系，这一主题后来在1637年的《光学》中得到了进一步的阐述。在《世界》一书中，笛卡尔曾说到，

> 一般认为，在我们所有的感觉中，触觉最可靠，最不具备欺骗性。那好，如果我能向你表明，触觉构成的观念与产生这些观念的物体之间并没有多少相似之处，那么，视觉就更不成问题了。所有人都有痛和痒的观念，痛和痒是外部世界的物体影响我们意识的产物，但痛和痒与外部事物之间却没有什么相似之处可言。假如有一次，我拿起一片羽毛触碰了一个睡着了的孩子的嘴唇，他一定觉得很痒。你难道认为，他所形成的痒的观念，就和羽毛有什么相似之处？……在我看 290
> 来，没有理由认为，引起光感的事物性质与这种感觉的相似性，就大于一片羽毛与痒的感觉的相似性。（Ibid., I, p.82）

这是笛卡尔做出的最重要的两个贡献之一，而这同时也意味着，他和伽桑狄已经站在了同一水平线上了。这两个人都批评了知觉与现实世界之间存在着相似性的观点。在《世界》的开篇之处，笛卡尔差不多说出了伽桑狄在同一时期所表述的观点，即知觉可以看作外部现实的非表象化的符号。

> 人们都知道，词语和事物之间并无相似之处，但我们同样可以借助它们思考事物，我们甚至可以不去关注词语的拼写或者词语的发音。比如，我们曾听到过某句话，当时我们对这句话理解得相当不错，可过了不久，我们就想不起，这句话究竟是用哪一种语言说的。如果说语言纯粹是人类约定的产物，它们和外部事物之间没有任何相似之处，然而却足以让我们借助它们思考事物本身，为什么自然不能创造一

> 些符号，让我们有光的感觉，其自身也和感觉对象没有任何相似之处？（Ibid., II, p.81）

1633至1637年间，他迈出了第二步。《方法谈》虽然明确采纳了蒙田或沙朗式的怀疑主义形式，也就是说把怀疑主义当作一种生活方式，接受怀疑主义的观点以及怀疑主义者对此独特的解决方式，换言之，自愿遵循国家的法律和习俗。不过，他在此基础之上又为古典怀疑主义增加了一些新的成分，这些成分起源于笛卡尔最近刚刚发现的“非表象的知觉理论”。如果我们的感觉印象仅仅意指外部世界，外部世界以某种不可理解的神秘方式影响了我们的知觉，我们对外部事物的性质又能了解多少？既然所有呈现给我们的知觉，都没有相对应的外部现象，就如同在梦中一般，我又怎样才能确知外部事物的存在？这就是所谓的“普遍怀疑”论。从非表象的知觉理论来看，这是一个很容易想到的问题，不过，在笛卡尔之前，从没有出现这种“普遍怀疑”的观点（唯一值得注意的是柏拉图的《巴门尼德篇》在另一种不同语境中的讨论）。

之所以笛卡尔式的普遍怀疑从没有被提起过，或许是因为，在此
291 之前，从没有人把“非表象的知觉理论”当真，因此也就没有人追究与之相关的深意。早期的怀疑主义主张，我们的知觉对于现实的表象很多地方都是错误的，因而也是不可信的：我们不可能知道哪一种关于现实的观点是正确的。可正如布恩耶特指出的那样，这并不会导致“普遍怀疑”，我们仍然认为我们的知觉拥有真正的知识（无论如何，色盲的确看见了某些东西）。但如果采取的是“非表象的知觉理论”，那么，这个世界一定和呈现给我们的迥然不同，甚至不一定就实际存在。回过头来，我们不妨再用语言来类比：有些言语（比如专名）指向物质对象，但大多数并不意指物理对象，有些甚至意指不存在或者不可能存在的对象，比如狮头羊身蛇尾的喀迈拉。总体而言，由伽桑狄、笛卡尔、霍布斯

提出的新哲学观，可以视为将长久以来就已经存在的语言和世界是否相符的问题运用到知觉问题上的产物。

1637年后，对新哲学的怀疑主义冲击已经不是蒙田或沙朗式的怀疑主义，而是笛卡尔的“普遍怀疑”。对此，笛卡尔自己的回答当然非常有名，不过，他的回答引起的争议也同样有名：笛卡尔的解决方式，本质上是将我思与关于上帝存在的论证结合起来。所谓“我思”，即我思故我在，是指一个思维者必定在某种程度上思维到自身的存在，而且同样可以确定的是，思维者的确感知到了这个认识的直接对象。“即便是我的确在做梦，我看到想到的东西的确都是幻觉，可是我不能否认的是，这些东西的确出现在我的脑子里”（ibid., I, p.128）。随之而来的由笛卡尔提出的上帝存在的证明是另一个版本的本体论存在证明，它保证了我们意识中的观念或多或少对应于外部的现实，因为，上帝不可能拿他的造物开玩笑或者有意把他们引向歧途。

需要强调的是，虽然笛卡尔在《方法谈》里声称，这种对怀疑论的解决为一切科学包括伦理学奠定了基础，但它处理的还仅仅是怀疑主义的认识论方面。在《方法谈》中，笛卡尔最初持有的立场一方面是认 292
识论上的不确定性，另一方面则是道德上的怀疑相对主义；而确定了一个与我们的感知相对应的外部世界的存在之后，并没有解决道德相对主义问题——他的怀疑恰恰起源于观察到对道德基本原理人们缺乏共识。笛卡尔后来的理智工作也可以证明，他从来没有写过一本伦理学的著作（他可能是唯一没有写过相关著作的大哲学家——另一个明显的例子是维特根斯坦）。17世纪40年代他同波希米亚的伊丽莎白公主讨论道德和政治问题时，他的立场基本上或是马基雅维利主义或是一种充斥在他周围的后西塞罗主义式的人文主义。

梅森小组阅读《方法谈》时，着眼于批判笛卡尔对上帝存在的证明。在梅森、霍布斯等人的建议下，针对比《方法谈》更为深入也更为全面的笛卡尔的《第一哲学沉思录》，伽桑狄提出了全面的反驳，他将矛头指向笛卡尔关于上帝存在的证明上。在伽桑狄看来，根本不需要这种类型的确定性，更不需要运用这种可疑的复杂证明来论证这种确定性。不过，伽桑狄回避了对“普遍怀疑”问题的直接处理：他就只是说，“不管你说什么，没有人会相信你真的说服自己说，你先前认知的事物没有一样是真的；或者说你的感官，上帝或恶魔一直在欺骗你”（ibid., p.180）。（所谓“恶魔”问题也是笛卡尔给怀疑主义带来的新方法——也就是说，我们所有的知觉都是一个无比邪恶的魔鬼为了欺骗我们而制造出来的。）后来，伽桑狄对此还有过一些不太可靠的补充论证。

> 我们的一生，或是醒着或是做梦，梦之所以是欺骗，因为它让不存在的东西显得好像是存在着的。但是，我们并没有总是在做梦，只要我们醒着，我们就不会怀疑我们是醒着还是在做梦。（Ibid., p.231）

笛卡尔嘲笑伽桑狄没能严肃对待“普遍怀疑”问题，在某种意义上，笛卡尔的指责的确有道理。因为，普遍怀疑问题实际上就是对伽桑狄从17世纪20年代开始就已经提出的“非表象的知觉理论”的怀疑主义批评。
293 而我们将看到，霍布斯的回答要比伽桑狄的答案牢靠得多。在梅森小组中，霍布斯的意义就在于，他能够不借助上帝存在的证明而应对普遍怀疑问题。

如前文所述，1634至1636年在法国和意大利逗留期间，霍布斯开始思考光学等这个时代的新哲学问题。他和德文郡伯爵甚至可能在1636年去佛罗伦萨拜会过伽利略；因为，伽利略在当年12月曾写信给米坎奇奥，有位“英国绅士”拜访过他，告诉他希望把他的著作翻译成英文出版（Galileo, *Opera* XVI, p.355）。而霍布斯和德文郡伯爵1636年4月刚好在佛罗伦萨，罗伯特·佩恩（Robert Payne）1636年11月试译的伽利略未出版手稿《机械科学》，很可能就是霍布斯带回英国去的。霍布斯在巴黎和英国南部与纽卡斯尔伯爵的通信常常讨论与“非表象的知

觉理论”相关的新哲学问题，这时他在一定程度上接受了怀疑主义的论证。当年8月，霍布斯观察到，

> 自然哲学最为重要的部分是那些无需论证的东西，它们建立在不可见的、极为精细的比如精、气之类的物体运动之上，因此，我们只能说，如果通过推理没有产生矛盾，那么这种经验实质上就没有被驳倒。(H. M. G. *Thirteenth Report* II, p.128)

在10月的一封讨论光的穿孔实验的信中，霍布斯宣称，“当我使用诸如‘光穿过’，‘颜色消散’等等词语时，我的意思是指在某种介质中的运动，光和色彩其实只是运动的结果而已”(ibid., p.130)。从这段评论来看，霍布斯已经消化了伽桑狄的核心观点；但是，没有证据表明，霍布斯已经超越了这个阶段，被笛卡尔式的怀疑问题所困扰。

霍布斯在19世纪的伟大后继者德国人滕尼斯曾在卡文迪许爵士的文稿中发现了一篇名为《简论第一原理》的文章，他认为这是霍布
斯1630年左右的作品。自此以后，很多学者都在其著述中征引了这篇 294
《简论第一原理》，根据我们在上文所做的分析，这明显是存疑的。事实上，没有任何证据表明这篇文章出自霍布斯的手笔（无论它是否写于1630年之前），我已在他处提过证据，有鉴于此（Tuck, 1988, pp.16—18），关于霍布斯的论述我不会使用这篇《简论第一原理》。

真正有文献价值的是1637年1月霍布斯一篇论逻辑的论文（现有部分残篇）。10月他通过凯勒·迪格比（Kenelm Digby）爵士得到了笛卡尔的《方法谈》。迪戈比在随书寄出的信中提到，霍布斯事先对《方法谈》的内容几近一无所知。此后我们能够了解的霍布斯的理智活动就是写于1640年、献给纽卡斯尔伯爵的《法律、自然和政治的原理》。这份手稿的几个抄本直接或间接地分送给了霍布斯在英国的朋友，包括至少三个牛津大学教师（罗伯特·佩恩，吉尔伯特·谢尔顿和托马斯·洛

基）以及爱德华·海德，之后是克拉伦登爵士（Greenslade, 1957, p.150; Dzelzainis, 1989）。由于手稿是由英文写成，所以在霍布斯的法国朋友中并没有流传；这本书包含了霍布斯哲学观点的方方面面，不过，对那些不熟悉伽桑狄或笛卡尔的英国学者来说或许意义并不算大。这部著作广受推崇——尤其在18世纪（Hobbes, *Elements*, p.xi; Russell, 1985），此处我将援引它——是霍布斯哲学形成的指导线索；令人惊奇的是，这本书中表述的哲学主题早在1640年就可见了。

这或许是因为，霍布斯早已有一个庞大的拉丁文写作计划——即总名为《哲学原理》的哲学三部曲：《论物》、《论人》、《论公民》。我在《霍布斯》一书中详细论证过查尔斯·卡文迪许的文稿中很可能有霍布斯《论人》的早期手稿（Tuck, 1988, pp.18—26）；如果这份早期
295 手稿是存在的，我们完全可以假设，可能同样存在一篇研究物理学基础的《论物》的早期手稿；事实上，这部手稿的早期版本的确有可能保存下来——舍伯里爵士爱德华·赫伯特（Edward Herbert）就曾在一个脚注提到过《论物》一书，后者不可能在1640年以后还和霍布斯保持联系（Hobbes, *Critique de De mundo*, pp.448—513）。霍布斯可能从《论人》的早期手稿中整理出一批针对笛卡尔尤其是他的《论光》一书的批评，于1640年11月送给了梅森，梅森又转送给了笛卡尔。由于梅森对霍布斯的著作印象深刻，当笛卡尔《第一哲学沉思录》出版的时候，梅森便把霍布斯列为《沉思录》的几个主要评论人之一；他很快就寄给霍布斯一本《沉思录》的手稿，几个月之后他得到了霍布斯的答复（Mersenne, *Correspondance* X, pp.210—212）。

如果说霍布斯在1640年前已经有了写作一本拉丁文《哲学大全》的计划，那么《法的原理》一定只是其中简化的英文版本。这本书一般分为两部分，这是因为1649年至1650年的盗版书出版的时候把这部书分为上下两个部分，分别题名为《人性》与《论政治实体》。第一部分处理的是知觉的本质和人类思维的问题，第二部分处理的是自然法、自然

权利以及共和国的建构。霍布斯在第二部分的献辞中说得很清楚，他的这部书想要提供的是自然法科学真正的和唯一的基础。在这一基础之上，人们可以“分析主权者与主权者之间的行为，主权者与臣民之间的案例……”（p.xvi）——也就是说，他们已经涉足格劳秀斯进行过的的事业了。不过，《法的原理》上下两部分都有某种对当时最新形式的怀疑主义的回应；虽然认识论的讨论将笛卡尔的怀疑主义当作起点，但道德和政治的考察应该成书在笛卡尔之前，与笛卡尔并没有多少关系（我们已经指出，笛卡尔的普遍怀疑并没有在道德和政治方面为蒙田或沙朗式的怀疑主义增添什么新东西）。

值得注意到是，《法的原理》体现出的对政治理论的关注一直持续了霍布斯的一生——如果我们读过霍布斯自17世纪30年代起的通信，会觉得这多少有些意外。除了1635年他以极大的热情阅读了塞 296
尔登的《海洋锁闭论》外（Hobbes, *English Works* VI, p.454; H.M.G. *Thirteenth Report* II, p.128），1637年之前的通信没有任何迹象表明，他在这段时间关注过政治问题。同样在1635年，他提到，他希望用“戏谑的文字”描述灵魂的功能和激情（ibid., p.126），但笛卡尔的例子表明，灵魂问题并不必然有政治的指向。1637年后《法的原理》出版之前，只有1638年8月的一封信值得注意。霍布斯写这封信的目的是为德文郡伯爵十八岁的弟弟在巴黎的行为举止提供参考意见。这封信非常具有霍布斯的个人特色：“听我的话，应当没有坏处：首先，不要和任何一个你不打算和她结婚的女性恋爱，因为做一件毫无意义的事，就是我们常常说到的所谓虚荣”（Toennies, 1903, p.296）。联系到《法的原理》中关于“虚荣”的批评（p.37），很有可能这封信就写于霍布斯写作这本书第一部分的阶段。

与此相关的还有霍布斯的自传里回忆他作为伯爵老师的一段经历（1631至1638年），有趣的是，他声称他教给了伯爵“法的整体规划，即如何在平等和正义之间做出区分”（Hobbes, *The Life*, sig. A2, *Vitc authore seipso*, sig. A4）。这段教育的成果体现在1639年，霍布斯代表小伯爵草拟了一份关于如何在伯爵的晚辈间分配他母亲在德文郡不动产的文件；文件中曾有一处似乎包含了霍布斯式政治理论的本质：其时，伯爵指出他母亲的行为“现在没有必要再提，因为无论他的证据牢不牢靠，每个人都会通过法律途径保全自己的利益”（Rogw, 1986, p.264 n.22, p.113—114）。霍布斯的政治思想与贵族环境的关系或许要比凯斯·托马斯（Keith Thomas）认识到的还要密切（参见Thomas, 1965）。

不过，或许纽卡斯尔伯爵在17世纪30年代末卷入到国家的政治领域，是激起霍布斯政治兴趣的真正契机。早在1636年4月伯爵就被任命
297 为威尔斯亲王的总督（H. M. G. *Thirteenth Report* II, p.127），不过直到1638年3月他接到枢密院大臣任命函的同时他才接受了这一职务。伯爵在17世纪30年代将命运与斯特拉福德家族联系在一起，早在1633年他就曾在宫廷里寻求过斯特拉福德的照应——后者刚好是霍布斯的恩主乔维斯·克利夫顿爵士（Gervase Clifton）的义兄。我认为，真正促使霍布斯决定探索后怀疑主义政治意义的事件，是“造船费事件”：在这部书中，这一事件的位置尤为突出。

《法的原理》

我首先要讨论的是与笛卡尔相对立的霍布斯的立场。实际上，霍布斯的整个哲学工作都隐含着对笛卡尔某种程度的不满（参见Tuck, 1988）。霍布斯在《法的原理》有过如下表述。首先，传统的亚里士多德主义的知觉理论是错误的，对此霍布斯使用的是怀疑主义的驳论——“每个人都曾有过在水中或在玻璃中看到某个事物的经验，这充分可以说明，我们看到的是颜色和形象而不是物体本身”（p.4）。此外，霍布斯还重述了新哲学的基本主张：

> (1) 色彩、形象等等固有性质所在的主体并不是客体，或者说是看到的事物。
>
> (2) 颜色或形象并不是什么与我们无关的东西。
>
> (3) 所谓的颜色或形象，无非是外部对象作用在我们的脑子、神经等处引起的运动、刺激或改变。
>
> (4) 视觉的概念与其他感觉的概念是相同的，它们的固有性质的主体也不是客体，而是感觉。(p.4)

伽桑狄很可能会完全同意这四条原则；而笛卡尔可能会有所保留——笛卡尔的《论光》曾提到，“我要提醒你，我们所谓的‘光’，无非就是一种运动，一种通过空气等透明介质穿过我们的眼睛、非常迅速激烈的运动”(*Philosophical Writings* I, p.153)，但有关运动的描述， 298
霍布斯与笛卡尔仍旧存在着差别。霍布斯认为，这种运动类似于血液循环过程中的心脏泵的运动(*Elements*, p.5; *Tractatus opricus*, p.151)；而笛卡尔则认为，这是一种自然倾向(conatus)、一种存在于“充实空间”(plenum)中的发光体与观察者之间的运动趋势(*Philosophica Writing*, p.155)。霍布斯在《论人》的早期手稿中非常明确地指出，“他(笛卡尔)认为是一种运动的趋势，我认为就是一种运动”(*Tractatus opticus*, p.151)。这是他和笛卡尔在光的本性问题上的重要差别：霍布斯的说法与“充实空间”的观念并无矛盾，“充实空间”完全可以像人体中的血液一样有舒张、收缩的运动。

不过，霍布斯并没有在他的书里告诉我们，现实中的运动如何最终造成知觉。

> 自然科学与其他科学差别极大。其他科学除了术语的定义之外，并不需要其他什么基础性的原理。定义就可以解决歧义和混乱。定义

> 是第一真理；每一个定义都是一个真实的基础性命题，因为，通过定义，这个术语的意义得到了普遍的接受，它对于我们来说就成了真实无误的东西。例如，只要我们乐意把某个形状叫做“三角形”，那么，说它是三角形就是正确无误的。但是在解释自然现象时，我们还需要另一种程序，这就是我们通常说到的“假说”或“假定”。任何一件呈现给我们的感觉的事情，我们一般就称之为“现象”。关于现象，我们往往会提出一种假设：什么是这件事、这种现象的动力因。对此，任何一种规范的答案都应当是，描述某种运动，现象是这种运动的结果；由于不同的运动不可能造成同样的现象，所以，就可以通过某种运动假说来进行论证——尽管假说不一定是真实无误的。物理学只需要提出运动的假说，在不发生矛盾的前提下，论证现象的必然性。（*Tractatue optucus*, p.147;参见H.M.G. *Thirteenth Report* II, p.128）

有两点可以确定。首先，世界上存在着物质对象，对于这些物质对象，我们不能推导出它们的存在，只能直觉到物质对象的存在。在霍布斯看来，我们感觉到的是物质对象，它们必定如此，因为它们展现了变
299 化，我们也只能设想出作为运动的变化，如空间位置位置的变动；而根据定义，所谓“空间位置”指的就是物质的基本属性。不过，这些物质对象并不像我们身外世界中的物质对象那样，那个世界由什么组成，我们并不十分清楚。但是我们知道我们能够通过物质对象的运动对那个世界大体有所了解：这是第二个可以确定的东西。用《法的原理》里的话来说：

> 我们的感觉往往让我们觉得，任何现象、任何性质都只是表面上的样子，不同于实际发生的情况。真实的情况是造成这些表面现象的某种运动。（p.7）

霍布斯之所以相信运动的真实存在，其原因曾在《论人》的手稿里表述如下："很难设想，存在视觉却不存在相应的视觉作用机制，或者说，存在某种视觉作用机制却不存在某种相应的物质运动"（*Tractatus opticus*, p.150）。我们直接了解到我们的感觉对象，同时我们也很难否认，它们始终处于变化之中；而变化又只能被理解为某个物质实体相当于另一个物质实体的运动。《论人》的早期手稿中还曾提到，"一切作用机制都是某个介质之中的局部运动"（ibid., p.148; cf. *Critique de De mundo*, pp.483—484），霍布斯一直坚持他的这一立场。在他看来，自我运动是很难想象的，除了一个物体推动另一个物体之外，再没有其他的运动形式（基于同样的立场，《法的原理》曾反驳过"第一因"与"灵魂实体"）。因此，对科学应该采用的形式的有效性我们还是应该有充分的信心，不过，科学的具体结论不一定就是正确的——它只是一种假说。

基于这一理论，霍布斯从没有为笛卡尔式的怀疑所困扰。他在《法的原理》甚至曾说到，

> 一个人做梦醒来，以为梦中发生的全是真事，这并不是不可能的：因为，如果他梦见了一件很常见的事情，而且其次序和清醒时发生的次序没什么两样，醒来后却发现原来他刚刚躺下睡着了，我实在很难说清他可以用什么标准区分什么是梦什么不是梦，因此，无论听一个人说梦境是真实的，还是把梦境当作幻觉，我都对此少有困惑。
> （p.12） 300

霍布斯之所以不受困扰，是因为，和伽桑狄不同，霍布斯一直坚持某种清醒的思考论证方式：在他看来，无论我们在清醒的时候还是在梦中、甚至哪怕是受到一个恶魔的控制，我们所体验到的东西，一定是

某些物质对象引起的。虽然我们不知道物质对象的真实情况，但笛卡尔式的怀疑却完全是不必要的：因为，没有因果联系的变化，或者没有运动中的物质实体的因果联系，都是不可理解的。这些已经确保了某些事物的现实存在。同时霍布斯也强调，要在知觉之间做出区分，知觉或概念的次序有各种不同的形式；有些就像在梦中一样是不连贯的，有些则是有规则的。无规则的知觉只能解释成词语间的关联或者说某种心理过程；而有规则的思维则是指，诸如有意识地采取某种手段来达到某个目的，或者凭借某种方法找回消失的记忆等等。（pp.13—15）

霍布斯的语言观点可以用来区分有规则的思维和无规则的思维。我们的思想规则一部分是语义的规则，因为我们用言辞说明他们的意指；如果我们注意言语和概念之间的关系，我们会发现我们的思想比我们日常应用要更加有规则。正像我们在上文曾引述的《论人》中有关假说的段落时提到的那样，霍布斯认为，语言的特殊功用在于，人使用语言可以表达某种特殊的意向，可以把概念引向知觉。因此，言辞的意义并不一定是确定的，使用者完全可以像几何学那样按照自己的意愿为每个词汇下定义。不过，自然语言却需要确定性："名称相近会使得概念愈发混乱；其他人的语言是如此，自己说的话也是这样：词汇往往代表的只是传统的、习惯的用法，而不是我们自己的概念"（p.21）。

必须强调的是，无论是何种形式的有规则的思维，和无规则的思维一样，也遵循着因果的规则：只不过它代表的是理性或真实的思考，意志的努力不可能引发此种思考方式，因为意志是思维和欲求过程的
301 一部分（在霍布斯看来，意志是走向行动的最后一步）。此外，霍布斯判断何为理性的标准是一个纯粹的内部标准：他的理论并不涉及到理性人生活于其中的物质世界的真实性。

霍布斯对笛卡尔的回应决定了他对笛卡尔的上帝论证并不特别关注。在《法的原理》的第一章，他总结了自己的神学，指出上帝的唯一概念只能是第一因，用任何谓词表述上帝（例如认知和爱），都是没有意

义的，如果说关于上帝的谓述的确表达了某种命题真理，那么诸如“上帝是全能的”、“上帝是全知的”所表达的仅仅是“我们的敬畏，我们用一切夸耀和赞美的词汇加诸其名之上”（[p.54]在晚期对托马斯·威特的批评中，霍布斯发展了这一观念。他用更为精细的方式区分了命题和献辞。前者与真假有关，后者与真假无关；关于上帝的描述仅仅是献辞，表达的是我们归诸它的荣耀）。霍布斯回应笛卡尔的《沉思录》时曾指出，“上帝”这个词是一个“有名无实”的词汇，把他描述成“超级智慧”是荒诞不经的——“试问促使笛卡尔理解上帝理智运作的观念究竟是什么？”（Descartes, *Philosophical Writing* II, p.131）。从许多有神论的观点来看，霍布斯对《沉思录》的回答、包括他在《法的原理》中阐述的内容都表明霍布斯是某种类型的无神论者，事实上终其一生霍布斯也都没有摆脱无神论的指责。

不过，1640至1641年间这种指责或许还有证据不足之嫌。虽然霍布斯一直认为，从理性的角度来看，上帝是不可理解的，但他同时也认为，人的信念既可能来自于理性也可能来自于信仰。“信仰”对霍布斯来说仅仅意味着，相信他人关于其所见所闻的说法；例如，我们对于圣经真实性的信仰，即是对“从有人看见全能的上帝在尘世创造的奇迹那一刻起，相信教会中的圣徒的证词”（pp.58—59）。由此可得出如下结论：

> 我们的信仰来自于，我们相信圣经是上帝之言，这是我们在教会那里寄托的信念；虽然有疑问的是，教会对同一本圣经的解释却各有
> 不同，歧见纷呈、争议极多，但关于耶稣基督的道成肉身，却是没有什 302
> 么疑问的。比起每个人自己的观点或精神，这显然要可靠得多，后者仅仅是每个人自己的意见。（p.59）

此处提到的基本要点，在霍布斯看来正是基督教的基石所在——

基督徒可定义为相信以下命题的人，即相信耶稣基督就是弥赛亚。在《法的原理》一书第二部第六节中霍布斯扩展了此处的论点，并给予了详细的论证说明（pp.148—152）。对圣经的解释不可违背这一点，"即便世界上所有的教会组织都已经放弃了基督教信仰，教徒也决不能做类似的事情"（p.167）；否则，基督徒就只能听从天主教会对圣经的解释。举例来说，

> 我们基督徒承认，有善恶天使；他们是精神性的；我们的灵魂也是精神性的；精神是不朽的。但是，要认识这些内容，或者说要在自然中找到支持这些论点的论据，却是不可能的。（p.55）

尽管霍布斯和格劳秀斯一样强调，世俗权力并不隶属于教会体系，但在霍布斯看来，世俗权力应当听从教会的劝导：《法的原理》一书讨论国家与教会关系的长篇段落和格劳秀斯的论证相差不大，霍布斯同样没有赋予主权者以解释圣经的权力。（这里有可能存在一个小小的例外：霍布斯说，"虽然国王不得在教会中任职，但这并不意味着他们只能具有世俗的身份，不能具有任何与教会事务相关的权限"[p.167]。但即便国王担任了牧师一职，他和教会的关系也同其他牧师一样，他并没有解释的特权。有趣的是，尽管1649年至1650年间《法的原理》由圣公会的保王党人非法出版，他们省略了此句。）这时，霍布斯的神学观点与战前他的朋友们持有的格劳秀斯式的现代神学立场相去不远，他认可教会在神学解释方面的权威，但并不认为教会具有任何政治或准政治的权
303 威。

直到1640年前，霍布斯的论证与现代怀疑论都还没有多少交集。在霍布斯看来，我们的知觉并没有给予我们一幅直接反映现实世界的图像，我们也并不能确切地知道自己究竟是睡着还是醒着。但这些事实与真正的科学并无矛盾之处，它们符合真正科学的解释系统的标准，并

且，和英国圣公会的神学也没有什么冲突的地方。当然，霍布斯的思想在不少方面也和怀疑论有一致之处。比如他们都认为，关于世界的个别判断的真实性是极不可靠的。尤其不可靠的是道德生活领域里的个别判断。正像诸如颜色那样常见的亚里士多德式属性并不是事物的实在属性，而是依赖于观察者的知觉，道德属性也是如此：

> 每个人都把自己喜欢的东西、令自己感到愉悦的东西叫作善的，把令自己感到不悦的东西叫作恶的；因此，不同的政治体制之下的人关于善恶的区分标准也是不同的。并不存在所谓的“简单善”（simple good）。甚至我们归之于全能的上帝的善，也是他对于我们的善。正如我们把令自己感到愉悦的东西叫作善的，把令自己感到不悦的东西叫作恶的，我们也把这些东西所具有的性质及其所拥有的能力叫作好的和坏的。（p.29）

这种“能力”和使我们产生颜色经验的对象的“能力”属于同一个类型，也就是说，外部对象对观察者的冲击总是同时掺杂了特定的内部心理学结构——与道德相关的内部心理学结构，在霍布斯看来，就是指人类维持生命的“活力”系统。一旦这一活力系统遇到障碍，结果就是令人不悦的或者就是痛苦的。

霍布斯的道德观的出发点是一种公然的极端相对主义。在《法的原理》一书中，霍布斯提出了他解决相对主义问题的方案——这也是他终其一生所坚持的立场。霍布斯的方案采纳了格劳秀斯解决相对主义问题的基本理念。在此前的章节中，我们曾经指出，相对主义问题的解决概而言之无非是主张，无论各人的观点有何差异，所有人都会承认，每个人都拥有保护自身不受肆意攻击的权利。所有人也都承认，任何肆意攻击别人的行为都是不正当的，攻击别人的行为不能当作保护
自己的手段。格劳秀斯在《战争与和平法》中发展出一套复杂的观念， 304

并将其建基于一套社会性理论之上。这些观念正是他主要的理论基石。

17世纪20年代末，哈德威克就已经有了一个《战争与和平法》的抄本（Hamilton, 1978, p.450），而正如我们曾指出的那样，1635年霍布斯仔细阅读了塞尔登的带有强烈格劳秀斯式风格的《海洋锁闭论》；不过，我们还不能确定霍布斯究竟在何时何地阅读了《战争与和平法》。17世纪30年代末他的一部分朋友属于所谓的“涂村派”保皇党人之列，后者恰是格劳秀斯的忠实读者（参见上文p.272）。对当时包括霍布斯在内的英国理论家而言，格劳秀斯早已是一个无法回避的重要作者。查尔斯·卡文迪许认为格劳秀斯和霍布斯之间存在着关联，他一边摘录霍布斯的《论公民》，一边一遍又一遍地重读《战争与和平法》并同样做了大量的笔记（此外，他还涉猎了笛卡尔的《方法谈》——似乎在他看来，霍布斯的著作必须在作品的语境里才能得到理解）。爱德华·海德（Edward Hyde）在得到《法的原理》一书的抄本后，或许也按此法阅读（他对霍布斯《论公民》的阅读也往往要借助格劳秀斯）。

霍布斯在《法的原理》一书的第一卷第十四和十五章用他自己的方式阐述了格劳秀斯式的理论。他最初的论断是这样的：

> 根据自然的必然性，人总是意欲对他来说好的东西，回避对他来说坏的东西；而自然中最可怕的敌人莫过于死亡，死亡使我们丧失了所有的能力，经受了身体上最大的痛苦；而人尽可能保全自己的身体，回避死亡和痛苦，显然是合乎理性的。人们称作“权利”的那种东西，即自由地运用自己的自然能力保全自我，显然也是合乎理性的，不应被责难的。因此，这就是**自然权利**：即每个人都可以运用自己的能力保全自己的生命和躯体。（p.71）

值得注意的是，霍布斯此处提到的“人们称作‘权利’的那种东西”：霍布斯主张，所有人都会退而寻求自我保全的权利。此外，他还认为，既然每个人都有自我保全的权利，那么每个人同时也有采取必要手段的权利，因而（更为重要的是），

> 根据自然权利，每个人都可以自己判断，哪里存在着多大的危险，采取何种必要的手段。因为，如果由自己来判断危险何在是不合理
> 的，那么就必须由其他人来做出判断，而基于相同的理由，其他人涉 305
> 及到与我相关的事情，则需要由我来判断与他们相关的事情，因此，我有理由判断他的判决是否对我有利。（p.72）

查尔斯·卡文迪许在阅读《论公民》时，尤其留意了与此处意义相近的段落，并做出了标记。

在《法的原理》一书中，霍布斯还曾指出，在自然状态中，人除了自我保存之外并无其他权利。他尤其举了战争中不必要的残酷为例：“根据同一种自然法，除非基于恐惧，否则残酷的行为是被禁止的。因为，只有恐惧才能剥夺另一个人的生命”（p.100）。霍布斯此处对自然权利的界定与格劳秀斯的方式完全一致，他甚至使用了相同的词汇，即除非自我保全不可伤害他人的自然法，或者说寻求“一种可以达到相同目的的和平道路，且是防御的方式不可达到的”（p.75）。继而，霍布斯指出，所有人都会就这一既定事实达成一致，因为，没有人会否认，肆意伤害他人必定会带来不必要的危险。

霍布斯在其著述中不断强调，每个人可以独立地判断何时可以采取自我保存的手段，这是霍布斯不同于格劳秀斯之处，但却是从霍布斯的怀疑论立场推出的结论，因为，既然关于外部事物的现实存在并不存在这样的标准，那么关于何为危险，也就并不存在这样的标准。每个人都会对外部世界做出他自己的判断，每个人的思考也都不可能不存在争议。这种极度的不确定性必定会导致社会的不稳定，因为每个人都会对

自我保存的必要性做出自己的判断，并凭此而行动；就此而言，霍布斯说道，“每个人对一切事情都具有权利”（p.72）。因此，行使自我保全的权利，在表面上采取的是非侵略性的原则，但实际上导致的却是灾
306 难性的后果，“自由人所处的自然状态就是战争状态”（p.73）。正如针对诸如伽桑狄式的后怀疑主义认识论，笛卡尔提出了一种怀疑论的变形形式；针对格劳秀斯的后怀疑主义式伦理学，霍布斯提出的也是一种怀疑论的变形形式。甚至“自我保存”这个有希望成为新伦理科学基础的观念，似乎也是不够充分的。

霍布斯对这一问题的解答，大体而言在其后的著述一直贯彻始终。既然关于自我保全的手段，并不存在自然的一致同意（natural agreement），就需要一种人为的一致同意（artificaial agreement）：人们必须在某种意义上协调他们的判断，不管各自的世界观有多少分歧，他们必须就采取什么样必要且合适的手段自我保全达成一致。因为，正如相对主义是自我摧毁的，独立判断也是自我摧毁的。判断的这种自我毁灭的特征让后来的研究者（甚至也包括霍布斯的同时代人）困惑不已，通常关于“自然权利”和“自然法”之间关系的困惑实际上就是对这一问题的困惑。为什么我有权利做我认为适当的事情，同时却必须受到一系列理性规则的限制？正如费尔默所指出的那样：

> 如果说自然权利就是指一个人在自然状态中有采取任何我认为合适的手段保全自己生命的自由，那么自然首先必须教给他，生命应当得到保存，不会允许他摧毁或舍弃其生存的条件。因此，自然法和自然权利实际上是一回事。（*Partiarcha*, p.242）

查尔斯·卡文迪许也有类似的观点（B.L.Harleian MS 6083, fol. 179）。

这里的确存在着某种悖论；不过，我认为，对霍布斯而言自然权利和自然法之间并不存在混淆。正如我们所指出的那样，16世纪晚期17世

纪早期的道德哲学认为，人的理智应当是自我限制或自我约束的，霍布斯的观点也应作如是观。如果一个独立的个体关注自己的幸福，他就会认识到应当放弃自己的独立性；就此而言，他既是独立的也是不独立的。类似地，他有权做出决定也无权做出决定。现代哲学往往将此类例子描述为高阶欲望的运作，这或许是理解霍布斯的正确方式：或许在 307
霍布斯那里应当这样表述，我们的高阶欲望是自我保全，但这在严格意义上不是一个关于拥有权利的问题：我们的权利是“运用我们自己的能力”保全自己的生命，而这是一种为了我们生存的利益可以放弃（也必须放弃）的低阶欲望。

关于人类的判断必须被校准的精确机制也一直令困扰着霍布斯自己，他最为重要的三部著作对此的表述也都存在着一些微小的差异。当然，这三本书都同意，基本的原则是这样的（用《法的原理》中的话来说）：所有的人

> 或是允许绝大多数人的意志（即民主制政府）或是允许由他们决定和提名的一批人中的大多数的意志（即贵族制）或是允许一个人的意志（即君主制）代替每个人自己的意志。（p.109）

而这就是霍布斯在《利维坦》中表述的意思：主权者在某种意义上就是其臣民的代表者。但在《法的原理》中，霍布斯还不愿这么表述，他主张，臣民应当放弃他们抵抗主权者的自然权利：“绝对的主权者就是指，既无权利惩罚他，也无权利抵抗他，因为无权抵抗他，所以他可以对所有人施加强制性的权力，根据他自己的好恶管理所有人的行动”（p.117）。“这种强制的权力就是将每个人抵抗他的权利转让给这个具有强制权的主权者”（p.111）。

而这意味着，在《法的原理》一书中，主权者仅仅是指“国家中绝对权力的拥有者，而在前国家状态，每个人自己都是绝对权力的拥有

者，每个人都有权做自己愿意去做的事情”（p.113）。主权者的判断仅仅只是每个人都寻求的自我保全的目的；虽然正如霍布斯所指出的那样，公民社会的出现意味着，如果臣民得到了自我保全，那么主权者就能得到最好的保全（亚里士多德的错误在于，基于治理者利益的政府和基于被治理者利益的政府[pp.137—138]）。继而，国家理性式的关于国家政策的论述罕见地直接融进了霍布斯的论述里。“一个民族的利益
308 主要有以下四个方面：1、人口；2、商业；3、国内的和平；4、抵御外敌”（p.179）。主权者非但有义务保护臣民不受他人的攻击，也有义务免受饥馑之苦，“由于我们的过失，让臣民受苦，缺乏必需的东西，是与自然法相悖的，因为臣民的生计就是我们的利益所在”（p.181）。不过，严格说来，主权者与臣民的关系似乎是这样的，除主权者外，所有人都处于自然状态。

但霍布斯同时也承认，完全取消臣民的抵抗权也是不可能的：“只有为了安全的目的”，才可以要求每个人“放弃运用自己的能力保护自己的权利”（p.110）。在另一处，他指出，

> 每个人必然要放弃他对一切事物的权利，不过，他还可以保留一些权利，比如保护自己生命的权利，这是不可转让的；又比如基本必要的生活手段，如衣食起居等等。某些权利只有在陷入战争时才不能予以保留，自然法并不要求人们放弃这些权利。（p.8）

许多学者（甚至也包括我在十三年前写就的《霍布斯》一书）都对这里的矛盾感到困惑：如果我们与主权者的关系就在于，我们放弃了抵抗的权利，为什么我们为了捍卫自己的生命时又可以保有这些权利？霍布斯似乎认为，在一切有争议的问题上主权者充当了我们的代表者，因而我们只需要遵从主权者的判断就可以获得安全（如果我们的安全受到威胁，主权者的判断必须和我们自己的判断保持一致——可没有人会

否认，假如受到主权者卫兵的攻击，这种直接性的攻击终究是对我们自己安全的威胁）。《法的原理》一书稍后的章节表明了霍布斯对这一问题的立场，或许可以当作对霍布斯政治哲学最好的总结：

> 在自然状态中，每个人都有他自己的判断，关于事物的名字和称呼，每个人的看法都不同。出于不同的判断，就引发了纷争，和平也就被破坏了；因而，就需要有共同的标准，以免陷入争执。比如，什么是 309
> 正当，什么是善，什么是多什么是少，一磅是多少，一夸脱是多少，关于这些每个人的判断都是不同的，争执也是不可避免的。有些人说，共同的标准就是正确的理性：如果在自然本性中可以发现正确的理性，我可以同意这些人的说法。但这些人称之为解决纷争的正确理性，不过是他们自己的理性罢了。而既然自然中的正确理性是不存在的，那么某个人或某些人的理性就取而代之。因而，某个人或某些人就拥有了主权者的权力。随之而来的就是构成了所有臣民行为标准的市民法，它决定了什么是正确什么是错误，什么是有利什么是不利，什么是美德什么是邪恶。在此基础上，原来存在着纷争的事物的名称和定义就可以确定了。举例而言，关于哪一种畸形的胎儿就不能算作人，这并不是由亚里士多德等哲学家来决定的问题，这是一个由法律来决定的问题。（pp.188—189）

另一个重要的段落讨论了与之相似的良知问题：

> 良知不过是每个人自己的判断和意见，一旦他将判断的权利转交给他人，他人的判断也就可以等同于他自己做出的判断。因此，服从法律也还是听从他的良知，只不过这个良知不再是他个人的良知。法律唯一留给个体的自由，只是与他个人良知相悖的东西，也就是“罪”。（p.157）

此外，霍布斯还探索了主权者创制的形成机制，他的探索依赖于一个漫长的关于代表理论的传统——在《法的原理》中，他主张主权者需由选举产生。在民主制中，主权者需经由投票来决定。民主制无论在逻辑还是在时间上都要先于其他政体。这

> 原本事出必然。因为，无论是贵族制还是君主制都需要经由某种约定好的任命。大多数人同意的约定必然要经过大多数人的首肯。当大多数人的投票也包含其他人的投票时，就是真正的民主制。（p.118）

霍布斯的设计是清晰的：经由普遍同意，公民社会形成了民主共和国，
310 其他类型的政体需要建立在多数决议的基础之上——这是一个比塞尔登的《荣勋之名》及格劳秀斯的《战争与和平法》都要明晰得多的共和制观念，尽管与他俩的观念都十分相似。

也许这种宪政主义的设计是从霍布斯早期人文主义思想阶段发展出来的观念；在《法的原理》一书中，他的人文主义敏感性仍有所体现。比如他描述由联合体组成的社会“就是一个政治体或公民社会，或像希腊人称呼的城市”。当他采取拉丁文表述时，他使用的词语是格劳秀斯常常使用的civitas一词（我译为state）。他小心谨慎地避免使用community或communitas一词——后者是经院主义政治哲学的核心词汇。他提及政治体时也使用过commonwealth (respublica)一词（cf. *De cive*, x.7），对此，他也曾声明过，一个国家作为名符其实的政治体更应当建立在相互同意的基础之上而不应当建立在征服的基础之上。

不过霍布斯继而指出，民主制迫于某些实际的困难而不得不转为君主制或贵族制。在《法的原理》一书中，他认为，民主制必然分化为两种类型的政体，“或者是由某些演说家主导的贵族制，或者是某一个

演说家主导的君主制”(pp.120—121)。这并非是霍布斯的玩笑话，对他来说，演说家代表了真正的政治权力，因为他们有说服人民相信的能力。尽管霍布斯自己就擅长演说术，早年对演说术也有很强的兴趣，但他强烈指责在公民社会里研究演说术，他认为演说家会篡夺主权者的特权。

在霍布斯看来，真正严肃的主权形式只能是君主制和贵族共和制。二者有颇多相似之处。总体而言，君主制更为可取，贵族制当中还存在着共和制的巨大缺陷：

> 在贵族制中如古代的雅典和罗马，总是有许许多多的议会讨论各种国务活动。但议会并不直接处理国家事务，他们总是选出某些官员或管理者，任命少数人直接处理国家事务；当代的威尼斯就是这样的。(p.143)

霍布斯对威尼斯体制曾经持有的同情此时已消失殆尽。他甚至采纳了格劳秀斯的立场(也就是传统人文主义的立场)主张，只有在共和国中自由才是可能的： 311

> 既然自由与屈从不能共存，一个国家的自由仅仅在于人们共同期盼的、不可分割的政府和统治，那么自由就必然只能存在于民主制的国家。亚里士多德的说法是正确的，民主制的基础或目的就是自由；对此，他曾有如下论断：“人们常常说，除非在一个民主政府的管理下，否则人不可能拥有自由”。(pp.169—170)

当然，霍布斯并不是说，民主制是可取的，相反，自由的泛滥恰是他反对民主制的论证之一。此外，他反对人文主义式的共和主义的理由还在于，人文主义式的共和主义公然赞同弑僭：“这种由希腊产生、并经由罗马而传播的理论不仅憎恨僭主，甚至对国王也充满恨意”（p.175）。

尽管他大量运用了共和主义的选举主权者的观念，但正如我曾指出的那样，霍布斯在这个阶段并没有明确提出，主权者的判断代表了臣民的判断，或是说主权者是臣民的代表者。我以为，其原因在于，英国人倾向于认为下议院的权威和代表制的观念之间存在着根深蒂固的联系。在《法的原理》一书中，当霍布斯区分“大众”（multitude）和“人民”（people）时，他显然是认可了这一看法。“人民”在某种意义上就是指某个特定区域居民的集合；但是

> 这个词另一个意思是指公民，也就是说，某一个人或某个议会的意志包含或囊括了每一个个别人的意志。举例来说，在后一种意义上，只要下议院的议员坐在那里，具备法定的权威和权利，他们就代表了所有的平民。一旦议会解散了，虽然他们的位置仍在，但他们已不再是公民，也不再是平民，他们只是坐在那儿的个体的集合而已。不论他们同意什么，他们出具的只能是他们自己的意见……（p.124）

比照另一个段落中霍布斯提到的，主权者“包含”了臣民的意志，或者说“被当作”臣民的意志，这里的表述颇有听天由命之嫌：因为，虽然霍布斯这里并没有像《法的原理》中多处表述的那样（如pp.115—117,173），主张立法会从属于国王或者说可以被国王解散，立法会并没
312 有与国王分享主权，虽然他将国会的权力比之以威尼斯共和国中从属于大议会权威的行政长官（p.116），但传统的修辞仍然强烈认为下议院是人民的代表。我们已经指出，传统的保皇主义者并不会为此感到困扰，因为他们并不认为国王必须代表人民。落在英国当时的语境里，霍布斯的论证看上去难免让人以为，他在暗示国会是主权者。

而这恰恰与《法的原理》从头至尾的意图相反；霍布斯这一论证

对当时英国政治的意味仅仅只能在保皇主义者的圈子里才会得到接受。因此，霍布斯不仅抨击了英国的主权者是国会之中的国王，他还抨击臣民有绝对的财产权利，“他们自以为可以随心所欲，对社会全无贡献”(p.174)。总之，霍布斯的总体论证反对的是这样一种观念，即主张即便国家安全面临威胁，公民也不应当放弃个人的判断力。他的所有批评尤其是最后一点，是为查理一世和斯特拉福德的政策加强了理论的说服力，而最后一点批评更是明显直接与造船费事件引发的争论有关。举例而言，1638年2月，处理造船费事件的一位法官在牛津巡回法庭上为他的决定辩护时据称就曾这样说道（此人曾就此写信给霍布斯的旧恩主、斯特拉福德的内兄乔维斯·克利夫顿爵士），

> 法官的一致认可已经充分证明了造船费的合法性，陛下的想法基于以下一些理由：1、在必要的情况下，整个王国有义务为保卫王国以及国民自己的安全提供军事方面的物资；2、国王是唯一有资格判断这种情况是否必要的人，他没有义务向人民解释他判断，或者说他没有义务把“国家心术”公诸于众，在这种情况下，我们不应当对国王的判断提出质疑，如果我们这么做了，就等于对国王的王权本身提出了质疑。（H.M.G. *Report on Varicas Collections* VII, p.417）

显然，霍布斯对查理一世的政府持同情的态度，而且毫无疑问他 313
是站在斯特拉福德一边（在写于17世纪30年代的《比希莫特》中，霍布斯对斯特拉福德的政策褒奖有加）。

《论公民》

在完成《法的原理》一书之前的一段时间，霍布斯曾打算在英国政治的舞台上一试身手，因为，1640年1月卡文迪许伯爵曾建议他作为

德比选区的国会议员加入短期国会。不过，有可能在选举前霍布斯就已经退出了竞选，或许他已经感觉到对保皇党人的敌意。当长期国会召开之时，他来到伦敦，11月“突然决定，离开英国去巴黎”（Zagorin, 1978, p.158）。奥布里声称，霍布斯因为《法的原理》一书招致的麻烦而面临危险。扎戈林（Zagorin）教授猜测，考虑到11月11日斯特拉福德面临的指控，霍布斯的恐惧恐怕并不是空穴来风。当时，下议院的委员会搜集了斯特拉福德阴谋反对国民自由的证据（其中甚至还包括了他在国会会议上的发言记录），并对其提出指控。因此，霍布斯认为反对斯特拉福德的运动会使《法的原理》一书牵扯在内（霍布斯有可能将《法的原理》一书的抄本赠予了斯特拉福德），并不是什么荒诞不经的想法。既然霍布斯以前的朋友爱德华·海德就已经被列入调查人员之列（可以确定他已经读了霍布斯的这本书），霍布斯当然有足够的理由提前做出预判。此后，自该年11月中旬抵达巴黎起直到1651年之前，霍布斯一直以巴黎为活动的基地。而由于卡文迪许伯爵的财产在1642年被查封（1645年后伯爵结束流亡生涯返回故土，重新接收了财产），起初他在巴黎的生活相当困窘，所以他不得不投入大量精力与逃亡巴黎的英国保皇党人建立联系。

霍布斯在巴黎做的第一件实际工作就是完成他的拉丁著作《哲学
314 原理》。而正如他在此书前言中提到的那样，此前在英国发生的政治
事件是他对该书第三部分的内容大加扩展的原因。1641年，他将《哲学原理》一书的第三部分即《论公民》献给了卡文迪许伯爵，第二年4月在巴黎出版。此书的流传范围很有限，不过有证据表明，梅森或霍布斯曾将此书的数个抄本分送于他们的朋友（*Latin Version*, pp.6—7），这其中有可能就包括格劳秀斯。格劳秀斯在1643年4月收到了霍布斯此书（*Epistolae*, pp.951—952），他曾明确提到，这本书并不准备出版，霍布斯只是希望一些“开明的人”能读到它（*Latin Version*, p.300）。《哲学原理》一书的标题表明霍布斯希望这本书的前两部分也能尽快面世，

有理由认为，霍布斯几乎已经准备将这个想法付诸行动。

不知出于何故，此书的前两部分并没有如他所愿面世；1641年到1643年间，他一直关注的是认识论问题和光学问题，1643年春他对托马斯怀特的反伽利略理论提出了激烈的批评，而就在这篇批判性的文章中，霍布斯自己的形而上学观念和物理学观念也得到了长足的进展。1644年，这段时间内霍布斯的短篇著述由梅森结集出版，此后霍布斯自己还曾有过想法整理出一部完整的著作，1646年9月他曾起草过一部英文的《光学》，并许诺尽快出版拉丁文版本，但这个工作一直没有完成（这部分内容后来出现在《论人》一书中[Tuck, 1988, pp.21—22]）。在给他的朋友索尔比耶（Samuel Sorbiere）的信中，霍布斯曾对他在《哲学原理》一书上耗费的大量时间有过一个解释，他自责道，这部分是因为懒惰，部分是因为他对其中的论证不能感到满意（Toennies, 1889, p.69）。直到1655年和1658年，这两部分内容才分别冠以《论物》和《论人》之名出版。不过，从当时流传的手稿以及小圈子内的相关讨论中，仍然可以看到霍布斯这段时间内的立场和观点；最为典型的例子是1646年在纽卡斯尔侯爵御前，他与英国圣公会主教、亚里士多德主义者约翰·布兰豪（Bramhall）之间发生的关于自由意志问题的讨论，霍布斯在这次讨论中的言论一度在小圈子里广泛流传并被译为法文。不过，直到17世纪50年代中叶这次讨论的相关内容也才得以出版面世（Macdonald及Hargreaves, 1952, p.37）。

霍布斯希望《哲学原理》一书的第三部分即《论公民》成为他自己 315
代表性的拉丁文政治著作，而不仅仅是对《法的原理》一书的简单重述。他从没打算将《论公民》译为英文（1651年曾出现过此书的一个英文本，译者不曾署名，几乎可以肯定与霍布斯无关）。1645年，他的朋友沃勒（Edmund Waller）曾提出过出英文本的动议，但霍布斯本人却表现得不够热心（Wikelund, 1969, pp.266—267）。他始终认为，自己的观点已经表达得足够充分了。1646年4月，应索尔比耶之求，他才交给索尔比耶一份做了大量边注的抄本，后来重新排印的第二版中收入了这些写于1642年至1646年间的边注。索尔比耶责成当时世界上最大的出版社阿姆斯特丹的埃尔泽菲尔出版社于1647年将这部书的两个版本分别排印出版（*De Cive, Latin Version*, pp.9—13, 297）。两年之后，索尔比耶又将《论公民》译为法文出版，法文本在当时极受欢迎，1649年至1651年间就有三个版本面世。在埃尔泽菲尔版和索尔比耶的法文版的推动下，霍布斯很快就进入了欧洲的公共知识界。甚至当《利维坦》成为英语世界最为重要的霍布斯著述后，《论公民》一直到18世纪末仍然是霍布斯在欧洲大陆知识界最为著名的作品（即便1668年《利维坦》就有了拉丁译本[ibid., pp.22—26]）。

《论公民》采纳了《法的原理》一书中的主要论证，基本没有太大改动；实际上几乎近于对《法的原理》一书的直译。虽然在《论公民》缺乏后怀疑主义式的认识论的基础，但此书的第一批读者早已承认，这本书奠基于与怀疑主义的对抗。埃尔泽菲尔版中甚至有一封梅森给索尔比耶的信件，其中梅森劝索尔比耶跟随霍布斯、放弃“悬隔判断”等怀疑主义者的伎俩（ibid., p.298）。而《论公民》在《法的原理》一书基础上增添的论述主要集中于两个领域：一个是如何产生主权者的问题，以及基督教主权者与教会的关系问题。

关于前者，霍布斯仍然强调主权者是由共和主义式选举产生的。
316 不过，他回避了这个问题应用于英国时产生的麻烦后果，实际上，一旦考虑到制度上的安排，国会就显而易见会被视作主权者——不过，除非是英国人自己，否则《论公民》的读者完全意识不到英国就是这样的政治实体。这本书的写作对象是法国的读者，即便如此，在这本书的第六章第二十节还是出现了诸如公民的“议会”这样的表述。此外，霍布斯也激烈批评了共和主义的自由观：

有人认为，君主制比民主制更糟糕，因为在君主制下，自由要更

> 少。如果自由仅仅是指臣民可以不服从法律（也就是说人民的决定），那么，不论是在民主制还是其他任何类型的政体治理下，都不存在这样的自由。如果这就是所谓的自由，那么就不会存在法律和禁令，而没有法律，就没有和平。我并不认为，君主制下的自由比民主制下的自由更少，真正的自由对于两种政体来说是同样的。无论是在君主制治理下的城市还是民主制的城市，我们都可以在这个城市的入口写上“自由”两个醒目的大字，但这不是指臣民的自由，而是指城市的自由。（X.8）

霍布斯此处实际上参考了政体为（贵族）共和国的卢卡自治市，在卢卡的入口处就写有“自由”二字。

同时，霍布斯又一次强调，不能放弃自我保全的基本权利，他指出，任何一个联合体得以成立的前提是，每个人都在自然状态里，

> 按照契约建立了与其他人的义务关系，不再与他必须服从的某个人或**某个议会组织的意志**发生对抗；他不可以拒绝主权者使用他的财富和力量抵制其他任何什么东西（不过，他还保有自我保全、免受暴力侵害的权利）。（V.7）

为了与可能的敌人相对抗，主权者可以“使用”臣民的力量——比起《法的原理》中的立场，霍布斯这里的表述要令人愉悦得多。

霍布斯在《论公民》中澄清的第二点内容是教会权力问题。此书第三章处理的主题是“宗教”（第一章和第二章分别处理的是“自由”和“支配”），与《法的原理》相较，霍布斯阐发了他的理论中的宗教维度，其中包括对圣经的解释等许多细节方面的问题。虽然其核心论证 317
仍旧是放弃个人的判断服从公共的主权者，但霍布斯此时更为明白无误地强调，放弃个人的判断服从公共的主权者，与基督教主权者需要服

从于教会，这两者之间并无矛盾。在他看来，

> 这里存在着两种类型的冲突：一种是宗教事务方面的冲突，也就是说与信仰相关的、不能通过自然理性探索的问题：此类问题包括**基督的地位和本质、来世的赏罚、圣礼及礼拜的形式**等等。另一类问题是人类事务方面的科学问题，这类问题包括所有哲学和权利方面的问题，它们的真理性可以通过人类的自然理性、三段论以及契约和定义去探索。（XVII.28）

后者无需通过对圣经的解释来决定其真理性。

> 教会不具备主权者的权力，不可以利用教义就这些问题来做出判断。但涉及到与上帝有关的、超出人类能力之外的信仰问题，我们就需要来自耶稣基督自己的神圣佑助，以免我们在某些必要的问题上走入迷途。我们有义务相信超自然的、超出我们理解力的真理，因为凭此最终我们将得到永恒的拯救；我们有可能处于困窘中、陷入迷途，为神圣公义所弃绝，直到最终审判之前堕落的可能性永远存在。因而，在涉及拯救的问题上，基督救世主应许了使徒的权力；也就是说，使徒以及继承了使徒权力的教士通过按手礼而被赋予了神圣性。凭此，他们拥有基督之城中的主权，所有与信仰的神秘性有关的问题，只能从教士那里得到正当的圣经解释。（Ibid.）

相较于《法的原理》，这里的表述显然要充分得多。早先，在《论公民》中霍布斯曾指出，如果说对使徒及其他原始教会中的教士的选择保全了一个特殊的教会组织（XVII.24），那么，“基督徒的城市和教会则完全是一回事”（XVII. 21），基督教的主权者应当挑选所有的教会执事人员。不过，霍布斯还是按照正统的立场区分了挑选和授予神职，

他承认，授予神职需要得到教会“神学家”（Doctor）的认可（他的英文著述并没有使用这个术语）——后者不同于通常的长老或教士 318
（XVII.24）。在圣公会问题上，他力图证明，虽然国家有权力任命教会执事人员例如主教（也暗示包括所有的牧师），但所有的执事人员都应当授予适当的神职，主权者可以通过他们的判断来决定这些宗教事务。

不过，他所选择的Doctor这个词还是相当有启示意义的。在《法的原理》中，他曾主张，“主教机构拥有某种神圣的形式”（p.164），但1641年7月在写给卡文迪许伯爵的信中，对最近发生的诺丁汉郡长老会抗议主教的请愿事件，他认为下议院用世俗的委员会取代过去的教会机构行使管辖权同时选择一批牧师行使神职授予权是值得赞许的。

> 我认为，新的处理方式并无任何不妥之处。世俗委员会的权力过大而牧师的权力过小，当然会惹怒一批人，不过在我看来，对于分割主教权力，更多人是乐见其成的。我建议，牧师只要尽到牧师的责任即可不必行使管理的责任；教会应当依附于国家和王国的权威，如果没有这些，教会的统一就不可能。您或许认为这只是一种**哲学的想象**，但我以为，经验会告诉我们，在**任何基督教国家**，**世俗权力**与**宗教权力**何者为大的纷争都是**内战**最主要的原因。（Toennies, 1903, p.302）

看上去，1641年7月霍布斯的立场似乎与塞尔登的立场越来越接近。塞尔登早先曾被视作主教的公开代言人，但他也已经开始支持一种与长老会制度不同的新制度（Shaw, 1900, I, p.43）。虽然主教派方面还在以赞赏的态度阅读《论公民》——事实上也的确有一部分人持这一立场，比如霍布斯的老朋友罗伯特·潘恩，但霍布斯自己已经逐渐掉转立场，开始构想一种新的论证以支持另一种形式的教会制度。

利维坦

当霍布斯重新开始思考政治问题时，他首先抛弃的是过去关于宗
319 教问题的立场。1645年4月马斯顿荒原战役后，纽卡斯尔侯爵以及卡文迪许爵士流亡巴黎，这一事件是霍布斯一生的转折点。1646年，霍布斯将《论人》一书的英文版献给了纽卡斯尔侯爵，也正是在纽卡斯尔侯爵面前，他和布兰豪之间发生了著名的论争——后者追随卡文迪许兄弟渡船来到法国（Newcastle, *Life*, p.43）。在纽卡斯尔侯爵的餐桌上，他第一次与笛卡尔相识（Aubrey, *Brief Lives*, p.360）。不太清楚1640年至1645年之间，霍布斯在巴黎与哪一派保皇党人更为接近，但毫无疑问，1646年后霍布斯显然对纽卡斯尔伯爵所代表的政治立场持同情态度。

为理解霍布斯立场的转变，我们有必要回忆在第六章我们曾提到的英国政治的时局。从内战开始起，国王方面的阵营就发生了分裂。以爱德华·海德为首的一派认为，保全英国圣公会是压倒一切的使命；而另一派则认为，如果有必要，牺牲圣公会保全君主制则不失为一种选择。后一种意见的代表是亨利四世的女儿、查理的王后汉丽埃塔·玛丽亚，而亨利四世就采取了放弃教会保全君主制的政策。从一开始，玛丽亚就伙同朝臣鼓动查理一世的国会方面达成妥协——后者实际上仅仅希望进行宗教改革、并不反对君主制本身。不过，王后的立场并不是没有变化，最初她主张妥协的对象只能是长老会，因为法国的政策倾向于支持苏格兰对抗英格兰。而流亡巴黎三年后，1647年她派约翰·贝克莱作为其代表返回英国劝查理一世与独立派方面谈判，将宗教宽容作为保全王位的交换条件（Gardiner, 1886, III, pp.145ff.; Clarendon, *History*, pp.614ff.）。这两派相互之间充满敌意，海德对"卢浮宫"方面（1649年9月后玛丽亚的"宫廷"就设在卢浮宫内）以及支持卢浮宫的查
320 理二世的弟弟约克公爵（即后来的詹姆斯二世）尤为不满。

导致海德不满的另一个原因是，早在内战开始前，王后的宫廷就

是英国天主教活动的中心，许多英国圣公会成员对天主教宫廷始终无法保持信任。圣公会的不信任并不没有理由的，王后的首席天主教策士蒙塔格（Walter Mountagu）——此人系海德的老朋友曼彻斯特伯爵的次子——持顽固的保皇主义立场，其他的宫廷策士也是不服从的老派成员，例如杜埃的神学家亨利·霍顿以及霍布斯的老对手托马斯·怀特等。这些人对英国国教的忠诚在17世纪40年代中期是大为可疑的。他们更感兴趣的是成立一个独立的政府，施行宗教宽容政策，这样天主教就可以在英国存活下来；而海德的立场与这些人恰恰相反，他仍旧认为，压倒一切的任务是保存英国圣公会。相比而言，王后或天主教徒的立场显然要更为政治化。

王后和她的朝臣都支持纽卡斯尔侯爵，在他们的怂恿下纽卡斯尔卷入了1641年的“军队阴谋”事件（在内战开始之前，他们试图让纽卡斯尔掌握军队，进军伦敦[Newcastle, *Life*, P.8 n.1]）。纽卡斯尔来到巴黎后，他做的第一件事便是向王后宣誓效忠，1645年末纽卡斯尔与王后的侍女玛格丽特·卢卡斯的婚姻使得他和王后宫廷的关系更为牢不可破（玛格丽特·卢卡斯后来成为著名的科学赞助人和作家）。纽卡斯尔逐渐站在了王后的保皇主义立场，这尤其体现在1647年巴黎圣日耳曼德佩区的枢密院会议上（直到1649年，流亡的英国法院一直设立在此），纽卡斯尔表达了他的担忧，他认为“除了借助苏格兰人之外，再无可能为陛下召集其他的力量”——虽然王后本人并没有正面支持纽卡斯尔的立场（ibid., p.47）。纽卡斯尔对宗教问题的冷淡态度让海德颇为疑虑（Clarendon, *History*, p.493）。

纽卡斯尔抵达巴黎后，霍布斯很快便从中获益；在1646年到1648
年7月威尔士亲王和纽卡斯尔前往荷兰之间的一段时间内，霍布斯一直 321
担任英国王子威尔士亲王的私人数学教师（霍布斯曾向索尔比耶强调，他担任的是政治学教师，而这显然是不正确的）。霍布斯显然是从纽卡斯尔那里得到了这个位置——后者曾在1638年到1641年之间担任亲王的管家——威尔士亲王曾给他的老师霍布斯以这样的评价，“他是我碰到的最奇怪的人”（“Illustration” XII, p.92）。威尔士亲王1646年6月抵达巴黎，霍布斯此后便移居亲王在圣日耳曼德佩区的宫廷。而当亲王和纽卡斯尔侯爵一起离开巴黎前往荷兰后，霍布斯与留在巴黎的保皇党人发生了争吵，后者拒绝向他支付亲王教师的薪水。他在一封已经遗失了的信件中承认，“他被某些狡诈的宫廷牧师骗了，没能得到在亲王那里的劳动收入”（ibid., VI, p.170）；不过，当时保皇党的两派之争已经逐渐陷入全方位的危机之际，霍布斯显然仍旧是站在王后阵营一边。

危机的爆发起源于苏格兰人对查理一世被处死的反应：由于苏格兰人担心他们的独立受到威胁，所以他们准备向查理二世提供军事援助，但条件是查理二世必须在教会问题上做出让步。后党方面对苏格兰人的建议反应积极，为达成妥协他们运用铁腕清洗了枢密院里的政敌：首先将海德派往西班牙担任大使，其次又将海德的朋友爱德华·尼古拉斯逐出了枢密院。而1650年4月在荷兰的布雷达与苏格兰人的特使开始妥协谈判之前，纽卡斯尔则已经在枢密院宣誓就职。海德从西班牙来信说，“你会看见三个王国的命运操控在一个邪恶的小集团手里；你还会看见纽卡斯尔侯爵这个可怜的家伙……”（Newcastle, *Life*, p.53 n.2）。不过，苏格兰人的计划往往并没有得到正确的理解——这尤其体现在克拉伦敦《内战史》的记载里。虽然他们要求查理二世签订契约，承认苏格兰的长老会组织，但关于英格兰，他们仅仅希望，如果未来英国议会使英格兰的长老会合法化，查理应当予以认可。后党的成员之一在给海德的信中曾提及，苏格兰人“在宗教问题上对国王出言不逊，不过他们的要求仅限于苏格兰范围内”（*Clarendon State Papers* II, p.550）。海德则对与苏格兰人的一切协定都充满敌意，他认为无论在苏格兰还是在英格兰，主教制度都应当贯彻下去。

322 纽卡斯尔及其他枢密院成员劝查理二世，无论如何还是要接受苏格兰人的提议，查理果然这么做了（Newcastle, *Life*, p.53）。6月2日他抵达苏格兰，按照苏格兰人的指令，他随行只带了白金汉公爵一人，纽卡斯尔等枢密院成员则留在了荷兰。与此同时，共和国方面重新组织了军事力量在克伦威尔的率领下向苏格兰进军；9月在邓巴战役中，克伦威尔一举击溃了苏格兰人的军队，按照克拉伦敦的说法，邓巴之战后克伦威尔的军队“似乎已经完全征服了整个英国”（*History*, p.752）。在苏格兰的查理二世及其身边人的希望在邓巴之战后也几乎破灭了。12月，白金汉公爵在给纽卡斯尔侯爵的信中，以一种极度悲观的口气提到，

> 我能给你最好的建议就是，你要尽可能保证你自己的安全，从目前的状况以及你个人的处境来看，陛下既不能给你以帮助，你也不能为陛下分忧。你如果能照料好你自己，对于陛下所遭受的痛苦来说，就已经是一种帮助了。（H.M.C. *Thirteenth Report* II, p.138）

虽然纽卡斯尔自己的确没有返回英国而是留在了安特卫普，但1651年末他让他的妻子和孩子即查尔斯·卡文迪许爵士回到英国，重新整合了纽卡斯尔家族的财产（应当说，他们得到了海德的许多帮助（Newcastle, *Life*, pp.55—58; Clarendon, *History*, pp. 988—989））。同时，1651年初查理二世再次招募了一股人马进军英格兰，但9月3日在伍斯特再次被克伦威尔击溃。经过一系列传奇性的经历（例如那棵著名的橡树），当年11月查理才得以返回巴黎。

就在这段时间内，伴随着王后宫廷方面对复辟的强烈渴望，保皇党人内部的危机也达到了一个高峰，而也就在这段时间内，霍布斯开始了《利维坦》的写作（此书的书名来自《约伯记》中人力无法与之对抗的海兽之名）。关于这段时间内霍布斯的活动，主要的原始资料是霍布斯的老朋友罗伯特·潘恩写给另一个流离失所的牧师、牛津全圣学院的院长谢尔顿的信件，在这些信件中潘恩转述了霍布斯给他的来信的部分内容。1649年4月霍布斯给潘恩的信中提到，他认为英国很快

会有更多战斗，并且战争（或许是因为法国的介入）还可能会回到平局
323 （“Illustrations” VI, p.165）。9月，在写给伽桑狄的信中，他提到他很有可能会返回英国（*Latin Works* V, p.307）。1650年2月，他和潘恩讨论政治理论问题时就主教制度产生了争执，潘恩固然接受了，“在一个国家中，不应当有独立于最高权力之外的力量，拥有可以不从主权者那里来的执行事务的权利”（“Illustratians” VI, p.167），但他不认为英国主教适用于此例。霍布斯并没有向潘恩说明他何以会对这一问题产生兴趣，但潘恩很快就发现了霍布斯的真实想法。1650年5月，他在一个书店里发现了盗版的《法的原理》（主要是其中的政治章节），误认为是某个匿名的译者翻译的《论公民》，于是他写信给远在巴黎的霍布斯，催促他尽快出版一个新译本。霍布斯答复道，

> 我手头还有一件俗务未了，我正在写一本与政治学有关的英文著作，计划有五十个章节，目前已经写完了三十七个章节，我会尽快找一个高素质的译者，将这本书翻成法文。（Ibid., p.172）

因此，在1650年5月霍布斯已经完成了《利维坦》一书三分之二的章节。由于此书第二年5月便在英国出版面世（ibid., p.223），所以该年圣诞节之前霍布斯必然已经交稿（Tuck, 1990, p.xxxv），由此可见霍布斯此书的写作速度是相当之快的。霍布斯之所以希望将《利维坦》译为法文出版，是因为他希望这本书的读者既包括英国人也包括法国人，这同时也印证了这本书写作时的语境。

1650年夏季，潘恩一直与霍布斯保持通信，希望说服霍布斯不要背叛英国国教。当年8月他写信给谢尔顿，

> 关于我这位远在异国的朋友，我已经一次又一次给他写信；他向我承诺，他并不是专为反对我们这伙人（“这伙人”是潘恩和他的朋

> 友经常用来形容英国圣公会的词），他一再强调的是，主权者是最高
> 的牧人，主权者有权利决定人民的救赎需要什么样的宗教组织形式；
> 这已经足够为那些攻击主教制度的人提供支持了，当然也会吸引到一
> 些追随者。事实上，我认为，他已经难以回头了，我唯一还寄有希望的 324
> 是，我劝他，并不是所有的时候都适合说真话。如果他不可避免要出版他的论证，我希望即便考虑到古人的良苦用心（事实上，基督教教会面临各种反对的声音差不多已有一千六百年的历史），他也不应当漠然视之，他应当知道，要想让长老会和独立派支持他的意见，就像君主制赞成民主派和亚里士多德派一样。我要说的就是这些，如果我们这伙人未来要面对激烈的反对者，你应该知道我们该感谢谁。（Ibid., p.173）

通过潘恩和谢尔顿的通信，我们可以发现《利维坦》大致的成书过程及其用意所在。如果霍布斯的写作节奏前后没有发现太大的变化，那么大体上可以断定他开始写作《利维坦》的时间应当是1649年春——也就是说在查理一世送上断头台之后，他一度认为保皇党人有可能复辟成功的一段时间内。他写作此书的主要目的也是清楚的：他要证明，主权者没有义务支持某一种特殊的宗教组织形式，他自己就是何为正统宗教的裁决者。

1650年末，霍布斯完成了《利维坦》一书。他将书稿直接寄给了出版商，没有提到任何致献的对象；不过，同时他还像以前一样自己保留了一份完善的、通常也是留给致献人的抄本。考虑到这个抄本后来呈递给了查理二世，有理由相信霍布斯的《利维坦》最初是准备献给查理二世本人的（Tuck, 1990, p.xxxv）。不过，在保皇党溃败的时局影响下，亦即类似于白金汉公爵写给纽卡斯尔侯爵信件中的沮丧情绪弥漫之际，霍布斯并没有让这本书带有明显的保皇党色彩。1651年4月，在这本书出版之前不久，他将这本书题献给他一个朋友的兄弟——在后者那里

他曾得到部分馈赠的遗产（Clarendon, *A Brief View*, p.7）。当然，霍布斯也并不想完全和他的保皇党老朋友断绝联系，1651年查理二世逃回巴黎后，霍布斯也曾试图再次与王室建立良好关系，并把他的《利维坦》抄本呈递给了查理二世。不过，这时海德等英国国教派已经在王室掌握了实权，有一次霍布斯准备进见国王本人，在王室的前厅里他遇见
325 海德过去的盟友奥蒙德公爵，奥蒙德告诉他国王不想见他。很快霍布斯便结束流亡生涯于1652年2月返回英国，重新回到他的老东家卡文迪许的庄园里，此后再也没有离开英国。

关于这件轶事，坊间议论纷纷，甚至在伦敦的报纸上也有所报道（*Mercurius politicus* 84, p.1344）；1月1日，爱德华·尼古拉斯爵士写信给他的朋友海德提到，

> 所有诚实的、热爱君主制的人都乐意见到国王将无神论之父霍布斯驱逐出宫廷。这个霍布斯，不仅让王后宫廷里的所有人以及约克公爵宫廷里的大多数人都成了无神论者，他还企图进一步败坏国王的宫廷……（*Ckarendon State Papers* III, p.45）

根据尼古拉斯的表述，应当是海德本人或者是蒙塔古等圣公会人士让国王驱逐了霍布斯，尤其是国王的策士之一珀西爵士。珀西曾在给海德的信中语带骄傲地承认，

> 我的老朋友霍布斯这次可大大丢了脸，这件事我也小有功劳，当然，我的主人奥蒙德爵士更懂得领会上意；天主教方面希望什么我不清楚，不过，他们对这份正义可没有贡献。

由于霍布斯曾和王后的宫廷联系密切，海德的作用显然是决定性的；有

意思的是,《利维坦》的后半部分,霍布斯的确曾以蒙塔古为论敌。在其中的一个地方,霍布斯提到,霍顿和怀特曾力主英国天主教与独立派谈判,而为蒙塔古所拒。

我们对《利维坦》中论证的讨论需以此为语境和背景。首先需要指出的是,任何熟悉《法的原理》或《论公民》的读者都不会对《利维坦》的政治性章节感到惊奇(潘恩曾说,这本书出版之际,可能会有人认为,《论公民》翻译过来了)。霍布斯不过是又一次强调了自我保全的权利以及这一权利的至上性。 326

> 每个人,不仅是根据权利而且是根据本性的必然性,尽可能地追求对于他的自我保全来说必要的东西;那些为了不必要的东西而与社会发生对抗的人,就犯了引发战争的罪;也就是说,他违反了要求**追求和平**的根本性自然法。(p.106)

同时,当关于实施自我保全权利的判断导致不稳定时,"国家"的统一仍旧是唯一的解决之道——在关于战争状态的著名段落里,霍布斯称这种不稳定性为战争状态,在其中,人类过着"孤独、肮脏、悲苦、野蛮和短命的生活"(p.89)。

不过,在《利维坦》中霍布斯明确指出,这种战争状态是可以克服的,他自己第一次运用了"代表"理论以形容主权者和公民之间的关系。实际上,早在1649年索尔比耶的《论公民》译本中就曾出现过这个词:1647年版的《论公民》曾有一个脚注提到"民族中也有区分:通过代表,我们理解一个国家的意愿、决定和行为是由某一个人的意志决定的;或者国家的意愿、决定和行为是由多数人达成一致后的意志决定的,这种一致同意只能在某个议会中达成的"(*Latin Version*, p.137),而索尔比耶的译本则是这样的:

> 这个民族里，治理的事务是由君主的权威决定的；他们选择一个公民来代表了公众、城市和国家，我们把意志转交给他。（p.100）

霍布斯在《利维坦》里充分展开了这条线索，他花了整整一章（第十六章）讨论了代表或“人格化”的方式和途径，并且在整本书里一直称主权者为“代表者”。主权者产生的方式也明确体现在判断的转让：在自然状态中的人

> 指定由某个人或某个集体承担他们的人格，并且承认由该人或该集体行使在公共和平及安全方面的任何行为、或者由此引发的任何
> 327 行为；因此，每个人都将自己的意志服从于他的意志，将自己的判断服从于他的判断。（p.120）

同时，霍布斯也保留了主权者的选举特征；正如他在第十八章开篇所言，

> 当一群人确实达成协议，并且每一个人都与其他人订立信约，不论大多数人把代表全体的人格的权利授与任何个人或一群人组成的集体（即使之成为其代表者）时，赞成和反对的人都将以同一方式授权该人或该集体的一切行为和裁断，就像是自己的行为和裁断一样；这是为了群体生活和睦、抵御外敌、保护自身。这时国家就称为按约建立了。

他也很清楚，英国国会虽然是由选举产生的，但并不能算作主权体。

> 因此，在已经建立主权的地方，同一人民除了在某些特殊目的方

> 面受到主权者限制的代表者外，便不可能有其他代表者……如果认为主权会议邀请其所管辖的人民派遣代表并授权呈述其意见或愿望时，因此就不把自己当成人民的绝对代表者，而要把那些代表当成绝对代表者，那便是荒谬的看法。同样的道理，在君主国家中这种看法也是荒谬的。我真不知道，这样明显的一条真理，近来为什么这样不被人注意，以致出现这样一种情形：在一个君主国中，原先君王的主权是从六百年的王统中获得的，唯有他被称为主权者，每一个臣民都称他为陛下，毫无疑问地尊他为王，然而他却不被认为是臣民的代表者；代表者这一称号竟然毫无异议地被认为是君主命令人民派来呈递请愿书、并在君主许可的条件下向他提出咨议的那些人。(p.130)

不过，他似乎认为，把主权者视为代表者不再会带来麻烦；这部分是因为，自从1642年以来，国会的代表性无论是在保皇党人还是在更为激进的平等派在看来，都是可疑的。

而他的早期著作中对共和主义式的人文主义的敌意在《利维坦》中体现得更为明显，其中尤为突出的是对古代政治理论家的大段批评： 328

> 人们由于读了这些希腊和拉丁著作家的书，所以从小就在自由的虚伪外表下养成了一种习惯，赞成暴乱，赞成肆无忌惮地控制主权者的行为，然后又控制这些控制者，结果弄得血流成河，所以我认为可以老实地说一句：任何东西所付出的代价都不像我们西方世界学习希腊和拉丁文著述所付出的代价那样大。(p.150)

《利维坦》主要发展的思想出现于该书的第三部分《论基督教国家》和第四部分《论黑暗的王国》。这些内容构成整部著作的主体，第三章中的《论教会权力》一章甚至是全书最长的一个章节。霍布斯在这本书里表达的宗教立场与他本人早期的宗教立场迥然不同，难怪哈蒙德在读了《利维坦》后，称之为"基督教和无神论的混合体"（"Illustrations" IX, p.294）。从根本上来看，可以说霍布斯《利维坦》主要的批评对象是许多怀疑主义者甚至也包括他本人早期所持有的唯信主义立场，取而代之的是某种接近无神论的立场。

在《利维坦》中，霍布斯发展出两种与此相关的论证。其中之一是第三十八章提出对灵魂不朽的责难。我们有必要将霍布斯的观点与之前包括当时的主流观点相比照，因为与之前的灵魂不朽学说相比霍布斯的主张显然要锐利得多。通常的观点一般认为，每个人的灵魂都是不朽的，不朽的灵魂既可以感知到天堂的快乐也可以感知到地狱的痛苦，人类的理性不需要借助启示的力量就可以认识到灵魂不朽的知识。另一种相反的观点是从文艺复兴时期的彭波那齐那里发展而来的，这种观点认为，哲学上我们有充分的理由认为灵魂是必然要朽坏的，因此关于灵魂不朽的信念只能来自信仰或启示；出于信仰，我们可以相信俗见的灵魂不朽学说，可以相信一种"朽坏论"的观点，即灵魂随肉体一起消亡，并随肉体一起复活，同肉体一样分享了不朽的存在（无论是在天堂还是在地狱，都是如此）。

329 我们曾指出（p.302），霍布斯在早期是一个唯信主义者，在《法的原理》中他曾有过这样的一段评论：

> 我们基督徒认为，存在着善天使与恶天使；他们是精神性的存在，人类的灵魂也是精神性的存在，精神性的存在是不朽的。不过，认识这些，我们都不可能有自然的证据。（p.55）

而在《对怀特的批评》中，和彭波那齐一样，他认识到，提出哲学的证据去论证灵魂不朽"非但不能增强基督教信仰，相反只能起到削弱信仰的作用"（fol. 27v; cf. Pine, 1986, pp.198—199）。这种关于基督教信条的唯信主义立场完全排除了从哲学上论证一种自然宗教的必要性：因此，霍布斯指出，我们可以有关于第一因的自然知识，但不可能有关于其属性的任何其他知识。对第一因的力量我们必须感到惊奇和畏惧，必须通过约定的荣耀仪式对其表示尊崇。作为基督徒，我们有一个基本的信念，即相信基督教的历史记载：耶稣即基督（也就是救世主）。

自然宗教的表述在《利维坦》中没有发生变化，霍布斯提出的唯一的新观点就是，任何基督教的命题都不可能与唯物主义哲学相容。以信仰为基础的灵魂不朽学说不再可能，从哲学的观点看，灵魂不朽的学说显然是荒谬的，任何一种不包含内在矛盾的宗教理论都不应当有灵魂不朽学说的位置。信仰必须服从于自然哲学——这个观点也曾出现在彭波那齐那里（Pine, 1986, pp.117ff., 362ff.），但他并没有明确表述出来。更有甚者，与之前所有的学者不同，霍布斯系统地重新整理了各种宗教命题，以适应他的自然哲学立场。他通过繁琐的圣经解说断定，灵魂并不是不朽的，在审判日之后灵魂就会消亡（p.315）。上帝的选民由于信仰救世主基督而得到拯救，但他们的永生是出于上帝的恩典而非出自他们灵魂的自然本性。

如果说他对灵魂不朽学说的批评适应的是他唯物主义哲学，那么他关于教会学说的论述适应的则是他的政治理论。正如我们之前所指出的那样（p.303），他的早期哲学认为教会是圣经解释的权威来源，教 330
会虽然服从于主权者但是却保持一定的独立性。《对怀特的批评》包含了一系列令人惊讶的此类观点，尤其体现在他对“依靠信仰在未来获得幸福”这一问题的讨论中。

> 所有人毫无例外地可以分为三种类型：第一类人，他们知道什么是好；第二类人，自己不知道，但承认自己应当被那些知道什么是好的聪明人所统治；第三类人，自己不知道，同时也不相信他人知道。笃

> 一类人知道通向幸福的道路即圣灵所开辟的、通向超自然的启示的道路；这些人最初是指使徒，现在则是指已经统一在一个人格之下的教会。第二类人没有得到超自然的启示，但愿意被拥有启示的人即教会所统治。第三类人既不知道未来的生活道路是怎样的，也不相信教会，更没有把教会的教义当作通向未来福祉的必要条件。因此，人不能获得永恒幸福的原因仅仅在于缺少对教会的信任，亦即缺少基督教信仰。（fol. 446）

不过在《利维坦》第四十二章“论教会权力”以及第四部分“论黑暗王国”中，霍布斯完全推翻了此前的想法。第四十二章是对贝拉明派教会组织理论的系统批判，从《利维坦》一书的特点来看，这并不是那么令人困惑。毕竟，天主教神学在1649至1651年间似乎在英国取得了成功。霍布斯早期曾经将贝拉明派视为批判的目标，但在第四十二章中他耗费了大量笔墨完善了他对贝拉明派理论的批判。对此，有两种可能的解释。

首先，17世纪40年代，贝拉明派的神学在荷兰联省共和国得到了大量讨论（Nobbs, 1938, pp.108ff.）。1642年弗兰克纳的教授、温和的加尔文主义者尼古拉斯·斐得纽斯（Nicholas Vedelius）出版了一本书名为《论君士坦丁之牧权》，在这本书里，他通过批判贝拉明表达了他对加尔文主义的教会主义理论的质疑。而对他做出的回应的则有一批荷兰的牧师，其中就包括泽兰省米德尔堡市的牧师阿波罗尼乌斯（Gulielmus Apollonius）。阿波罗尼乌斯指责斐得纽斯混淆了天主教
331 和加尔文宗，并为正统理论做了强有力的辩护。1646年斐得纽斯则再次以匿名的方式发表《论基督教国家的最高权力》提出了一种带有强烈世俗化倾向的教会组织理论。同时，斐得纽斯也再次重申了他的基本立场，即天主教和加尔文宗的教会组织理论可以合而观之。随后的一段时间内出版的格劳秀斯的遗著《国家对宗教的权力》也可以视作这一争论范围之内的著述。格劳秀斯此书的政治背景是荷兰省摄政与共和国

执政之间的争端，这一争端在1649年达到了高峰，其标志是此年悬置执政之位和德·威茨建立共和国，在这个共和国里奥登邦费和格劳秀斯的宗教和政治观念得到了新的表达。在荷兰发生的争端以及由这一争端涉及到的问题对英国也有很强的现实意义，《论基督教国家的最高权力》被译为英文。17世纪40年代末，在英国长老会和独立派之间发生的争论中，贝拉明是长老会方面的隐秘象征，或者说他一般被视为所有主张教会组织拥有独立于国家之外权威的代言人。根据这种解释，霍布斯之所以在第四十二章中以贝拉明作为批评的对象，也无非是同样将其视为主张教会独立于国家的代言人。

另一种可能的解释是与《利维坦》成书的直接语境相关，尤其是指霍布斯试图借此影响王后的宫廷。正如我们之前指出的那样，潘恩对谢尔顿说，霍布斯在写作《利维坦》时就打算将其译为法文，因此，有理由推断霍布斯试图对王后宫廷内的争论施加影响。部分英国天主教神学家尤其是托马斯·怀特离经畔道的立场，批判贝拉明派或许对深受法国影响的英国天主教圈子有不小的影响。我们不能低估流放的保皇党人中存在的英国天主教势力，以及反对极端的教皇至上主义对他们的持续重要性。

实际上，按照霍布斯最新的立场，教会无论是在颁布圣礼还是在解释圣经方面都不具有独立的地位。国家不但可以任命所有的牧师，而且授予神职的仪式对霍布斯来说也不再具有多少意义，它近乎于选择某个人、为他指定某个公务职位而已。霍布斯甚至主张，统治者自己不需要经过授予神职的仪式就可以担任任何宗教职务。 332

> 每一个主权者在基督教出现以前便都具有宣教和委任传教士的权力，所以教徒身份没有赋与他以任何新权利，而只是在传布真理的道路上指引他们；由于这一点，除开洗礼中所行的按手礼以外，就无需举行任何其他按手礼来授权给他们执行任何一部分教士职务，如施

> 洗和成圣礼等等。（p.377）

霍布斯早期著作中一直主张，教会的特性在于教会是使徒的继承者，现在这一特点已经消失殆尽，主权者可以像解释其他争议性文本那样解释圣经。

不过，必须指出的是，霍布斯的主权者其职责在于保护臣民和他自己的安全，他不能言不由衷地将某些事情解释成保护臣民的手段而强加给他们。这些限制对《利维坦》讨论教权的章节尤为重要。一旦教会完全处于国家的支配之下，甚至也没有承袭使徒传统的意义，那么他们的行为就只能局限于某个范围之内，即除非与公民的存活相关，否则公民没有义务去相信教会的学说。这个结论令人惊讶地直接导向了对各种宗教的宽容。在《利维坦》的第四部分（在某种程度上也是该书最重要的一个部分）中，霍布斯提出，“空虚的哲学”如何不可避免地与基督教纠缠在一起，并通过教会权力强加于每个公民身上（这往往使人联想其萨尔皮的历史叙述）。这种权力首先体现在“长老”（或教士）取得原始的自由团契中的权威，继而高级长老或主教又取得对低级教士的权威，最后罗马的主教又取得对所有主教的权威。不过，这个权力结构至少在英国是以相反的方式解体的。首先是教皇着手宗教改革：

> 这样便解开了第一个结。其后，英格兰的长老推翻了主教制度，于是便解开了第二个结。几乎就在同时，长老的权力也被剥夺了，于是我们便又归于原始基督教徒的独立状态，每一个人都可以随自己的心愿追随保罗、矶法或亚波罗。这种情形如果没有争论、同时又不根据我们对教士的个人感情来衡量基督教义（保罗曾责备哥林多人有这种
> 333 毛病），也许便是最好的方式。首先，由于除开道本身以外，应当没有任何权力可以管辖人们的良知；而道使信仰在每一个人身上发生作用时，并不永远按照栽种和浇灌的人的目的，而是按照叫它生长的上帝

本身的目的。其次，有人教导旁人说，每一个小错里都存在着极大的危险，于是便要求自己具有理性的人服从另一人的意见或服从许多其他人的多数意见，这比将自己的得救寄于纯属偶然的事情好不到哪里去。这些教士们失去自古传下的权力时也不应当感到不高兴。他们应当比谁都清楚，保持权力要依靠取得权力的同一类美德，也就是靠智慧、谦卑、对教义的明晰了解、交谈的诚恳等，而不是通过压制自然科学和天赋理性所产生的道德等方式。（pp.479—480）

这一大段雄辩的文字体现了霍布斯的新教会学的本质，也解释了为什么他的老朋友读了《利维坦》后大为惊骇。此外，霍布斯还以同样雄辩的语气表达了另一个信念，即任何独立于国家之外的宗教权威都是对理智的自由探索的威胁。他认为，真正的哲学是被

那些既没有合法权力的根据，也没有充分研究成为够资格的真理判断者的人所压制的。我们自己的航行说明得很清楚，所有精通人类科学的人现在都承认有两极；而且我们也可以日益看清楚年岁、日月是由地球的运转决定的。然而人们只要是在著作中假定了这种学说，以其为基础来提出赞成与反对的理由，便都受到了宗教当局的惩罚。但这又有什么理由呢？难道是因为这些见解违反了真正的宗教吗？如果这些见解是正确的，这便不可能。因此，我们便要让真理首先由够资格的审定者加以查验，或者是让声称自己知道相反说法的人加以驳斥。难道是因为它们和国教相抵触吗？那么就让宣教者们用法律来使它们沉默下去吧，也就是让民法来使它们沉默下去吧。因纵使是教导正确哲学的人有不服从的情形时，也可以合法地加以惩罚。难道是因为它们支持反叛或骚乱，因而使政府发生紊乱吗？那么就让那些负责公共安全的人（也就是世俗权力当局）运用权力来惩罚这些意见的倡导者并使这些意见湮没下去吧。（pp.473—474）

不过，这些政治上的考虑在霍布斯看来，并不能直接决定是否可以允
334 许伽利略的著作出版。利维坦对于教会的权威在政治上并不直接意味着，对基督教各派别的宽容以及所有哲学的自由。

因此，在《利维坦》结束之处，霍布斯明确认可了新的独立共和国建立的教会制度。在此书最后的《综述和结论》一章，他更为明确表达了他对新政体的认可。这一章是他在成书前临时增加的一篇论述“宣誓效忠”的短文，其中他指出，“我在最近付印的各种英文书籍中看到，内战至今还没有充分地使人们认识到，什么时候臣民对征服者负有义务，也没有使人认识到征服是什么，或征服怎样使人有义务服从征服者的法律”。（p.484）他的结论显然是，考虑到自我保全的必要性，一旦主权发生转移，前一个主权者不再能提供安全的保护而后起的主权者可以提供安全的保护，那么效忠的对象也就相应随之而转移。在此书的最后一段，他甚至使用了当时相当流行的口号即“保护和服从的相辅相成”。不过，值得注意的是，这一章所表达对新政体的服从、包括对独立派的支持，是他此书出版前数星期增加的章节。而该书的第二十一章，他曾有过这样的一段话：

> 如果一个国王在战争中被征服，自己臣服于战胜者，他的臣民就解除了原先的义务，而对战胜者担负义务。但如果他是被俘或没有获得人身自由，就不应当认为他放弃了主权，于是臣民也就有义务要服从原先派任的官员；这些官员不是以他们本身的名义，而是以国王的名义进行统治的。因为他的权利仍然存在，问题只在于行政管理方面。也就是臣宰和官员的问题；这些官员他如果没有办法派任的话，就应当假定他仍然同意自己原先派任的人。（p.154）

同样的主题，这里的表述不仅要比最后《综述和结论》一章暧昧得多，

也要比《论公民》中相关段落暧昧得多。(VII.18)

霍布斯的晚年

正如我们曾指出的那样,《利维坦》一书的第三部分和第四部分得罪了许多霍布斯本人的老朋友,以至于他不得不从流亡的宫廷返回英 335
国度完余生。但霍布斯生活还不至于太过艰难,17世纪50年代他仍然有一段平静而高产的著述期。关于《利维坦》,虽然有一部分批评者,但在激进的独立派那里这本书很受欢迎:牛津的独立派领袖亨利·斯图布(Henry Stubbe)开始着手将这本书译为拉丁文,同时他也力劝包括牛津大学副校长约翰·欧文在内的其他牛津独立派人士认识到霍布斯教会学的长处,看上去他的劝说取得了部分的成功(Jacobs, 1983, pp.18ff.)。批评的声音主要来自长老会和国教派的阵营,随着1655年霍布斯发表《论物》一书,集中阐述了他的形而上学立场后,此类批评更有恶言相向的趋势。牛津的长老会领袖约翰·沃利斯(John Wallis)以及圣公会成员赛特·沃德(Seth Ward)对霍布斯的形而上学和数学发起了严厉的攻击。而霍布斯在1661年出版的《物理学对话》中对沃利斯和沃德做出了回应,他尤其批评了沃利斯的朋友波义耳(Robert Boyle)所做的著名的空气泵实验。《物理学对话》一书的目的是为了根据各种各样的怀疑主义的理由,指出经验科学的不相关性,在他看来,对那些他提出了怀疑主义解决方案的认知论问题,波义耳式的经验主义回答是无效的(Shapin和Schaffer, 1985)。1658年,随着《论人》一书的出版,霍布斯完成了他的哲学百科全书——在《论人》一书中,他提出了一种相对详尽的感知理论和情感理论。

对霍布斯来说,复辟的意义是暧昧的。一方面,他的许多老朋友恢复了他们从前的地位——卡文迪许爵士和纽卡斯尔爵士得到了他们之前的财产。甚至查理二世本人也令人惊讶地对霍布斯相当友善,他决定发给霍布斯一份津贴以平息之前劳务纠纷（虽然这份津贴时断时续）。另一方面，复辟后最初的一段时间内，掌握实权的人物如谢尔顿和克拉伦登等人试图重建圣公会在理智领域和政治领域的权威，他们在30年代就与霍布斯相识，但是对他与圣公会断绝联系返回英国的举动深表
336 怀疑。因此，为了理解霍布斯在17世纪60年代和70年代的著述，首先我们需要比一般的霍布斯思想的研究者更为仔细地探究这段时间内的宗教论争。

复辟之后的教会政策主要与克拉伦登有关，所以又名之为“克拉伦登法典”，虽然克拉伦登本人的原意未必是想看到这类完全采取圣公会立场的法条。《克拉伦登法条》分为两个部分，内容以及制订的时间都有所区别。第一部分是1662年的《单一法》（*The Act of Uniformity*），这一法令完全以过去的“公祷书”为基础重建英圣公会，规定所有不同意公祷书中任何一个条款的牧师都应当被驱逐出教会。不过，这一法令同时允许被逐出圣公会的牧师以及其他在传统圣公会教区之外的人士按照他们自己的方式集会、做礼拜、宣教。因此，从某种程度上来看，这一法令即使以今天的标准来看，也不能说是不宽容的。事实上，这条法令从没有被完全废止。

从政治理论家的角度来看，更为重要的是1664年8月颁布的《集会法》（*Conventicle Act*）和1665年10月颁布的《五英里法》（*Five Mile Act*）。前者规定禁止任何未经允许的五人以上的宗教礼拜活动，后者规定任何犯了集会宣教罪的人不得出现在离主要城市五英里之内的地方。这两个法令是非常严苛的，不由得让我们想起那些不宽容的政体针对异见者颁布的法律。不过，这两条法令都有时间限制（尽管历史学家往往没有注意到这一点），《集会法》规定，“本法案在本次国会召开后的三年内有效，三年之后、下次国会召开之前，本法案不再适用”（16 C.II, 4 art. xx）。《集会法》的期限限制也制约了《五英里法》的时效，因为后者的实施是以触犯集会法为前提的。“本次国会”结束于1664年

8月20日，因此1667年8月20日后，除非重新召开国会，否则这条法案将形同虚设。这不由得又让我们想起当代的某些处境，即在面临大规模抗议时暂时性地剥夺某些公民权利。

这一时间限制意味着，三年后克拉伦登下台时，宗教宽容问题会又一次成为核心的政治议题。如果法令自动消亡，那么英国将不再有关 337
于宗教的压制性法律，因为战前在大众中强制推行宗教统一的法律都已经失效。中世纪时期制定的关于异端的法律在宗教改革后就已经被废止了，伊丽莎白女王时期设立的规范俗众宗教事务的“高等宗教事务委员会”被长期议会撤销，复辟后也没有得到恢复。因此，如果要维系圣公会的权威，就必须再次通过新条例。

圣公会中的强硬派希望重新通过《集会法》，尽可能强化使国民统一在一个教会下的《单一法》。圣公会中的温和派以及大多数长老会成员则希望法案更具包容性；也就是说，通过一个较为宽松的单一法以将长老会纳入圣公会，但将更为激进的派别如“贵格会”或“浸礼宗”以至于天主教排除在外。长老会希望建立类似于加尔文宗的教会组织，利用英国教会的拓展见缝插针地监管世俗化的宗教和道德。1667年10月，包容性方案提交英国国会，方案规定早期教会前四次宗教会议一致同意的条款为英国教会的基本学说（实际上，伊丽莎白女王时期颁布的法规最早明确提出了这一方案）——这就将苏西尼派等异端学说排除在外。包容性条款的支持者恰恰也是迫害此类异端学说的积极支持者（参见Sykes, 1959, 第三章）。

另一方面，内战以来，独立派等激进神学派别在看到他们建立基督教公理会的梦想于1649年至1661年间由盛转衰后，更加倾向于宗教宽容政策，他们不再试图建立一个排他性的英国教会，而仅仅是希望国家允许各种派别的教会同时存在。因此，在英国主要的三个宗教派别中，唯有独立派乐见这一局面——即废止《集会法》、不再颁布新的法条，因为，他们并无意愿在所有国民中推行他们的宗教信条。

当众议院里的反宗教宽容人士为《集会法》延长时效并增加补充
338 条款之际，霍布斯不幸成为这一举措的牺牲品。1666年10月至1667年2月国会休会之间，在由伦敦大火激起的亢奋情绪的鼓动下，国会方面提出了一项针对“无神论和渎神罪”的法案，并在1667年10月国会重开之时增加了更为严厉的条款。国会尤其是上议院方面反复讨论了这一法案，直到1668年8月才决定撤销。国会方面的辩论牵涉到了霍布斯，众议院曾于1666年10月17日下令收集《利维坦》的相关信息；1667年他还曾被要求出席上议院的辩论。后一个版本的法案中某些严厉的条款规定，下列言论皆属入刑或流放之列：如“否认圣经中的圣父圣子圣灵的本质、属性和能力，否认上帝在创世、救赎及统治这个世界时体现了他的意志、全能、智慧、正义、仁慈、良善”；“否认英国教会认可的所有新旧约中的典章的神圣权威性”；以及“否认灵魂不朽、肉体复活以及在天堂地狱经受的善恶报应”等等（[*Journals of the House of Commons* VIII, pp. 632, 687; H.M.C., *Eleventh Report* II, pp.111—112]所有这些几乎都包含在《利维坦》一书里）。国会书记员米尔沃德记录了——虽然他并没有出席1666年10月17日当天的讨论——这样的一段文字：“有人告诉我，国会方面正在筹划焚烧掉某些无神论书籍，其中就包括霍布斯先生的《利维坦》”（*Milward*, Diary, p.25）。

非但狭义的无神论在禁止之列，一切与基督教正统三位一体学说不合的宗教学说都包含在刑事犯罪的范围内（这包括犹太教、伊斯兰教，也包括苏西尼派等唯一神信仰的基督教异端学说）。与这些条款相比，无论是《集会法》还是《五英里法》都不过是小巫见大巫而已。幸运的是，1667年10月克拉伦登下台，取而代之的是由五个首席大臣组成的一个名为“卡巴”（Cabal）的内阁团体（Cabal一词是由五个人名字首个字母缩写组合而成，他们分别是Clifford, Arlington, Buckingham, Ashley Cooper以及Lauderdale）。他们五人在克拉伦登下台之前都在克
339 拉伦登的政府中任职，不过在克拉伦登下台之后直到1673年之间，他们

联合起来形成了一个联系紧密的团体，推行共同的政策，尤其是试图缓解复辟以来宗教问题上的紧张关系。

不过，后来由于和荷兰之间的战争造成的局势紧张，卡巴内阁也随之而倒台。事实上，一劳永逸解决所有问题是不可能的，后来还是需要动用皇室特权宣布赦免所有的异见分子。卡巴内阁下台后，无神论法案又一次被提上日程表：1674年2月，在一项包容圣公会和其他新教异见分子的法案提请上议院讨论时，其中就包含有重新启动1667至1668年间审查无神论的提议。这又充分体现了当时一面是对新教异议分子的包容，一面则是对其他宗教的不宽容。不过，在2月国会休会之前，这一提案没能获得通过。但1675年11月，审查无神论的提议再次被提上日程，1678年1月国会再次休会之前还是没能通过。最后，在1680年12月审查无神论的提议最后一次被提上日程，但1681年1月国会休会前也还是没能通过。因此，可以说1666至1681年之间，公众始终面对着实行不宽容的正统基督教体制的可能性（H.M.C., *Ninth Report* II, pp. 43, 67, 98; *Eleventh Report* II, p.257）。

奥布里曾记载了这段时间内霍布斯的生活，“据称，国王复位之后不久，因为他的异端邪说，国会中的某些主教曾主张要把这位善良的老绅士投入火海”（*Brief Lives* I, p.339）。奥布里的记忆可能有误，他可能是指1674至1675年上议院曾对下属的一个由主教组成的委员会下达提案，不过，这的确可以表明这份提案里普遍存在的关于教会权威的相当激烈的主张。事实上，尽管这些提案未能最终成为法律，但如果提案得以通过，教会方面的权威的确有可能将其推行下去。1668年3月，剑桥圣体学院的一个研究员斯卡吉尔（Daniel Scargill）就因为持有“霍布斯主义”的立场而被剥夺教职逐出大学；后来虽然他痛改前非，但再也没能进入大学工作（Mintz, 1962, pp.50—52）。

由于对无神论提案的抗辩以及被迫卷入到与国会方面的诉讼，霍布斯大受惊吓，这段经历给他后来的生活造成了很大的影响，并迫使他进入创作高产期。首先的著述可能是写于1666年的《关于普通法的对话》（1673年奥布里告诉洛克，八年前应他之请，霍布斯写了这本书
340 [Locke, *Correspondence* I, pp.375—376]），这本书近半篇幅讨论的是英国法关于异端的内容。数年之后，1668年于阿姆斯特丹霍布斯出版了他的拉丁著作集，其中包括《利维坦》的拉丁译本，其中他同样增加了许多关于异端的脚注。在准备出版拉丁著作集的同时，1668年1月他还曾预备出版一本著作《异端及其惩罚的历史》，其中他提到，国会中的主教和长老会成员指责《利维坦》为异端，而正是对《利维坦》的指责才启发了他的写作灵感。他将此书的手稿寄给了卡巴内阁的大臣阿灵顿子爵，希望征求他的意见并允许其出版；阿灵顿只对此书的一处细节表达了质疑，这一处涉及到的是高等宗教事务委员会是否曾非法判决他人以异端罪名（*Calendar of State Papers Domestic 1667—1668*, pp.466; Hobbes, *English* Works IV, p.406）。不过，此书最终没能出版。虽然如此，霍布斯还是对阿灵顿深表感谢，因为他曾在霍布斯被众议院召见质询时给予霍布斯以帮助（*Calendar of State Papers Domestic 1667*, p.163）。

1668年，霍布斯写下《答复布兰豪先生的书〈利维坦的魔力〉》，这是他回应针对他的无神论指控的一部分：1658年，布兰豪扩展了他最早与霍布斯之间就自由意志问题发生的争论，并指责霍布斯在《利维坦》流露出无神论立场。同时，霍布斯还为斯卡吉尔做出了辩护（Aubrey, *Brief Lives*, pp. 360—361; Mintz, 1962, p.52）。1670年末，他完成了《比希莫特》，书中同样包含了大量异端的主题（*Behemoth*, p.vii）。霍布斯将《比希莫特》献给了阿灵顿子爵，他说，“这部手稿您可以随意处置，我唯一的要求只是恳请您不要出版。不过，我祈求阁下一直以来对我的好意不要停止”（p.v）。国王也有可能阅读了这部书稿，但他并没有让这本书马上出版。直到1679年，这本书才最终出版面世。此外，他还曾把这些年关于异端的注释整理成集，1968年塞缪尔·明茨教授从查茨沃

斯手稿中发掘出这一文本编辑出版（[Mintz, 1968]不过，由于他误算了查理二世的在位时间，从而误认为霍布斯的写作时间为1673年）。霍布 341
斯也有可能在这段时间内写作了长诗《教会史》。这样，1666年到1670年间，霍布斯整整完成了八部作品的写作，其中两部即《关于英国普通法的对话》与《比希莫特》还是分量十足的作品。对于1666年已经年满七十八岁的老人来说，这是多么令人惊讶的成就。另一方面，由此可见1666年至1668年间霍布斯卷入无神论指控，对他造成了多么大的刺激。

当然，从他与阿灵顿的关系来看，这些作品并非只是为国会对他的指控而做的辩护。霍布斯希望他的观点在1666年至1670年间关于宽容问题的政治争论中派上用场，而国会议员西摩尔（Edward Seymour）在1668年3月的国会论辩中的确引证过霍布斯的观点。西摩尔的政治立场和霍布斯极为接近，他支持宗教宽容政策，但反对由圣公会包容长老会的政策。他之所以反对包容长老会的政策，是因为他不愿意看到最不宽容的两个智识群体结合为一种更强大的力量。西摩尔给包容性提案的评价是，“不过是三个长老努力变成三个主教”，而“他更愿意看到，每个人根据自己的喜欢穿自己喜欢的衣服！”（Grey, *Debates* I, p.103; Milwand, *Diary*, p.221）。霍布斯在《关于普通法的对话》中对异端法规的讨论有可能影响了法官。1668年4月下议院委员会曾就“无神论法案”征求过法官的意见（因为考虑到他们主管的是不需要“一时认可”的事务[H.M.C., *Eighth Report* I, p.112]），正是在这种情形下，马修·黑尔法官和约翰·沃恩法官极有可能阅读了《关于普通法的对话》，而马修·黑尔本人还曾对此书做出过回应（Aubrey, *Brief Lives* I, p.394; Tuck, 1979, pp.135—139）。

霍布斯在1666年至1670年间完成的著述有两个明确的主张。第一个明确的主张是，英国当前既不存在反对异端的法律也不存在在公开宣扬的异端学说，第二个隐含的主张则是，英国也不需要反对异端的法律。正如他在《关于普通法的对话》中所指出的那样，“当前，并不存在对某种学说进行审判的法律和法规，只有根据英国教会正典的规定、并经过国王授权的一般性教会权力”（pp.131—132）。而“教会的权力”是从英国高等宗教事务委员会沿袭下来的，只能约束英国教会中有俸禄的牧师；虽然世俗人士有可能因道德上的过错会被逐出教会，但相
342 应的市民法上的惩罚仅仅局限于免去市政职务，而不能对其施以刑罪。

所有于1666年后完成的霍布斯的著作都可以找到类似的论证，即使是初看上去与当下的异端问题无关的《异端及其惩罚的历史》。《比希莫特》表面上的主题是内战的历史，但其论述的起点仍旧是对异端的迫害。相较于《异端及其惩罚的历史》以及《利维坦》的附录，《比希莫特》主张，正是长老会的牧师试图进行智识上的控制才引发了内战。同时，《比希莫特》还追溯了政治权力与错误的哲学（即亚里士多德的形而上学与人文主义的政治理论）相结合造成的罪恶后果。引人深思的是，尽管书中的克伦威尔得到了充分的尊重，但17世纪50年代的独立派及其宽容政策却受到了霍布斯的贬低。同样引人深思的是，霍布斯完全没有提及复辟后的教会政策：对霍布斯来说，复辟无异于再次重申国王的主权不受议会的限制。《比希莫特》传达的明确信息是，英王的绝对主权可以针对任何声称拥有某种宗教或哲学上的独立权威的团体——这显然是卡巴内阁所乐意听到的观点（而洛克在同一段时间给阿什利·库柏的建议几乎完全与霍布斯相反[Tuck, 1990b]）。

《关于普通法的对话》也可以作如是观。这本书分为七个章节，其中的一章名为“论异端”，另一章名为“论蔑视王权罪”，还有两章也涉及到对异端的惩罚问题（“论首恶”与“论惩罚”）。这本书扩展了他关于主权本质的基本观点，其论证大体是这样的：英国普通法不能视作凌驾于主权者之上的法律，普通法本身也出自主权者的创制。他的论战目标是柯克提出的观点，即普通法是“理性法”，唯有职业律师才能对普通法有所领会。霍布斯一生所反对的正是这样的观念，即通过不合

法的、非政治的手段把某个人或某个团体的真理观抬高到一个特殊的位置，从而加强他们这伙人的力量。不过，他对柯克的批评还是集中在异端问题上，他认为柯克在《英国法总论》中表述的以普通法反异端的
观点，是基于柯克对“自然法”的错误理解（p.129）。在1667年至1668 343
年的论争中，柯克的观点很有可能被引证来反对霍布斯的立场，所以霍布斯在《关于普通法的对话》中也就安排了一次哲学家对法官的回应（实际上，《对话》一书的文体形式就是发生在一个哲学家和一个法官之间的争论）。

正如我之前指出的那样，霍布斯的这些著作集中于论述英国法律当前的状况：他仅仅暗示英国根本就不需要反对异端的法律。不过，从他推动其论证的热情来看，其暗示也几乎近于明示了。一般而言，他小心地将观点保持在1660年之后的现行法律框架中：因此，拉丁语版《利维坦》删除了最后的《综述与结论》，第四部分所有与教会史有关、为独立派辩护的内容也全都被砍掉了（虽然第四十二章关于神职授予相关的讨论得以保存下来，但也经过了霍布斯的进一步修订）。1662年霍布斯告诉沃利斯，《利维坦》并不包括任何攻击主教制度的内容（*English Works* IV, p.432）；拉丁语版的出现让这个有些牵强附会的说法有了一定的可信度。不过，在拉丁语版《利维坦》的新附录中，霍布斯为他在1666年受到攻击的形而上学观点做了辩护，并坚持认为，按照市民法，并不存在合法的对异端的惩罚。虽然他承认无神论应当受到惩罚，但这仅仅是因为，“在所有国家里，承诺尤其是通过誓言确认的承诺都应当得到遵守。而既然无神论者不能被誓言所约束，那么国家就应当把他们驱逐出去，这并非是考虑到他们顽固的立场，而是考虑到他们对公众构成了威胁”（p.352）。

在他对布兰豪的回应中，霍布斯仍旧坚持了这一原则。他再三强调，他在《论公民》和《利维坦》中的观点与基督教的信念没有任何冲突，也没有任何言外之意。布兰豪指责他主张，“市民法就是指涉及到

善恶、正义不正义、诚实不诚实等诸领域的规则”，对此，霍布斯回答道，

> 的确，我认为，这就是规则的全部。假如圣经通过国家的权威而变为我们的法律，因此也成为了市民法的一部分。但如果这本质上就是法律，那么它是一种遍及全世界的法律，我们这里需要遵守，美国人也需要遵守……（*English Works* IV, p.396）

大体而言，霍布斯与布兰豪之间的争论是《利维坦》中最具启发性的章节；不过，如同《关于普通法的对话》以及《比希莫特》一样，他对布兰
344 豪的回应在霍布斯生前并没有发表。

1670年《利维坦》的新英文版再次重印，但很快就被查封，这足以说明霍布斯何以未能发表他的著作（*Calendar of State Papers Domestic 1670*, p.487）。不过，正如我们曾指出的那样，霍布斯未能出版他的著作并不是因为卡巴内阁执政期间没有任何政府对霍布斯著作产生兴趣；事实上，1669年托斯卡纳的柯西莫三世访问英国时曾与霍布斯有过会面，而大公返回佛罗伦萨时就携带了霍布斯的著作甚至还包括了一幅霍布斯本人的画像。卡巴内阁与下议院及英国教会中的长老会派和圣公会派一直存在着冲突，因而不能过于明显地表露他们对霍布斯的欣赏。不过，卡巴内阁的政治形态仍旧最为接近于霍布斯的理念；事实上，洛克也是卡巴内阁的积极支持者，这让我们难以直接把霍布斯归为权威主义者，把洛克归为自由主义者。

1673年，卡巴内阁倒台之际，霍布斯已年满八十五岁。在此后他生命中的最后六年里，霍布斯仍旧保持了饱满的精力和充沛的智识能力。他的老派人文主义素养并没有离他远去，在这部时期内，他还曾将荷马的诗歌译为拉丁文，同时还写完了一部自传体长诗，其中他刻意使用了一种风格，把自己的认识论观念与当时的环境融合在一起。他最后完成

的政治理论断片是在他生命中的最后一年：这时，卡文迪许伯爵三世的小儿子出任国会议员，并且是“废黜危机”的积极支持者（这一运动是对当时正在积蓄力量的约克公爵的新一轮攻击）。霍布斯为此草拟了一份文件，讨论主权者的继承人是否可以被剥夺继承权，而他得出的结论是，如果这得到了主权者本人的许可，那么继承人就可以被剥夺继承权（Skinner, 1965）——这是一个“废黜危机”的支持者希望看到的结论，因为他们正试图说服查理二世剥夺约克公爵的继承权。令人不解的是，这个小插曲揭示了霍布斯站在与未来的辉格党贵族同样的政治立场上：这个辉格党员就是卡文迪许伯爵三世的儿子、未来的卡文迪许公爵——他后来在1688年因护送奥良治的威廉回国而加勋为卡文迪许公爵。正如之前提到的那样，霍布斯和洛克实际上都是卡巴内阁的支持者，这两点共同说明了，霍布斯在18世纪的真正继承人是辉格党而不是
托利党。 345

结 论

本书所讲述的一段故事，尤其是他的政治哲学与本书此前章节涉及的内容之间的关系，提供了观察霍布斯政治哲学的一个角度。在霍布斯派人士看来，人为了追求和平和安全而放弃了他们独立的判断：而他们之所以使自己的意志、欲求和信仰服从于主权者，并不是因为主权者比他们更聪明，而是因为个体心理的规训是保证他们幸福的一个必要条件。尽管与此前的学者不同，霍布斯认为，国家是自我规训的手段，但霍布斯思想的核心特点还是接近于蒙田、利普修斯及其追随者。正如我在本书第二章和第三章所指出的那样，不能认为文艺复兴斯多亚主义和文艺复兴怀疑主义是两种全然不同的理论路径：怀疑主义并非只是一种认识论立场或者说一套哲学式怀疑的说法，怀疑主义是一个处方，它教导一个“明智的”人应当如何生活。怀疑主义提倡，通过弃绝信念走上通向智慧之路；斯多亚主义则主张，通过弃绝情感而走上通向智慧之路。这两种思想之间至少存在着家族相似性，在实践领域就更是如此——有理由认为，让我们摆脱毁灭性的情感冲动的唯一途径就是放弃促使这些情感冲动产生的信念。

规训或自我规训的理念贯穿于本书的全部章节——第四章可能是仅有的例外，其中我主要讨论的是对国家理性的批评。对早期纯粹的国家理性学者如科比内利、皮布拉克、利普修斯以及波特若和阿米纳托来说，现代国家的公民需要来自外部的规训；他们之所以反对老派西
346 塞罗主义，恰恰是因为它允许公民自由，而在他们看来，一旦面对强大

的现代国家，早期文艺复兴的城市自由必定会走向毁灭。概而言之，他们的理想是以松散的、怀疑主义式的公民联合体与执掌管理权力、意图使国家权力最大化的君主两者之间的结合——从中我们或多或少又一次窥见某些最具有霍布斯思想特质的观念，当然，也包括他对西塞罗式的人文主义所颂扬的自由观念的极度蔑视。

不过，霍布斯的理论表述方式却与此前的思想大为不同——以至于尽管注意到霍布斯与蒙田、沙朗等人相似之处的学者从来不乏其人，但一般总是认为，他们分属完全不同的两种思想路径。正如他自己声称的那样，霍布斯属于以“科学”方法思考政治的一代人，而怀疑主义者显然不可能相信“科学”。而正如我在第五章所指出的那样，第一次用科学语言结合自然权利和自然法的语言讨论斯多亚和怀疑主义的政治主题的尝试，出现在格劳秀斯那里。要理解霍布斯与蒙田的关联，首先需要理解霍布斯受惠于格劳秀斯。格劳秀斯的核心观念是非常简明的：既然怀疑主义理论指向的是通向智慧之路，既然怀疑主义的前提是智慧的人应当保全自我免受外部的伤害，那么，完全可以用自然权利和自然义务的语言重述怀疑主义：我们必须有保护自我免受伤害的基本权利，我们也有不对别人施加不必要的伤害的基本义务（这两个原则后来在霍布斯那里分别呈现为，自我保全的权利与寻求和平的义务）。这些权利和义务的基本特质决定了它们扮演的是超越文化的普世性角色，格劳秀斯自己显然尤为关注这一问题。

霍布斯则对格劳秀斯的论证做了一些修正。霍布斯看到，格劳秀斯的怀疑主义立场还不够彻底，虽然格劳秀斯采纳怀疑主义式的相对主义立场，但他并没有对与怀疑主义相关的认识论和物理学方面进行充分深入的思考。这时，霍布斯早期对同时代法国哲学的极大兴趣和深入理解对他起到了很大帮助。当时，以笛卡尔为中心的哲学家主要关注与怀疑主义相关的认识论和物理学问题（不过，他们对明显道德问题缺少兴趣，霍布斯是17世纪中期唯一同时成功地包罗后怀疑主义范式 347

两方面的哲学家）。霍布斯意识到，格劳秀斯对怀疑主义的解决方案是不充分的，因为，关于自我保全的权利得到贯彻的实际情境，仍然会有不可和解的冲突产生——从本质上说，判断具有私人属性，这不仅是道德理论的难题，也是任何人类行为理论的难题，甚至对那些仅凭实践智慧而行动的人来说也是如此（正如霍布斯在《法的原理》中指出的那样，每个人自己的判断不仅在与善恶有关的问题上会出现分歧，甚至在何为“有利”何为“无利”的问题上也会出现分歧[见p.310]）。在某种意义上，霍布斯是比格劳秀斯更加彻底的怀疑主义者，他认为将自我完全从属于一个规训体系是达到国家之内及国家之间的和平状态的必要条件——而利普修斯和沙朗显然也赞同这种从属关系。不过，他承袭了格劳秀斯开创的风格，即用后怀疑主义式的权利义务语言表达怀疑主义的理念。在霍布斯那里，保护自己免受伤害的方法与沙朗提供的方法非常接近，即我们需要让自己的判断从属于某些外部的东西；但是既然我们需要用这样的方式保护自己免受伤害，那么它应该被称为是对自然权利的贯彻和对自然法的承认。

在本书的前言里，我曾说过，这段与现代政治及现代道德理论的起源有关的故事，一直要延续到康德那里。按照我们原初的计划，图利将负责该计划的下半部分，即这个故事从霍布斯到18世纪早期的发展和转变的过程。不过，启蒙政治的基本特征实际上在1651年就已经成型，启蒙思想家们也承认这一点。或者应当说，现代政治的基本特征在此已经成型，后来的休谟、卢梭、边沁及康德等人对这一传统的批评是对其根基即它的形而上学成见的批评，并不涉及到其上层结构本身。国家理性学者以及格劳秀斯、霍布斯等人所描述的现代政治，即以税收支付战争的费用、国家既自我防卫但也存在扩张的可能、公民非常不确信自己生活中应持有的道德观念，所有这些特征似乎恰是对我们正在认
348 识的世界的准确描述。

参考文献

原始文献

备注：同一著作如有两个以上版本，以最近的一个版本为准。

Acta Pacificationis quae coram Sac. Caesareae Maiest. Commissariis, inter Seren. Regis Hispaniorum & Principis Matthiae Archiducis Austriae, Gubernatoris, &c. Ordinumque Belgii legatos, Coloniae habita sunt (Leiden 1580).

[Allen, William], *A True, Sincere, and Modest Defence of the English Catholiques that Suffer for their Faith both at Home and Abrode* (Ingoldstadt 1584).

Althusius, Johannes, *Politico methodice digesta* . . . ed. C. J. Friedrich (Cambridge, Mass. 1932).

Alvia de Castro, Fernando, *Verdadera razon de estado* (Lisbon 1616).

Ammirato, Scipione, *Discorsi . . . sopra Cornelio Tacito* (Florence 1598). Trans, as *Discours politiques sur les auvres de C. Cornelius Tacitus* by I. Baudoin (Paris 1618); *Discours politiques et militaires, sur Corneille Tacite* by L. Melliet (Lyons 1618—1619); and *Dissertationes politicae, sive discursus in C. C. Taciturn . . .* [and Sebastian Fox Morcillo,] *De Regis regnique institutione* (Helenopoli 1609).

The Ancient Laws of the Fifteenth Century, for King's College, Cambridge, and for the Public School of Eton College edd. James Hey wood and Thomas Wright

(London 1850).

Andreae, Johann Valentin, *Christianopolis* ed. F. E. Held (Chicago, Ill. 1914).

An Answer to a Printed Book, intituled Observations upon some of his Majesties late Answers and Expresses (Oxford 1642).

His Majesties Answer to the XIX Propositions of Both Houses of Parliament (London 1642).

Apollonius, Gulielmus, *Jus majestatis circa sacra* (Middelburg 1642). *Grallopoeus delectus sive epistola responsaria . . . ad J. Larenum* (Middelburg 1646).

Aquinas, Thomas, *Summa Theologiae* ed. T. Gilby (London 1964—).

Aristoteles Latinus iv 1—4. *Analytica Posteriora* edd. L. Minio-Paluello and B. G. Dod (Leiden 1968).

xxvi 1—3. *Ethica Nicomachea* edd. R. A. Gauthier (Leiden 1972—1974).

Arnisaeus, Henning, *De republica seu relectionis politicae libri II* (Frankfurt 1615).

Doctrina politica in genuinam methodum, quae est Aristotelis, reducta (Frankfurt 1606).

Ascham, Anthony, *The bounds & bonds of publique obedience* (London 1649). For the attribution see Wallace 1964 pp.390—392.

A Combate betweene two Seconds (London 1649).

Of the Confusions and Revolutions of Goverments (London 1649).

A Discourse: wherein is examined, what is particularly lawfull during the confusions and revolutions of government (London 1648).

Aubrey, John, *Brief Lives* ed. A. Clark (Oxford 1898) (though the reference on P.320 comes from the edition by O. Lawson Dick (Harmondsworth 1962)).

Azpilcueta, Martin, *Comentario resolutorio de cambios* ed. A. Ullastres, J. M. Perez Prendes and L. Perena (Madrid 1965).

Bacon, Francis, *Works* edd. James Spedding, Robert Leslie Ellis and Douglas Denon Health (London 1857—1859).

Bacon, Nathaniel, *A Historicall Discourse of the Uniformity of the Government of England* (London 1647); *The Continuation . . . untill the End of the Reigne of Queen Elizabeth* (London 1651).

The Annals of Ipswiche . . . 1654 ed. W. H. Richardson (Ipswich 1884).

Ball, William, *Tractatus dejure regnandi, & regni: or, the Sphere of Government, according to the Law of God, Nature, and Nations* . . . [London] 1645.

Balzac, Guy de, *Le Prince* (Paris 1631).

Baxter, Richard, *A Holy Commonwealth* (London 1659).

Bellarmine, Robert, *De ofjicio principis Christiani libri tres* (Antwerp 1619).

Belloy, Pierre de, *De I'autorite du rqy* (n.p.1587).

Bembo, Pietro, *Historiae Venetae libri XII* (Venice 1551).

Bentivoglio, Guido, *Delia guerra in Fiandre* (Cologne 1635—1640).

Besold, Christoph, *Politicorum Libri Duo* (Tubingen 1618).

Biondi, Gian Francesco, *Storia delle guerre civil fra le case di York e di Lancaster* (Venice 1637).

Boccalini, Trajano, *Pietra del paragone politica* ('Cormopoli' [= Venice?] 1614). Trans, as *Politischer Probierstein auss Pamasso* (n.p.1616) and *Newes from Parnassus. The Political Touchstone* by Thomas Scott ('Helicon' [= London?] 1622).

I ragguagli di Parnasso: or, Advertisements from Parnassus trans. Henry Carey (London 1674).

Bodin, Jean, *De la demonamanie des sorciers* (Paris 1598).

De republica libri sex (Frankfurt 1609). First French edition published as *Les six livres de la Republique (Paris 1576),* first Latin edition Paris 1586. Trans. into English as *The Six Bookes of a Commonweale* by Richard Knolles, ed. Kenneth D. McRae (Cambridge, Mass. 1962).

Method for the Easy Comprehension of History trans. B. Reynolds (New York 1945).

La Reponse de J. Bodin a M. de Malestroit ed. H. Hauser (Paris 1932). *Universae naturae theatrum (Lyons 1596).*

Bonaventura, Federico, *Delia ragion di stato* (Urbino 1623).

Botero, Giovanni, *Razon de estado, con tres libros de la grandeza de los ciudades* trans. Antonio de Herrera Tordesillas (Burgos 1603).

The Reason of State trans. P.J. and D. P. Waley, ed. D. P. Waley, and *The Greatness of Cities* trans. Robert Peterson (London 1956). *De regia sapientia* (Milan 1583). *Delle relationi universali* (Rome 1591—1592).

Relationi universali . . . con il saggio deli'opera de'prencipe e capitane . . . e dui discorsi della monarchia (Venice 1618).

Relatione della Republica Venetiana (Venice 1605).

Saggio dell'opera di'prencipi, e capitani illustri . . . [ed. Gasparo Murtola] (Venice 1617; preface dated 1607).

Boxhorn, Marcus Zuerius, *In Taciturn animadversiones* (Amsterdam 1643).

De majestate etpraerogativa regium (Leiden 1649).

Brand, John, *The History and Antiquities of the Town and County of the Town of Newcastle upon Tyne* (London 1789).

Buckeridge, John, *De potestate Papae in rebus temporalibus sive in regibus deponendis usurpata adv. Robertum Cardinalem Bellarminum libri duo* (London 1614).

Burnet, Gilbert, *The Life and Death of Sir Matthew Hale* (London 1682).

Busius, Paulus, *De republica libri tres* (Franeker 1613).

Calendar of State Papers Domestic 1581—1590 (London 1865); 1667 (London 1866); 1667—1668 (London 1893); 1670 (London 1895).

Calvin, Jean, *Institutes of the Christian Religion* ed. J. T. McNeill, trans. F. W. Battles (London 1961).

Camden, William, *Annales rerum Anglicarum et Hibernicarum, regnante Elizabetha* (London 1615).

Campanella, Tommaso, *Aforismipolitici* ed. Luigi Firpo (Turin 1941).

The City of the Sun: A Poetical Dialogue trans, and ed. Daniel J. Donno (Berkeley, Calif. 1981).

De monarchia Hispanica (Amsterdam 1653).

Canonieri, Pietro Andrea, *Quaestiones, ac discursus in duos primos libros Anna-Hum C. Cornelii Taciti* (Rome 1609).

Capelloni, Lorenzo, *Ragionamenti varii . . . sopra essempii: con accidente misti,seguiti, et recorsi, non mai veduti in luce* (Genoa 1576). Reissued as *Ragionamenti sopra varii essempi* (Milan 1590) and *Varii regionamenti historici e politici* (Milan 1623). Translated into French by Pierre de Larivey (Paris 1595).

Case, John, *Speculum moralium quaestionum in universam Ethicen Aristotelis* (Oxford 1585).

Sphaera civitatis (Oxford 1588).

Castro, Alfonso de, *De potestate legis poenalis* (Salamanca 1550).

Chaloner, Thomas, *An Answer to the Scotch Papers . . . As it was spoken when the said papers were read in the House* (London 1646).

Charron, Pierre, *De la sagesse . . . reimprimee sur la vraye copie de Bourdeaux* (Paris 1663). Trans, as *Of Wisdome Three Bookes* by Samson Lennard (London n.d.).

Les trois veritez (2nd edn Bordeaux 1595).

Chemnitz, Bogislav Philipp von, ('Hippolithus e Lapide'), *Dissertatio de ratione status in imperio nostro Romano-Germanico* ('Freistadium', i.e. Amsterdam, 1647).

Chemnitz, Martin, *Examinis Concilii Tridentini . . . quatuor partes* (Frankfurt 1596).

Chillingworth, William, *The Religion of Protestants a Safe Way to Salvation* (London 1846).

Cicero, Marcus Tullius, *De finibus bonorum et malorum* trans. H. Rackham (Loeb Classical Library 1921).

De natura deorum and Academica trans. H. Rackham (Loeb Classical Library 1929).

De officiis trans. Walter Miller (Loeb Classical Library 1913).

Clapmar, Arnold, *De arcanis rerumpublicarum libri sex* (Frankfurt 1611).

Clarendon, Edward Hyde 1st Earl of, *A Full Answer to an Infamous and Trayterous Pamphlet, entituled, A Declaration of the Commons of England in Parliament Assembled, expressing their reasons and grounds of passing the late resolution touching no further addresse or application to be made to the King* (London 1648).

The History of the Rebellion and Civil Wars in England. . . Also his Life written by himself (Oxford 1843).

State Papers collected by Edward, Earl of Clarendon edd. R. Scrope and T. Monkhouse (Oxford 1767—1786).

Coke, Edward, *A Catalogue of the Library of Sir Edward Coke* ed. W. O. Hassall (New Haven, Conn. 1950).

The Institutes (London 1629—1644).

Les Reports (London 1672).

Collection des Proces-Verbaux des assemblees—generales du clerge de France depuis l'annee 1560 I (Paris 1767).

Considerations d'estat sur le traicte de la paix avec les serenissimes archiducz d'Austriche ed. Charles Rahlenbeck (Brussels 1869).

Contarini, Gasparo, *De magistratibus & republica Venetorum libri quinque* (Basle 1547), trans, as *The Commonwealth and Government of Venice* by Lewis Lewkenor (London 1599).

Contzen, Adam, *Politicorum libri decem* (Mainz 1620).

Cook, John, *Monarchy no Creature of Gods Making* (Waterford 1652).

The Vindication of the Professors & Profession of the Law (London 1646).

Coornhert, Dirck, *A I'aurore des libertes modernes: synode sur la liberte des consciences edd. Joseph Leclerc and Marius-Francois Valkhoff* (Paris 1979).

Breve documentum de cogitationum observatione, et via proxima quasique compendiaria ad assequendam sui ipsius status cognitionem (Gouda n.d.).

Defensio processus de non haereticis, et vi conscientiis inferendi (Gouda 1592).

Recht ghebruyck ande misbruyck van tydlicke Have (Amsterdam n.d.).

Corvinus, Johannes Arnoldus, *Petri Molinaei novi anatomici mala encheiresis* (Frankfurt 1622).

Costa, Giovanni, *Ragionamento sopra la triegua de' Paesi Bassi* (Genoa 1610).

*Tratta*to dellapace edella liberta d'Italia ede'modi diconservarle (Genoa 1615).

Cotton, Robert, *Cottoni Posthuma: divers choice pieces wherein are discussed several important questions concerning the right & power of the Lords and Commons in Parliament* (London 1679).

A Short View of the Long Life and Raigne of Henry the Third (n.p.1627).

Cunaeus, Petrus, *Of the Commonwealth of the Hebrews* trans. C. B. (London l653).

Orationes (Leipzig 1735).

Daniel, Samuel, *The Civil Wars* ed. Laurence Michel (New Haven, Conn. 1958).

Davanzati, Bernardo, *L'imperio di Tiberio . . . nelli Annali, espresso in lingua fiorentina propria da B. Davanzati Bostichi* (Florence 1600).

Il primo libro degV Annali . . . da B. Davanzati Bostichi espresso in volgare fiorentino (Florence 1596).

Davila, Henrico Caterina, *The Historie of the Civil Wanes of France* (London 1647).

De Wale, Anthonis, *see* Walaeus, Antonius.

Della Casa, Giovanni, *Opere* (Venice 1752).

Descartes, Rene, *Lettres sur la morale* ed. Jacques Chevalier (Paris 1935).

Philosophical writings trans. John Cottingham, Robert Stoothoff and Dugald Murdoch (Cambridge 1985).

Digges, Dudley, *The Unlawfulnesse of Subjects Taking up Armes against their Soveraigne* (n.p.1644).

Discours des princes et estats de la Chrestiente plus considerables a la France, selon les diverses qualitez et conditions (n.p.1624).

Dodderidge, John, *The English Lawyer* (London 1631).

Dolet, Etienne, *L'Erasmianus sive Ciceronianus* ed. Emile V. Telle, Travaux d'Humanisme et Renaissance 138 (Geneva 1974).

Du Refuge, Eustache, *Le Conseiller d'Estat, ou Receuil des plus generales considerations servent au maniment des affaires publiques* (Paris 1633) (sometimes attributed to Philippe de Bethune).

Dury, John, *A Case of Conscience Resolved* (London 1649).

Considerations concerning the Present Engagement (London 1649).

Erasmus, Desiderius, *Ciceronianus* in his *Collected Works* vi ed. A. H. T. Levi (Toronto 1986); *Il Ciceroniano* ed. Angiolo Gambaro (Brescia 1965).

*Lut*her and Erasmus: Free Will and Salvation (Library of Christian Classics, London 1967).

Essex, Robert Earl of, *An Apologie of the Earle of Essex . . . penned by himselfe in Anno* 1598 (London 1603).

Ferrier, Jeremie, *Le Catholique d'estat ou Discours politique des alliances du Roy tres-Chrestien contre les calomnies des ennemis de son estat* (Paris 1625).

Filmer, Robert, *Patriarcha and Other Political Works* ed. Peter Laslett (Oxford 1949).

Fox Morcillo, Sebastian, *De historiae institutione dialogus* (Paris 1557).

De regni, regisque institutione libri III (Antwerp 1556).

Frachetta, Girolamo, *L'idea del libro de' governi di stato et di guerra* (Venice 1614).

Fraunce, Abraham, *The Lawyers Logike* (London 1588).

Freigius, Johann, *Ciceronianus* (Basel 1575).

Frezza, Fabio, *Massime, regole, et precetti, di stato, & di guerra* (Venice 1614).

Frontinus, Sextus Julius, *The Stratagems and The Acqueducts of Rome* trans. Charles E. Bennett (Loeb Classical Library 1925).

Fuller, Thomas, *The Church History of Britain* ed. J. S. Brewer (Oxford 1845).

Galilei, Galileo, *Opere* (Edizione Nazionale, Florence 1905).

Galland, Pierre, *Contra novam Academiam Petri Rami oratio* (Paris 1551).

Gardiner, Stephen, *A Machiavellian Treatise [Ragionamento dell'advenimento delli inglesi et normanni in Britannia]* ed. P.S. Donaldson (Cambridge 1975).

Gassendi, Pierre, *Dissertations en forme de paradoxes contre les Aristoteliciens*

ed. B. Rochot (Paris 1959).
Opera omnia (Lyons 1658).

Gentillet, Innocent, *Anti-Machiavel* ed. C. Edward Rathe (Geneva 1968).

Grallae seu vere puerilis cothurnus sapientiae (Franeker 1646). Trans, as *The Supreme Power of Christian States vindicated* (London [1647]).

Grallator furens, de novo in scenamproductus cumpantomimo suo (Franeker 1647).

Gregoire, Pierre, *De republica* (Frankfurt 1596).

Grey, Anchitel, *Debates of the House of Commons 1667—1694* (London 1763).

Grotius, Hugo, *De antiquitate reipublicae Batavicae* in *Respublica Hollandiae et urbes* ed. anon. (Leiden 1630).

Apologeticus eorum qui Hollandiae Westfrisiaeque & vicinis quibusdam nationibus ex legibuspraefuerunt ante mutationem quae evenit anno CID ID CXVIII (Paris 1640).

Briefwisseling ed. P.C. Molhuysen et al. (Rijks Geschiedkundige Publicatien The Hague 1928—).

Defensio capitis quinti Maris Liberi in S. Muller, *Mare clausum: Bijdrage tot de Geschiedenis der Rivaliteit van England en Nederland in de Zeventiende Eeuw* (Amsterdam 1872) pp.331—361.

De dichtwerken ed. B. L. Meulenbroek et al. (Assen 1970—).

Dicta poetarum quae apudlo. Stobaeum exstant (Paris 1623).

Epistolae (Amsterdam 1687).

De iure praedae commentarius 1, trans. G. L. Williams (Oxford 1950); *De Jure Praedae Commentarius* ed. H. G. Hanaker (The Hague 1868).

Meletius, sive De Us quae inter Christianos conveniunt epistola ed. G. H. M. Posthumus Meyjes (Leiden 1988).

'Een onuitgegeven nota van De Groot' ed. W. J. M. van Eysinga, *Mededelingen Koninkligke Akademie van Wetenschappen, afd. Letterkunde* Nieuwe Reeks 18 (1955) pp.235—252.

Opera omnia theologica (London 1679).

Parallelon rerumpublicarum liber tertius ed. Johan Meerman (Haarlem 1801—1803).

Poemata omnia (Leiden 1645).

Quaedam hactenus inedita, aliaque ex Belice editis Latine versa, argumenti theologici, juridici, politici (Amsterdam 1652).

De republica emendanda ed. Arthur Eyffinger et al., Grotiana New Series 5 (1984).

The Rights ofWar and Peace ed. J. Barbeyrac, trans, anon (London 1738).

Syntagma Arateorum (Leiden 1600).

Gruter, Jan, *Varii discursus, sive prolixiores commentarii ad aliquot insigniora loca Taciti, atque Onosandri* ([Heidelberg] 1604).

Guicciardini, Francesco, *Dialogo e Discorsi del Reggimento di Firenze* ed R. Palmarocchi (Bari 1932).

L'historia d'ltalia ed. A. Guicciardini (Florence 1561); *History of Italy and History of Florence* ed. John Hale, trans. Cecil Grayson (London 1966).

Maxims and Reflections of a Renaissance Statesman (Ricordi) ed. Nicolai Rubinstein, trans. Mario Domandi (New York 1965).

Piu consigli et avvertimenti ed. Jacopo Corbinelli (Paris 1576).

H.M.C. (Royal Commission on Historical Manuscripts), *Eighth Report and Appendix, Part I* (London 1881).

Ninth Report, Appendix, Part II (London 1884).

Eleventh Report, Appendix, Part II. The Manuscripts of the House of Lords 1678—1688 (London 1887).

Twelfth Report, Appendix, Part II. The Manuscripts of the Earl Cowper, K. G., preserved at Melbourne Hall, Derbyshire (London 1888).

Thirteenth Report, Appendix, Part II, Manuscripts of His Grace the Duke of Portland preserved at Welbeck Abbey (London 1893).

Report on Various Collections, Part VII (London 1914).

Hale, Matthew, *A History of the Common Law of England* ed. C. M. Gray (Chicago 1971).

[Hall, Arthur], *An Account of a Quarrel between A. Hall and M. Mallerie. . . and a letter on the origin and antiquity of Parliament . . .* (London 1815).

Hammond, Henry, *Five Propositions to the Kings Majesty and the Army, concerning Church Government, in the Ordering of the Discipline thereof toward Communicants* (Cambridge 1647).

Of the Reasonableness of Christian Religion (London 1650).

Of Resisting the Lawfull Magistrate upon Colour of Religion (Oxford 1643).

Workes ed. W. Fulman (London 1671—1684).

Harvey, Gabriel, *Ciceronianus* trans. Clarence A. Forbes, ed. Harold S. Wilson. University of Nebraska Studies in the Humanities 4 (Lincoln, Nebr. 1945).

Hayward, John, *The First Part of the Life & Raigne of King Henrie the HII* (London 1599).

Hearne, Thomas, ed., *A Collection of Curious Discourses Written by Eminent Antiquaries* . . . (2nd edn London 1771).

Herle, Charles, *A Fuller Answer to a Treatise Written by Doctor Feme* (London l643).

Wisdomes Tripos (London 1653).

Herrera Tordesillas, Antonio de, *Primera [-tercera] parte de la historia general del mundo* (Valladolid 1609—1612).

Hobbes, Thomas, *Behemoth* ed. Ferdinand Toennies, second edn by M. M. Goldsmith (London 1969).

De cive: The Latin Version and *De cive: The English Version* ed. Howard Warrender (Oxford 1983). Trans, by Samuel Sorbiere as *Elemens philosophiques du citoyen* (Amsterdam 1649).

Critique de De Mundo edd. Jean Jacquot and H. W. Jones (Paris 1973), translated by H. W. Jones as *Thomas White's De Mundo Examined* (Bradford 1976).

A Dialogue between a Philosopher and a Student of the Common Laws of England ed. Joseph Cropsey (Chicago 1971).

The Elements of Law Natural and Politic ed. Ferdinand Toennies, second edn. by M. M. Goldsmith (London 1969)

English Works ed. William Molesworth (London 1839—1845).

Leviathan ed. Richard Tuck (Cambridge 1990).

The Life . . . now Translated in English (London 1680).

Opera philosophica quae Latine scripsit omnia ed. William Molesworth (London 1666).

Tractatus opticus ed. F. Alessio, Rivista critica di storia della filosofia 18(1963) pp.147—288.

Vita authore seipso (London 1679).

Hooker, Richard, *The Folger Library Edition of the Works,* general editor W. Speed Hill (Cambridge, Mass. 1977—).

Of the Laws of Ecclesiastical Polity: An Abridged Edition edd. A. S. McGrade and Brian Vickers (London 1975).

The Works ed. J. Keble (third edn Oxford 1845).

Hotman, Francois, *Francogallia* ed. Ralph E. Giesey and J. H. M. Salmon

(Cambridge 1972).

Hudson, Michael, *The Divine Right of Government: 1. naturall, and 2. politique. More particularly of monarchie; the onely legitimate and natural source of politique government* (London 1647).

[Hunton, Philip], *A Treatise of Monarchie* (London 1643).

'Illustrations of the State of the Church during the Great Rebellion' in *The Theologian and Ecclesiastic vi* (1848) pp.1—12, 65—80, 161—175, 212—226, 297—310; VII (1849) pp.47—54, 118—129, 137—152, 276—293, 373—385; vm (1849) pp.158—168; ix (1850) pp.113—125, 288—298; x (1850) pp.321—330; xi (1851) pp.87—102, 242—254; xii (1851) pp.86—96, 161—174, 364—377; xni (1852) pp.238—250, 323—331; xiv (1852) pp.156—164, 320—331; xv (1853) pp.179—187, 224—232, 456—466, 555—565; xvi (1854) pp.187—194.

Jackson, Thomas, *The Works* . . . ed. B. Oley (London 1673).

Lactantius, Lucius Caelius, Firmianus, *The Works* trans. William Fletcher (Ante-Nicene Christian Library, Edinburgh 1871).

Lambin, Denys, trans., *Aristotelis De moribus ad nicomachum libri decent* (Venice 1558).

Aristotelis De reipublicae bene administrandae ratione (Paris 1567).

La Mothe le Vayer, Francois de, *Quatre Dialogues faits a I'imitation des anciens, par Orasius Tubero; Cinq autres dialogues du mesme autheur* ('Frankfurt 1606' [n.p., 1630—1631]).

Laval, Antoine de, *Desseins de professions nobles et publiques* (Paris 1612).

Le Roy, Louis, *De I'excellence du gouvernement rqyale* (Paris 1575).

Lensaeus, Johannes, *De libertate Christiana libri quindecim* (Antwerp 1590).

The Leveller Tracts edd. W. Haller and G. Davies (New York 1944).

[Lilburne, John], *Englands Birth-Right Justified* ([London] 1645).

Englands New Chains Discovered (London 1648).

Lipsius, Justus (Joost Lips), *Admiranda, sive De magnitudine Romana libri quattuor* (1st edn Antwerp 1598, 'editio ultima' Antwerp 1617).

De constantia libri duo (1st edn Antwerp 1584, 'editio ultima' Antwerp 1628), trans, as *Two Bookes of Constancie* by John Stradling, edd. Rudolf Kirk and Clayton Morris Hall (New Brunswick, N.J. 1939).

La Correspondance de Juste Lipse conservee au Musee Plantin-Moretus edd. A. Gerlo, H. D. L. Vervliet and I. Vertessen (Antwerp 1967).

Epistola, qua respondet cuidam viro Principi deliberanti bellum ne an pax, anpotius Induciae expediant Regi Hispaniarum cum Gallo, Anglo, Batavo. Scripta III. Januarii MDXCV, nunc primum edita (n.p.1608).

Epistolae I edd. A. Gerlo, M. A. Nauwelaerts and H. D. C. Vervilet (Brussels 1978).

Epistolarum selectarum III centuriae (Antwerp 1601).

Manuductionis ad Stoicam philosophiam libri tres (1st edn Antwerp 1604, 2nd edn Antwerp 1610).

De militia Romana libri quinque (1st edn Antwerp 1596, 'editio ultima' Antwerp 1614).

Orationes octo, Ienae potissimum habitae, selectissimarum aliquot orationum . . . accessione auctae g illustratae (Frankfurt 1608).

Physiologiae Stoicorum libri tres (1st edn Antwerp 1604, 2nd edn Antwerp 1610).

Poliorceticon sive De machinis, tormentis, telis, libri quinque (1st edn Antwerp 1596, 4th edn Antwerp 1625).

Politicorum sive civilis doctrinae libri sex (1st edn Antwerp 1589, edn Antwerp 1623). Trans, as *Sixe Bookes of Politickes or Civil Doctrine* by William Jones (London 1594).

C. Cornelii Taciti opera quae exstant I. Lipsius quartum recensuit (1st edn Antwerp 1574, 3rd edn Antwerp 1588).

Locke, John, *Correspondence* ed. E. S. de Beer (Oxford 1976—).

Two Treatises of Government ed. Peter Laslett (Cambridge 1988).

Lopez Bravo, Matthaeus, *De rege, et regendi ratione, libri duo* (Madrid 1616).

Ludlow, Edmund, *Memoirs* ed. C. H. Firth (Oxford 1894).

A Vqyce from the Watch Tower. Part Jive: 1660—1662 ed. A. B. Worden (Camden Society 4th Series 21 1978).

Machon, Louis, *Apologie pour Machiavelle en faveur des Princes et ministres d'Estat* (Paris 1643).

Malvezzi, Virgilio, *Discorsi sopra Cornelio Tacito* (Venice 1635), trans. into English by R. Baker as *Discourses upon Cornelius Tacitus* (London 1642).

Romulus and Tarquin trans. Henry Carey (London 1637).

Mariana, Juan de, *Historiae de rebus Hispaniae libri xxv* (Toledo 1592), trans. as *The General History of Spain* by John Stevens (London 1699).

De rege et regis institutione (Mainz 1605).

Marsilius of Padua, *Defensor Pads* trans, and ed. Alan Gewirth (Columbia University, New York 1956).

Marquez, Juan, *El Gobernador Christiano* (Salamanca 1619).

Marten, Henry, *Familiar Letters to his Lady of Delight* ('Bellositi Dobunorum', i.e. Oxford 1663).

Martir Rizo, Juan Pablo, *VidadeRomulo* ed.J. A. Maravall (Madrid 1945).

Mascardi, Agostino, *Arte istorica* (Rome 1636).

Master Grimstons Argument concerning Bishops with Mr Seldens Answer (London 1641).

Mayerne Turquet, Louis de, *La Monarchic aristodemocratique* (Paris 1611).

Melancthon, Philip, *Werkem* (Gutersloh 1961).

Mercado, Tomes de, *Tratos y contratos de mercaderes y tratantes discididos y determinados* (Salamanca 1569).

Mercurius Politicus 84 (8—15 January 1652).

Mersenne, Marin, *Ballistica et Acontismologia* (Paris 1644).

Cogitata Physico-Mathematica (Paris 1644).

Correspondance ed. Paul Tanner *et al.* (Paris 1932—).

La Verite des sciences, contre les septiques [sic] ou Pyrrhoniens (Paris 1625).

Meursius, Johannes, *Areopagus, sive, De Senatu Areopagitica* (Leiden 1624).

De gloria (Leiden 1601).

Milton, John, *Complete Prose Works* (Yale University Press edition, New Haven, Conn. 1953—).

Milward, John, *The Diary of John Milward Esq.* ed. Caroline Robbins (Cambridge 1938).

Modena, Leon, *The Autobiography of a Seventeenth-century Venetian Rabbi. Leon Modena's Life of Judah* trans, and ed. Mark R. Cohen (Princeton, NJ 1988).

Molanus, Johannes, *Libri quinque* (Cologne 1584).

Molina, Luis de, *De iustitia et iure* (Mainz 1614).

Montaigne, Michel de, *Essais* ed. Alexandre Micha (Paris 1969), trans, as *Essays* by John Florio, ed. L. C. Harmer (London 1965).

Montchrétien, Antoine de, *Traicte de l'oeconomie politique* ed. T. Funck-Brentano (Paris n.d.)

Mountagu, Richard, *Diatribae upon the first part of the late History of tithes* (London 1621).

Muret, Marc-Antoine, *Opera* (Leiden 17890).

Muzio, Pio, *Considerationi sopra il secondo libra di Cornelio Tacito* (Venice 1642).

Mydorge, Claude, *Examen du livre des Recreations mathematiques* (Paris 1630). Trans, by William Oughtred as *Mathematicall Recreations* ([London] 1633);

Prodromi catopticorum et dioptricorum (Paris 1639).

Narbona, Eugenio, *Doctrinapolitica civil, escrita en aphorismos* (Madrid 1779).

Naude, Gabriel, *Considerations politiques sur les coups d'estat* (Rome 1639).

Nettles, Stephen, *Answer to the Jewish Part of Mr Seldens History of Tithes* (Oxford 1625).

Newcastle, Margaret Duchess of, *The Life of W. Cavendish, Duke of Newcastle* ed. C. H. Firth (2nd edn London 1907).

Nicholas, Sir Edward, *Correspondence* ed. George F. Warren (Camden Society New Series 40 1886).

Nifo, Agostino, *In Aristotelis libros Posleriorum Analyticorum subtilissima commentaria, cum duplice textus translatione Ioannis Argyropyli videlicet, & eiusdem nova, ab ipso . . . recognita* (Venice 1565).

Opuscula (Paris 1645).

De regnandiperitia (Naples 1523).

Niklaus, Hendrik, *The First Epistle* (n.p.1648).

Nizzoli, Mario, *Observationum in M. Tullium Ciceronem prima pars* (Brescia 1535).

Orleans, Louis d', *Novae cogitationes in libros Annalium C. Cornelii Taciti qui extant* (Paris 1622).

Overall, John, *The Convocation Book of MDCVI. Commonly called Bishop Overall's Convocation Book* (Oxford 1844).

Overton, Richard, *An appealefrom the degenerate representative body the Commons of England assembled at Westminster: to the body represented, the free people in general* (London 1647).

Palazzo, Giovanni Antonio *Del govern, e della ragion vera di stato* (Naples 1604).

Parker, Henry, *The Case of Shipmoney Briefly Discoursed* (London 1640).

The Contra-Replicant (London 1643).

A Discourse concerning Puritans (London 1641).

Of a Free Trade (London 1648).

Jus Populi, or, a Discourse wherein Clear Satisfaction is Given (London 1644).

Observations upon some of his Majesties late Answers and Expresses [London 1642].

Some few Observations upon his Majesties late Answer to the Declaration, or Remonstrance of the Lords and Commons of the 19. of May, 1642 [London 1642].

Scotlands Holy War (London 1651).

The True Grounds of Ecclesiasticall Regiment (London 1641).

The Parliamentary History of England, from the Earliest Period to the Year 1803 (London 1807).

Paruta, Paolo, *Delia perfettione della vita politica* (Venice 1579).

Discorsi politici (Genoa 1600).

Pasquale, Carlo, *C. C. Taciti ab excessu divi Augusti Annalium libri quatuor priores, et in hoc observations* (Paris 1581).

Patin, Gui, *Lettres* ed. J. H. Revielle-Parise (Paris 1846).

Patrizi, Francesco, of Gaeta, *De regno et regis institutione* (Paris 1519).

Patrizi, Francesco, *Discussionesperipateticae* (Venice 1571—).

Perez, Antonio, *L'Art degouverner* ed. J. M. Guardia (Paris 1867).

Perion, Joachim, *Pro Aristotele in Petri Kami orationes II* (Paris 1543).

Aristoteles De moribus libri decent . . . latinate donati (Basel 1542—though the Bibliotheque Nationale in Paris possesses a separate copy of his De Optimo genere interpretandi of 1540 which refers to his translation).

Pro Ciceronis Oratore contra Petrum Ramum oratio (Paris 1547).

Ex Platonis Timaeo particula (Paris 1540).

Topicorum theologicorum libri duo, quorum in posteriore de Us omnibus agitur, quas hodie ab haereticis defenduntur (Paris 1549).

Petrarch, Francesco, *Letters from Petrarch* ed. and trans. M. Bishop (Bloomington Ind. 1966).

Philodemius, Eutactus, έγεδιs καί τέλοs έξογδίαs, *The Original & End of Civil Power* (London 1649).

[Pibrac, Guy de], *Ornatissimi cuiusdam viri, De rebus Gallicis ad Stanislaum Elvidium, epistola* (Paris 1573).

Pontano, Giovanni, *Opera varia* (Florence 1520).

Possevino, Antonio, *Bibliotheca selecta qua agitur de ratione studiorum* (Rome 1593).

Iudicium de Nuae militis Galli scriptis . . . De J. Bodini methodo historiae libris de Repub. et Demonomania. De N. Machiavello (Rome 1592).

Ragionamento . . . tenuto alia signorie della rep.di Lucca ai iv di marzo MDLXXXIX in Memorie di Religione Morale e Letteratura XVI (Modena 1829).

Priézac, Daniel de, *Vindiciae Gallicae adversus Alexandrum Patricium Armacanum theologum* (Paris 1638).

Proceedings in Parliament 1628 edd. Robert C. Johnson, Mary Frear Keeler, Maija Jansson Cole and William B. Bidwell (New Haven, Conn. 1977—).

Prynne, William, *The Soveraigne Power of Parliaments . . .* (London 1643).

Pugh, Robert, *Blacklo's Cabal* ed. T. A. Birrell (Farnborough, Hants. 1970).

Puritanism and Liberty: being the Army Debates (1647—1649) from the Clarke Manuscripts with Supplementary Documents ed. A. S. P. Woodhouse (London 1938).

Quintilianus, Marcus Fabius, *Institutionis oratoriae libri XII* ed. Ludwig Radermacher (Bibliotheca Teubneriana 1959).

Raleigh, Walter, *The History of the World* (London 1614).

Ramus, Petrus (Pierre de la Ramee), *Dialectique (1555)* ed. Michel Dassonville, *Travaux d'Humanisme et Renaissance* 67 (Geneva 1964).

Ravens, J. A., *see* Corvinus, J. A.

Ribadeneyra, Pedro, *Princeps Christianus adversus* JV. *Machiavellum, caeterosque huius temporis politicos* (Mainz 1603), a translation of *Tratado de la religiony virtudes que deve tener el Principe Christia.no* (Madrid 1595).

Richelieu, Armand-Jean du Plessis, Due de, *Memoires* ed. Societe de l'Histoire de France (Paris 1907—1931).

[Robinson, Henry], *A Short Discourse between Monarchical and Aristocratical Government* (London 1649).

Rohan, Henri due de, *De I'Interest des Princes et des Estats de la Chrestiente* (Paris 1638).

Roselli, Lucio Paolo, *Il ritratto del vero governo delprencipe dal I'essempio vivo del gran Cosimo de' Medici* (Venice 1552).

Rous, Francis, the elder, *The Lawfulness of Obeying the Present Government* (two editions London 1649).

Rous, Francis, *Archaeologiae Atticae* (Oxford 1637).

Rousseau, Jean-Jacques, *The Social Contract and Discourses,* edd. G. D. H. Cole, J.

H. Brumfitt andJ. C. Hall (London 1973).
Rushworth, John, *Historical Collections* (London 1721).
[Rutherford, Samuel], *Lex, rex* (London 1644).
Saavedra Fajardo, Diego, *Idea de un principe cristiano representada en cien empresas* ed. V. Garcia de Diego (Madrid 1959).
Sadoleto, Jacopo, *De laudibus philosophiae libri duo* (Lyons 1538).
In Pauli Epistolam ad Romanos commentariorum libri tres (Lyons 1535).
Saint-Simon, M. H. de, *Histoire de la guerre des Bataves et des Romans* (n.p.1770).
Salazar, Juan de, *Politica espanola* ed. M. Herrero Garcia (Madrid 1945).
Salviati, Lionardo, *Gli Annali di . . . Tacito . . . tradotti da Giorgio Dati . . . con uno discorso del Cfavaliere] LfionardoJ Sfalviati], sopra le prime parole dell' autore* (Venice 1582).
Opere (Milan 1810).
Sammarco, Ottavio, *Delle mutationi de' regni* (Naples 1628).
Sanchez, Francisco, *Tratadosfilosoficos* 1 ed. A. Moreira de Safditto], trans. B. de Vasconcelos and M. Pinto de Meneses (Lisbon 1955).
Sandys, Edwin, *Europae Speculum, or a View or Survey of the State of Religion in the Westerne Parts of the World* (The Hague 1629).
Sansovino, Francesco, *Concettipolitici* (Venice 1578).
Saravia, Hadrian, *De imperandi authoritate et Christiana obedientia libri quatuor* (London 1593).
Sarpi, Paolo, *Interdicti Veneti historia* trans. W. Bedell (Cambridge 1626).
Istoria del Concilio Tridentino ed. Renzo Pecchioli (Florence 1982).
Lettere ai Gallicani ed. Boris Ulianich (Wiesbaden 1961).
Lettere ai Protestanti ed. M. D. Busnelli (Bari 1931).
Pensieri edd. Gaetano and Luisa Cozzi (Turin 1976).
A Treatise of Ecclesiastical Benefices and Revenues trans. Tobias Jenkins (Dublin 1737).
Savile, Henry, *The End of Nero and Beginning of Galba* (London 1591).
Schottus, Andreas, *Cicero a calumniis vindicatus* (Antwerp 1613).
Tullianarum quaestionum. De instauranda Ciceronis imitatione libri M: (Antwerp 1610).
Scott, Thomas, *Aphorismes of state* (Utrecht 1624).
Robert Earle of Essex his Ghost, sent from Elizian ('Paradise' [= London?] 1624).

Vox dei (n.p., n.d.).

Scotti, Annibale, *In P.Comelii Taciti Annales et Historias commentarii ad politicam et aulicam rationem* (Frankfurt 1592).

Selden, John, *Opera omnia* ed. David Wilkins (London 1726).

Sempill, James, *Sacrelege Sacredly Handled* . . . (London 1619).

Seneca, Lucius Annaeus, *Ad Lucilium epistulae morales* trans. Richard M. Gummere (Loeb Classical Library 1917).

Moral Essays trans. John W. Basore (Loeb Classical Library 1928).

Serra, Antonio, *Breve trattato delle cause eke possono fare abbondare le regni d'oro e d'argento* in *Economisti del cinque e seicento* ed. Augusto Graziani (Bari 1913) pp.141—235.

Settala, Lodovico, *Delia ragion di stato libri sette* (Milan 1627).

Sirmond, Jean, *La Vie du Cardinal d'Amboise* (n.p.1631).

Spelman, Henry, *Archaeologus in modum glossarii ad rem antiquam posteriorem* . . . (London 1626).

Glossarium archaiologicum (London 1664).

Reliquiae Spelmannianae. The Posthumous Works of Sir Henry Spelman Kt. relating to the Laws and Antiquities of England (London 1723).

A Complete Collection of State Trials . . . ed. T. B. Howell (London 1809—1826).

Stevin, Simon, λιμευεγρετκη, *sive, Portuum investigandorum ratio* (Leiden 1599).

Strada, Famiano, *De bello Belgico* (Rome 1632).

Prolusiones academicae (Rome 1617).

Sturm, Johann, *M. T. Ciceronis Orationum volumina tria . . . emendata* (Strasburg 1564).

Suarez, Francisco, *De legibus* ed. Luciano Perena (Madrid 1971—).

Selections from Three Works ed. J. B. Scott, trans. G. L. Williams (Oxford 1944).

Texts Concerning the Revolt of the Netherlands edd. E. H. Kossman and A. F. Mellink (Cambridge 1974).

Tillesley, Richard, *Animadversions upon Mr Seldens History of Tythes* (London 1619).

Van der Cun, Piet *see* Cunaeus, Petrus.

Vedelius, Nicolaus, *De episcopatu Constantini Magni, seu de potestate magistratuum reformatorum, circa res ecclesiasticas dissertatio* (Franeker

1642).
Vermeulen, Johan *see* Molanus, Johannes.
Viperani, Giovanni Antonio, *De rege, et regno liber* (Antwerp 1569).
De scribenda historia liber (Antwerp 1569).
Vitoria, Francisco de, *Comentarios a la Secunda Secundae de Santo Tomas* ed. V. B. de Heredia (Salamanca 1934).
Vives, Juan Luis, *Opera omnia* ed. Gregorius Majansius (Valencia 1782—1790).
Walaeus, Antonius, *Opera omnia* (Leiden 1643).
Walker, John, *An Attempt towards Recovering an Account of the Numbers and Sufferings of the Clergy of the Church of England ... in the Late Times of the Grand Rebellion* (London 1714).
Weston, Edward, *De Triplici hominis officia, ex notione ipsius naturali, morali, ac theologici; institutiones orthodoxae, contra Atheos, Politicos, Sectarios* (Antwerp 1602).
Whitelocke, Bulstrode, *Memorials of the English Affairs* (Oxford 1853).
Williams, Griffith, *Vindiciae Regum; or, The Grand Rebellion* (Oxford 1643).
Zsamboki, Janos, *De imitatione a Ciceronepetenda dialogi tres* (Antwerp 1563).
Zuccolo, Lodovico, *Considerationi politiche, e morali sopra cento oracoli d'illustri personaggi antichi* (Venice 1621).

二手文献

Ashton, Robert (1978), *The English Civil War* (London).
Balzani, Ugo (1904), 'Rome under Sixtus V in *The Cambridge Modern History*, edd. A. W. Ward *et al.* (Cambridge) pp.422—455.
Barendrecht, S. (1965), *Francois van Aerssen: Diplomat aan het Franse Hof (1598—1613)* (Leiden).
Barratt, D. M. (1951), 'The Library of John Selden and its Later History' *Bodleian Library Record in* pp.129—142, 208—213, 256—274.
Battista, Anna Maria (1966), *Alle Origini del Pensiero Politico Libertino: Montaigne e Charron* (Milan).
Baxter, Christopher R. (1973), 'Jean Bodin's Daemon and his Conversion to

Judaism' in *Jean Bodin. Verhandlungen der internationalen Bodin Tagung in Miinichen* ed. Horst Denzer (Munich) pp.1—22.

Biographie universelle ancienne et moderne (Paris 1843—1865).

Birkenmajer, A. (1922), 'Der Streit des Alonzo von Cartagena mit Leonardo Bruni Aretino', *Beitrage zur Geschichte der Philosophie des Mittelalters* 20 pp.129—210.

Bonansea, Bernardino (1969), *Tommaso Campanella* (Washington D.C.).

Bouwsma, William J. (1968), *Venice and the Defense of Republican Liberty* (Berkeley, Calif).

Bozza, Tommaso (1949), *Scrittori politici Italiani dal 1530 al 1650,* Storia e Letteratura 23 (Rome).

Braendli, Rodolfo (1964), *Virgilio Malvezzi,politico e moralista* (Basel).

Brandt, Frithiof (1928), *Thomas Hobbes's Mechanical Conception of Mature* (Copenhagen).

Braudel, Fernand (1972), *The Mediteranean and the Mediterranean World in the Age of Philip II* (London).

Brodrick, James (1928), *The Life and Work of Blessed Robert Francis Cardinal Bellarmine, S. J. 1542—1621* (London).

Burnyeat, M. F. (1982), 'Idealism and Greek Philosophy. What Descartes Saw and Berkeley Missed' in *Idealism Past and Present* ed. G. Vesey (Cambridge) pp.19—50.

Calderini De-Marchi, Rita (1914), *Jacopo Corbinelli et les erudits frangais d'apres la correspondance inedite Corbinelli-Pinelli (1566—1587)* (Milan).

Cardascia, G. (1938). 'Un lecteur de Machiavel a la cour de France: Jacopo Corbinelli', *Humanisme et Renaissance* 5 (1938) pp.446—452.

Chabod, Federico (1967), *Giovanni Botero* in *Opere* 11 (Turin) pp.269—458.

Church, William F. (1972), *Richelieu and Reason of State* (Princeton, N.J.).

Cochrane, Eric (1973), *Florence in the Forgotten Centuries 1527—1800* (Chicago).

Cole, Charles Woolsey (1931), *French Mercantilist Doctrines before Colbert* (New York, N.Y.).

Coleman, D. C. (1969), ed., *Revisions in Mercantilism* (London). (1980), 'Mercantilism Revisited', *Historical Journal* 23 pp.773—791.

Collot, Claude (1965), *L'Ecole doctrinale de droit public de Pont-a-Mousson* (Paris).

Coltman, Irene (1962), *Private Men and Public Causes: Philosophy and Politics in the English Civil War* (London).

Cosenza, Mario Emilio (1962), *Biographical and Bibliographical Dictionary of the Italian Humanists and the World of Classical Scholarship in Italy, 1300—1800* (Boston, Mass.).

Costello, Frank Bartholomew (1974), *The Political Philosophy of L. de Molina, S.J. 1535—1600* (Rome).

Cozzi, Gaetano (1967), 'Sir Edwin Sandys e la *Relazione dello stato della religione, Rivista Storica Italiana* 79 pp.1096—1121.

Croce, Benedetto (1930), *Politici e moralisti del Seicento* (Bari).

Daly, James (1979), *Sir Robert Filmer and English Political Thought* (Toronto).

De Beer, G. R. (1950), 'Some Letters ofThomas Hobbes', *Notes and Records of the Royal Society* 7 pp.195—206.

De Mas, Enrico (1986), 'Paolo Sarpi nelle lettere di Fulgenzio Micanzio al Cavendish', *Fra Paolo Sarpi del Servi di Maria* (Atti del Convegno di Studio 28—30 October 1983) edd. Pacifico Branchesi and Corrado Pin (Venice).

den Tex, Jan (i960), *Oldenbarnevelt* (Haarlem 1960—1972), trans. R. B. Powell (Cambridge).

Dibon, Paul (1954), *La Philosophic Neerlandaise au siecle d'or* I, Publications de l'lnstitut Francais, Maison Descartes 2 (Amsterdam).

Dictionnaire de biographie frangaise (Paris 1933—).

Dizionario biografico degli Italiani (Rome 1960—).

Dod, Bernard G. (1982), 'Aristoteles Latinus', The Cambridge History of Later Medieval Philosophy, edd. Norman Kretzmann, Anthony Kenny and Jan Pinborg (Cambridge) pp.45—79.

Douglas, Richard M. (1959), *Jacopo Sadoleto 1477—1547. Humanist and Reformer* (Cambridge, Mass.).

Dzelzainis, Martin (1989), 'Edward Hyde and Thomas Hobbes's *Elements of Law Natural and Politic', Historical Journal* 32 pp.303—317.

Elliott, J. H. (1984), *Richelieu and Olivares* (Cambridge).

Elsterjon (ed.) (1986), *The Multiple Self* (Cambridge).

Evans, R. J. W. (1973), *Rudolf II and his World* (Oxford).

Farrell, Allan P.(1938), *The Jesuit Code of Liberal Education* (Milwaukee).

Fernandez-Santamaria, J. A. (1983), *Reason of State and Statecraft in Spanish Political Thought, 1595—1640* (Lanham, Maryland).

Ferrari, G. (i860), *Histoire de la raison d'etat* (Paris i860).

Firpo, Luigi (1958), *Gli scritti giovanili di Giovanni Botero,* Amor di Libro 6.
(1970), 'The Flowering and Withering of Speculative Philosophy—Italian Philosophy and the Counter-Reformation: The Condemnation of Francesco Patrizi' in *The Late Italian Renaissance* ed. Eric Cochrane (London).

Foster, Joseph (1891), *Alumni Oxonienses* (Oxford 1891).

Franklin, Julian H. (1963), *Jean Bodin and the Sixteenth-Century Revolution in the Methodology of Law and History* (New York).
(1973), *Jean Bodin and the Rise of Absolutist Theory* (Cambridge).

Gabrieli, Vittorio (1957), 'Bacone, la Riforma e Roma nella Versione Hobbesiana d'un Carteggio di Fulgenzio Micanzio' *English Miscellany* 8 pp.195—250.

Gardiner, S. R. (1883), *History of England from the Accession of James I to the Outbreak of the Civil War 1603—1642* (London).
(1886), *History of the Great Civil War 1642—1649* (London).
(1894), *History of the Commonwealth and Protectorate* (London).

Gierke, Otto von (1934), *Natural Law and the Theory of Society, 1500 to 1800* trans. E. Barker (Cambridge).
(1939), *The Development of Political Theory* trans. Bernard Freyd (London).

Giers, Joachim (1958), *Die Gerechtigkeitslehre des jungen Suarez* Freiburger Theologische Studien 72.

Gilbert, Neal W. (1960), *Renaissance Concepts of Method* (New York).

La Grande Encyclopedie inventaire raisonne des sciences, des lettres et des arts (Paris 1886—1902).

Greenslade, B. D. (1957), 'Clarendon's and Hobbes's "Elements of Law"', *Notes and Queries* 202 p.150.

Grendler, Paul F. (1969), 'Francesco Sansovino and Italian Popular History 1560—1600', *Studies in the Renaissance* 16 pp.139—180.

Griffin, Miriam (1976), *Seneca. A Philosopher in Politics* (Oxford).

Guldner, G. (1968), *Das Toleranzproblem in den Niederlanden im Ausgang des 16. Jahrhunderts* (Liibeck).

Haitsma Mulier, E. O. G. (1980), *The Myth of Venice and Dutch Republican Thought in the Seventeenth Century* trans. G. T. Moran (Assen 1980).

Halliwell, James Orchard (1841), *A Collection of Letters Illustrative of the Progress of Science in England* (London).

Hamilton, James Jay (1978), 'Hobbes's Study and the Hardwick Library', *Journal of the History of Philosophy* 16 pp.445—453.

Harrison, Archibald H. W. (1926), *The Beginnings of Arminianism to the Synod of Dort* (London).

Hecksher, Eli F. (1955), *Mercantilism* ed. E. F. Soderland, trans. Mendel Shapiro (London).

Hill, Christopher (1961), *The Century of Revolution* (London).

Hirst, Derek (1975), *The Representative of the People? Voters and Voting in England under the Early Stuarts* (Cambridge).

History of Parliament, House of Commons 1660—1690 (London).

House of Commons 1715—1754 (London).

Howell, Wilbur S. (1956), *Logic and Rhetoric in England 1500—1700* (Princeton, N.J.).

Israel, Jonathan (1982), *The Dutch Republic and the Hispanic World 1606—1661* (Oxford).

Jacob, James R. (1983), *Henry Stubbe, Radical Protestantism and the Early Enlightenment* (Cambridge).

Jacquot, Jean (1952), 'Sir Charles Cavendish and his Learned Friends', *Annals of Science 8* (1952) pp.13—27, 175—191.

Jardine, Lisa (1974), *Francis Bacon: Discovery and the Art of Discourse* (Cambridge)

Jordan, W. K. (1942), *Men of Substance. A Study of the Thought of Two English Revolutionaries, Henry Parker and Henry Robinson* (Chicago 1942).

Kagan, Richard L. (1975), 'Universities in Castile 1500—1800', *The University in Society* 11 ed. Lawrence Stone (Princeton, NJ.) pp.355—406.

Kingdon, Robert (1966), 'William Allen's Use of Protestant Political Argument in *From the Renaissance to the Counter-Reformation: Essays in Honour of Garrett Mattingly* ed. Charles H. Carter (London).

Knight, W. S. M. (1925), *The Life and Works Hugo Grotius* (London).

Kossmann, E. H. (1960), *Politieke Theorie in het Zeventiende-eeuwse Nederland* Verh. der K. Ned. Akad. v. Wet., Afd. Lett. N.R. 67.2 (Amsterdam).

Lamont, William M. (1963), *Marginal Prynne 1600—1669* (London).

Larraz, Jose (1963), *La epoca del mercantilismo en Castilla (1300—1700)* (Madrid).

Lear, Jonathan (1982), 'Leaving the World Alone', *The Journal of Philosophy* 79 pp.382—402.

Lefranc, Pierre (1968), *Sir Walter Ralegh ecrivain. L'ceuvre & les ide'es* (Paris).

Lewy, Guenter (1960), *Constitutionalism and Statecraft during the Golden Age of Spain: A Study of the Political Philosophy of J. de Mariana,* Travaux d'Humanisme et Renaissance 36 (Geneva).

Macdonald, H. and Hargreaves, M. (1952), *Thomas Hobbes: A Bibliography* (London).

Malcolm, Noel (1981), 'Hobbes, Sandys, and the Virginia Company', *Historical Journal* 24 pp.297—321.

Maravall, Jose-Antonio (1955), *La Philosophie espagnole au XVIIe siecle* trans, and ed. Louis Cazes and Pierre Mesnard (Paris).

Mattei, Rodolfo de (1963), *Ilpensieropolitico di S. Ammirato; con discorsi inediti* (Milan).

(1979), *Ilproblema della 'ragion di stato' nell'eta della controriforma* (Milan).

McAdoo, H. R. (1965), *The Spirit of Anglicanism: A Survey of Anglican Theological Method in the Seventeenth Century* (London).

Mendle, Michael (1985), *Dangerous Positions. Mixed Government, the Estates of the Realm, and the Making of the 'Answer to the xix propositions'* (University, Alabama).

Mensi, L. (1899), *Dizionario Biogrqfico Piacentino* (Piacenza).

Mintz, Samuel I. (1962), *The Hunting of Leviathan* (1962).

Momigliano, Arnaldo (1955), 'The First Political Commentary on Tacitus' in his *Contributo all storia degli studi classici e del mondo antico* I (Rome) pp.37—66.

Montgomery, John Warwick (1973), *Cross and Crucible: Johann Valentin Andreae (1586—1654), Phoenix of the Theologians* (The Hague).

Morrill, J. S. (1980), *The Revolt of the Provinces: Conservatives and Radicals in the English Civil War 1630—1650* (London).

Nobbs, Douglas (1938), *Theocracy and Toleration: a Study of the Disputes in Dutch Calvinism from 1600 to 1650* (Cambridge).

Oestreich, Gerhard (1982), *Neostoicism and the Early Modern State* (Cambridge).

Office of Population Census and Surveys, *Historical Tables 1801—1651, England and Wales* (London H.M.S.O.).

Pacchi, Arrigo (1968), 'Una "Biblioteca Ideale" di Thomas Hobbes: il MS E2 dell'Archivio di Chatsworth', *Acme* 21 pp.3—40.

Pine, Martin L. (1986), *Pietro Pomponazzi: Radical Philosopher of the Renaissance* (Padua).

Pintard, Rene (1943a), *La Mothe le Vayer, Gassendi, Guy Patin* (Paris).

(1943b), *Le Libertinage erudit dans la premiere moitie du XVIIe siecle* (Paris).

Pocock, J. G. A. (1957), *The Ancient Constitution and the Feudal Law* (Cambridge).

(1975), *The Machiavellian Moment: Florentine Political Thought and the Atlantic Republican Tradition* (Princeton, N.J.).

Popkin, Richard H. (1979), *The History of Scepticism from Erasmus to Spinoza* (Berkeley, Calif.).

Rabb,T. K. (1963), 'The Editions of Sir Edwin *Sandys's Relation of the State of Religion', Huntington Library Quarterly* 26 (1963) pp.323—336.

Rekers, B. (1972), *Benito Arias Montano (1527—1598)* (London).

Renouard, Philippe (1965), *Repertoire des imprimeurs parisiens* (Paris).

Reulos, Michel (1973), 'Les Sources juridiques de Bodin', *Jean Bodin. Verhandlungen der internationalen Bodin Tagung in Munchen* ed. Horst Denzer (Munich) pp.187—194.

Rogow, Arnold (1986), *Thomas Hobbes* (New York).

Rubinstein, Nicolai (1987), 'The history of the word *politicus* in earlymodern Europe', in *The Languages of Political Theory in Early-Modern Europe* ed. Anthony Pagden (Cambridge) pp.41—56.

Sandys, J. E. (1908), *A History of Classical Scholarship* (Cambridge).

Schellhase, K. G. (1972), *Tacitus in Renaissance Political Thought* (Chicago).

Schmitt, Charles (1972), *Cicero Scepticus: A Study of the Influence of the Academica in the Renaissance* (The Hague).

(1983), *John Case and Aristotelianism in Renaissance England* (Kingston, Ontario and Montreal, Quebec).

Schochet, Gordon J. (1975), *Patriarchalism in Political Thought: The Authoritarian Family and Political Speculation and Attitudes Especially in Seventeenth-Century England* (Oxford).

Scott, Izora (1910), *Controversies over the Imitation of Cicero* (New York 1910).

Scott, Jonathan (1988), *Algernon Sidney and the English Republic, 1623—1677* (Cambridge).

Seigel, Jerrold E. (1969), 'The Teaching of Argyropulos and the Rhetoric of the First Humanists', *Action and Conviction in Early Modern Europe* edd. Theodore K. Rabb and Jerrold E. Seigel (Princeton, N.J.).

Seils, Ernst-Albert (1968), *Die Staatslehre des Jesuiten A. Contzen* (Liibeck).

Shapin, Steven, and Schaffer, Simon (1985), *Leviathan and the Air-Pump: Hobbes,*

Boyle, and the Experimental Life (Princeton, N.J.).

Sharpe, Kevin (1979), *Sir Robert Cotton 1586—1631: History and Politics in Early Modern England* (Oxford).

Shaw, William A. (1900), *A History of the English Chunk during the Civil Wars and under the Commonwealth 1640—1660* (London).

Shuckburgh, E. S., ed. (1902), *Two Biographies of William Bedell Bishop of Kilmore* (Cambridge).

Sisson, C. J. (1940), *The Judicious Marriage of Mr. Hooker and the Birth of the Laws of Ecclesiastical Polity* (Cambridge).

Skinner, Quentin (1965), 'Hobbes on Sovereignty: An Unknown Discussion', *Political Studies* 13 pp.213—218.

(1966), 'The Ideological Context of Hobbes's Political Thought', *Historical Journal* 9 pp.286—317

(1972), 'Conquest and Consent: Thomas Hobbes and the Engagement Controversy' in *The Interregnum* ed. G. E. Aylmer (London) pp.79—98.

(1978), *The Foundations of Modern Political Thought* (Cambridge).

(1981), *Machiavelli* (Oxford).

(1988a), 'Ambrogio Łorenzetti: The Artist as Political Philosopher', *Proceedings of the British Academy* pp.1—56.

(1988b), 'Political Philosophy', *The Cambridge History of Renaissance Philosophy* ed. Charles Schmitt (Cambridge) pp.389—452.

Sommerville, J. P.(1983), 'Richard Hooker, Hadrian Sara via, and the Advent of the Divine Right of Kings', *History of Political Thought* 4 pp.229—245.

(1984), 'John Selden, The Law of Nature, and the Origins of Government', *Historical Journal* 27 pp.437—447.

(1986), *Politics and Ideology in England 1603—1640* (London).

Spini, Giorgio (1970), 'Historiography: The Art of History in the Italian Counter-Reformation', in *The Late Italian Renaissance 1525—1640* ed. Eric Cochrane (London).

Stone, Lawrence (1964), 'The Educational Revolution in England 1560—1640', *Past and Present* 28 pp.41—80.

Strong, S. Arthur (1903), *A Catalogue of Letters and Other Historical Documents Exhibited in the Library at Welbeck* (London).

Sykes, Norman (1959), *From Sheldon to Seeker* (Cambridge).

Taylor, C. C. W. (1980), '"All Perceptions are True"' in *Doubt and Dogmatism* edd. Malcolm Schofield, Myles Burnyeat and Jonathan Barnes (Oxford), pp.105—24.

ter Meulen, J. and Diermanse, P-J.J. (1950), *Bibliographie des ecrits imprimis de H. Grotius* (The Hague 1950).

Thomas, Keith (1965), 'The Social Origins of Hobbes's Political Thought' in *Hobbes Studies* ed. K. C. Brown (Oxford) pp.185—236.

(1972), 'The Levellers and the Franchise' in *The Interregnum* ed. G. E. Aylmer (London).

Toennies, Ferdinand (1903), 'Hobbes-Analekten', *Archiv fur Geschichte der Philosophie* 17 pp.291—317.

(1936), 'Contributions a PHistoire de la Pensee de Hobbes', *Archives de philosophie* 12 pp.73—98.

Trevor Roper, H. R. (1962), *Archbishop Laud 1573—1645* (2nd edn London).

Tuck, Richard (1979), *Natural Rights Theories: Their Origin and Development* (Cambridge).

(1982), '"The Ancient Law of Freedom": John Selden and the Civil War' in *Reactions to the English Civil War* ed. John Morrill (London).

(1986), 'A New Date for Filmer's *Patriarcha*' *Historical Journal* 29 pp.183—186.

(1987), 'The "Modern" School of Natural Law' in *The Languages of Political Theory in Early-Modern Europe* ed. Anthony Pagden (Cambridge), pp.99—122.

(1988), 'Hobbes and Descartes' in *Perspectives on Thomas Hobbes* edd. G. A. J. Rogers and Alan Ryan (Oxford) pp.11—42.

(1989), *Hobbes* (Oxford 1989).

(1990a), 'Humanism and Political Thought' in *The Impact of Humanism on Western Europe* edd. Anthony Goodman and Angus MacKay (London) pp.43—65.

(1990b), 'Hobbes and Locke on Toleration' in *Thomas Hobbes and Political Theory* ed. Mary G. Dietz (Lawrence, Kansas) pp.153—171.

U.G.C. (University Grants Committee) (1924), *Returns from Universities and University Colleges in receipt of Treasury Grant 1922—1923* (London H.M.S.O.).

Underdown, David (1971), *Pride's Purge. Politics in the Puritan Revolution* (Oxford).

Ungerer, G. (1974), *A Spaniard in Elizabethan England: The Correspondence of Antonio Perez's Exile* (London).

Venn, John and J. A. (1922), *Alumni Cantabrigienses* (Cambridge).

Viroli, Maurizio (1991), *From Politics to Reason of State* (Cambridge).

Wallace, John M. (1964), 'The Engagement Controversy, 1649—1652: An Annotated List of Pamphlets', *Bulletin of the Mew York Public Library* 68 pp.384—405.

(1968), *Destiny his Choice: the Loyalism of Andrew Marvell* (Cambridge).

Webster, Charles (1975), *The Great Instauration: Science, Medicine and Reform 1626—1660* (London).

(1982), *From Paracelsus to Newton: Magic and the Making of Modern Science* (Cambridge).

Weston, C. C. and Greenberg, J. R. (1981), *Subjects and Sovereigns: The Grand Controversy over Legal Sovereignty in Stuart England* (Cambridge).

Wieland, Georg (1982), 'The Reception and Interpretation of Aristotle's *Ethics*', *The Cambridge History of Later Medieval Philosophy* edd. Norman Kretzmann, Anthony Kenny and Jan Pinborg (Cambridge).

Wikelund, P. (1969), '"Thus I passe my time in this place": An Unpublished Letter of Thomas Hobbes', *English Language Notes* 6 (1969) pp.263—268.

Williams, C. M. (1978), 'The Anatomy of a Radical Gentleman: Henry Marten' in *Puritans and Revolutionaries: Essays in Seventeenth-Century History presented to Christopher Hill* edd. Donald Pennington and Keith Thomas (Oxford).

Winters, Peter Jochem (1963), *Die Politik des Johannes Althusius und ihre zeitgenb'ssischen Quellen* (Freiburg im Breisgau).

Wootton, David (1983), *Paolo Sarpi. Between Renaissance and Enlightenment* (Cambridge).

Worden, Blair (1974), *The Rump Parliament 1648—1633* (Cambridge).

Wright, H. G. (1919), *The Life and Works of Arthur Hall of Grantham* (Manchester).

Wrightson, Keith (1982), *English Society 1580—1680* (London).

Wrigley, E. A. and Schofield, R. S. (1981), *The Population History of England 1541—1871* (London).

Zagorin, Perez (1954), *A History of Political Thought in the English Revolution* (London).

(1978), 'Thomas Hobbes's Departure from England in 1640: An Unpublished Letter', *Historical Journal* 21 pp.157—160.

索　引

（条目后的页码为原书页码，见本书边码）

译后记

塔克这本书，从接手到现在已经有不少时间了。其间各种事情穿插进来，翻译的过程也是断断续续，让我对最后成型的译文没有太强的信心。自责之外，也有些话需要在译完后交待一下。

首先是本书的书名。之所以将*Philosophy and Government*译为《哲学与治术》，是因为塔克本人在本书前言里曾明言，本书的"主题并不只是国家的治理(government)，也是自我的治理"。"government"一词通译政府，书中用词多数场合沿用这一译名，本无大碍，但塔克强调，"government"也包含有管束灵魂、治理自我的义项，加上近来"governmentality"一词多通译为"治理术"，所以书名还是采用了《哲学与治术》这一表达。

其次是本书中一个重要的哲学概念"reason of state"。通行的译名有两个，"国家理性"和"国家理由"。之所以选择前者，我举三个证据：其一，文艺复兴时期的理论家波特若曾对这个概念有过一个基本定义："国家理性是关于统治手段的知识"；其二，20世纪关于国家理性最为经典的研究迈内克的《马基雅维利主义》开篇即曾言明，国家理性似乎近于属于国家本身的一种智慧(intelligence)形式，通过理解自我和外部环境，转而指导国家的行为。其三，近年来关于这一主题最为重要的研究是维罗里的

《从政治到国家理性》，作者在涉及"reason of state"其中"reason"一词的释义时曾指出，"reason"既有普遍性原则的含义也有工具性的含义，但总而言之是指运用选择合适的手段保卫国家的某种能力。综合三者，选择"国家理性"作为"reason of state"的译名，应当说是可行的。

关于译名，就说这么些。本书的翻译遇到的另一个难题是，作者在书中使用了大量拉丁语、意大利语、法语以及西班牙语等原始文献的书名，而我于这些语种都是门外汉，幸好，身边有一位数种语言兼通的师兄徐卫翔先生，给我提供了极大的帮助，在此深表感谢。

最后，我的翻译工作还得到了教育部中央高校基本科研计划项目"现代政治思想的规范性和实证性"以及国家社会基金项目"文艺复兴晚期的国家理性学说研究"（12CZX052）的资助。

韩潮

2013年4月

人文与社会译丛

第一批书目

1.《政治自由主义》(增订版),[美]J. 罗尔斯著,万俊人译 48.00 元
2.《文化的解释》,[美]C. 格尔茨著,韩莉译 24.50 元
3.《技术与时间:爱比米修斯的过失》,[法]B. 斯蒂格勒著,裴程译 35.00 元
4.《依附性积累与不发达》,[德]A. G. 弗兰克著,高铦等译 13.60 元
5.《身处欧美的波兰农民》,[美]F. 兹纳涅茨基、W. I. 托马斯著,张友云译 9.20 元
6.《现代性的后果》,[英]A. 吉登斯著,田禾译 22.00 元
7.《消费文化与后现代主义》,[美]M. 费瑟斯通著,刘精明译 14.20 元
8.《英国工人阶级的形成》(上、下册),[英]E. P. 汤普森著,钱乘旦等译 69.00 元
9.《知识人的社会角色》,[美]F. 兹纳涅茨基著,郏斌祥译 26.00 元

第二批书目

10.《文化生产:媒体与都市艺术》,[美]D. 克兰著,赵国新译 29.00 元
11.《现代社会中的法律》,[美]R. M. 昂格尔著,吴玉章等译 39.00 元
12.《后形而上学思想》,[德]J. 哈贝马斯著,曹卫东等译 35.00 元
13.《自由主义与正义的局限》,[美]M. 桑德尔著,万俊人等译 30.00 元

14.《临床医学的诞生》,[法]M. 福柯著,刘北成译 25.00 元
15.《农民的道义经济学》,[英]J. C. 斯科特著,程立显等译 42.00 元
16.《俄国思想家》,[英]I. 伯林著,彭淮栋译 35.00 元
17.《自我的根源:现代认同的形成》,[加]C. 泰勒著,韩震等译 88.00 元
18.《霍布斯的政治哲学》,[美]L. 施特劳斯著,申彤译 29.00 元
19.《现代性与大屠杀》,[英]Z. 鲍曼著,杨渝东等译 28.00 元

第三批书目

20.《新功能主义及其后》,[英]J. 亚历山大著,彭牧等译 15.80 元
21.《自由史论》,[英]J. 阿克顿著,胡传胜等译 58.00 元
22.《伯林谈话录》,[英]L. 贾汉贝格鲁等著,杨祯钦译 23.00 元
23.《阶级斗争》,[法]R. 阿隆著,周以光译 13.50 元
24.《正义诸领域:为多元主义与平等一辩》,[美]M. 沃尔泽著,褚松燕等译 24.80 元
25.《大萧条的孩子们》,[美]G. 埃尔德著,田禾等译 27.30 元
26.《黑格尔》,[加]C. 泰勒著,张国清等译 88.00 元
27.《反潮流》,[英]I. 伯林著,冯克利译 48.00 元
28.《统治阶级》,[意]G. 莫斯卡著,贾鹤鹏译 68.00 元
29.《现代性的哲学话语》,[德]J. 哈贝马斯著,曹卫东等译 36.00 元

第四批书目

30.《自由论》(修订版),[英]I. 伯林著,胡传胜译 38.00 元
31.《保守主义》,[德]K. 曼海姆著,李朝晖、牟建君译 16.00 元
32.《科学的反革命》(修订版),[英]F. 哈耶克著,冯克利译 28.00 元

33.《实践感》,[法]P. 布迪厄著,蒋梓骅译 52.00元
34.《风险社会》,[德]U. 贝克著,何博闻译 17.70元
35.《社会行动的结构》,[美]T. 帕森斯著,彭刚等译 80.00元
36.《个体的社会》,[德]N. 埃利亚斯著,翟三江、陆兴华译 15.30元
37.《传统的发明》,[英]E. 霍布斯鲍姆等著,顾杭、庞冠群译 21.20元
38.《关于马基雅维里的思考》,[美]L. 施特劳斯著,申彤译 25.00元
39.《追寻美德》,[美]A. 麦金太尔著,宋继杰译 35.00元

第五批书目

40.《现实感》,[英]I. 伯林著,潘荣荣、林茂译 30.00元
41.《启蒙的时代》,[英]I. 伯林编著,孙尚扬、杨深译 35.00元
42.《元史学》,[美]H. 怀特著,陈新译 55.00元
43.《意识形态与现代文化》,[英]J. B. 汤普森著,高铦等译 45.00元
44.《美国大城市的死与生》,[加]J. 雅各布斯著,金衡山译 29.50元
45.《社会理论和社会结构》,[美]R. K. 默顿著,唐少杰等译 48.00元
46.《黑皮肤,白面具》,[法]F. 法农著,万冰译 14.00元
47.《德国的历史观》,[美]G. 伊格尔斯著,彭刚、顾杭译 29.50元
48.《全世界受苦的人》,[法]F. 法农著,万冰译 17.80元
49.《知识分子的鸦片》,[法]R. 阿隆著,吕一民、顾杭译 45.00元

第六批书目

50.《驯化君主》,[美]H. C. 曼斯菲尔德著,冯克利译 28.00元
51.《黑格尔导读》,[法]A. 科耶夫著,姜志辉译 45.00元
52.《象征交换与死亡》,[法]J. 波德里亚著,车槿山译 45.00元
53.《自由及其背叛》,[英]I. 伯林著,赵国新译 25.00元

54.《启蒙的三个批评者》,[英]I. 伯林著,马寅卯译(即出)

55.《运动中的力量》,[美]S. 塔罗著,吴庆宏译 23.50元

56.《斗争的动力》,[美]D. 麦克亚当、S. 塔罗、C. 蒂利著,李义中等译 31.50元

57.《善的脆弱性》,[美]M. 纳斯鲍姆著,徐向东、陆萌译 55.00元

58.《弱者的武器》,[美]J. C. 斯科特著,郑广怀等译 42.00元

59.《图绘》,[美]S. 弗里德曼著,赵国新译(即出)

第七批书目

60.《现代悲剧》,[英]R. 威廉斯著,丁尔苏译 18.00元

61.《论革命》,[美]H. 阿伦特著,陈周旺译 25.00元

62.《美国精神的封闭》,[美]A. 布卢姆著,战旭英译,冯克利校 35.00元

63.《浪漫主义的根源》,[英]I. 伯林著,吕梁等译 28.00元

64.《扭曲的人性之材》,[英]I. 伯林著,岳秀坤译 22.00元

65.《民族主义思想与殖民地世界》,[美]P. 查特吉著,范慕尤、杨曦译 18.00元

66.《现代性社会学》,[法]D. 马图切利著,姜志辉译 32.00元

67.《社会政治理论的重构》,[英]R. 伯恩斯坦著,黄瑞祺译 25.00元

68.《以色列与启示》,[德]E. 沃格林著,霍伟岸、叶颖译 48.00元

69.《城邦的世界》,[德]E. 沃格林著,陈周旺译 54.00元

70.《历史主义的兴起》,[德]F. 梅尼克著,陆月宏译 48.00元

第八批书目

71.《环境与历史》,[英]W. 贝纳特、P. 科茨著,包茂红译 25.00元

72.《人类与自然世界》,[英]K. 托马斯著,宋丽丽译 35.00元

73.《卢梭问题》,[德]E. 卡西勒著,王春华译 15.00 元
74.《男性气概》,[美]H. C. 曼斯菲尔德著,刘玮译 28.00 元
75.《战争与和平的权利》,[美]R. 塔克著,罗炯等译 25.00 元
76.《谁统治美国》,[美]W. 多姆霍夫著,吕鹏、闻翔译 35.00 元
77.《健康与社会》,[法]M. 德吕勒著,王鲲译 35.00 元
78.《读柏拉图》,[德]T. A. 斯勒扎克著,程炜译 28.00 元
79.《苏联的心灵》,[英]I. 伯林著,潘永强、刘北成译 28.00 元
80.《个人印象》,[英]I. 伯林著,林振义译(即出)

第九批书目

81.《技术与时间:2. 迷失方向》,[法]B. 斯蒂格勒著,赵和平、印螺译 25.00 元
82.《抗争政治》,[英]C. 蒂利著,李义中译 28.00 元
83.《亚当·斯密的政治学》,[英]D. 温奇著,褚平译 21.00 元
84.《怀旧的未来》,[美]S. 博伊姆著,杨德友译 38.00 元
85.《妇女在经济发展中的角色》,[丹]E. 博斯拉普著,陈慧平译 30.00 元
86.《风景与认同》,[英]W. J. 达比著,张箭飞、赵红英译 35.00 元
87.《过去与未来之间》,[美]H. 阿伦特著,王寅丽、张立立译 28.00 元
88.《大西洋的跨越》,[美]D. T. 罗杰斯著,吴万伟译 58.00 元
89.《资本主义的新精神》,[法]L. 博尔坦斯基、E. 希亚佩洛著,高铦译 58.00 元
90.《比较的幽灵》,[美]B. 安德森著,甘会斌译 48.00 元

第十批书目

91.《灾异手记》,[美]E. 科尔伯特著,何恬译 25.00 元

92.《技术与时间:3. 电影的时间与存在之痛的问题》,[法]B. 斯蒂格勒著,方尔平译 32.00 元
93.《马克思主义与历史学》,[英]S. H. 里格比著,吴英译 47.00 元
94.《学做工》,[英]P. 威利斯著,秘舒、凌旻华译 39.00 元
95.《马基雅维里时刻》,[英]J. G. A. 波科克著,冯克利译(即出)
96.《哲学与治术:1572—1651》,[美]R. 塔克著,韩潮译 45.00 元
97.《宗教与巫术的衰落》,[英] K. 托马斯著,李明、梅剑华译(即出)
98.《后殖民理性批判》,[印]G. C. 斯皮瓦克著,严蓓雯译(即出)
99.《哲学解释》,[美]R. 诺齐克著,林南、乐小军译(即出)
100.《认同伦理学》,[美]K. A. 阿皮亚著,张容南译 45.00 元

第十一批书目

101.《现代社会想象》,[加]C. 泰勒著,林曼红译(即出)
102.《风景与记忆》,[英]S. 沙马著,胡淑成、冯樨译(即出)
103.《风景与权力》,[美]W. J. T. 米切尔著,杨丽译(即出)
104.《根本的恶》,[美]R. 伯恩斯坦著,王钦、朱康译(即出)
105.《这苦难的共和国》,[美]D. G. 福斯特著,孙宏哲、张聚国译(即出)
106.《柏拉图与亚里士多德》,[美]埃里克·沃格林著,刘曙辉译(即出)
107.《中心与边缘》,[美]E. 希尔斯著,陈仲丹译(即出)
108.《论个体主义》,[法]L. 迪蒙著,桂裕芳译(即出)
109.《留恋人世》,J. 韦纳著,杨朗、卢文超译(即出)
110.《未完成的对话》,[英]以赛亚·伯林、[波]B. P-西古尔斯卡著,杨德友译(即出)